WHY HAITI NEEDS
NEW NARRATIVES

Why HAITI Needs New Narratives

A Post-Quake Chronicle

GINA ATHENA ULYSSE

Foreword by ROBIN D. G. KELLEY

Translated by NADÈVE MÉNARD &

ÉVELYNE TROUILLOT

WESLEYAN UNIVERSITY PRESS

Middletown, Connecticut

WESLEYAN UNIVERSITY PRESS

Middletown CT 06459

www.wesleyan.edu/wespress

© 2015 Gina Athena Ulysse;

foreword © 2015 Robin D. G. Kelley;

Kreyòl and French translations © 2015

Nadève Ménard and Évelyne Trouillot.

All rights reserved

Manufactured in the United States of America

Designed by Richard Hendel

Typeset in Utopia, Sentinel, and LeHavre by

Tseng Information Systems, Inc.

Wesleyan University Press is a member of the Green Press Initiative.
The paper used in this book meets their minimum requirement for recycled paper.

Frontis photo, Petit-Goâve, Haiti, © 2010 Gina Athena Ulysse.

Library of Congress Cataloging-in-Publication Data

Ulysse, Gina Athena.

Why Haiti needs new narratives : a post-quake chronicle / Gina Athena Ulysse;
foreword by Robin D. G. Kelley; translated by Nadève Ménard and Évelyne Trouillot.

pages cm

Includes bibliographical references.

ISBN 978-0-8195-7544-9 (cloth: alk. paper)—ISBN 978-0-8195-7545-6

(pbk. : alk. paper)—ISBN 978-0-8195-7546-3 (ebook)

1. Haiti Earthquake, Haiti, 2010. 2. Haiti—Social conditions—21st century. 3. Haiti—
Economic conditions—21st century. 4. Haiti—Politics and government—21st century.
I. Title.

HV600. H2U48 2015

972.9407′3—dc23

2014048352

5 4 3 2 1

For

Francesca, Jean-Max, Stanley

and their peers on both sides of

the water who are Haiti's future

Tout moun se moun, men tout moun pa menm.

All people are human, but all humans are not the same.

—Haitian proverb

Volume Contents

Contents

FOREWORD *Robin D. G. Kelley*

We say dignity, survival, endurance, consolidation
They say cheap labor, strategic location, intervention
We say justice, education, food, clothing, shelter
They say indigenous predatory death squads to the rescue
— *Jayne Cortez, "Haiti 2004"*

The longer that Haiti appears weird, the easier it is to forget that it
represents the longest neocolonial experiment in the history of the West.
— *Michel-Rolph Trouillot, "The Odd and the Ordinary: Haiti, the Caribbean,*
and the World"

In my circles, there are two Haitis. There is Haiti the victim, the "broken nation," the failed state, the human tragedy, the basket case. Depending on one's political perspective, Haiti the victim was either undermined by its own immutable backwardness, or destroyed by imperial invasion, occupation, blockades, debt slavery, and U.S.-backed puppet regimes. The other Haiti, of course, is the Haiti of revolution, of Toussaint, Dessalines, the declaration at Camp Turel, of C. L. R. James's magisterial *The Black Jacobins*. This is the Haiti that led the only successful slave revolt in the modern world; the Haiti that showed France and all other incipient bourgeois democracies the meaning of liberty; the Haiti whose African armies defeated every major European power that tried to restore her ancien régime; the Haiti that inspired revolutions for freedom and independence throughout the Western Hemisphere. Rarely do these two Haitis share the same sentence, except when illustrating the depths to which the nation has descended.

Gina Athena Ulysse has been battling this bifurcated image of Haiti ever since I first met her at the University of Michigan some two decades ago, where she was pursuing a PhD in anthropology, focusing on female international traders in Jamaica. Then, as now, she was an outspoken, passionate, militant student whose love for Haiti and exasperation over the country's representation found expression in everything else she did. She had good reason to be upset. Both narratives treat Haiti as a symbol, a metaphor, rather than see Haitians as subjects and agents, as complex human beings with desires, imaginations, fears, frustrations, and ideas about justice, democracy, family, community, the land, and what it means to live a good life. Sadly, impassioned appeals for new narratives of Haiti do not begin with Ulysse. She knows this all too well. Exactly 130 years ago, the great Haitian intellectual Louis-Joseph Janvier published his biting, critical history, *Haiti and Its Visitors*—a six-hundred-page brilliant rant against all those who have misrepresented Haiti as a backwater of savagery, incompetence, and inferiority. With passion, elegance, grace, and wit matching Janvier's best prose, Ulysse's post-quake dispatches and meditations about her beloved homeland demolish the stories told and retold by modern-day visitors: the press, the leaders of NGOs, the pundits, the experts. Of course, it is easy to see how the devastation left by the earthquake would reinforce the image of Haiti-as-victim, but representations are not objective truths but choices, framed and edited by ideology. Poor refugees sitting around in tent cities, a sole police officer trying to keep order, complaints over the delivery of basic foodstuffs and water— this is what CNN and *Time* magazine go for, not the stories of neighborhoods organizing themselves, burying the dead, making sure children are safe and fed, removing rubble, building makeshift housing, sharing whatever they had, and trying against the greatest of odds to establish some semblance of local democracy.

Ulysse is less interested in "correcting" these representations than interrogating them, revealing the kind of work they do in reproducing both the myth of Haiti and the actual conditions on the ground. Now. The sense of urgency that pervades her essays is palpable. As she does in her performances, Ulysse rings the alarm, fills the room in our head with deafening sound, a one-woman aftershock. We need this because the succession of crises confronting Haiti throughout the twentieth and twenty-first centuries inured too many people to the unbearable loss of life—some three hundred thousand souls perished in the earthquake on January 12, 2010. Here in the United States, when ten, fifteen, twenty die in a disaster, the twenty-four-hour news cycle kicks into high gear. But in Haiti, these things happen. Ulysse wants to know how we arrived at this point, when Haiti is treated much like the random bodies of homeless people, whose deaths we've come to expect but not to mourn. The problem is not one of hatred, for who among us sincerely *hates* the homeless? It is indifference. As the late actor/poet Beah Richards often said,

"The opposite of love is not hate, but indifference." Indifference produces silence. Indifference ignores history. Indifference kills.

Like many Haitians, she understands that the two Haitis do not represent polar opposites or a linear story of descent. Rather, they are mutually constitutive, perhaps even codependent. The condition of Haiti is a product of two centuries of retaliation for having the temerity to destroy slavery by violent revolution, for taking the global sugar economy's most precious jewel from the planters, traders, bankers, and imperial rulers, and for surviving as an example for other enslaved people. The war did not end when Jean-Jacques Dessalines declared Haitian independence on January 1, 1804. Remember that the war left the country's agricultural economy in shambles; its sugar-processing machinery had been destroyed, along with its complicated irrigation system. And even if the people wanted to return to growing cane for export, the Western powers established naval blockades and refused to trade with the new nation in a failed effort to choke the life out of the revolution. Unable to reimpose chattel slavery, they turned to debt slavery. In 1825, the French forced Haiti to pay 150 million francs as reparations for the loss of "property" in slaves and land. No Haitian families were compensated for being kidnapped, forced to work for low wages, wrongful death or injury, etc. Although the French *magnanimously* reduced the principal to 90 million francs thirteen years later, the indemnity nevertheless cleaned out the Haitian treasury and forced the country into debt to French banks. The banks profited from the debt and quite literally held the mortgage on Haiti's future. Indeed, the payment to France and French banks amounted to half of Haiti's government budget by 1898; sixteen years later, on the eve of the U.S. occupation of Haiti, the debt payments absorbed 80 percent of the government's budget. By some measures, what Haiti eventually paid back amounted to some $21 billion in 2004 dollars.

A life of debt and dependency on a global market was not the political or economic vision the Haitian people had in mind. They owed the West and their former enslavers nothing. The land belonged to them, and the point of the land was to feed and sustain the people. They grew food, raised livestock, and promoted a local market economy. Yet the rulers of every warring faction insisted on growing for export, even if it meant denying or limiting the liberty of these liberated people. In order to realize their vision, Haiti's rulers required a costly standing military to preserve the nation's sovereignty, preserve their own political power and class rule, and maintain a capitalist export economy.

Crush a nation's economy, hold it in solitary confinement, and fuel internecine violence, and what do we get? And yet, Ulysse refuses to accept the outcome of the two-hundred-year war on Haiti as a fait accompli. Calling for new narratives is not merely an appeal to rewrite history books or to interview the voiceless, but to write a new future, to make a new Haitian Revolution. As her essays make crystal clear, it is not enough to transform the state or dismantle the military or forgive the debt. She writes eloquently about the women, their resilience as well as their unfathomable subordination under regimes of sexual violence and patriarchy. She calls for cultural revolution, for the need to create space for expressions of revolutionary desire, to resist misery, to imagine what real sovereignty and liberty might feel like.

And yet, it would be unfair and premature to call this text a manifesto. She is too humbled by the daunting realities and the trauma of the earthquake, its aftershocks, and the two centuries of history in its wake to make any bold proclamations about Haiti's future. This text is also about one woman's journey, a woman of the diaspora who frees herself from exile, negotiating what it means to be a scholar in a world where universities and corporations have become cozy bedfellows; a woman wrestling with a society in which adulthood is reserved for men only; an activist straddling the arts and sciences in a world where "arts and sciences" usually only meet on a university letterhead. Gina Athena Ulysse, like her homeland, simply doesn't fit. She refuses to fit. And this is exactly why we need new narratives.

We say Haitian water violated
Haitian airspace penetrated
They say kiss my aluminum baseball bat
Suck my imperial pacifier and lick my rifle butt
We say cancel the debt. . . .
They say let the celebration for 200 more years of servitude begin
We say viva the Haitian revolution
Viva democracy viva independence, viva resistance, viva Unity.
—Jayne Cortez

INTRODUCTION NEGOTIATING MY HAITI(S)

A taste for truth does not eliminate bias.
— Albert Camus

It has become stylish for foreign writers to denounce Haiti's
bad press while contributing to it in fact.
— Michel-Rolph Trouillot

Many years ago, when I was a graduate student, a Haitian professional (also living in the United States) reproached me for identifying as Haitian-American. In the extremely intense debate that ensued, I found myself staunchly defending the embrace of the hyphen with full knowledge that because of history, my two joined worlds have not been and would never be equal. I strongly believed my identity was not reducible to its point of origin. What I did know then, and I am even surer of now, was that Haiti was my point of departure, not my point of arrival.[1]

At the time, a moment best characterized by what writer Edwidge Danticat refers to as the post-Wyclef era,[2] the consequences of identifying as Haitian in some circles (for example, the academy where I have spent a lot of time) were less hostile or, I should say, had their particular version of hostility. Regardless, the reason I insisted on my Americanness was not shame, as this person presupposed and even verbalized, but a rather simple mathematical equation.[3] If I counted the number of years I resided in my *pays natal* and the number of years spent outside it and in Haitian circles, they would add up to over nineteen. I lived in Haiti for eleven years. Moreover, because of several accumulated years of extensive fieldwork in Jamaica, coupled with other travels and so many different experiences, I was aghast at being boxed in personally, as well as (with notions of essentialism) socially.

The Haiti in the Diaspora

My Haitianness, if you will, was never questionable to me, because I had spent years critically investigating issues of identity as both social and personal phenomena. The social analysis confirmed the individual examination, leading me to realize and make peace with the fact that I would always be part of two Haitis. There was the one that, due to migration, was being re-created in the diaspora, and the one in the public sphere that continually clashed with the one in my memory. Or perhaps there were three Haitis. In any case, the Haiti I left behind was one that was changing in my absence, while the one I lived in, as a member of its diaspora, had elements of stasis, as it was couched in nostalgia. Hence, I live with a keen awareness that negotiating my Haitis inevitably means accepting that there are limits to my understanding, given the complexity of my position as both insider and outsider. Finally, because the Haiti of my family and the socioeconomic world I grew up in encompassed such a continuum of class and color and urban and rural referents, Haiti and Haitians historically have always been plural to me.

These contemplations not only have concrete effects on my relationship with Haiti but also the role I play as a Haitian-American determined to be of service to her birth country somehow. That said, this book, in a sense, is the result of a promise made long ago at the tender age of eleven, when I came to live in the United States. Upon first encountering the Haiti that exists in the public sphere, I had just enough consciousness to vow that I would never return to Haiti until things changed. Of course, I eventually changed my mind.

This decision to go back, which I have written about ad infinitum, reveals as much about my personal journey as it does my professional one. With more time, the two would intertwine in curious ways, never to be separated, as I embraced yet another set of hyphens, this time as artist-academic-activist. These identities would become increasingly distinct, especially as I transitioned from relying less on the social sciences and more on the arts. Moreover, irrespective of my chosen medium, I was already out there as a politically active and vocal member of Haiti's "tenth department."[4]

Out There in the Public Sphere

I often say I did not set out to "do" public anthropology,[5] but that's not exactly true. It's also not a lie. The fact is I decided to seek a doctoral degree in anthropology for a singular reason, Haiti. I became progressively frustrated with simplistic explanations of this place that I knew as complex. I became determined to increase and complicate my own knowledge of Haiti, always with the hope of eventually sharing what I learned with others.

My plans did not immediately work out as intended; I ended up doing my dissertation research on female independent international traders in Kingston, Jamaica. Yet once I began to teach, I regularly offered a seminar that sought to demystify the Haiti in popular imagination, and to help students envision a more realistic one. Besides that course, for many years, my anthropological engagement with Haiti was off the grid of my chosen professional track. It was the subject of my artistic pursuits—poetry and performance—and the focus of occasional reflexive papers I presented at conferences. That changed drastically one day in January 2010.

My transformation was punctuated by the fact that one month before that afternoon, I did the unthinkable: I set out on a trip to Haiti for the first time without informing my family. As an artist, and a self-identified feminist made in the Haitian diaspora, I was curious about the impact of migration. I experienced it as a rupture, and I continuously wondered about my personal and professional development—whom I might have become had I remained in Haiti. The plan was to go there and see if it was possible for me to have a relationship with Haiti that was entirely mine.

Where exactly would I fit?

Three weeks after I returned, circumstances would not only force me to rethink that question, but thrust me into the public sphere in the shadow and footsteps of other engaged anthropologists who resisted the urge to remain in the ivory tower. As fate would have it, I had already taken calculated steps to get there.

"Write to Change the World"

That's the tagline of the one-day seminar I attended in October 2009 at Simmons College in Boston. Among other things, the Op-Ed Project sought to empower women with the tools and skills needed to enter the public sphere as writers of opinion pieces. The premise was to engage the fact that upper-class white men submit more than 80 percent of all published op-eds. The project worked to change these statistics by showing women, especially, how to write and pitch to editors. I remember pondering the reality of the remaining 20 percent, inevitably white women and a few minorities. As a black Haitian woman, I wasn't even a decimal point.

I had briefly dabbled in this medium before. In 1999, fresh out of graduate school, I wrote "Classing the Dyas: Can the Dialogue Be Fruitful?"— a piece about returning to Haiti from the diaspora and the brewing tensions with those who live at home. It was published in the *Haitian Times*.

Nearly a decade later, I penned another piece, this one on Michelle Obama, which appeared in the *Hartford Courant* days before the 2008 elections. The newspaper editor's headline, "Michelle Obama: An Exceptional Model," topped my piece instead of my feistier "She Ain't Oprah, Angela or Your Baby Mama: The Michelle O Enigma."

I was always interested in having my say; I have been labeled opinionated (not a compliment). It is a fact that black women who speak their minds have historically been chastised for "talking back." In that sense, I am not at all special. Since I did not possess the know-how necessary to negotiate this world of opinion pages, I sought to understand it from an insider's perspective. So I signed up for Simmons's seminar.

I learned not only how mainstream media functions, but also how gatekeepers operate—the importance of networks and connections. Most importantly, I gained critical insights on how notions of expertise are socially constructed, what is required to increase readership, and how to expand one's "sphere of influence." While seminar participants were encouraged to put newly acquired skills to the test, I was not inspired to write an op-ed until early the following year. Still, this experience did motivate me to keep on learning.

To that end, in December 2009, I applied and was selected for the Feminist Majority Foundation's *Ms.* Magazine Workshop for Feminist Scholars—a three-day boot camp that trained activist-oriented academics to become public intellectuals. The intent was quite specific: *Ms.*'s ultimate goal was to show us how to put our academic knowledge to work by making it more accessible to the public. Participants were also encouraged to write for the *Ms. magazine blog*, which I eventually began and continue to do intermittently.

From both of these seminars, I not only obtained critical understanding of my voice and style, but also saw how and where aspects of my nuanced perspective might actually fit in the world of fast media. Although quite scary at first, the best incentive was the knowledge that I would be restricted to limited space (five to seven hundred words maximum) and had to gain a reader's attention quickly, often in just the first sentence. This new approach to writing meant undoing earlier academic training, eschewing professional attachment to the value of jargon-laden prose and a method of slowly developed storytelling that emphasized covering all bases. While it was challenging, it was also freeing to use my ethnographic eye and sensibilities to creatively unpack cultural complexities knowing the endpoint was to introduce readers to potentially alternative views. With more experience, I really liked this medium.

No Silence after the Quake

My first op-ed was a commentary on James Cameron's blockbuster film *Avatar*. I used the Op-Ed Project mentor-editor program to get feedback before pitching my piece, "Avatar, Voodoo, and White Spiritual Redemption." I discussed various aspects of the film, including its connection to New Age spiritualism, which hardly ever incorporates Haitian Vodou, as it is still marked as evil in interfaith circles. My op-ed went live on *Huffington Post* on January 11, 2010, and the next afternoon the earthquake struck Haiti. A couple of days later, the Reverend Pat Robertson publicized the infamous evangelical belief that Haiti was being punished for its pact with the devil. Similar views would find space in the *New York Times* and the *Wall Street Journal*, the two most widely read papers in the United States.

I began a writing spree that lasted well over two years. The sense that there was so much at stake was a feeling I could clearly articulate, and it was quite evident in my first post-quake op-ed, "Amid the Rubble and Ruin: Our Duty to Haiti Remains," published January 14 on npr.org. I recounted the impact of my recent trip and the realization that indeed, I could have a relationship with my birth country as an independent adult. What I also found were people with whom I could work in solidarity and who were determined to contribute their collective effort toward transforming the Haiti they had inherited. I say "they" because as a Haitian-American living in the diaspora, I am only too conscious of the fact that I have the privilege of making my life elsewhere. I can always leave, and thus would always be akin to an "outsider within."[6] Only those with concrete knowledge of infrastructural conditions in Haiti truly understood the full devastating impact of that disaster at the time.

In the days, weeks, and months that followed, words, sentences twirled in my head at all hours. I often found myself waking in the middle of the night, driven to writing stints until I got to a point where I felt I had no more to say. Most of the pieces I penned went live. Some (not all of them were about Haiti) were rejected, and others were never submitted,[7] a different kind of rejection. It was an opportunity to move away from academic settings as I learned to discern between when and where my opinion could be an intervention of some sort and where it wasn't worth the effort or would not be effective. Those were the times when I reverted to stubborn professional maxims, unwilling to adapt to generalizations that would appeal to an even broader readership. More often than not, in these instances, my objections concerned matters related to race.

Anthropologist as Public Intellectual

My motivation to tell a different story came from a moral imperative, driven by sentiment and several points of recognition. The first was intellectual awareness that the Haiti in the public domain was a rhetorically and symbolically incarcerated one, trapped in singular narratives and clichés that, unsurprisingly, hardly moved beyond stereotypes. Second, for that reason, it was necessary that such perceptions be challenged. Third, complex ideas about Haiti circulating in the academy stayed among academics, rarely trickling outward. Finally, as a scholar possessing such knowledge, I could add a nuanced perspective to ongoing public discussions about the republic.

The late Haitian anthropologist Michel-Rolph Trouillot, who constantly pondered over whether academics can be, or better yet, can afford not to be public intellectuals, was a great inspiration to me in that regard. In *Silencing the Past: Power and the Production of History* (1995), Trouillot made an important point concerning this that is worth revisiting. He warned us not to underestimate the fact that history is produced in overlapping sites outside academia. He wrote: "Most Europeans and North Americans learn their first history lessons through media that have not been subjected to the standards set by peer reviews, university presses or doctoral committees. Long before average citizens read the historians who set the standards of the day for colleagues and students, they access history through celebrations, site and museum visits, movies, national holidays and primary school books."[8] As I learned the broader implications of who gets to tell and write the story, I agonized over issues of social responsibility. What better way to help Haiti than by inserting my anthropological self into some of those overlapping sites to relay critical insights to the general public?

To be sure, these popular areas are particularly ripe for intellectual interventions. This would be nothing new to the discipline. Since the historical development of anthropology, its practitioners have engaged various publics in different ways. This practice can be traced back to the discipline's "founding fathers"—less bound to academic boundaries—

who actively participated in the debates of their time as they sought to explicate social evolution, human nature, and variation.

Later forebears such as Franz Boas, the notable father of American cultural anthropology, had a significant presence as an anti-racist academic who publicly challenged racist ideologies. Melville Herskovits championed the significance of cultural relativism in understanding black people in Africa and the Americas. Ruth Benedict practically redefined conceptual understanding of culture. Margaret Mead, to date, remains an icon as the quintessential example of the public intellectual who not only brought anthropology to the masses through cross-cultural analysis, but did so as host of a television show and through columns in popular magazines.[9]

While I was taught, in graduate school courses, this history of the influence of public presence on disciplinary traditions, the underlying understanding was that intellectually valuable work, which we were inadvertently encouraged to pursue, was that which produced knowledge for its own sake. Though this belief seemed to be at odds with my agenda (my initial interest was in development), the rigorous emphasis on recognizing how narratives are created, and the pervasive and insidious power of their representations, only made me more curious about their practical implications.

Anthropological queries that challenge the so-called divide between advocacy and analytical work abound.[10] There are recurring conversations within the discipline concerning where and how to theoretically locate these "publics,"[11] conversations that anthropologists engage in often in overlapping ways.[12] Nonetheless, with increasing professionalization and specialization, the presence of anthropologists in the public sphere has changed, in part because academics do eschew this arena.[13] In the past, public engagement was more central to the discipline. In recent years, however, the American Anthropological Association has taken to encouraging the public presence of members, to "increase the public understanding of anthropology and promote the use of anthropological knowledge in policy making"[14] and its overall relevance in our times.

Still, external causes for the discipline's obscurity in the public sphere include the fact that in popular imagination anthropology is still equated with a study of the "exotic" rather than everyday social phenomena at home as well as abroad. Moreover, prominent pundits and experts who offer insights on cultural specificities are not only more adept with the media, but their work, as Hugh Gusterson and Catherine Besteman so rightfully note, tends to "cater to their audiences' existing prejudices rather than those who upend their easy assumptions about the world and challenge them to see a new angle."[15] Undeniably, as we were frequently informed in the op-ed seminar, the likeliness that an opinion piece will influence readers enough to change their perspective is slim, as most minds are set. Therein lies the biggest inhibition to fruitful interventions in the mainstream.

Academe is only so diverse with its set of canons, conventions, and re-sistances to difference. While much has changed since my days of gradu-ate school, it must be said that the stories of public intellectuals I heard (in nonspecialized courses) generally excluded or marginalized the works of black pioneers in the United States[16] who confronted racialized struc-tural barriers that not only severely impeded their work but also deter-mined their professional relationship to the discipline.[17] The extensive breadth of their impact is unknown in the mainstream. For example, Zora Neale Hurston and Katherine Dunham both took their training out of the university system, turning to folklore and the arts to make signifi-cant contributions across disciplinary boundaries, which to this day con-tinue to highlight expressive dimensions of black experiences. Dunham, using the pseudonym of Kaye Dunn, was actually a public writer who published articles in *Esquire* and *Mademoiselle* magazines predating Margaret Mead's *Redbook* days. Allison Davis had a tremendous impact outside anthropology, as his studies of intelligence were instrumental in influencing compensatory education programs such as Head Start.[18] The pan-Africanist St. Clair Drake, another influential pioneer, introduced, along with sociologist Horace Cayton, the notion of a "black metropolis" to a wide audience,[19] before he even finished his doctoral degree.

Back then, black academics and artists deployed their knowledge of anthropology despite conflicted views of it as an esoteric endeavor, as St. Clair Drake put it, with little "relevance" to problems of "racial ad-vancement" in the United States.[20] They found it useful in attempts to ex-pose and consider various aspects of black diasporic life in the broader struggle against colonialism and racism. Barred from mainstream mass media, their public interventions were documented mainly in black out-lets. They managed to achieve this while differentially positioned vis-à-vis white counterparts who at times actively opposed their presence and activities not only within the discipline, but also inside and outside of universities. Indeed, what was permissible for some was heavily policed by others, including some of these well-known foremothers and forefathers.

In that vein, it must be noted that academia and the media are more congruent than dissonant when it comes to the structural factors influencing the underrepresentation of minorities. It is from this context that I emerged and learned how to maneuver as a black Haitian woman, an anthropologist, bent on issuing a counter-narrative in the public sphere in the post-quake period.

Neither Informant nor Sidekick

I began to write back, in a sense, when it was evident that Haiti was being represented in damaging and restricting ways. Nowhere was this more apparent than in the treatment of Vodou, which was repeatedly portrayed devoid of cultural meaning, and thus reinscribing the "mystical" characteristics ascribed to Haiti and barring it from narratives of modernity. Attempts to demystify this myth had their own challenges. In interviews with white colleagues (usually friends), I was often cast as the "native informant" by the interviewer, while they were seen as "experts." Together, we not only resisted this impulse but also had to remain vigilant of the aftermath.

The morning after, I would check websites to assure that the text of this new interview actually contained the correct spelling of Vodou instead of "voodoo," which is used in media style sheets. (The latter spelling reinforces the stereotype and is the popularly recognized term guaranteed to get more hits on search engines.) There were instances in which "allies"[21] and advocates in the mainstream and other media would represent Haiti in the most deprecating ways, at worst rendering Haitians invisible and at best, one-dimensional. While awareness of and attempts to address this were excruciatingly exhausting, these misrepresentations were also ripe for critical sociocultural analysis. Enter the native as sidekick.

This is not at all surprising; as I previously stated, the face of public anthropology is predominantly white and male in certain contexts. Although writer Edwidge Danticat and rapper Wyclef Jean were the most prominent Haitians in the media, with his high international profile it was Harvard medical anthropologist and physician Paul Farmer (founder of Partners in Health) who was practically synonymous with Haiti, along with Sean Penn and Bill Clinton.[22]

Where, if, and how "natives" fit in this visual (economic) order,[23] especially in the areas of humanitarian work and post-disaster reconstruction, given their domination by a white-savior-industrial complex, remained unanswered "burning questions," as Michel-Rolph Trouillot would have dubbed them a decade earlier.

Such moments and insights only reinforced Trouillot's assertions in *Global Transformations: Anthropology and the Modern World* (2003) about the status of the native voice in the production of anthropological knowledge. Ethnography was his site of inquiry, while I was surveying the media—in some cases, "leftist" or "alternative" branches of this world. Yet the social hierarchies and other issues were variations on a theme. Like the ethnographer, the journalist serves as mediator; in neither case can the native be a full interlocutor. Moreover, this only reconfirmed the need to address a problem I had been mulling over: "Who is studying you, studying us?"[24]

I stopped writing about Haiti months later, uncomfortable with speaking on behalf of Haitians, especially given that I had not been there since the quake. Although I had a specific viewpoint to offer on how Haiti and Haitians were being portrayed, I pondered its significance. I made my first trip back the last week of March and stayed through Easter weekend, spending a little time in Port-au-Prince so I could volunteer with a clinic in Petit-Goâve.

I returned feeling desperate. At the same time, I understood that not having hope is not an option for the ones left behind, for those trapped inland, because "nou se mo vivan" (we are the walking dead), as a friend said quite bluntly. Once again, thoughts of social responsibility re-emerged. My public writing entangled with my artistic work in unexpected ways. Invitations to colleges and universities meant audience members gained access to a social scientist, artist, and public commentator simultaneously.

This placed me in a position I have yet to fully decipher. I have at least recognized that with performance, I offer people a visceral point of entry from which critical conversation could develop. This overshadowed audience interest in my artistry, however, as discussions often remained content-driven. Still, the tripartite connection informed my works in multifaceted ways, making me aware of the limits of each, as well as how they complemented each other, and prompted me to reexamine their overall effectiveness in their own rights.

With that in mind and given my initial impulse—responding to a call—I had to negotiate my position within different forms of media. One thing remained indisputable: online publication provides access and extends one's reach in ways print does not.[25] Print, which entails a different process, still has merit, and it is a form of documentation that is more accessible for some, plus it meets a different professional criterion with regard to scholarship, although these writings were not in refereed journals. In any case, I found myself drawn to do more creative projects for my already unconventional career. This was work I was not only determined to do, but could not be kept from. So could it, would it, have any professional value? That remains to be seen, considering recent debates about how to evaluate nontraditional scholarship and university commitments to civic engagement.[26]

The Making of a Chronicle

The idea to compile these writings into a book came from Claudine Michel, a professor of black studies and education at the University of California–Santa Barbara, and the editor of the *Journal of Haitian Studies*. In our conversations, she mentioned she was too busy to keep up with my pace, so she had begun to put my pieces into a folder. Then, she insisted I too assemble them as a collection, given the immediacy, frequency, and scope of my purview. She said that as a native daughter anthropologist-performer situated on the margins, I offered a multifaceted insider/outsider perspective on this developing moment in Haitian history, a post-quake chronicle. (I think of it as a memoir of sorts.)

During this time, I had written intermittently, yet consistently, for the *Huffington Post*, the *Ms. magazine blog*, the *Haitian Times* (later *HT* magazine), and *Tikkun Daily*; and I was invited to do guest blogs on several niche sites by friends and strangers alike. Each one had its own benefits and challenges. The *Huffington Post* offered the most freedom as a less mediated space, with little oversight and a vetting process. The *Ms. blog* provided hard-core fact checking with phenomenal editorial supervision. This was particularly rewarding for the way it influenced me to retain a feminist perspective on issues while being action oriented, keeping the blog's readership in mind.

The *Haitian Times* did offer the ultimate audience who possessed background knowledge of never-ending tales of a Haiti continuously maligned in the media. As this readership was more broadly based, the new editor, Manolia Charlotin, began a scholar's corner to foreground more critically diverse voices on contemporary social and political issues. The *Tikkun Daily*'s emphasis on repair and transforming the world provided an interfaith community that allowed me to be even bolder where religion is concerned.

While I enjoyed addressing varied and smaller audiences, this compounded the likeliness that I had to keep repeating myself. Still, I enjoyed the practicality of these online blogs that required short-term, albeit intense, focus to respond and deliver. I also valued the fact that I was writing for the present moment.

During that first year, I accepted invitations to submit three different print pieces and proposed a fourth to the journal *Meridians: Feminism, Race, Transnationalism*—the creation of a small collection of women's "words" on the earthquake as an archival project. These were particularly challenging, as they took me into diverse directions. The first, "Some Not So Random Thoughts on Words, Art, and Creativity," was a meditation on several paintings and poems solicited by the curators of an art gallery in Grimma, Germany, for *Haiti Art Naïf: Memories of Paradise?*, a catalog for an exhibition held in March 2010. I wrote it in tears as I fawned over pictures of the selected paintings. Later, I had to decide whether to allow my writing to be included in the catalog when I strongly disagreed with the curators' use of the archaic term *naïf* to describe Haitian art. A mentor encouraged me to stay, noting that more than likely, I would probably be the only Haitian and/or alternative perspective in the catalog.

The second piece was "Why Representations of Haiti Matter Now More Than Ever." I presented it at the Ronald C. Foreman Lecture at the University of Florida, invited in April 2010 by anthropologist Faye V. Harrison. It turns out the lecture was actually an award that recognized the publicly engaged scholarship of its recipients. The month after, I updated and revised this paper for a special UNESCO plenary on Haiti at the Caribbean Studies Association (CSA) annual conference in Barbados. This panel included sociology professors Alex Dupuy and Carolle Charles, and language and literature professor Marie-José N'Zengou-Tayo, who survived the earthquake. Since I was on sabbatical, I offered to organize this panel for my senior colleagues and compatriots.

"Why Representations" was first published in *NACLA Report on the Americas'* July/August issue, "Fault Lines: Perspectives on Haiti's Earthquake." It was among the most academic pieces I had written. At the same time, it was also heavily influenced by my public intellectual training, which encouraged clarity, sharpness, and poignancy. I did not hold back, especially since this piece actually recorded my earliest reactions to television portrayals of the quake and its immediate aftermath. It was reprinted with the title "Why Haiti Needs New Narratives Now More Than Ever" in *Tectonic Shifts: Haiti since the Earthquake.* This extended volume, edited by Mark Schuller and Pablo Morales, contained an unprecedented number of Haiti-based activists and writers. "Why Haiti Needs New Narratives" became something of a refrain I repeated everywhere I presented my work—hence its use as title of this book.

The third print article was a feature story I wrote for *Ms.* magazine, "Rising from the Dust of Goudougoudou," published in early 2011. I went on my second trip to Haiti during the summer of 2010 and conducted research with various women's groups specifically for this assignment—a rare opportunity for an anthropologist to work with a mainstream print outlet from the inception of a story idea. The *Ms.* editor encouraged me to include as much history as possible to better unpack and contextualize the complexity of the current situation women faced in post-quake Haiti. For example, ever the ethnographer, I was adamant about revealing class and color dynamics among women's groups to expose the fallacy in abstractions such as "the poorest nation in the hemisphere." Moreover, since women were actively engaged in their communities, I got an opportunity to reveal this along with their habit of helping each other.

I grew more and more perturbed as a representative voice for Haitians in Haiti, aghast at the politics and realities of who gets to speak for whom. I have always written and spoken reflexively about issues of position, power, and representation, especially given my diasporic privileges. While I recognize I had access that many in Haiti did not have, I strongly believe that the public still needed to hear from those based in Haiti who can speak for themselves.

The fact is I was also ready to go in another direction to make a different kind of intervention. The "new" space was performance. As my understanding of the media's role in persistent perceptions of Haiti expanded, my artistic expressions took an even more critical and visceral turn, breaking from linearity and narrative, which were instrumental to the earlier stages of my practice.[27] Indeed, I have been engaging in public performances in professional settings consistently since 2001, when I first presented "The Passion in Auto-Ethnography: Homage to Those Who Hollered before Me"[28] at an American Anthropological Association annual meeting. My commitment to making creative and expressive works undergirds a dedication to interdisciplinarity—as an embodied intellectual embrace of the hyphen as artist-academic-activist, which is fueled by the contention that no one lives life along disciplinary lines. Hence my determination to use performance to both access and re-create a full subject without leaving the body behind. While I have written about my methods and motivations for doing such work,[29] in her 2008 book *Outsider Within: Reworking Anthropology in the Global Age*, Faye V. Harrison uses aspects of my creative work to make a broader argument for the significance of poetic and performative voices in expanding anthropological dimensions of conceptual, interpretive, and methodological praxis. In *Citizenship from Below: Erotic Agency and Caribbean Freedom*, Mimi Sheller (2012) has also argued that by challenging narratives of dehumanization, my work exemplifies an anti-representational strategy of resisting and returning the tourist and anthropological gazes.

My Order of Things

This book consists of thirty entries that include blog posts, essays, meditations, and op-eds written and published from 2010 to 2012. These are organized chronologically, and thematically divided into three stages that chronicle my intentions, tone, and the overarching theme of my responses.

The first part, "Responding to the Call," includes writing done in 2010. This was my most prolific year, during which I did more macro-level analysis, paying particular attention to structural matters that have been historically rendered abstract in a mainstream media. My interest and focus on politics was a retort to the potential, however brief, that this moment represented.

The second part, "Reassessing the Response," begins in January 2011, recognizing the first year marker of the quake. I participated in a march that was held in New York City and wrote about diasporic anxieties around this "anniversary" on pbs.org. Since writers hardly ever choose their own headlines, the piece, which I entitled "Haiti's Fight for Humanity in the Media," was published as "The Story about Haiti You Won't Read." By this time, both the scope and manner of my discursive and expressive ripostes were changing. Indeed, those of us with nuanced historical knowledge of both local and geopolitics already understood that no matter how well-meaning international efforts and developments, these were performances of progress that would ultimately uphold the status quo.

I consciously took an explicit feminist turn. I wrote more about women's concerns and those who were breaking ground in their own ways, in part to counter my disillusionment with international and national developments. The majority of the pieces in that second phase were published on the *Ms. blog*. I also edited "Women's Words on January 12th," a special collection of essays, poems, photographs, and fiction for *Meridians*.

The final part, "A Spiritual Imperative," is the shortest one. I barely wrote in 2012, having taken on another Haiti-related professional task[30] that severely limited my time. By then, I had turned from political matters to focus mainly on creativity and art. I was committed to drawing attention to the religious cleansing, or the bastardization of Vodou that was now in full effect. I characterize this shift as an ancestral imperative, as it was driven by a familial move away from our spiritual legacies and responsibilities.

So the last piece, "Loving Haiti beyond the Mystique," appeared in the *Haitian Times* (*HT*) to mark the 209th anniversary of the Haitian Revolution, January 1, 2013. It is actually an excerpt from *Loving Haiti, Loving Vodou: A Book of Rememories, Recipes and Rants*, a memoir written in 2006. I submitted "Loving Haiti beyond the Mystique" at the request of the editor unnerved by the irony of its relevance seven years later.

Nota Bene: Illuminating Errors

The pieces in this collection are reprinted here lightly edited, as they were originally published with the hyperlinks removed. They also contain errors (including a tendency to refer to the republic as an island) for which I alone am responsible. I came to recognize it for what it is: a subliminal signification constantly made by default.

Additionally, the more diverse my venues, the more I repeated myself. These discursive reiterations, I must admit, are also, in part, a strategic device at play. Indeed, my writing has always entailed a performative component—a purposeful orality if you will, since I actually read pieces out loud as I wrote them. Mea culpa, dear reader, as annoying as they may be to read here, compounding them is necessary to reinforce certain points that I believe are crucial to illuminating Haiti's past and path.

NOTES

1   The ideas and extensive writings of the late cultural theorist Stuart Hall had a profound impact on my work and thinking. He insisted on the routes of diasporic experiences as opposed to the more essentializing notion of roots, which I explore in detail throughout this introduction. When I was a graduate student, I attended a seminar at the University of Michigan in 1999 where Hall stressed this point: "Instead of asking what are people's roots, we ought to think about what are their routes, the different points by which they have come to be now; they are, in a sense, the sum of those differences." *Journal of International Institute* 7, no. 1 (Fall 1999). Another primary influence on me has been anthropologist Ruth Behar, my dissertation adviser, who not only has used the personal to write culture and to cross borders in her own way within and outside the academy, but whose intellectual and artistic preoccupations with concepts of home entail meditative interrogations of her identity as a Jewish Cuban negotiating her complex diasporas. Besides her ethnographies and memoir, she has written essays, poetry, and used photography and film to better nuance answers to her questions. Her works include *The Vulnerable Observer* (1996) and *An Island Called Home* (2007).

2   In a 1998 *New York Times* article by Garry Pierre-Pierre, Danticat was quoted recognizing the impact of the hip-hop star's Haitian pride, which he professed whenever and wherever he could. She said, "When we think of Haitian identity, it will always be before Wyclef and after Wyclef." Prior to his presence on the popular scene, stigmatized Haitians (youths especially) often hid their national identity to protect themselves from bullying and other negative responses.

3   I should note that this, of course, is with my full understanding of the complex impact of one's formative years on development as a social being.

4   Up until 2003, the country used to be divided into nine geographic and political departments. With over one million Haitians living in the United States, Canada, the Dominican Republic, France, and other countries in the Caribbean and elsewhere, the tenth department emerged as an informal category in the early 1990s that has since become more established in as far as Haitians abroad continue to seek political representation, demanding the Haitian Constitution be amended to allow dual citizenship.

5   For the director of the Center for Public Anthropology Robert Borofsky, public anthropology "demonstrates the ability of anthropology and anthropologists to effectively address problems beyond the discipline—illuminating larger social issues of our times as well as encouraging broad, public conversations about them with the explicit goal of fostering social change." From "Conceptualizing Public Anthro-

pology," 2004, electronic document accessed July 13, 2013. As I discuss later, this is a contested term among practitioners both inside and outside academe.

6 I have yet to decode the complexity of this position as a Haitian-American among Haitians at home, as a Haitian among blacks in the United States, and/or as an other among white anthropologists, which I have discussed at greater length in my first book, *Downtown Ladies*, an ethnography of female international traders in Kingston, Jamaica. To make sense of this location, I draw upon Faye V. Harrison's work on peripheralized scholars engaged in the decolonizing anthropology project. As Harrison so rightfully notes in accord with sociologist Patricia Hill Collins, who deploys this term, "'outsiders within' travel across boundaries of race, class, and gender to 'move into and through' various outsider locations. These spaces link communities of differential power and are commonly fertile grounds for the formulation of oppositional knowledge and critical social theory": Faye V. Harrison, *Outsiders Within: Reworking Anthropology in the Global Age* (Urbana: University of Illinois Press, 2008), 17.

7 I wrote numerous other pieces about bell hooks, Audre Lorde, President Obama, Oprah, art, feminism, performance, and other topics that went live, as well as others I wrote just for the sake of practice.

8 Michel-Rolph Trouillot, *Haiti's Nightmare and the Lessons of History: Haiti's Dangerous Crossroads*, ed. Deidre McFayden (Boston: South End Press, 1995), 20.

9 For more on Mead see Nancy Luktehaus, *Margaret Mead: The Making of an American Icon* (Princeton, NJ: Princeton University Press, 2010).

10 Building on the work of Charles Hale (2006), Michal Osterweil has argued that the notion of "activist research" and "social critique" as disparate is a falsified one since knowledge is a crucial political terrain, and both these approaches actually "emerged as responses to the increasing recognition of anthropology's role in maintaining systems of oppression and colonization that were unintentionally harming the marginalized communities anthropologist were working with." See Michael Osterweil, "Rethinking Public Anthropology through Epistemic Politics and Theoretical Practice," *Cultural Anthropology* 28, no. 4 (2013): 598–620, and Charles Hale, "Activist Research v. Cultural Critique: Indigenous Land Rights and the Contradictions of the Politically Engaged Anthropology," *Cultural Anthropology* 21, no. 1 (2006): 96–120.

11 A big issue is what exactly distinguishes applied, practicing, and public anthropology from each other. Applied anthropology has its origins in (international) development work and is policy driven. Practicing anthropology, on the other hand, often emphasizes collaborative work with communities, also with the aim of using the work to affect public policy. Public anthropology is also action driven, with the aim of transforming societies. While definitions of these approaches vary and depend on the schools of thought from which they stemmed, as Louise Lamphere

(2004) has rightfully argued, in the last two decades these approaches have been converging as collaboration, outreach, and policy are becoming more common in certain graduate programs.

12 Setha Low and Sally Merry mapped out the following ways that anthropologists can be more engaging: "(1) locating anthropology at the center of the public policy-making process, (2) connecting the academic part of the discipline with the wider world of social problems, (3) bringing anthropological knowledge to the media's attention, (4) becoming activists concerned with witnessing violence and social change, (5) sharing knowledge production and power with community members, (6) providing empirical approaches to social assessment and ethical practice, and (7) linking anthropological theory and practice to create new solutions." See Low and Merry, "Engaged Anthropology: Diversity and Dilemmas," *Current Anthropology* 51, no. S2 (2010).

13 Academics in general, including anthropologists, who engage with the public sphere are still stigmatized and are not taken as seriously by some peers. At the same time, anthropologists, especially in the United States, are concerned that, in the media, matters regarding human conditions tend to be discussed by non-specialists. For more on this issue, see Catherine Besteman and Hugh Gusterson, *Why America's Top Pundits Are Wrong: Anthropologists Talk Back* (Berkeley: University of California Press, 2005), and Thomas Hyllan Eriksen, *Engaging Anthropology: The Case for a Public Presence* (Oxford: Bloomsbury Academic, 2006).

14 American Anthropological Association website, AAAnet.org.

15 Besteman and Gusterson, *Why America's Top Pundits*, 3.

16 See Ira E. Harrison and Faye V. Harrison, eds., *African-American Pioneers in Anthropology* (Urbana: University of Illinois, 1999).

17 Indeed, my work stems from a much bigger lineage that includes Haiti's own tradition of ethnology, which dates back to the work of nineteenth-century anthropologist and politician Anténor Firmin. The Bureau d'Ethnologie in Port-au-Prince founded by Jean Price-Mars incorporated works that not only blurred the lines between ethnology and the literary but also stemmed from a radical activist perspective against U.S. occupation and other forms of imperialism. The particularities of my training, though steeped in North American traditions, did include area studies that incorporated and recognized the impact of the Haitian school.

18 See Faye V. Harrison, "The Du Boisian Legacy in Anthropology," *Critique of Anthropology* 12, no. 3 (1992): 239–60.

19 Drake and Cayton's *Black Metropolis: The Study of Negro Life in a Northern City* was first published by Harper & Row in 1945 and was reprinted twice, in 1962 and 1970, with updates commissioned by the original publishers. The first printing included an introduction by the popular novelist Richard Wright.

20 St. Claire Drake, "Reflections on Anthropology and the Black Experience," *Anthropology & Education Quarterly* 9, no. 2 (1978).

21 For a critique of the problems of "allyship" see Aileen McGrory, "Queer Killjoys: Individuality, Niceness and the Failure of Current Ally Culture" (Honors thesis, Department of Anthropology, Wesleyan University, 2014).

22 Prior to the quake Farmer joined the office of the UN envoy that was headed by Bill Clinton. There was a strange irony in this trio of white American men—Farmer, Clinton, and Penn—as the "saviors" of Haiti, which at times prompted me to refer to them as "the three kings."

23 This question is answered in part by Raoul Peck's documentary *Fatal Assistance* (2013), a two-year journey inside the challenging, contradictory, and colossal post-quake rebuilding efforts that reveals the undermining of the country's sovereignty and concomitant failure of relief groups, international aid, and nongovernment organizations (NGOs) with ideas of reconstruction that clashed with actual Haitian need. It also offers insights on where did the money (not) go.

24 I raised this question during a plenary session at the twenty-first annual Haitian Studies Association conference in 2009. I also explored this issue in some detail in the 2011 *Ms. blog* piece "Why Context Matters: Journalists and Haiti," which is included in this collection. I develop these ideas even further in my book-in-progress, "On What (Not) to Tell: Reflexive Feminists Experiments."

25 Swedish anthropologist and former journalist Staffan Löfving considers the issues of temporality in these two fields. He notes that "writing slowly about fast changes constitute[s] a paradox in anthropology. The paradox in journalism consists of writing quickly and sometimes simplistically about complex changes." Quoted in Eriksen, *Engaging Anthropology*, 110.

26 In the inaugural Public Anthropology review section of the *American Anthropologist*, Cheryl Rodriguez noted "the ways in which anthropologists are using cyberspace to create awareness of women's lives in Haiti. Primarily focusing on the use of websites and the blogosphere as public anthropology, the review examines the scholarly and activist implications of these forms of communication": see Rodriguez, "Review of the Works of Mark Schuller and Gina Ulysse: Collaborations with Haitian Feminists," *American Anthropologist* 112, no. 4 (210): 639.

27 There was something brutal and disconcerting about the even greater presence of foreigners with means and power on Haitian soil, an "humanitarian occupation," as these have been called by Gregory H. Fox (2008), or a neo-coloniality in the post-quake moment that intuitively brought me back to seeking solace in the work of Aimé Césaire, especially *Cahier d'un retour au pays natal / Notebook of a return to the native land*, and *Discourse on Colonialism*. Both of these texts had profound influence on my thinking as an undergraduate student and were instrumental in my decision to study anthropology to be of help to Haiti. I became more familiar with Suzanne Césaire's work, *The Great Camouflage: Writings of Dissent (1941–1945)*, which inspired me to finally embrace my secret attraction to surrealism as I gained a deep appreciation for her lyrical rage. These works made me even more

open to the possibilities of performance as an ever-expansive space to express raw emotions. Lastly, I should add that there is another complex point, concerning the appeal of these Martinican writers to me as a Haitian, which I believe is necessary to note but won't discuss any further.

28 See Gina Athena Ulysse, "Homage to Those Who Hollered before Me," *Meridians: Feminism, Race, Transnationalism* 3, no. 2 (2003).

29 See chapter 21, "When I Wail for Haiti: Debriefing (Performing) a Black Atlantic Nightmare." An extended version of this essay, titled "It All Started with a Black Woman: Reflections on Writing/Performing Rage," will be published in the black feminist anthology *Are All the Women Still White?*, edited by Janell Hobson (New York: SUNY Press, forthcoming).

30 I was asked to serve as the program chair for the Caribbean Studies Association annual conference under the leadership of Baruch College sociologist Carolle Charles, who became the first Haitian president elected in the association's thirty-seven-year history. My role was to organize a five-day international conference in Pointe-à-Pitre, Guadeloupe, that would eventually consist of over 150 panels and more than six hundred participants. I knew that to focus, there would be no time to commit to writing.

RESPONDING TO THE CALL

Avatar, Voodoo, and White Spiritual Redemption

January 11, 2010 / *Huffington Post* @ 1:13 p.m.

Avatar is not just another white-man-save-the-day movie. As a black woman and a cultural anthropologist born in Haiti, I had doubts about the depiction of race in the film. Before seeing *Avatar,* I worked on re-sisting the urge to categorize this film as yet another *Dances with Wolves, The Last Samurai,* or *Pocahontas* redux, as some critics have dubbed it. White-man-gone-native is the favored trope that mainstream Hollywood writers use when exploring (neo)colonial encounters between indige-nous people and whites.

A white environmental anthropologist friend, whose judgment of rep-resentations of race I trust, loved it. So I decided to see the film, even though Haitian Listservs were buzzing about how Dr. Grace Augustine (Sigourney Weaver), in typical Hollywood fashion, demeaned one of the religions I grew up with. "We're not talking about pagan voodoo but something that is real biologically: a global network of neurons." An un-apologetic lover of Vodou, I went to see for myself.

After seeing *Avatar,* I urged my younger sister to go take a look. We were both curious for different reasons. In our debriefing, we discussed the different aspects of the film that made us squirm. Blue monkey-like people played by dark actors. The noble savage narrative. The angry blue men competing with the good white guy who wins the blue girl. There were parts that we did like. It was absolutely beautiful. We were both in awe of the images of nature—a lush and glowing ecological world. The skills of animation. Then we went back to the uncomfortable moments. We spoke of the successful transferring scene when Moat (played by C. C. H. Pounder) led the ceremony that freed Jake Sully from his physi-cally challenged white body. As high priestess, Moat called on the Na'Vi's god Eywa for assistance. Seated, they encircled the tree with braced arms and moved in total unison.

Their repetitive chanting soon became drumming. "Sacred dance, sacred dance, sacred dance," my sister said she kept murmuring to herself. She actually teaches a sacred dance class, and it was too familiar. The movements, setting, altar, offerings. Communion with nature. All beings are interconnected. The Na'Vi do not distinguish between themselves and their environment. We came back to the tree.

In Haitian Vodou ecology, trees have always been sacred. They are significant in rituals, as they are inhabited by spirits. Rapid deforestation of the island has impacted worship. In overpopulated urban settings, practitioners are living in what one scholar recently referred to as "post-tree Vodou."[1]

It should be noted that deforestation of the island has some of its origins in the U.S. occupation of 1915–34. Then my sister pointed out that during the entire film, there was no mention of the Sky People's god. It's all New Age spirituality. New Age spirituality, with its purported openness, may incorporate some African-based religious practices, especially from Latin America, but (Haitian) Vodou remains stigmatized therein, especially in interfaith circles. Although a growing number of initiates are whites, few multidenominational churches dare to acknowledge it. Cultural specificities aside, Vodou shares core features—spirits, nature, ceremonies, and offerings—with other mystical religions. *Avatar* is a reminder of the hierarchy within alternative religions.

Surprisingly, I sat through *Avatar* with disciplined patience. I am so used to epic films about indigenous people always having white heroes, whether they be historical, contemporary, or science fiction fantasies. The Hollywood blockbuster machine with its penchant for good-versus-evil won't risk financing tropes with alternative narratives. Is slavery not the worst of evils and Napoleon Bonaparte the ultimate villain? Yet a film about the Haitian Revolution—the only successful slave revolution that ousted European colonizers—still can't seem to get off the ground. And the depiction of voodoo, Walt Disney recently reminded us, is still evil: see *The Princess and the Frog*.

To be sure, while *Avatar* doesn't break free of Hollywood tropes, it does allow white characters to break out of dominant worldviews. The film had a range of Sky People who fought among themselves. In fact, the triumphant ones were all outcasts. A paraplegic man. A minority woman. An effeminate nerd. A masculinist white female scientist. A minority science man. There was also corporate greed. Military might. Skeptics and believers. There was a critique of science with irony. The cerebral Dr. Grace realized too late that the Na'Vi's mystical voodoo is as valid and real as the science. She did not make the crossing, while the more visceral Jake, who went rogue, did.

The clash of cultures and races is an easy way for moviemakers to explore personal transformation. In too many films, dark bodies have systematically been the catalyst for white salvation. *Avatar* forces us to confront these contradictions as we wait for the epic film that has yet to be made—one that tells the natives-meets-white-men story from their perspective.

> Half of life is figuring out which contradictions you're willing to live
> with.
> — Savyasaachi

2

Amid the Rubble and Ruin, Our Duty to Haiti Remains

January 14, 2010 / npr.org @ 11:29 a.m.

Words are especially difficult to come by in a state of numbness. My response to the outpouring of calls and e-mails from concerned friends has become something of a mantra. No, still no news yet. We have not been able to make contact with anyone. To stay sane, I have resigned myself to accepting that my immediate family will not come out of this without loss. And even if we did, the lives of the already departed and sheer magnitude of the devastation are enough to keep me catatonic.

You see, I was just in Haiti the week before Christmas. I went to the Ghetto Biennale of the Grand Rue artists. I returned from what I boasted was my best trip ever full of hope about the future. The reason for my optimism was encounters with people from Cité Soleil. Through INURED, a research institute, I met ten students who received scholarships to study in Brazil and members of a community forum that has been actively engaged in dialogue in attempts to build a broader coalition beyond politics. Their work renewed my dedication to participating in building the country again. I made a commitment to raise funds to make sure both of these efforts are successful.

Hope is not something that one often associates with Haiti. An anthropologist and critic of representations of the island, I have often questioned narratives that reduce Haiti to simple categories and in the process dehumanize Haitians. Yes, we may be the poorest nation in the Western Hemisphere, but there is *life* there, love, and an undeniable and unbeatable spirit of creative survivalism.

I have heard cries of Why Haiti? and Why now? or that this could have been avoided. Narratives of blame may be explanatory, but at this time they are not constructive. Since our inception as a sovereign state early in the nineteenth century, we have faced obstacles. We have had to build and rebuild before. I am worried about Haiti's future. In the immediate moment we need help, rescue missions of all kinds. I am concerned about weeks from now when we are no longer front-page news. Without long-term efforts, we will simply not be able to rebuild. What will happen then?

My first response to seeing post-quake pictures of the capital was to ask, How will they build factories with this devastation? In the past year, the United Nations and special envoy Bill Clinton's plans to help develop the country's economy have virtually ignored dissent on the ground that called for a more humane approach that would not re-create the same exploitive labor relations that continue to serve the wealthy. Haiti's government, with its absence of structure, cannot be ignored, as it is in desperate need of reinforcement, and civil space needs to be nurtured.

The folks I met last month had one response when I asked why, despite their personal hardships, they chose to engage in community building. In Creole or in French, they replied, "C'est mon devoir" (It is my duty). I was charmed by the phrase, its elegance and matter-of-factness. On this side of the water, I hold on to their words today as a sign that there is will in Haiti. When long-term efforts are on the way, the international community, too, must see it as its duty to not re-create the mistakes of the past.

3

Haiti Will Never Be the Same

January 21, 2010 / *Huffington Post* @ 3:09 p.m.

It is still difficult to absorb the images. Though I have now heard from my family members, I experience symptoms of trauma, mainly dissociation—my mind seeks sporadic distances from my body, as this is simply too much for my psyche to bear. Unlike those glued to their screens, I turned off the television. I have that luxury. Yet I keep thinking of those who cannot. If, with over sixteen hundred miles between us, this is my reaction, then what must it be like for people who are in the thick of it in Haiti?

Since its inception as a free black state in 1804, Haiti has been fragile. If the earthquake that devastated the capital last week has revealed anything else, it is that the country has a weak and barely functioning state and virtually no infrastructure. Of course, that is not news to those who know Haiti: it has always been the case. How it got that way tells us why efforts to rebuild Haiti must take a different course. And this simply cannot be understood without some references to the island's history.

Since independence, most politicians have followed a simple rule: build a coalition to oust the enemy, then disband, as they had done with the French. Freedom came at a price. The young republic's sovereignty was compromised in critical ways that continue to affect it today. Early on, it was crippled by debt—an indemnity payment demanded by France of 150 million francs (borrowed from European banks) for their loss of property—and the island's economy never quite recovered. Haiti was also isolated by an international community—still trafficking in slavery—for sixty years after its successful revolution. The brutal U.S. military occupation the following century furthered Haiti's centralization in the capital, weakening regional institutions and economies. Moreover, ruler after ruler chose to concentrate power and develop the capital at the expense of the nation. In that vein, the birth certificates of those not born in the capital, until very recently, were actually labeled *mounandeyo*, people born on the outside.

As a result, over the years the escalated internal migration that over-populated Port-au-Prince was fueled by the search for jobs, education, and other opportunities due to the absence of government presence in rural areas. This is one of many reasons that rescue efforts and resources are unable to be delivered. Léogâne, Petit-Goâve, Jacmel, for example, were out of reach to rescue workers for days. Historically, the extractive state has opposed its nation and only served a select few.

Recently, I spoke with a friend who was there during the earthquake. He sounded fully present. He politely asked how I was. "You just lived through an earthquake, how are you?" I replied. His words were a stac-cato of observations: "You can't imagine how terrible it is. . . . I have taken lots of pictures . . . videos . . . this must be documented. Bodies every-where. The smell. People need to know what is really going on there. A friend of mine has four hundred people in her yard. Her house collapsed. Everyone is outside. Some are dead. We need water. Medical assistance. Food. There is no state. No ministry in operation. No communication. Nothing. There is nothing. Haiti, I tell you, will never be the same."

Haiti better not be the same!

The earthquake has indiscriminately shifted some of the class bound-aries in Haiti, forcing everyone out in the streets because of fear of fre-quent aftershocks. This disaster with all its horror and tragedies actually represents an opportunity when the time arrives to rebuild a different Haiti—one with a government of politicians with national agendas, not self-interest, one that recognizes its duty to its citizens. Haiti could be a country that in its industries and labor relations ceases to exploit its workers and stops reinforcing the extreme gap between the rich and the poor.

This prospective Haiti could promote expansion of civil space that fos-ters both acknowledgment of dissent and genuinely supports democratic engagement. This new Haiti can be a place where education is not priva-tized and centralized in the capital, but available to everyone in all nine departments. And finally, it can be an island that embraces its social and cultural plurality in its myriad forms without debasing its black masses. That simply cannot occur without the constructive will of all Haitians and the international community, especially the United States and global aid agencies, because they have historically undermined local politics.

So when rebuilding is under way, we need to remain just as engaged. We are obliged to become vigilant observers and volunteers who question, watch, and participate in reconstruction efforts on the ground to make certain that indeed Haiti, which is so close and yet so far away, will never be the same. And must not be the same.

4

Dehumanization and Fracture
Trauma at Home and Abroad

January 25, 2010 / *Social Text* @ 3:00 p.m.

The Center for Latin American and Caribbean Studies at New York University held a teach-in, "Haiti in Context," on Wednesday, January 20, to which I was invited to speak. After the panelists presented their perspectives on the current situation, a young Haitian female graduate student who had been there during the earthquake took the mike at the podium. Her account of the event and its immediate aftermath required the audience to be patient. Words crept sluggishly from her mouth as she dissociated frequently between incomplete sentences.

She had solid insights: "Rescue efforts are focused on getting American citizens out first. If you are white, you are automatically U.S. citizen. Those with money make their way to the Dominican Republic to escape. Relief is not going in needed places. Most are being ignored. Efforts that work are grassroots level response that gets to communities." And so on.

What was evident to us when she was done is that she is still in shock and is severely traumatized. Another Haitian faculty member in the audience broke into tears as soon as she began to speak. Those of us with especially deep connections to Haiti (including myself—I was born there and had been on a research trip a month prior) also showed signs of fracture.

In the immediate aftermath of the quake, I wrote the following: "Words are especially difficult to come by in a state of numbness. My response to the outpouring of calls and e-mails from concerned friends has become something of a mantra. No, still no news yet. We have not been able to make contact with anyone. To stay sane, I have resigned myself to accepting that my immediate family will not come out of this without loss. And even if we did, the lives of the already departed and sheer magnitude of the devastation are enough to keep me catatonic."

A week later, I penned that it was "still difficult to absorb the images. Though I have now heard from family members, I experience symptoms of trauma, mainly dissociation—my mind seeks sporadic distances from my body, as this is simply too much for my psyche to bear. Unlike those glued to their screens, I turned off the television. I have that luxury. Yet I keep thinking of those who cannot. If, with over sixteen hundred miles between us, this is my reaction, then what must it be like for people who are in the thick of it in Haiti?"

Isolated in Middletown, Connecticut, and desperate for any information, I turned on the major news outlets the morning after the earthquake. One of the first reporters on the scene (a white female whose identity is truly insignificant here) was clearly overwhelmed by what she saw on the ground. She commented on the indifference of those roaming the streets, many of them still covered in dust. Her explanation for their distressed and expressionless state was that perhaps it is because they are so used to hardship that they are nonresponsive.

This observation—an additional blow to the psyche—discursively reinforced the routine dehumanization of Haitians. As subjects of research and representation, Haitians have often been portrayed as fractures, as fragments—bodies without minds, heads without bodies, or roving spirits. These disembodied beings or visceral fanatics have always been in need of an intermediary. They hardly ever spoke for themselves. In the academy, they are represented by the social scientist. And on January 12 after the quake, enter the uninformed, socioculturally limited journalist.

In media coverage of the quake and its aftermath, some nuances of the dehumanization narrative have emerged that are particularly dangerous, especially given their implications. In these, Haitians are either subhuman or superhuman. The subhumanity stems from the dominant idea in popular imagination that Haitians are irrational-devil-worshipping-progress-resistant-uneducated-accursed-black-natives overpopulating this godforsaken land. The superhuman characteristic is usually framed in terms of our resilience. The miraculous discoveries of those found still alive deep in the rubble nine to ten days after being trapped there are framed in such terms. No ordinary human being could withstand so much, but for some reason, those Haitians can. There is an underlying subtext here about race. For Haitians are blackness in its worst form, because, simply put, the *enfant terrible* of the Americas who defied all European odds had to become its *bête noire*.

Some hours after the Hope for Haiti fund-raiser held on Friday, January 22 (which I could not bear to watch), Anderson Cooper was on the air speaking with a British reporter who was perturbed by the fact that people were not crying. The reporter then told a story of a woman who survived the quake but lost family members, including a young child. The reporter was surprised that this woman was forcing her way onto a bus to get out of Port-au-Prince. When he asked her what she had done with the recovered body of her child, she said *"Jete."* His interpretation was that *she* threw him out. The only word he understood was *jete* (throw, fling, hurl). There was no mention of the prepositions that came before or words that came after. "Why don't you Haitians cry?" the reporter asked those he encountered, stunned. Cooper tried to spark a conversation about trauma and mentioned the word "shock." That angle did not gain any traction.

Yet another rhetorical blow to the psyche.

As I have written elsewhere, the body—a reservoir of discursive, physiological, psychological, and social memories—functions as an archive. Deposits were made on January 12 just before 5 p.m. that will have impacts for years to come. Those who have experienced this moment at home or abroad will need to be tended to, psychologically nurtured and supported, because we have been fractured differently in so many brutal ways.

An Update of Sorts

Two days ago, my nineteen-year-old cousin who lives on Route de Frères, which as of the writing has seen no relief efforts because of security concerns, cited the rapper Nas on his first Facebook post since the quake, which read:

Heart of a king, blood of a slave!!!!!

Thu at 7:11 p.m. A· Comment A· Like
His friends responded:
thank god ur ok ma dude . . . stay up and stay in contact
Thu at 7:55 p.m.

Blessed be the Lord!

Thu at 8:27 p.m.

great to see you again. take care and keep in touch!!!!

Thu at 10:33 p.m.

Really glad 2 know u r still standing brave heart never get away in vain!!!
Peace & luv bro !! keep praying

Yesterday at 2:15 a.m.

still standing as this famous slave, we're gonna do it again "BWA KAIMAN"

Yesterday at 4:22 p.m.

5

Haiti's Future A Requiem for the Dying

February 4, 2010 / *Huffington Post* @ 12:19 p.m.

The earthquake's devastation in Haiti is no longer front-page news. Most cameras shifted their lenses when the morbid and grueling work began—massive discard of the dead and what to do with the displaced living. As bulldozers clear rubble intermingled with bodies and other remains, top officials meet in global cities to decide Haiti's fate. Private organizations and companies are positioning themselves for the expected economic windfall, recruiting foreign workers and organizing conferences in the diaspora on how best to rebuild the fractured republic.

Post-quake Haiti is up for grabs, and the key players remain the same.

As nameless, undocumented, uncounted bodies are dumped in mass graves, President René Préval and his government refuse to address this or any other substantive issue. Haitians at home and abroad wonder who is truly running the country. Although this silence may smack of barbarity, it is in fact a structural one that has historical roots and dangerous implications for Haiti's future.

Haitian officials are not alone in this disregard for the dead and the living. Initial rescue efforts prioritized citizenship and privilege. The valuable foreigners were saved first. Rescue teams ignored overpopulated slums coded as "red zones" or high-security-risk areas. Young children labeled "orphans" were whisked off to foreign lands. Disputed overpayment for those treated in the United States suspended medical airlifts and endangered lives. The United Nations approach to managing the desperate and hungry who lined up for food was to teargas them into submission. People are dying not because of the earthquake but because of neglect.

We are bearing witness to human rights violations in the name of expediency. This need not be the case. Haiti, once more, is being called upon to lead changes in the world. Two centuries ago, the island caused a disorder in things colonial that ultimately ended slavery and France's hope of enlarging its empire in the New World. Yet, this time, the situation in Haiti is challenging the international community to rethink its concepts and applications of aid and to discern these from racist ideologies that impede sustainable reconstruction efforts from taking hold.

Well-meaning advocates and hateful critics alike focus on Haiti as a failed state, citing its pervasive corruption as they simultaneously dismiss references to the past. Unless they think historically and explore these interconnections to find new solutions, all efforts to get Haiti right are simply doomed. This moment is especially critical because the Haitian state is being called upon to do something it has never done—have and show a responsibility to the entire nation. Historically, which lives matter in Haiti has always been determined by socioeconomic status. And nothing makes this more apparent than the mass graves; the state treats the dead as they do the living.

To get Haiti on another, more democratic course, concrete steps are necessary to ensure that the poor and nameless have advocates in discussions of rebuilding plans. They cannot continue to be casualties of nonrepresentation. Their opposition to the UN special envoy's plan for Haiti must be revisited. January 12, 2010, should not be used as a pretext to go back to business as usual. In spite of the narrative pervasive in the mainstream media, Haiti only seemed stable. The Collier solution to build sweatshops and export mangoes being touted again this week as the answer to poverty is an archaic development model detrimental to Haiti's future precisely because it reinforces the concentration of wealth and exploits the masses.

If you are concerned, keep asking questions. External pressure affected the World Bank days after the quake. So make calls, text, Tweet, send letters to local, national, and foreign officials, as well as international funding agencies to demand the following:

- Forgiveness of Haiti's debt.
- Greater transparency on the part of both Haiti and the United States regarding the terms of current relationship between the two nations.
- Public debates (at home and abroad) concerning Haiti's future that actually include real oppositional voices and not the usual suspects who claim to represent the nameless.
- Recognition of and partnership with local grassroots organizations to ensure expedient delivery of relief.

Indeed, nothing would be a more fitting requiem for the dying than a sustainable Haiti that will not crumble in the future from the man-made disasters that are currently under way.

6

Not-So-Random Thoughts on Words, Art, and Creativity

Haïti Art Naïf / Denkmalschmiede Höfgen /
March 7 exhibition opens (print)

Years ago, as a translator for Haitian refugees, I found myself getting attached to certain words spoken by men and women seeking asylum in the United States. These words took me into unfamiliar places. Uncomfortable places. Dangerous places. The paintings in this collection, like those morsels of words, also took me on a journey. They took me to a different place. A beautiful place. A regenerative paradise. A place that I did not want to leave. They gave me breath, exposed me to a limitless imagination and reminded me, once again at a very crucial moment, of Haiti's undeniable and unbeatable spirit of creative survivalism. And because of their location—in a village four kilometers from Grimma, in Germany, they forced me to further expand my notions of community. In that sense, like the words that I have written about, the paintings in this exhibition gave me *a little of this country that I used to know, a little of this country that I never knew, a little of this country that I wish I knew.*

Art in Haiti is complex. Haiti is the country that produced the only successful slave revolution in the world and as a result became the longest neocolonial experiment in the history of the West. Haiti, once the *enfant terrible* of the Americas who defied the great European powers, endured external and internal pressures of all kinds and has become the region's *bête noire.* To paraphrase anthropologist Michel-Rolph Trouillot, the more that Haiti appears weird, the easier it is to forget that it represents this aforementioned past.[2]

Art historians and critics tend to view Haitian art from specific perspectives. Central to many of their frameworks is the idea that Haiti is first and foremost a land of poverty and deprivation from which art—expression of joy and richness of the human spirit—derives.[3] Or that Haiti is actually a wreck of a country—with a people who are simultaneously the economically poorest and artistically richest culture in the New World.[4] Such notions rest on a particular juxtaposition that disavows the presence of Haitian artists while undermining their agency. The fact is that while the social economic conditions undoubtedly do impact the country, they certainly are not the only things that define it. Associating Haiti solely with its material conditions is a discursive practice, an exercise in hermeneutics—an act of interpretation.

These perceptions actually incarcerate Haiti—restricting it to dystopian narratives of desperation that obscure the republic's complexity. In so doing, these views come dangerously close to dehumanizing Haitians. Indeed, Haiti cannot escape its main tagline as the poorest nation in the Western Hemisphere. Yet, it is so much more than that. It is much more than a series of markers and quantitative indices. Haiti is, and has always been, a country of extremes, as Catherine Hermantin puts it. And nothing reveals this as much as the art world. Who makes art? What kinds of art? Who appreciates art? Who views art? Who sells art? Who imports art? And ultimately who owns it. It is no wonder that those looking to explain where Haiti fits within the order of things are continually puzzled by Haitians who make art and why they actually do so.

I was not born into a family that appreciates paintings. We did not go to museums. But creativity was always all around me. My father habitually sculpted anything that he could manipulate into self-portraits, whether these were pieces of wood, metal, or even plastic. Mother sewed and baked cakes that took on life of their own. Making something with anything was simply a way of our daily life. Almost everyone around us did the same. Part of it may have been lack, but part of it was certainly wonder.

Thus, it is not surprising that years later their three children (my sisters and I) are professionals who also sing, dance, write, and, yes, even paint. When we reach the limits of one form of expression, we simply take on another. The point is to answer the call to give voice to that which words alone cannot fully express. As artists, we turn to the arts because we are as filled with need as we are with the torment that will eventually bleed onto canvases in the shape of forms and lines. The desire to pick up a brush is response to a visceral demand. An answer to a cry to document outwardly that which boils within instead of remaining trapped, archived in our minds and bodies where no one can see it.

I prefer to think of the works in this catalog on similar terms, putting less emphasis on economic determinism and the social conditions from which they sprang than on the verve stirring within the artists who created them. In so doing, I bring the artists to the center as active agents, revelers who are interpreters of their world. Gerald Nordland, I believe, puts it best when he says: "Haitian artists paint out of their own resources, their own history and mythology, the double experience of [Vodou] and Christianity, the observation of earth, sea and sky and their knowledge of human interaction. Their personal expression of creative imagination—a fundamental level of human consciousness—has preserved their art's authenticity and given the world a rich and intense experience of the will to creativity."[5]

The works in this collection came to my awareness days after January 12, 2010, when a devastating earthquake 7.0 on the Richter scale and its numerous aftershocks decimated the republic. Upon encountering the paintings in the file to write this introduction, I burst into tears. I practically demanded to see them in person for myself, because these paintings confirm that in spite of a history of confrontation, recent ravage and devastation, as long as there is art and there are artists of all kinds, Haiti will remain a place full of life, love, and will. A place where every single breath is, actually, a promise.

Musings on Breath, Imagination, Spirit, and Community

BREATH

There are various shades of green in Jean Edner Cadet's and Henri Robert Brezil's landscapes that automatically beckon the viewer to enter their lush green jungles to breathe. Deeply. Clean breath. Fresh breaths. Even on a computer screen, the trees invite one to take a rest, then breathe again even deeper to merge with trees that offer a solace that Haiti has yet to know, which was recently taken from her.

> *Jungle*
> Jade colored leaves
> Unfold themselves to
> Nature,
> Glowing from the sun's reflection and
> Longing to be part of this
> Ending World[6]

IMAGINATION

Frantz Zephirin must see out of more than one eye. This ability is reserved only to those charged with the greatest of responsibilities—to see through the eyes and into one's soul. He must know what many others are too often afraid to put into words. So he paints them. Knowing that he who wields a sword is not fearful of guns. I imagine him in conversation with Philton Latortue discussing encounters at the crossroads where spirits and animals roam while mere mortals bow their heads to turn their eyes away in respect.

SPIRIT

In the unknown landscapes, there are bits of Haiti that you can only know if you stay a little longer. Foreigners tend to depart too soon. If you remove your self-importance and let your feet get muddy, you may find shelter under the thatch roof of the peasant woman who rode her donkey to market that morning and may be later in the imaginary city; you too can ride a tiger.

> *Someday*
> I will show you passion, passion, passion
> Tempestuous drums drumming
> Mayanman Ibo le lelelelele

Thin voices threading needles
Prickling you drawing happiness
Redder than raw sugar cane
Sweeter than hot rapadou dripping like sap
Where limbs were amputated for firewood
I will show you this and more Someday[7]

COMMUNITY

Germany has something of a sordid connection to Haiti that most Germans may not even know. This exhibition in some ways represents another turn. Art knows fewer boundaries. Art heals. Art can also make and remake connections and communities. Thirty-seven pieces purchased over a decade ago will now be exposed to celebrate a Haiti that once was and perhaps can be again.

In the aftermath of the earthquake, assessment of the damage revealed loss that is unimaginable. Hundreds of thousands of people are gone, most of them uncounted and undocumented, now buried in mass graves. Additionally, state properties have also been affected, including the Centre d'Art—the art center opened by DeWitt Peters in 1944. The center became both an exhibition space and a training ground for artists, especially those who were self-taught. Many of the artists in this collection (Gabriel Alix, Préfète Duffaut, Jean-Baptise Jean, Philton Latortue, and others) honed their skills there or had some connection to the Centre d'Art.

This exhibition at Höfgen may very well be the first one to occur since the earth cracked open and fractured Haiti. For that reason, it is of great importance. It is both homage to Haitian artists and recognition that Haitian art must not only survive this earthquake and its fallout, but also thrive in the future, especially within Haiti. Given this connection, hopefully, Höfgen will play a role in the rebuilding efforts of the Centre d'Art. And perhaps someday, this same exhibition will cross the waters and be shown in Haiti. Then Haitians too can see these works up close and revel in the mystery, poetry, and passion that are at the very core of their artistic traditions.

Haiti
Haiti, réveille-toi!
Haiti, ouvre tes yeux!

Redeviens belle et prospère!

Redeviens "Perles de Antilles"!

Redeviens notre lumière brilliante!

Redeviens les rayons qui éclairent la Caraïbe!

Redeviens notre fierté!

Redeviens notre orgeuil!

Redeviens AYITI![8]

7

Sisters of the Cowries, Struggles, and Haiti's Future

March 18, 2010 / Honorée Jeffers blog / @ Phillis Remastered

December 14, 2009, the day before my last trip to Haiti, I met briefly with an old grad-school chum. P is a sister who also made it through the struggle (of being one of very few) at the University of Michigan, where she earned her JD and I a PhD in anthropology. We overlapped only by so many years as I neared the last stage of the doctorate. We held on to survive the process and now nearly two decades later are working on thriving as professionals.

P and I have more than an alma mater in common; we are also both Haitian-born U.S. diaspora dwellers. We were not close at UM, but we connected. After her graduation, she helped hook me up with an internship in South Africa, where we met up again and bonded. I will never forget upon my arrival in Capetown, P gave me a quick breakdown of local dynamics that ended with her saying "*pitit* [child with serious emphasis], and then you're going to find out you are colored" as she broke into sardonic bouts of laughter. Our conversations have always been peppered with Creole words. Another point of connection was the sameness in awareness of our identities and the various social and symbolic politics of being black women.

I sat across from her that Tuesday after several years of intermittent contact. We both marveled at the obvious changes in our state of being and appearances that we recognized as coming from deep within. We did high fives to mark the synchronic moments in our conversation where without question we got each other. "Life is too short." There were *uhmms* and *uh-huh*. "Girl, I am just tired of struggle." "It's all about being present." "I want to live my life now," we each said. Which comments belonged to either of us hardly mattered. We have been on separate journeys but seemed in many ways to be in the same spot of the crossroads we faced today.

Then I revealed the significance of this moment for me. I was on my way to Haiti and did not tell family members the details of my impending trip, nor did I plan to have or make any contact with my folks in Haiti. I needed to be there as a researcher embarking on the preliminary phase of a new project, not someone's daughter, niece, or cousin. My reasons were quite simple, as I sought to learn whether I could have a relationship with Haiti on my own terms that were not overshadowed by family dynamics.

Then P made a most definitive statement that resonated with everything I have been struggling with around this journey. I would come back to her words again and again while in Haiti and even now as I write this. She said: "Our culture doesn't have a space for women to mature and come into our own." That comment led us into a discussion on what it means to be grown (resurrecting bell hooks) as women when we do not possess the primary marker of adulthood (children).

How do we transition from girl to woman to wise one? She had been married, and I remain single. Those of us who take nontraditional roads are continually reminded there is no point of reference for us. Yet we also know that who we seek to be stems from deeper desires to come to terms with ourselves as fuller beings made in our own visions. We are not like our mothers or grandmothers. We are engaged in conscious acts of self-making as we resist the urge to be crunched up into other people's fantasies for us, as Audre Lorde has written.

The next time I saw P was several weeks later. January 12, 2010, is the day part of the earth had cracked open in the Western Hemisphere and fractured our beloved country of birth, only to reveal its most persistent inequities and vulnerabilities. We tried to squeeze every concern we had into the fifteen minutes she was available. I needed to reconnect with her before facing an audience of strangers. At times, we shook our heads in disbelief and shared continuous repetitions of the word *pitit* that needed no explanations.

Then our attention turned to the planeload of the very young, labeled "orphans," who were whisked off to foreign lands. "I called my mother and even said I would take a couple and bring them home," P said. We scrambled for words to reflect our outrage and still make sense of this desperate act. What is the value of Haitian children? The worse was yet to come as we discussed the dead. The uncounted. The mass graves.

Where are the Haitian voices on this issue? Why so many artists? How can the president remain silent throughout this moment? The conversation turned to our commitment to helping in recovery somehow, as it is our duty to do so. Then we realized we had not talked about my trip to Haiti. I gave her a brief reply in minutes and told her I had been writing op-eds for sanity and to make sense out of this moment.

The thing about P is that she too is at a point in her life wherein she refuses to be silent. Weeks later, I encountered another woman of Haitian descent, Lenelle Moïse at Northwestern University. She was scheduled to perform *Womb Words Thirsting*—an interactive autobiographical one-woman show that mixes "a brew full of womanist Vodou jazz, queer theory hip-hop, spoken word, song and movement." I was there to respond to the work and write a critique for the Performance Studies Department's project Solo/Black/Woman.

On the ride from the airport, Haiti was the center of our discussion. Status of family . . . friends. Where we were when we got the news. We also talked of our worries and the disconcertment of bearing witness from so far away. What of Haiti's future since it seems that the players remain the same?

This was Moïse's first performance since 1/12. When she took the stage a day later, it was evident that those who dare to break the structure of silence are needed now more than ever. Beyond her grace, there was rage; though this work had been written years before, it bellowed screams for a Haiti that desperately needs fierce and persistent advocates on the front line at home and abroad. Moïse took risks to stake claim to a self while determined to live a full life.

Some of our struggles here are so distant from those back there. This fullness, this idea of a sense of self as whole that we seek has historically eluded Haiti, or people's perceptions of and representations of Haiti. As we obsess over Haiti's future and our potential roles in it, we do so knowing we are in a place of such privilege.

Since the quake, in the tent cities that have sprouted all over the capital, women and girls are the most vulnerable. They are susceptible to sexual exploitation, harassment, and rape. Discussions concerning reconstruction efforts tend to ignore the specific situation of women. Activists here and there are trying to put women's issues on the table. Many of us are only too aware of how crucial it is that the needs of women not be ignored. Haitian women have been known as the *potomitan*—center pillars of their families and communities. Without their wellness, whole selves, and protection, Haiti's future will remain an abstraction lost in theory.

8

Tout Moun Se Moun Everyone Must Count in Haiti

April 10, 2010 (not published)

Tout moun se moun, men tout moun pa menm. All people are human, but all humans are not the same. Nothing reflects this Haitian proverb more than the impact of Goudougoudou—as Haitians have dubbed the January 12 earthquake—and its aftermath, and that includes plans for reconstruction.

In recent weeks, reporters, bloggers, and concerned Haitian advocates at home and abroad have cried foul over the exclusion of civil society from closed-door meetings that preceded the United Nations Haiti's donors conference on March 31. In spite of the rhetoric of unity that dominated the conference, it is undisputed that the key players in Haiti (the World Bank-led committee, the UN special envoy, the CBHF [Clinton Bush Haiti Fund], the government of Haiti, the business elite, as well as many of the NGOs and missions running amok on the ground) not only failed to substantively consult and integrate civil society, but are proceeding with business as usual without the input of those most affected by Goudougoudou.

Responses on Listservs and in private conversations to the disregard of *pep la* (the people) range from absolute outrage (who do they think they are?) to total capitulation (there is nothing we can do). One thing is clear, on either side of the coin: those who know Haiti and its deep history of state against nation, as anthropologist Michel-Rolph Trouillot calls it, see the danger signs ahead, and they are blazing. Implementation of uncoordinated and exclusive plans is a man-made disaster in the making.

I'm cautiously optimistic that another Haiti is still possible, but only if approaches to rebuilding encompass a much broader sector of the population and reconsider existing organizations that have historically excluded them. Indeed, without new structural approaches, and full inclusion of Haitians, attempts to get Haiti right or build it better—as Bill Clinton continues to espouse using archaic development models and a state system based on patronage—are not only doomed, but certain to implode again.

In Haiti, grassroots organizations are weary of being continually bypassed by the Haitian government. They want a state that is accountable to its citizens, not to the international community. Yet they also know that ultimately decisions concerning Haiti's future are in the hands of donors, international financial institutions, and the NGOs that have replaced the state over the years. Civil society is rightfully demanding participation in rebuilding processes precisely because the catastrophic earthquake need not be in vain and can be used to create a Haiti where all citizens and not just those with money and the right connections will have equal access to health care, food, education, and housing.

Haitians in the diaspora are as determined to ensure that Haiti will not be the same as it was. Hence the call to build Haiti anew. They are collaborating, organizing, protesting, and holding discussions on how to make interventions, since the train has already left the station, as many of us like to say. While many are positioning themselves for the windfall, others are seeking to be players and advocates for those who were left out of the process and make sure their voices are heard.

One such effort was the conference Haitians Building Haiti: Towards Transparent and Accountable Development that took place in Boston on March 26–27 before the UN conference. Participants included members of Haitian civil society, the Haitian diaspora (academics, activists, and professionals), members of the government of Haiti and the U.S. government, international financial institutions, the United Nations, and NGOs, all engaged in a dialogue to "envision and define a new paradigm for the rebuilding of Haiti."

Another example is the coalition of women working both in the international arena and on the ground in Haiti under the umbrella of Poto Fanmfi (a coalition is support of women and girls) to produce a Gender Shadow Report to the government of Haiti's Post-Disaster Needs Assessment (PDNA) that specifically addresses the concerns of women and girls.

The two-day Boston meeting was the collaborative undertaking of the Barr Foundation, the Boston Foundation, the National Haitian American Elected Officials Network (NHAEON), and the University of Massachusetts William Trotter Institute and Barr Fellows. At this working conference, Haitians took center stage and engaged in conversation with each other about future possibilities. One outcome of this encounter was the call for more dialogue with other representatives, but most importantly those in Haiti.

It is interesting to note the genesis of the Boston conference. The Boston-based foundations named met with local Haitian leaders in Massachusetts and simply asked, How can we help you with Haiti? In so doing, they used a different set of rules of engagement without the paternalism characteristic of relations between donors and recipients. This unprecedented move is one that major players in Haiti holding the purse strings ought to put in practice, especially with civil society leaders, if indeed all Haitians are to be treated as if *tout moun se menm*.

9

Haiti's Earthquake's Nickname and Some Women's Trauma

April 12, 2010 / *Huffington Post* @ 11:23 a.m.

The earthquake that decimated various parts of Haiti on January 12, 2010, has a name. Goudougoudou—that's the affectionate moniker that Haitians have given the disaster. Everyone uses the term. It is as popular with radio show hosts as it is with people on the street and others in offices. There are several jokes, ranging from mild to the spicy, about what to do in the event of another reprise of Goudougoudou, especially while you are engaged in any kind of private activity, from using the toilet to making love. Whatever you are doing, stop and make a run for it to the clear.

An onomatopoeia, Goudougoudou mimics the sound that the buildings made when the earth shook everything on its surface and leveled those that were not earthquake proof. The mere mention of the word is sometimes followed with a smile or even bits of laughter. Goudougoudou doesn't sound nearly as terrifying as the experiences that most folks will recount when you ask them where they were that afternoon when it happened.

Sandra would not tell me her story at first. I heard it in detail from her mother, Marie, whose voice rose several decibels when she recalled her horror: "Sandra was alone in the city. She went there to register for a course. She had just left the school building, crossed the street to take a tap-tap. She saw it collapse with everyone still in it." The school was close to the Christopher Hotel (where MINUSTAH was based). Both structures collapsed. Sandra became hysterical during the entire drive home. A woman on the bus threw a piece of cloth over her eyes so she would not witness any more. Buildings were still crumbling, crushing bodies as she made her way home.

When Sandra finally spoke to me, it was an abbreviated version. She focused more on a former classmate who had been buried under the rubble for several days. Along with her family, she was bused out of the capital into the provinces. Since the classmate's return, she has not been the same. When you look at her, Sandra says, it's like looking at someone who is no longer there. Her eyes are open, but she is not there.

Maggie could not wait to tell her story. She was in the city with her niece. They both fell down. With her wiry frame, she used every part of her body to re-create the moment. She said, "I didn't know what was happening. The thing dropped me on the ground, pow! flat on my belly." As she explained it, "I tried to stand. It dropped me down again and pow!" showing where each arm landed.

Micheline was inside the house. Her father rushed in to retrieve her where he found her standing disoriented. Subsequently, with each aftershock, she became more clingy, crying, screaming, asking her father if it will happen again.

Since Goudougoudou, the women refused to sleep indoors. So the men built a tin-roofed shack in the yard, where everyone still sleeps at night.

Those who dare to remain under the concrete, as folks say jokingly, call themselves soldiers. For the kids' sake they call the shack a hotel. Micheline's biggest thrill is going to the hotel at night. In the dark, she rushes to it, where she will snuggle next to her brother, her best pal, and a slightly older cousin. When I arrived in Haiti for my first trip since the quake, one of Micheline's first questions to me was will I sleep in the hotel?

When I asked her about Goudougoudou, she smiled with the brazen timid defiance of a four-year-old who had no intention of answering me. These are stories of a couple of women in my family. Other folks I encountered were not as inclined to be silent. Whoever I asked began to tell their stories, often all at once—each one too often more horrid than the next. The need to speak the trauma and fright they have lived is a psychological one that must be addressed, as it is so necessary for healing.

The government is fumbling with its incapability to deliver and coordinate even the most basic needs as NGOs run amok in country; mental health needs are not a priority. While there are ad hoc efforts to address the trauma, especially among children, it is clear that what is necessary is a coordinated project at the national level to ensure that the post-traumatic stress of Goudougoudou does not remain trapped in the bodies of those who lived this moment and its continuous aftermaths.

Why Representations of Haiti Matter
Now More Than Ever

April 23, 2010 (talk) / July/August 2010 NACLA *Report*

Soon after the earthquake, mainstream news coverage of the disaster reproduced long-standing narratives and stereotypes about Haitians.[9] Indeed, the representations of Haiti that dominated the airwaves in the aftermath of the January 12 quake could virtually be traced back to those popular in the nineteenth century, especially after the Haitian Revolution, as well as to the twentieth century during and after the U.S. occupation of 1915–34. Understanding the continuities of these narratives and their meaning matters now more than ever. The day when Haitians as a people, and Haiti as a symbol, are no longer representatives of or synonymous with poverty, backwardness, and evil is still yet to come.

As I have discussed elsewhere, Haitians as subjects of research and representation have often been portrayed historically as fractures, as fragments—bodies without minds, heads without bodies, or roving spirits.[10] These disembodied beings or visceral fanatics have always been in need of an intermediary. They hardly ever spoke for themselves. In the academy, they are usually represented by the social scientist. And after January 12, enter the uninformed, socio-culturally limited, and ahistorical journalist.

The day after the quake, correspondent Susan Candiotti filed one of CNN's first on-the-ground reports. Clearly overwhelmed by the scenes of death, she commented on the indifference of those roaming the streets, many of them still covered in dust. "In an almost chilling scene, you would see people in some instances sitting nearby [the dead bodies lining the streets], some of them with vacant stares in their eyes just sitting in the middle of the street," she said. "At times, you would see young children walking about as though seeing this horror didn't bother them. And you had to wonder, is that because this country has suffered so much and through so many natural disasters over so many years?"

More than a week later, on January 22, CNN anchor Anderson Cooper appeared on the air with another correspondent, Karl Penhaul, reporting from Haiti. Penhaul related the story of a woman who survived the quake but lost her two young children. Surprised to see her force her way onto a bus to get out of Port-au-Prince, Penhaul said he asked her if she had buried her children before leaving. "And she simply said, 'I threw them— I threw them away,'" Penhaul said, interpreting the woman's reply, "Jete," to mean that *she* threw them out. The only word he apparently understood was *jete* (throw, fling, hurl). He did not mention the prepositions that came before or words that came after the verb, nor did it occur to him that the woman was saying she did not have the opportunity to bury them because they were thrown into a mass grave by others.

"Can you imagine a mother saying in any culture, 'I threw them away'?" the reporter said incredulously. Penhaul was also perturbed that the people he saw weren't crying. "As I put to this lady," he continued, "you know, 'Why don't you Haitians cry?'" Cooper tried to move the conversation toward a discussion of trauma and even mentioned the word "shock," but only at the very end of the segment.

In media coverage of the quake and its aftermath, this dehumanization narrative—portraying traumatized Haitians as indifferent, even callous—took off on what I call the sub-humanity strand, which was particularly trendy. It stems from the dominant idea in popular imagination that Haitians are irrational, devil-worshiping, progress-resistant, uneducated, accursed black natives overpopulating their godforsaken island. There is, of course, a subtext here about race. Haiti and Haitians remain a manifestation of blackness in its worst form because, simply put, the unruly *enfant terrible* of the Americas defied all European odds and created a disorder of things colonial. Haiti had to become colonialism's *bête noir* if the sanctity of whiteness were to remain unquestioned.

Haiti's history would become its only defense against these portrayals, although in mainstream media that same history would be used against the republic by historical revisionists. The day after the quake, the televangelist Pat Robertson proclaimed that the catastrophe in Haiti was a result of the country's pact with the devil, a belief that many Protestant Haitians themselves accept as true. The "devil's pact" refers to the ceremony at Bois Caïman on August 14, 1791, said to have sparked the Haitian Revolution. On that day, it is said, rebel leader and Vodou priest Boukman Dutty presided over this ceremony in which those in attendance swore to kill all whites and burn their property. Cécile Fatiman, the presiding priestess, sacrificed a pig to honor the spirits. Robertson's rereading of the ceremony was yet another example of the racialization of Haitians that so often goes unspoken in mainstream accounts.

At issue was a religious practice (Vodou) that is not only African in origin, but maintains an allegiance to that continent, in contrast to Eurocentric belief systems. Days later, *New York Times* columnist David Brooks would fine-tune this characterization of a progress-resistant Haiti, leaving aside the question of imperialism, to ask, "Why is Haiti so poor?"[11] His answer: "Well, it has a history of oppression, slavery and colonialism. But so does Barbados, and Barbados is doing pretty well. Haiti has endured ruthless dictators, corruption and foreign invasions. But so has the Dominican Republic, and the D.R. is in much better shape." Never mind historical particularities. Brooks ignores the difference between being in bondage, killing for one's independence, and becoming a geopolitical pariah, on the one hand, and being granted freedom centuries later at a peaceful ceremony where one actually gets to sing the new national anthem, on the other.

This discourse—powerful even in Haiti among religious conservatives—suggests that perhaps those who brought about the revolution should have waited until the great powers saw fit to grant Saint-Domingue its freedom. This aversion to the impact of history would be repeated over and over again. On January 23, CNN's then-chief international correspondent, Christiane Amanpour, did a short segment on Haiti in which she highlighted key moments in Haiti's history. She began with the "bloody revolution," skipped to decades of turmoil until President Woodrow Wilson sent in U.S. troops in 1915, then jumped to 1945, when Haitian leaders began a series of dictatorships culminating with the reign of Duvalier the father and the son. She then noted the ascension of Jean-Bertrand Aristide, who was ousted by a military coup in 1991, leading to the surge of Haitian boat people on the coast of Florida, and so on.

These superficial glosses on Haitian history did not go uncontested. A reader identified as Danlex posted the following response on the CNN website, dated January 24 at 8:27 p.m. ET:

> Given your penchant for balanced and incisive reporting, I am disappointed that this time around your report on Haiti's history leaves much untold. It is shallow and does not help to put this country that has so long been misunderstood in proper perspective. For a start I would recommend that you read a recently published article by Sir Hilary Beckles pro-vice-chancellor and Principal of the Cave Hill Campus, UWI. The article is entitled The Hate and the Quake. Then, you can perhaps get France's view on the whole issue and how would they if they have a conscience respond to Haiti's crisis now. But it is time that the world see Haiti as not merely a country befuddled by voodoo [sic] and illiteracy but a victim of a prolonged collusion of the World Powers of the day.

I realize that in focusing on this issue of representation, I am in a sense actually doing Haiti a disservice. After all, the emphasis on deconstructing symbols only re-inscribes the dominant narrative, which already gets lots of airplay. So here my activist and academic goals clash. A deconstructive exercise alone cannot fill the lacuna of stories from Haitian perspectives with counter-narratives about the earthquake and its aftermath.

Those of us who study Haiti know this conundrum only too well. As scholars, advocates, or just plain concerned witnesses, we know, to put it crudely and in layman's terms, that, historically speaking, Haiti has an image problem. That remains Haiti's burden. Sometimes I joke that when the first free black republic made its debut on the world stage, Haiti lacked proper representation. A point of clarification: It's not that Haiti did not have a good agent, but that its representation at the time—newly freed blacks and people of color—and even still today was not considered legitimate and powerful. Indeed, we know that few colonists or metropolitans considered the idea of a Haitian insurrection even possible.

In a chapter titled "An Unthinkable History" in his *Silencing the Past*, Haitian anthropologist Michel-Rolph Trouillot writes,

> In 1790, just a few months before the beginning of the insurrection that shook the French colony of Saint-Domingue and brought about the revolutionary birth of independent Haiti, colonist La Barre reassured his metropolitan wife of the peaceful state of life in the tropics. "There is no movement among our Negroes. . . . They don't even think of it," he wrote. "They are very tranquil and obedient. A revolt among them is impossible." And again: "We have nothing to fear on the part of the Negroes, they are tranquil and obedient." And again: "The Negroes are very obedient and always will be. We sleep with doors and windows wide open. Freedom for them is a chimera."[12]

> Chimera: *A figment of the imagination; for example, a wildly*
>   *unrealistic idea or hope or completely impractical plan, or*
>   *perhaps, an underestimation.*

Both before and after the publication of Trouillot's book, numerous scholars, including C. L. R. James, Mimi Sheller, and Sibylle Fischer, have addressed the inconceivability of black freedom in the white imagination during the nineteenth century. One of the most notable examples was *On the Equality of the Human Races* (1885) by Joseph-Anténor Firmin, a Haitian anthropologist, journalist, and politician. Firmin wrote his tome as a riposte to *An Essay on the Inequality of the Human Races* (1853–55), a founding text in scientific racism by Count Arthur de Gobineau. Firmin sought to debunk the dominant racist ideology of his time using a positivist approach, launching an argument that would be silenced for more than a century in France and the United States.

In the section of his book titled "The Role of the Black Race in the

History of Civilization," Firmin recounts the role that newly independent Haiti, which he called "the small nation made up of descendants of Africans," played in the liberation of Latin America through its support of Simón Bolívar. "Besides this example," he wrote, "which is one of the most beautiful actions for which the Black republic deserves the whole world's esteem and admiration, we can say that the declaration of independence of Haiti has positively influenced the entire Ethiopian race living outside Africa."[13] He went on and on. We could read Firmin's work as exemplary of nationalist pride, or perhaps as a call for recognition that, indeed, *tous les hommes sont l'homme*—roughly, All men are man, as Victor Hugo put it, quoted in the epigraph of Firmin's final chapter. Or *Tout moun se moun*, as we would say in Kreyòl.

In considering the issue of representation and the meaning of symbols, I believe it is imperative that we begin with a simple question: How did the *enfant terrible* of the region become its *bête noire*? *Enfant terrible.* Yes. Many of us were taught that Haiti was an avant-garde in the region, second only to the United States, which had ousted the British. This small territory where enslaved Africans outnumbered their European masters dared to successfully defend itself against three European armies to claim its independence at a time when other nations in the region still trafficked in slaves. Freedom came at a price, the hefty sum of 150 million francs and sixty subsequent years of international isolation. The seclusion fermented cultural practices in ways that rendered aspects of life in Haiti the most recognizably African in the hemisphere.

Haiti's history would be silenced, disavowed, reconstrued, and rewritten as the "Haytian fear"—code for an unruly and barbaric blackness that threatened to export black revolution to neighboring islands and disrupt colonial power.[14] Reading this moment, literary critic J. Michael Dash observes, "It is not surprising that Haiti's symbolic presence in the Caribbean imagination has never been understood in terms of radical universalism [which it actually represented and sought to embody]. Rather, the 'island disappears' under images of racial revenge, mysterious singularity, and heroic uniqueness."[15]

The distortions that emerged in the aftermath of the successful revolution would have impact for years to come. Indeed, the "chimera" of black freedom, and the stereotypes of savagery that go with it, to this day remain central to how we talk about Haiti, represent Haiti, understand and explicate Haiti and Haitians. This, of course, begs us to ask a bigger question concerning the role that these narratives play in more practical matters, in policy papers and so on. For indeed there are certain narratives that allow us to remain impervious to each other by the way they reinforce the mechanics of Othering. Or as Trouillot puts it, "The more Haiti appears weird, the easier it is to forget that it represents the longest neocolonial experiment in the history of the West."[16]

II

Unfinished Business, a Proverb, and an Uprooting

July/August 2010 / Sidebar in NACLA *Report*

On July 8, 2009, Haitian journalist Joseph Guyler Delva published a short Reuters article titled "Bill Clinton Surprised by Discord in Haiti," which reported on the former president's first trip to the country as UN special envoy. According to Delva, Clinton—who, we can surmise, takes his new UN position to heart, given his key role in furthering Haiti's economic demise in recent years—found that "a lack of cooperation between Haitian politicians, aid groups and business leaders was hurting efforts to help the impoverished nation."

"The most surprising thing to me," Clinton was quoted as saying, ". . . is how little the investor community, all the elements of the government, including the legislative branch and the NGO community seem to have taught and absorbed each others' lessons." Delva ended with some promising yet contradictory words from Clinton, pledging his determination to bring the change that seemed to have come to the United States that January to the ever so fragile Haitian Republic. "If it is a question of money, that's my problem," Clinton said, *"but if it is not about money, that's something Haitians need to resolve among themselves"* (emphasis mine).

This assessment, though diplomatic, smacked of cultural illiteracy. Not only was it ahistorical in its disavowal of key features that created the republic and remain at the country's social core (plurality, discord, dissidence), but this comment also attempted to revise the history of imperialism—as if Haitians' problems among themselves could be dissociated from money. As if it were possible for the UN special envoy, in his role as the moneyman, to avoid affecting local policy, especially given the role that foreign capital has historically played in creating, stoking, and augmenting discord among Haitians.

After the quake, Clinton became even more important as Haiti's moneyman. And the discord, which he noted months before, would not only be exacerbated by the disaster, but played out in predictable ways. Although the earthquake indiscriminately affected all Haitians, regardless of their socioeconomic status, its immediate aftermath made clear that, indeed, *tout moun pa menm* (all humans are not the same), as the Haitian proverb goes.

This was especially evident during the initial rescue efforts, when valuable foreigners were saved first. Rescue teams ignored overpopulated slums coded as "red zones" or high-security-risk areas. Children labeled "orphans" were whisked off to foreign lands. Disputes over payment for medical treatment in the United States suspended medical airlifts and endangered lives. The United Nations teargassed desperate and hungry people into submission. The people without means, who could not afford to fly out to the Dominican Republic or who lacked U.S. passports and visas, died not because of the earthquake but because of neglect.[17]

Perhaps nothing reinforces the truism in this old proverb more than the government's inaction around the tent cities. The mass graves—crimes against humanity, which must not be forgotten—were early warnings of what would become official practice months after the quake. Indeed, the state was being called upon to do something it has never done: to have and show responsibility for the entire nation and not just a privileged few. Historically, the lives that matter in Haiti have always been determined by socioeconomic status, and nothing made this more apparent than the graves; the state treats the dead as it does the living.[18]

The absence of the state has meant that the nation is forced to continually depend on the kindness of its diaspora (which acts as a social welfare system), NGOs, humanitarians, and—in some cases problematically—missionaries. In the aftermath of the quake, missionaries' presence would become even more needed. This, together with an attack on Vodou, can only be described as a spiritual *dechoukaj* (uprooting).

Those of us concerned with cultural heritage must take into account the fact that family temples, so crucial to the practice of Vodou, have been fractured and in some cases destroyed by seismic activity. Few people speak of these temples, or when they do, it is *ansoudin* (in secret). The stigma is taking hold. There have also been incidents of anti-Vodou violence. This backlash is a mechanism of social control. The silence on this loss needs to be broken. Plans must be made to address the destruction of these familial archives. The temples need to be repaired.

Vodou is not merely going underground as it did when it was persecuted after the Revolution and during the U.S. occupation.[19] It is being eradicated in part because the missionaries continue to play a significant role in providing much-needed services for the desperate nation. This moment, which Pat Robertson claimed to be a blessing in disguise, sets the stage for more explicit rules of engagement: food, shelter, clothing, and education in exchange for one's soul. People are desperately converting. Incessant chants dominate the hills and tent cities. The sound of drums is fading in too many parts of the nation. At the fault lines something else is happening. A religious cleansing is in effect.

And Haiti's past continues to loom large in the present.

12

Rape a Part of Daily Life for Women in Haitian Relief Camps

July 28, 2010 / *Ms. magazine blog*

Even after the aftershocks of the devastating January 12 quake subsided, women's bodies were still trembling in Haiti. The cause, according to a new report, is the systematic, persistent (and often gang) rapes that have become part of women's daily lives in camps for internally displaced persons (IDPs).

The report, titled *Our Bodies Are Still Trembling—Haitian Women's Fight against Rape,* and authored by MADRE, the Institute for Justice and Democracy in Haiti, and others, is based on data gathered by two delegations of U.S. attorneys, community researchers, and a women's health specialist. The research was done in May and June of this year. Members of the delegation interviewed more than fifty women ranging from five to sixty years of age, who were referred to the delegation by KOFAVIV and FAVILEK, two grassroots organizations that focus on gender-based violence. Leaders of these two organizations, who have documented over 230 rape cases, have been targeted in their camps for involvement with pro-democracy movements.

The report found that women and girls are particularly vulnerable in overcrowded IDP camps. Women lack privacy (they often bathe in public) and have weakened family and community structures, as many lost their support networks in the quake.

According to *Our Bodies Are Still Trembling*, most of the women "reported being raped by two or more individuals, who were unknown to them and almost always armed with guns, knives or other weapons." The report also found that 95.7 percent of the victims suffered from post-traumatic stress disorder and more than half suffered from depression.

After women were assaulted, they had little access to medical services, and when they did, there were hardly any women health care providers. The practitioners who were available often could not provide evidence of medical certification.

Women's access to justice has been even worse. Women who reported rapes—and were already struggling with stigmatization and the psychological effects of sexual assault—were often mocked or ignored by police. In some instances, these women have had to deal with police corruption as well. Moreover, cases have not been prosecuted by the Haitian judicial system. Survivors remain vulnerable since they continue to live in the same areas of the camps where they were attacked, and their rapists remain at large. Several women reported that they've been raped on different occasions since the quake.

Thus far, the government of Haiti's response to this increasing crisis is practically nonexistent, especially with the loss of feminist leaders who were fierce advocates for gender equality in Haiti and who had worked in the women's ministry to address gender-based violence. Local and international officials interviewed have actually downplayed the report's findings.

The United Nations' Gender-Based Violence (GBV) sub-cluster's response to rape in Haiti received a critical assessment by the delegation. The sub-cluster was cited in the report for failing to substantively consult with impacted groups. Specifically, "Poor women report they were not included in the post-disaster needs assessments (PDNA) . . . and have difficulty accessing sub-cluster activities."

One of the sub-cluster's initiatives—a referral card for survivors of sexual violence distributed throughout the camps—actually contained inaccurate information such as out-of-service phone numbers and incorrect street addresses for rape-related resources. According to the report, the UN group did not conduct any systematic tracking of rape cases, while the local grassroots organization, KOFAVIV, did. In short, it seems the same women who were victims were left to handle the situation themselves and provide their own security.

The report concludes that the current situation in Haiti is dire, especially since rapes are oftentimes unreported and the government of Haiti "fails to take the minimum steps required under international law to protect women's rights to bodily integrity and, in some cases, to life." The report's authors advise donor states to work in concert with the Haitian government and take a more active role in addressing the security crisis that underscores this persistent violence. They make a number of notable recommendations to stakeholders, including the immediate provision of security and lighting in camps; inviting a UN special rapporteur on violence against women to visit Haiti; guaranteeing full participation of women in all phases of Haiti's reconstruction; systematically collecting data concerning violence against women; and, finally, acting with due diligence to prevent, investigate, and punish such acts.

Haiti is yet another country that historically ascribes little value to its women and girls when it comes to acknowledging and prosecuting gender-based violence. Thus it is not surprising that women have no faith in the justice system, as they are only too aware of their value to the state. It is quite telling that, according to the report, some women in Haiti prefer the term "victim" as opposed to "survivor." Their bodies remain the scenes of crimes that we must not allow to go unpunished.

13

Haiti's Solidarity with Angels

August 1, 2010 / *e-misférica*

Sometimes I joke that if Mother Teresa had been the president of Haiti, she too would have become corrupt. After all, she would have been surrounded by fraudulence. All the key players in Haitian affairs—the United States, international financial institutions, the United Nations, and the Haitian government—unevenly partake in imperialist projects, diplomatic and spy games, and exploits of all kinds for the recirculation of capital. Disrespectful? Maybe. Sacrilegious? No.

Part shock factor, part common sense, part frustration. An ill-fitted shout-out to Bourdieu and Gramsci. An attempt to press the exigency of recognizing that those issues, which have continually compromised the republic, must be understood as structural and should be articulated in terms of the reproduction of structures. At the same time, the comment feeds a rebellious need to flip the script on icons and symbols (living or dead) in order to make a not-so-subtle point about the divinity of whiteness without cloaks in a country where the use, exchange, and symbolic value of color with its multiple significations have continually accrued interest since the first documented encounter between Europeans and the indigenous population. The two are not unrelated.

Angels were always white, flesh-color white that is, until activists lobbied Crayola and the company changed flesh white to peach.

It is nothing short of fiction to think that Mother Teresa could save Haiti any more than could the two genuflecting angels looking for deliverance from the American people, and the USAID's logo (unseen in the photo) of two clasped hands—one dark, one light—signifying an (impossible) partnership between unequals (rivals). No one can save Haiti. Regardless of individual intent, the president enters into preordained relations from which he can hardly be extricated unscathed at the very moment in which he is placed in, rises to, or buys the office with borrowed funds that need to be repaid. No one is above the fray, whether they be men of arms, men of commerce, men of the cloth, men of letters, or the arts and the like. Hats off to the aberration, but they likely be men.

Haiti does not need to be rescued. If that was not evident before January 12 when the earth cracked open, it became hyper-visible to the world soon after, as we all became witness to human rights violations of all kinds in the name of expediency. Children labeled orphans were whisked off to faraway lands. Humanitarian aid came bearing guns. Protect the borders. In desperate times, thou shall not question the benevolence in the gift.

Brown angels always seem to be replications of originals. Simply darkened. Others remade in the image of Self.

Haiti does not need to be saved. Haiti needs to be restructured if those who have always been its casualties of nonrepresentation—the nameless poor—are to ever matter, given that the state abandoned its nation long ago. Nothing made this more apparent than the mass graves. This overspill of misery had to be contained. The state treats the dead as it does the living. Now rain threatens to wash even more away.

Will the earthquake's dead ascend and become angels? Too many of them knew: solidarity is improbable.

Agneau de Dieu, qui enlève le péché du monde, donne nous la paix.
Lamb of God that takest away the sins of the world, grant us peace.

14

Haiti's Electionaval 2010

August 11, 2010 / *Huffington Post* @ 2:56 p.m.

With Wyclef Jean and Michel Martelly, aka Sweet Micky, (two well-known musicians) in the mix, Haiti's upcoming election has taken a sardonic turn. The country is currently facing astronomical challenges since the devastating earthquake January 12 and is in desperate need of unprecedented leadership. At home and abroad, everyone is weighing in on the discussion.

A day after Jean's announcement, Haitian-American journalist Marjorie Valbrun wrote an open letter to him titled "Dear Wyclef: Please Don't Run" that is going viral.

I was in Port-au-Prince last week where the topic of discussion everywhere was presidential candidates. While I encountered folks who were quick to dismiss the artists as making a mockery of the process, and as a result refused to engage it seriously, others were deeply concerned about what this moment actually reveals about the current state of things in Haiti.

Indeed, the historical neglect of the masses by the elite has brought the country to this point where many people and especially the youth are so disenfranchised and fed up with the political machine that they will put their hope for change in an artist who promises miraculous deliverance.

Thus far, Wyclef has announced that he will use his star power to leverage the undelivered funds from the UN conference last March. As if the issue was only a matter of charisma and conviction. Never mind the last two hundred years of geopolitics. Jean also recently told NPR that Haiti needs a "global president," and he is the guy. The last thing Haiti needs is an absentee president on a world tour.

On the contrary, if the country is to take a more democratic course, the president must be present, have substantive knowledge of the "local," and also possess the foresight as well as the know-how necessary to navigate the republic's long history of sociocultural and economic fragmentation with a structurally disorganized state that has continually exploited its nation. Creating a foundation with Haiti's noted problems is not a matter of image; being generous and popular does not a president make.

Many of us wonder, who else is behind Jean's candidacy? Besides using his fame and goodwill, what is the agenda of Viv Ansanm (Live Together), his party? How will he address and alleviate the persistent desperation that has plagued the nation? And in light of the recent report by MADRE, I am particularly curious to hear his take on issues pertaining to the vulnerability of women in the country.

Yesterday, Jean expanded upon some of his plans in an interview for *Rolling Stone*. Courting the diaspora, he is campaigning both in Haiti as well as on this side of the water. Part of Jean's appeal to some voters is the fact that he is a foreigner in a sense and lacks experience. A young woman told me that people who are for Wyclef are tired of the seasoned politicians who keep promising change and don't deliver. His financial success is another reason why many insist that he will be a leader of a different kind, less likely to engage in corruption.

Those who have spoken critically of Jean get a backlash from fanatics defending their candidate. Supporters point to his goodwill, public dedication, and obvious affection for his homeland.

With all the focus on Jean, less is being said of Martelly, who is as well known in Haiti and, equally if not more important, is accepted in some elite circles—an alliance usually necessary to ascend to the presidency. Moreover, Martelly is a less-questionable resident of Haiti who may not have to creatively circumvent Article 135 of the Constitution, which requires that presidential candidates reside in the country for five years.

Last Tuesday, the front page of Haiti's *Le Nouvelliste* had a cartoon depicting the upcoming presidential elections, which they have appropriately dubbed "electionaval 2010" [meaning combined election and carnival]. President Préval stands to the left beneath a sign that reads "Welcome to the CEP" (Permanent Electoral Counsel), directing the upcoming procession. First in line is Jean on top of his truck, the Haitian flag by his side, with two members of his posse. Holding a mike, he boasts "we are the world" in English, then in Creole. The side of the truck is emblazoned with the orange-and-black Yele Haiti logo and the words "here's Wyclef" in Creole. Immediately following him is the kompa king crooner Martelly in a sports car with his posse. His caption reads, "Those who don't know Micky, here's Micky." Steps behind stands a peeved Jacques-Édouard Alexis, the former prime minister, asserting "I was here first," in Creole, then, in French, "Leading a country is a serious matter." Next to him is former first lady and candidate Madame Mirlande Manigat, who says, "I didn't know that there would be a carnival."

Madam, I must say, neither did we.

Meanwhile, there are other signs of civic engagement. Haiti Aid Watchdog is laboriously working with partners to organize a series of debates between civil society and the candidates. Their theme, "Nap vote pou yon pwogram! Pa pou yon moun!" (We're voting for a program, not a person).

15

If I Were President . . . Haiti's Diasporic Draft (Part I)

August 27, 2010 / *Huffington Post* @ 10:28 a.m.

On January 18, when hip-hop singer Wyclef Jean held the press conference in New York City upon his return from the earthquake-devastated Port-au-Prince, he addressed the first of the two legal obstacles that threatened to bar him from participation in Haiti's presidential elections.

After a heart-wrenching recount of his role in early rescue efforts and defense of accusations against his foundation, Yele Haiti, Jean held up his Haitian passport along with his registered alien card as cameras flashed. Those of us in the know read this moment as forecasting his eventual bid for the presidency.

In presenting proof of his Haitian citizenship, Jean publicly lessened the threat of Article 13 of the 1987 Constitution of Haiti, which states that one loses one's Haitian nationality upon being naturalized as a citizen of another nation (and therefore is unable to seek the republic's highest office).

Article 135, which requires habitual residency for five consecutive years, would become another matter for the presidential hopeful.

On Friday night, the electoral council disqualified Jean along with fourteen others—including his uncle Raymond Joseph (ambassador to the United States)—from the presidential race. Jean initially accepted this ruling, urging his supporters to stay calm and keep the faith, only to rescind his acceptance days later. As of Sunday night, Jean vowed to appeal the electoral council's decision.

It's certainly not the first time that diaspora Haitians have sought the presidency and challenged the electoral council, only to be stopped by Articles 13 and/or 135. In 2005, during the elections that legitimized the displacement of then president Aristide, two diaspora candidates, Samir Mourra and Dumarsais Simeus, sought the presidency. In a ping-pong match, Simeus and Mourra appealed and challenged the CEP's ruling and found themselves on and off the ballot—that is, until they were eventually disqualified by a panel appointed by Haiti's interim government.

Like Jean, Mourra and Simeus were wealthy businessmen who represented the interests of the elite and the international community. Unlike Jean, however, both were without popular support. They were also foreign nationals who had forfeited their Haitian citizenship.

To be sure, his nationality aside, Jean—a U.S. resident whom President Préval had named ambassador-at-large in 2007—has claimed that the residency requirement should not apply to him, given this post. If one were to follow that logic, there still remains a two-year discrepancy that must be accounted for. There is also the bigger ongoing issue of constitutional amendment.

It's doubtful anything will happen with Jean's appeal, since CEP decisions are usually final. Still, the discussion surrounding his candidacy has actually reopened an ongoing and unresolved debate concerning the diaspora's role in Haiti and Haitian affairs.

Upon announcing his candidacy earlier this month, Jean stated he sought the presidency because he was being drafted into service.

Indeed, many of us who left Haiti behind for one reason or another have felt the call and responded to this diasporic draft in different ways since January 12. Some have chosen to be in the thick of it by moving back to Haiti to use their resources and skills. Others have stayed abroad to work behind the scenes, or on the fringes making periodic trips back. Not all of us have political aspirations. A lot of us are motivated by one thing: systemic changes in Haiti.

16

Staging Haiti's Upcoming Selection

November 24, 2010 (not published)

It would be nothing short of criminal to hold elections now, a Haitian university professor said to me. He uttered those prophetic words in March, two months after the quake. His primary concern was the fact that amid the devastation and rubble, a credible election was virtually impossible.

We were at UMass Boston, participating in the "Haitians Building Haiti: Towards Transparent and Accountable Development" working conference sponsored by Boston-based foundations trying to engage in dialogue to "envision and define a new paradigm for the rebuilding of Haiti." We discussed the fact that most of those who had been displaced by Goudougoudou, as the quake has been affectionately dubbed, lost their national identification cards. Moreover, the collapse of government's already weak infrastructure and devastation of so many parts of the country would severely impact participation.

As advocates, activists, scholars, concerned citizens, and development experts of all kinds regarding Haiti, Haitian politics, and the all-too-problematic historical role of the United States and the international community in Haitian affairs, we all knew that regardless of the impracticalities on the ground and the sheer inhumanity of this purported democratic effort, there would be an election of some sort. Indeed, there was simply too much hanging in the balance. Days after our meeting, the UN convened on Haiti, and we learned what would be at stake: to be exact!

The fact that Lavalas, the most popular party, has been left out of the electoral process again seems of little concern to those who claim to want to build Haiti back better. Democracy be damned! It's never been about numbers anyway. The European Union (EU), the Organization of American States (OAS), and the Caribbean Community (CARICOM)—the institutions that matter in Washington (only when the timing is right)—are backstage ready to play along as official observers. There is only one aim: declare a winner. But not just any winner will do!

When I was in Haiti months ago, before the official CEP list was even made public, rumor had it that Haiti's future president will be none other than Jude Célestin. And that was well before Wyclef Jean's public lament for the presidency. Célestin—a technocrat with problematic ties, is President Préval's protégé and chosen successor. While most of the international news media observe the diplomatic protocol of questioning only so much, Haitian Listservs and websites are buzzing with the sham developing before our eyes. We do know who will suffer in the end.

At this time, it appears that Madame Mirlande Manigat, the female candidate, is leading in the polls. Knowing these so-called polls are just a public performance of participation, we won't express any surprise when at the last minute or in the runoff, if there is one, Célestin gains ground to surpass the former first lady. The script for Haiti's future leadership is an old, unedited copy. Some of us familiar with the producers' modus operandi and tired of the director's lack of creativity refuse to be in the audience. In many instances, especially those of us in the diaspora, we do have the luxury to do so.

Still, at the annual Haitian Studies Association meetings held at Brown University two weeks ago, concerned Haitian scholars and Haitianists discussed the bleak future of the already compromised republic. In spite of the evidence, many of us hope that we are wrong, that the glass is not empty, as sociologist Alex Dupuy stated in the roundtable on post-earthquake politics and reconstruction. For us, there is simply too much hanging in the balance: 9,???,??? million lives. Indeed, a definitive figure is unknown, since assessment of those who perished in the quake is far from exact!

Days ago, several candidates called for a postponement of the so-called elections while advocates such as the Institute for Justice and Democracy in Haiti (IJDH) have documented election flaws. The *New York Times* recently reported "Earthquake devastation and a cholera epidemic have kept Haitians angry and distracted from coming elections." I strongly beg to differ. The natural and man-made disasters since January 12 are not the diversions. It is the upcoming election that is the wag the dog. The state of things after the earthquake was quite clear. Expecting people to be concerned with voting or to not be intimidated to trade their votes in exchange for food and/or security under such compromising conditions is an ill-timed production inspired by Artaud's theater of cruelty.

The selection slated for Sunday, November 28, is not only criminal but an ugly reminder to those insisting on the charade that the value ascribed to the lives and livelihood of the Haitian masses—who are continually and have been historically disenfranchised by too many in power both at home and abroad—remains zero. And that is in spite of the overwhelming outpouring of support from a global community that obviously seems to think otherwise.

17

Haiti's Fouled-Up Elections

November 29, 2010 / *Ms. magazine blog*

The events that unfolded in Haiti's presidential elections yesterday came as no surprise. There was fraud, confusion, and mayhem. It had been predicted.

Voters showed up to polls and did not find their names on registration lists. In some instances, there were not enough ballots. In others, people arrived to find that polling centers were still closed at 6 a.m., the designated opening time, denying citizens their right to participate in the process. Democracy be damned! By early afternoon, twelve of the nineteen candidates vying for the presidency called for an annulment of the elections, citing voter intimidation and other types of tampering on the part of President Préval's Inite (Unity) Party, along with the Conseil Electoral Provisoire (CEP).

Social networks and radio stations alerted those of us in the diaspora when protesters took to the streets crying foul.

Two months after the quake, a Haitian university professor had said to me that it would be nothing short of criminal to hold elections now. His primary concern was the fact that amid the devastation and rubble a credible election was simply impossible. Many of the 1.5 million people (with women being much more negatively affected) who had been displaced by Goudougoudou had also lost their national identification cards. Additionally, the collapse of the government's already weak infrastructure, the devastation of so many parts of the country, and the people's extreme lack of basic needs—exacerbated by the current hurricane season and the recent cholera epidemic—would severely impact participation.

Nonetheless, advocates, activists, scholars, concerned citizens, and development experts who understand Haiti, Haitian politics, and the all-too-problematic historical role of the United States and the international community in Haitian affairs all knew that, regardless of the impracticalities on the ground and the sheer inhumanity of spending money on voting while people barely eke out survival in tents and are dying for lack of treated water, there would still be an election of some sort. There is simply too much hanging in the balance. At stake are funds committed at the UN meeting on Haiti in March: $9.9 billion, to be exact.

The fact that Lavalas, the most popular party, had been left out of the electoral process again did not concern those who claim to want to build back a better Haiti. While some attempts were made by advocates to assure participation of women in the electoral process, poor women especially remained repeated targets of intimidation, in addition to the grave insecurity and gender-based violence that has already become a way of life for them in and out of the camps. Still, the European Union, the Organization of American States, and the Caribbean Community (CARICOM) went along as official observers. There was only one aim: declare a winner.

But not just any winner will do. When I was in Haiti months ago, before the official Provisional Electoral Council list was even made public, rumor had it that Haiti's future president would be none other than Jude Célestin—president Préval's protégé and chosen successor. He is a technocrat with problematic ties and his own financial woes. Célestin's ascension was assured well before Wyclef Jean's public lament for the presidency.

In recent weeks, though, it appeared that the top female candidate, Madame Mirlande Manigat, the seventy-year-old vice rector of the Université Quisqueya, had actually been leading the polls. By Sunday, the contenders in descending order were said to be Manigat, Célestin, Michel "Sweet Micky" Martelly (the singer known as the president of kompa music), and notary Jean Henry Céant, vice president of Aimer Haiti. Knowing that these so-called polls are just a public performance of participation, none of us are going to be shocked when, in the end or in the runoff, if there is one on January 16, Célestin wins.

Days ago, as fraudulent activity became more apparent and the cholera epidemic worsened, several candidates actually called for postponement of the elections. Foreign advocates such as the Institute for Justice and Democracy in Haiti had been documenting election flaws. Alas, the so-called elections were held anyway, and in spite of pervasive protests and glaring reports of massive fraud, the CEP sanctioned the process, stating that irregularities were minimal and as a result did not warrant cancellation of the entire process. The *New York Times* quoted CEP president Gaillot Dorsainvil as saying, "Only 3.5 percent of the voting centers had trouble and that is not enough to ruin an election." No official word yet has been heard from the crew of international observers.

In my view, this election was not only criminal, but an ugly reminder that the value ascribed to the lives and livelihood of the Haitian masses—who are continually and historically disenfranchised both at home and abroad—remains zero. And that is in spite of the overwhelming outpouring of support from a global community that obviously seems to think otherwise.

Those of us concerned with Haiti must remain vigilant now more than ever. Keep watch and speak out. There is simply too much hanging in the balance.

Reassessing My Response

18

Why I Am Marching for "Ayiti Cheri" (Beloved Haiti)

January 10, 2011 / *Ms. magazine blog*

At 4:53:10 p.m. on January 12, 2010, I was at home in Middletown, Connecticut, when the ground below Haiti ruptured. I felt like I had been hit with a forklift; I was in a blur for days.

There are many ways I could commemorate the one-year marker of the devastating earthquake that paralyzed my birth country—memorial Masses, breakfast meetings, candlelight vigils, symposia—but I've decided to go to New York City and join Marching for Change. Initiated by a slew of organizations concerned with the welfare of Haiti's people, the gathering is set to begin at 2:30 p.m. in Times Square, stopping at the Haitian consulate (Thirty-Ninth and Madison) and finishing at the United Nations.

I am marching because I am a member of Haiti's large diaspora. We are what was once known as the tenth department, the one million-plus who have made our homes elsewhere—*lot bo dlo*, on the other side of the water, as some folks at home would say in Kreyòl. With the exception of Antarctica, we are everywhere. We have a notable presence on this continent, in South America, in Africa, as well as in Europe. Our numbers may be infinitesimal in Asia and Australia, but we are still there—*nou la*.

We are migrant farm and factory workers, dishwashers, nannies, nurses, doctors, professors, students, and artists of all kinds. We come in various shades, classes, political affiliations, and sexualities, and observe an array of religious practices. In spite of simple narratives that tend to reduce us to singular notions, we are and have always been plural. That said, we have a history of discord and dissidence within our communities. Our tendency—as our national motto, "l'union fait la force" (strength in unity), declares—is to bond and become a force. In the past, we have done so to oust our enemies. (In the new issue of *Ms.* magazine, I write about the enemies Haiti has long faced, from without and within, and the hope now arising from women at the grassroots.)

I am marching because both insiders and outsiders with intimate knowledge of our country's extremes know that change will not come to Haiti without conscious and radical approaches. Otherwise, Haiti's future will abound with more man-made disasters. *Nou rété, nap gadé*—we wait and we watch.

I am marching because we have not been idle as we waited. We initiated, organized, and participated in fund-raisers, medical missions, workshops, academic conferences, poetry readings, and other performances. We rallied to do whatever we could and to (re)consider committing to our *Ayiti cheri*—beloved Haiti. These moments gave us new opportunities to face each other and become reacquainted with our differences.

Truth be told, for every genuine effort that was made to bring quick relief to those Haitians in desperate need and to help sustain fractured communities, there were too many ready to position themselves for the windfall to come. They saw opportunity in the disaster and took it, with Haiti becoming a free-for-all.

I am marching because, in spite of our divisions, for many of us this has been a year in limbo. A year of living with the awkward privilege of being so far away from the devastation. A year of not knowing what to say anymore when we make periodic calls to loved ones left behind. As the poet Wilbert Lafrance writes in his poem "Kouman,"

> Anndan kè-m tankou yogan
> Adye mwen bouke di podyab
> Yon sèl litany
> Yon podyab ki pa janm fini

> (Inside my heart is just like Léogâne [where 80 percent
>   of the city was destroyed]
> Alas! I am tired of saying poor thing
> A litany of poor thing that will never end)

I am marching just days before Martin Luther King Jr.'s Day because, as the great doctor said, "Injustice anywhere is a threat to justice everywhere."

I am marching to represent those whose images have been plastered all over the world but still remain invisible.

I am marching because this litany could end if the international community didn't continually undermine our sovereignty.

I am marching because NGOs, for all the good that some of them do, still need to be coordinated.

I am marching because the Haitian government must be accountable to the entire nation.

I am marching for all those united against gender-based violence.

I am marching for the many who are still entrapped in trauma.

I am marching for every young person in the country who has a dream and should see it realized.

I am marching because thousands of us have marched before in New York and have been effective.

I am marching because Haiti needs all of us.

Finally, I am marching because at 4:53:10 p.m. last year, when the earth cracked open, Haiti once again was being asked to cause changes in the world. What's at stake this time is the unfinished business of the Revolution—recognition and uncompromised acceptance of our humanity.

19

Rising from the Dust of Goudougoudou

Winter 2011 issue / *Ms.* magazine (print)

The world has watched Haiti's most vulnerable women survive quake, flood, cholera, and homelessness in the last year—yet those women still feel invisible. What will it take for them to be seen and heard?

"Nou pa gen visibilite." We don't have visibility, Mary-Kettely Jean said to me.

Her words are ironic, considering the ubiquitous images of Haitian women covered with concrete dust after the devastating earthquake a year ago. Or considering how the global media was plastered with photos of Haiti's women six months later as they remained in tent camps that replaced their broken homes. Or how the spotlight shone on women again when Hurricane Tomas flooded parts of the country's southern region and forceful winds washed away tents already weakened by the sun. Or how the cholera outbreak that began in October was illustrated by photos of women and children on stretchers. Or, finally, how the campaign of a woman for Haitian president, Mirlande Manigat, once again brought forth images of Haitian women in popular global media outlets.

So why would Mary-Kettely claim invisibility?

I got some answers on my second trip since the earthquake to the Caribbean country where I was born and still have family. As a cultural anthropologist and university professor, I went to participate in a board meeting for INURED (Interuniversity Institute for Research and Development, a think-and-do tank to advance educational opportunities for the most marginalized) and to hear for myself about the plight of Haiti's women. Jean—secretary of the Cité Soleil Community Forum and director of GFK (Group of Women Fighters)—and five other women leaders of small grassroots organizations based in the huge Port-au-Prince slum known as Cité Soleil talked with me as we sat under a tarp in the public meeting space of a tent camp.

"Se nou ki pi méprizé lan sosyete a," said Lucienne Trudor in Kreyòl (Creole). Tudor is the treasurer of the Association of Women from the Iron Gate in Cité Soleil. "We are the ones who are the most ignored in this country."

The women hoped that I could grant them access to the outside world—an access they don't have, even with all the media coverage. "If we could find someone like you who would want to help us even when you don't have money to give us," said Jean. "If you get just our messages out maybe we could get some visibility."

Women like Jean tend to be internal migrants who came to Port-au-Prince from one of Haiti's nine other departments (similar to states) in search of work or education, then found themselves trapped in a cycle of poverty. With unemployment over 70 percent and no social welfare system, such women become dependent on the plethora of NGOs that have replaced the mostly absent Haitian state in providing basic needs and services. They have little or no representation and no access to channels of power.

Throughout its history, Haiti, like its women, has been both hypervisible and invisible. Once labeled the jewel of the Caribbean, in part because of its high sugar production, Saint-Domingue—Haiti's pre-independence name—was well known in the eighteenth century as

France's most profitable colony. That is until its enslaved population staged the only successful slave revolution in the history of the world.

After declaring itself a sovereign state in 1804, Haiti paid a high price for its freedom, as it not only abolished slavery but, boldly declared that no white person should ever set foot on the island under the title of master or proprietor. Whites were barred from owning land. Not surprisingly, Haiti became a geopolitical pariah, diplomatically isolated for nearly sixty years because it threatened the great powers that still trafficked in slaves.

This isolation and periodic economic blockade both compromised and corrupted former revolutionary leaders and successive governments, which attempted to establish the former plantation labor system in order to trade with larger markets. Haiti was further crippled by high-interest loans from European banks used to pay an indemnity demanded by France for its loss of property.

A brutal U.S. military occupation (1915–34) furthered state centralization in the capital of Port-au-Prince, while weakening regional institutions and economies. This geographical split between urban and rural Haiti is best exemplified by the fact that "peasant" and "*moun andeyò*" (people born on the outside) were categories of citizenship used on birth certificates of those born outside the capital. Haitian ruler after ruler—including the brutal Duvalier dictatorships (1957–86)—favored economic policies that benefited the elite.

To the West, Haiti is popularly known as "the poorest nation in the Western Hemisphere"—code for "poor and black." But invisible in this tagline are the wealth and culpability of the elite 3 percent of the populace, primarily descendants of European immigrants (many married Haitian women to bypass the constitution and become landowners) and Middle Eastern merchants. Along with the small middle class (12 percent of the population), they control 73 percent of national income. The poorest 20 percent receive just 1.1 percent of national income.

According to an old adage, *famn se potomitan*—women are the central pillars of their families. Yet, in many ways, they are also deemed socially inferior to men and didn't earn the right to vote until 1950—which women across classes couldn't fully exercise until 1990, when the first democratically held election took place in Haiti.

Elite women are more socially confined and expected to be trophy wives and daughters. Middle-class women are highly educated and slightly more visible, especially as professionals. Lower-class and poor women are usually less educated (they speak Kreyòl) but are disproportionately workers and heads of household. In urban centers, they are especially active as *timachann*—small-time vendors—who sell food, dry goods, and other imported items. The poorer women of Haiti are the ones most overtly visible to the West, often represented by the iconic image of a black woman with a basket on her head, or the vendor seated at a street corner.

But how much did anyone in the United States think about Haiti and its women before 4:53 p.m. on January 12, 2010? That's when the earthquake put Haiti back under a global media gaze that exposed its extreme poverty and gender inequity. Although on that day, recalls Louis Marie Mireille, "we worked just like the men, pulling bodies out from under rubble, helping each other out." Mireille is a representative of the aptly named Organization of Women Fighting to Combat Misery.

At least three hundred thousand people lost their lives, and according to recent UN reports the majority were women. From what I observed on my visit, women also comprise a greater percentage of the 1.5 million homeless who now occupy the more than eight hundred encampments that have sprung up around the country.

In the camps, living in makeshift tents made of deteriorating tarps and cardboard, an overwhelming number of families have had a member— including children—go an entire day without eating. *Unstable Foundations*, an October survey by anthropologist Mark Schuller, showed that 44 percent of families drank untreated water, and 27 percent had to defecate in a container. Seventy-eight percent of families are without enclosed shelters; many suffer from untended health problems.

Education—a constitutional right in Haiti that has historically eluded the poor, especially women and girls—also remains lacking. Only one in five camps offers education on site, which violates the UN's guiding principles for internally displaced individuals.

Back in 1994, former Haitian president Jean-Bertrand Aristide had taken a step to upgrade women's position in the country by creating the Ministry on the Status and Rights of Women to lobby for women's rights in education and the workplace and to be protected from pervasive gender-based violence. Sadly, four of its prominent feminist leaders perished in the quake—Anne Marie Coriolan, Magalie Marcelin, Myriam Merlet, and Myrna Narcisse—as the ministry headquarters was destroyed.

However, new leaders are emerging among the grassroots (such as the women I spoke with) and longtime activists such as Malya Villard and

Eramithe Delva—cofounders of KOFAVIV (Commission of Women Vic-
tims for Victims), a seven-year-old anti-gender-violence organization
that supports victims and advocates for the prosecution of assailants—
are suddenly in the spotlight. Unfortunately, grassroots organizations in
Haiti often remain obscured by middle- and upper-class women's groups
that have more access to media and decision makers.

Nonetheless, in the displaced-persons camps and the urban slums
that preceded them, groups of women continue to work together to share
knowledge, form informal security forces, pursue justice for victims, or
just gather together in a crochet workshop. Decembre, a frequent partici-
pant, said "Sometimes I don't eat. I don't sleep so I can crochet because I
love it so much." That group started to meet regularly to combat isolation
and idleness and to give vulnerable girls a safe place to congregate and
perhaps develop income-generating products.

The issue of security remains a huge challenge for women and girls in
the camps. KOFAVIV documented more than 230 cases of gender-based
violence in a three-month period. As a result, the UN's Gender Based Vio-
lence cluster invited Villard and Delva to a meeting, but such gatherings
are conducted almost entirely in French and not translated into Kreyòl—
effectively excluding grassroots women while favoring middle-class orga-
nizations whose members speak French. (Unequal access to education
remains one of the most disempowering aspects of poor women's lives
in Haiti.)

The erasure of poor women is a common critique of the Ministry of
Women's Affairs operations. Says Monité Marcelin, member of Club of
Mothers in Little Haiti, "Sure we say we have a ministry for women, but
the minister never calls us to try to talk with us, and when you finally see
her it's only with women high up there, not ones from below."

The complex tension of class, color, and language—which foreign or-
ganizations tend to be oblivious of—is replicated and amplified at the
international level. Haiti's weak economy has rendered it highly depen-
dent on international aid, which accounts for 40 percent of the national
budget. In recent years, that aid has been delivered mostly to NGOs be-
cause of limited government capacity and a fear of government corrup-
tion. With more than ten thousand NGOs within the country—ranging
from mega-outfits such as the Red Cross and Doctors without Borders to
copious missionaries and tiny organizations that focus on singular mis-
sions—Haiti is often called a republic of NGOs. But NGOs are the main

source of services for the masses—from health care to education to jobs—
and since the earthquake, their power has only strengthened.

But what about all that aid that was sent to Haiti? Surprisingly, little
has reached Haiti's most vulnerable living in the camps. To date, only 27
percent of the $1.3 billion dollars raised in the first few months by major
NGOs has actually been spent in country. Of the $10 billion pledged to
Haiti at the UN donors' conference in New York last March, only 10 per-
cent has been delivered. The U.S. pledge of $1.5 billion is still tied up in
Congress.

Some of the delay has been attributed to uncertainty over who would be
the next president of the country. The women I spoke with were only too
aware of this—and it raised their ire because there's a history of women
being disenfranchised through voter fraud and intimidation. They also
resent the sudden notice of women at election time.

"When there is an election they give people five gourdes [about five
cents] so they can go out and campaign for them," Jean piped in again,
"but when a big decision is being taken, women are not there. Women
must be present because women can decide, too. They need to remember
women all the time, and in everything."

Elections were held against the backdrop of a cholera epidemic that
threatened to invade the entire country, and the results were clouded
by accusations of fraud and violent protests. But, surprisingly, a woman
might well be the next president of Haiti, as Mirlande Manigat led with
31.37 percent of the vote. Jude Célestin, the current president Préval's
chosen candidate, was a distant second at 22.48 percent, trailed closely
by Michel Martelly—the second favorite in earlier polls. A contested run-
off between the two top vote-getters was scheduled for January 16.

Haiti's a place where the only kind of action that government seems to
recognize is *krazé-brizé*, I was told by Madame Royère, a longtime activ-
ist and one of the founders of the crochet club. "Unless you take to the
streets and demonstrate, you will never have a response from them," she
said. "Conserving your morality and the kind of person you are is some-
thing they don't understand."

But the images of *krazé-brizé* we saw were mostly of men. Fed up with
the election results that dismissed Michel Martelly, the second favorite in
earlier polls, they revolted against a year's worth of ignoring the plight of
Haiti's poor.

How would women fare under Manigat, Célestin, or Martelly? It's impossible to predict. None of them have put forth a national agenda, let alone expressed any commitment to gender issues or how they would alleviate the structural neglect of women.

A year after the quake, I can look at Haiti and only see doom. More public health crises are inevitably on the way. NGOs continue to run amok as a parallel state system that negates local authority and workers. There is still no concrete plan to permanently house the homeless.

But on my first post-quake trip, I had met a blind grandmother, Solange Veillard David, in Petit-Goâve, a coastal town southwest of Port-au-Prince. Though she had to sleep in a tent in her brother's yard because her house remained unlivable, she remained feisty, undeterred by the disaster around her. "Fòk ou gen volonte pou viv," she told me: You must have will to live.

Our duty, in solidarity, is to assure that the strength and willfulness of the women I spoke with are not in vain. So I still have hope for the future of my homeland, knowing that some of Haiti's most vulnerable women stand ready to participate in the country's future. What will it take for them to be seen and heard?

20

The Haiti Story You Won't Read

January 14, 2011 / pbs.org @ 5:09 p.m.

As reporting of the one-year anniversary of the earthquake that devastated our birth country continues to fill the airwaves, many of us, at home and abroad, cringe as television screens and newspapers are satiated with standard-formula media representations of Haiti.

Others, like myself and die-hard Haitiphiles, have been preparing for the bombardment of "the poorest nation in the Western Hemisphere" taglines that accompany every segment. We know that the misery of those dying of cholera and of the homeless in tent cities is being further exposed in aggressive zooming shots to offer a more human side of the tragedy. As expected, features shied away from history, favoring sound bites focusing on the Haitian government's failures since January 12, 2010. Unsurprisingly, not enough attention is being paid to the role that foreign nations and international institutions have and continue to play in our predicament.

These rhetorical and visual blows dehumanize us—Haitians on both sides of the water—who are still living with trauma that had to be put aside to deal with the immediate. It remains unprocessed. Moreover, we have yet to truly mourn or to hold an appropriate requiem for those whose lives were lost in those thirty seconds.

You see, if there is one thing we know for certain, it is that without destitution, sensationalism, and violence, there is no Haiti story. As an editor of a news magazine told me months ago after the fouled-up elections, we're doing an AIDS story right now, so let's wait for the next big moment for you to pitch me something. The expectation is that there will be more tragedies. After all, it is Haiti.

The heaviness of that same perception so distressed me as a young immigrant in this country during the '80s that, at the ripe age of twelve, I vowed never to return to Haiti until things changed. With little command of the English language, I had simply grown tired of explaining to inquiring minds that there is much more to us. No, we are not responsible for the AIDS virus. Yes, we are poor and have a history of political strife, but it's not innate. *And hell no*, it's not because we are mostly black. We are not reducible to our conditions.

Still, as insiders, we have intimate knowledge of Haiti, yet we are hardly ever presented as experts. Rather, we are usually positioned as informants. According to University of Miami medical anthropologist Louis Herns Marcelin, "For too long, the predominant discourse [on Haitians] has been framed within a humanitarian condescending characterization: victims of our passion, excesses, and lack of rationality. Because of the premise that we have been blindfolded by excesses, the assumption is that we cannot have a rational/objective analysis of our own condition."

Fabienne Doucet, New York University professor and cofounder of Haiti Corps (an organization that focuses on capacity building to strengthen Haiti's workforce since the quake), more or less concurs: "We have always been depicted as desperate, pathetic, and needy." Moreover, she added, "I don't think we are being represented any differently than we have been represented my entire life."

Haitian-born Mario, a taxi driver in Manhattan, told me, "They never show you what is functioning in the country. Even before the earthquake, all you ever see is what doesn't work. Even before the earthquake, you never see the provinces. You never see Jacmel or Labadie." Both are tourist destinations that used to draw visitors, especially from Canada and Europe.

Indeed, the slew of one-year-later documentaries that have been shown this week have mainly focused on the capital, Port-au-Prince. These reified singular notions of Haiti. As a result, we actually know less about the state of things in the other nine departments of the country. Equally important, they have rendered the capital synonymous with Haiti. As NYU's Sibylle Fischer, author of "Modernity Disavowed," a study of the impact of the Haitian Revolution in Latin America, says, "It's like the earthquake hijacked the entire country."

As an anthropologist, I have been a critical observer of such portrayals. For the last decade, I have taught a seminar titled "Haiti: Myths and Realities." I use an interdisciplinary approach grounded in history to trace the origins of the most popularly held beliefs, including notions of Haiti as a "nightmare republic" or how Vaudoux became "voodoo," among other views. In the process, I not only debunk some myths but also discern them from the realities they purport to represent. In the end, I make a strong case for the different ways the past occupies the present.

Outside academe, we tend to be less inclined to deal with history, especially since stories are restricted to word count. The mainstream depictions of Haiti that we continually see are actually reproductions of narratives and stereotypes dating back to the nineteenth century, when, in the aftermath of the Haitian Revolution, the new free black republic that ended slavery and disrupted the order of things in the world became a geopolitical pariah and our humanity was disavowed.

For Brunine David of Coconut Creek, Florida, even when portrayals attempt to give our humanity, they are usually skewed. "When they dare to talk about our courage and strength or perseverance, they change the meaning and take all the good from it and leave us with resilience; a kind of people who accept any unacceptable situation, people who can live anywhere in any bad condition that no one else would actually accept."

As far as I am concerned, at 4:53:10 p.m. last year, when the earth cracked open, Haiti once again was being asked to cause changes in the world. What's at stake this time is the unfinished business of the Revolution: reclamation of the humanity we have been denied.

Watch. After the anniversary coverage, the cameras will retract and journalists will depart even before filing their bylines. And you won't hear about Haiti again unless or until there's another big disaster. And given the current state of things, I must admit, there will surely be more man-made disasters. There will be new Haiti stories, albeit not in our voices and certainly not from our perspectives.

21

When I Wail for Haiti Debriefing (Performing) a Black Atlantic Nightmare

February 13, 2011 / Postcolonial Networks

We wonder . . . if it is the sound of that rage which must always
remain repressed, contained, trapped in the realm of the unspeakable.
— bell hooks, killing rage

And if that rage is not uttered, spoken, expressed then what
becomes of it? So much has been written deconstructing the
mad white woman relegated to the attic. Less is known of black
female rage for there is usually no place for it. Its very articulation
is a social death sentence especially in mixed company. Her
rememories stay crushed in her body, her archive. She dare not
speak. Shut your mouth. Careful. There is a place for unruly little
girls like you who do not know when to be quiet. When not to
offend white sensibilities. When not to choke. When to submit.
Shhhhhh—Take a deep breath. Swallow.
     There is no safe word.

Days after January 12, 4:53:10 p.m., when the earthquake ravaged my birth country, I told one of my dearest friends that part of me secretly wished I could just go on top of Wesleyan University Foss Hill, get on my knees, raise both arms in the air, and just scream on top of my lungs until I was totally spent.

Just don't let anybody see you, he warned me. We laughed it out and talked about consequences of being deemed unhinged. Indeed, the last thing I need is for people to think I have come undone. I am already out-side the box and something of an endangered species. I am a tenured black woman. A black Haitian woman at that. A black Haitian woman who has always spoken her mind way before tenure. A black Haitian woman without a recognizable last name as I like to say to those unfamiliar with my birth country's class and color politics. I have ascended to and made a space for myself in a new social world that in many ways eluded gen-erations before me without such access or had other freedom dreams. As Bill T. Jones has so aptly put it, I have had as much freedom as I have been willing to pay for. That said, I am an "established" faculty mem-ber at a small but well-respected university, albeit one whose expressive breadth and professional maneuverings upset disciplinary lines to create "nervous conditions"[20] among purists. Though I was trained as a cultural anthropologist, I cannot afford to lose it, and certainly not in public. I am also an activist, a poet/performance artist, and a multimedia artist.

So, I did the next best thing. I consolidated all my energies and ex-posed my pain and rage onstage.

I had been performing my one-woman show, "Because When God Is Too Busy: Haiti, me, & THE WORLD," for several years now. In one of its earliest renditions, I describe this work as a dramatic monologue that considers how the past occupies the present. In it, I weave history, theory, and personal narrative in spoken word with Vodou chants to reflect on childhood memories, social (in)justice, spirituality, and the incessant de-humanization of Haitians.

My first full post-quake performance was on February 4 at the chapel of my home institution. Although I was on sabbatical, I volunteered to perform in part because I simply needed to let it out. This work, which contains musings on my relationship with Haiti from the aftermath of mi-gration in my early teens through a grueling graduate school experience, is part coming of age, part conscientization, and part hollering.

It was during the early years of my graduate training that I began to ac-tively perform, in part to retain my childhood dream of wanting to be a singer, to ground myself and allow my creative spirit to breathe through a restructuring process that threatened to desensitize me. Performance for me then was a cathartic act of defiance. It became a platform to express my newfound acceptance of the fact that silence is just another structure of power that I simply refused to re-create. A rejection of docility. It was a determination to disclose That Which Must Be Kept Private if we are not to disrupt the order of things and reap the rewards of playing along. Complicity is condemned. After earning the doctoral degree, and once I began teaching full-time, performing became a lifeline, a space to exercise an opposition to the contained or bifurcated self required by professionalism. Most importantly, it has always provided me with the space to continually engage my commitment to Haiti.

Performance for me is what I call an alter(ed)native—"a counternarrative to the conventionalities of the more dominant approaches in anthropology. . . . It connotes processes of engagement from an anti- and post-colonial stance, with a conscious understanding that there is no clean break with the past. With that in mind, alter(ed)native projects do not offer a new riposte or alternative view, rather they engage existing ones, though these have been altered . . . co-opted and manipulated to 'flip the script' and serve particular anti- and post-colonial goals." Hence, I begin with the unequivocal premise that colonialism had fractured the subject. Determined to not leave the body behind, the alter(ed)native is a mindful and loving attempt at a gathering of the fragments in pursuit of integration. In that sense, the alter(ed)native is unapologetically a political project.

On the stage, I am motivated by a sheer will to step into and confront the growing and gnawing web of a recurring black Atlantic nightmare with unspoken gendered dimensions that remains archived in our bodies. It is trapped in aspects of what Carl Jung calls our collective consciousness, for lack of a better term.

I did not intend to do this, nor was it completely *par hasard*. Rather, the auto-ethnographic process of deconstructing the personal, in which I engaged in my first book on Jamaica (where I did my doctoral research), spilled into my internal dialogues about Haiti. As a result, I found myself using my past to make connections to the social that further revealed national and international trends that have been inscribed ad infinitum and could still benefit from more visceral explorations.

The more that I perform, the more it has occurred to me that, in fact, we actually know very little of the primordial of Haitian experiences. Though we have seen countless images and heard the cries, the wails especially recently. Random women covered with dust roaming the street. Searching for their loved ones. Screaming. These are roving disoriented beings historically perceived as devoid of logic.

The *show* always begins with me chanting somewhere on the premises or in the audience (never backstage). The chant becomes a loop as I walk through the parameters of the space (often to form a circle) until I face the audience, then take center stage. Prior to the earthquake, I chanted the original lyrics I remember from childhood:

> *Nwaye n ape nwaye*
> *(Drowning we are drowning)*
> Nwaye m ape nwaye
> Ezili si wè m tonbe lan dlo, pran m non
> Metrès, si wè m tonbe lan dlo, pran m non
> Sove lavi zanfan yo, nwaye n ape nwaye
>
> (Drowning I am drowning
> Ezili, if you see us fall in the sea, take us
> Goddess, if you see us fall in the sea, save us
> Save the lives of your children, because we are drowning)

After the quake, I changed the words. By the time I performed on February 4, there had been over fifty aftershocks. Estimated death was being reported then at two hundred thousand, and the mass graves were being filled with the unidentified. So then drowning became trembling. Trembling the earth trembled. Trembling we are trembling. Ezili, should we tremble again, hold us. Save the lives of your children because the earth is trembling.

I used repetitions of this chant as a portal—to access the body and keep it present. It is interwoven between pieces as a reminder of the ultimate aim of the work. We had gathered here to process and discuss a major catastrophe. I stopped the performance halfway through to present a dispatch from Haiti. I closed the show with words of a conversation with a friend.

After that night, I began to improvise in other performances. I shortened the "me" parts of the original text (and analyses of past moments of conflict in Haiti, as these were becoming less immediately consequential, given the urgency of the current situation) and began to include voices of people in Haiti. By the time I did my last performance at La MaMa on December 13, all the original pieces were abruptly interrupted with dispatches from Haiti, of people whom I had either encountered online or interviewed during my two post-quake trips. Their voices made the performance current. Most importantly, the stage became a platform to give *immediate visibility* to those without. The show then became a hybrid living newspaper.

With each performance I did in the past year, I became increasingly aware of the fact that we do not know or have never confronted Haiti's pain. We have talked about it. Written about it incessantly. Some have actually engaged with it. Still we have never sat with it in its rawest form and let it be. It has always been smothered. *Shhhhhh.* Not in public and certainly not in mixed company. Somatic theories tell us that in many ways some of it is still there. Trapped. It remains unprocessed trauma.

This past year, in light of the impact of the earthquake at home and abroad, I began to think more and more about the absence of discussions of psychoanalytical explorations of the experiences of Haitians in the aftermath of the Revolution. We have no substantive record of those moments of fracture, of pain when screams stemmed from deep within before they found constructed expression, sometimes in rage. The little we know of those moments comes from the fearful gaze of colonizers. What did we sound like to ourselves? I keep wondering what could Ayiti— this land where spirits inhabit permanent resting places in nature—tell us about the collective and individual sounds we made in the aftermath of the Revolution.

The earthquake for me is another pivotal moment of collective horror that must not be smothered, especially since we have so many tools with which we can record and are recording it. In the latest installment of the show, I interrupt the personal with individual quotes and statistics about post-quake conditions. The Vodou chants are there as signification of the ethical that is to highlight the moral imperatives at play. Coupled with history, this weave is now deployed to foster more textured and multivocal possibilities. This approach is particularly relevant, especially since daily life is not compartmentalized. Indeed, people live, make and remake themselves in a messy world that continuously begs for interdisciplinary crossings. I begin with the premise that theory alone simply cannot enclose the object of study, as anthropologist Michel-Rolph Trouillot has succinctly put it.[21] So I go deep within. I collect what I call my ethno-graphic collectibles (excess bits unfit for publication because they were too personal, too raw, or seemed trivial) and recycle them. I shut out the world to access that which I have been socialized to repress. Trained aca-demic. Repress. Digging deep to find ways to express a history of violence. Repress. I consciously and rather expertly manipulate my voice and let it out knowing I am crossing boundaries. Re-sowing seeds that caused white fears of a black planet. Exposing bourgeois attachments to the re-straint. Trading with different forms of capital. Undoing reason. More specifically undoing enlightened reason.[22]

To perform a reassembly of the fragments Toni Morrison insists needs to occur in a clearing,[23] I select the stage to confront the visceral em-bedded in the structural. Performance becomes a public clearing of sorts, a site to occupy and articulate the embodied. The primeval. Releasing sound bites of the horror. Unhinging the raw. That which for black women must too often remain unspeakable.

Wailing is my chosen method of intervention.

22

Pawòl Fanm sou Douz Janvye

February 21, 2011 / *Meridians*

> *Fòk ou gen volonté pou viv.*
> *(You must have will to live.)*
> — *Solange Veillard David*

Anyone you ask, at home or abroad, who can and wants to speak of it, will tell you exactly where they were that afternoon on January 12 at 4:53:10 p.m. when the 7.0 earthquake ruptured Léogâne. Its epicenter sixteen miles from Port-au-Prince, the quake ravaged parts of the capital and decimated cities in the southern parts of the already fragile republic.

Over fifty aftershocks followed in the next two weeks, and tsunamis were reported in Jacmel, Les Cayes, Petit-Goâve, Léogâne, Luly, and Anse-à-Galets.

According to official estimates, three hundred thousand people lost lives. Unofficial estimates are actually much higher. The same number suffered injuries, and over 1.3 million were displaced. The number of reports of property damage to homes and businesses also reached hundreds of thousands. Places of worship (churches and temples), art centers, schools, and government ministries were flattened like sandwiches (as people call them), destroying familial and fictive ties, already limited resources, and archives of all kinds, for they embodied historical as well as social memories.

In the immediate aftermath, many among the living became part of a new population of amputees, and the psychological effects of the trauma remain trapped in the bodies of those who, to this day, have yet to have access to the psychosocial services necessary to alleviate the post-traumatic stress disorder and other ills that now entrap them.

Those of us *lot bo dlo*, or "on the other side of the water," as they say, who make our homes elsewhere, experienced what would become new signifiers for the space that stretches between here and there, making us part of Haiti's diaspora. We watched the stories develop on television. With phone lines down and others types of communication inaccessible, it would take days and, in some instances, weeks and even months to learn what had happen to some of our kin. In other cases, such news is constructed from deductive reasoning, since it is clear that, at this point, if we have not heard from or of our friends and relatives, then they must have perished. The specifics (when, where, and how) remain mysteries, as the possibility of closure is even more improbable in many cases, given the logistics of displacement, the inhumane government discard of the dead, and the economics of retrieval.

It is said that 70 percent of Haiti's diaspora (numbered at around one million) has suffered direct loss. The 30 percent who were not impacted directly remain implicated, because all of us know of someone who knows someone who knows someone else who perished in the quake. Actually, in most cases, all it takes is one degree of separation.

As with any other natural disaster, it is women who are disproportionately affected. The situation in Haiti was no different. In fact, in some ways, it was worse. As the *potomitan* of their families,[24] women bear the responsibility of having to be present to care for their children, parents, and other dependent family members. With little to no infrastructure and in the absence of a state that has historically abandoned its nation, services were delivered to very few.

This small collection for this journal's archives is in no way representational of all Haitian women. It is not meant to be. The intent is to offer readers a glimpse of the environment with nuances of how a few women lived through this moment, their responses, and the continuous impact on our lives. As editor, while I sought to document a range of experiences across class and positions, in the capital as well as the too-often-ignored countryside where the majority population resides, I did not achieve that goal. This was a very blatant reminder of diasporic privilege and of the fact that, indeed, writing is a luxury. My call to women and girls in Haiti resulted in no submissions, especially from those whose daily lives were now more concerned with new strategies for survival. Having lost extended family members and supportive friends, they were confronting day-to-day challenges, in many instances without their usual social networks.

Others who could, however, were not as compelled to speak. Nadine Mondestin, a young woman educated in Canada and a decentralist in practice who chose to live outside the capital upon her return home years ago, declined my invitation, because, as she said, "I was in Cap-Haïtien [in northern Haiti]. I watched it all on CNN. I wasn't affected like the people in the capital." Days later, she and others would organize a rescue caravan bringing much-needed supplies to Port-au-Prince. I followed developments of her efforts online. I thought we could learn from her story of being there and yet so far away and what propelled her to act.

I believe those left behind have stories to tell that must not only be gathered and archived, as they are now part of another chapter of Haiti's history, but also shared, especially as they are also evidence of how Haitians came to each other's aid. Such stories were not the focus of popular media coverage. There are stories of courage, stories of solidarity, stories of trauma, stories of hope, stories of despair, stories of contempt, and, perhaps most important, there are also stories of will. These are stories to pass on.

Determined to not restrict the viscerally charged aspects of their experiences of that day, I encouraged participants to submit pieces in whatever form they thought best captured their voices, their feelings. This was to both honor the feminist tradition of using different genres to tell stories and also to assure that the blurring of these genres, when intersected, would in fact offer a more nuanced landscape, a textured representation of this moment. In that sense, I thought it imperative that we recognize the structural, but not obscure the visceral, with academic language and analysis. Sometimes it is just too soon for deconstruction; we first need to simply unpack everything. Space is needed to mourn, honor, absorb, and reflect. Hence, the women's words recounted here [in the issue of *Meridians*] are in the form of personal essays, poems, photographs, and even a piece of fiction. Given Haiti's place in the global racial imaginary, and since we are all only too aware of our historical condition, even in prose and poetry, our words on January 12 are laced with strands of critical observation.

There is the first-person narrative of Haitian-born Marie-José N'zengou-Tayo, who lived through the quake only to learn she was a survivor when she returned home to Jamaica. Brunine David, a resident of Miami, was in her car driving to her evening course when she found out. A week later, she would organize and lead a medical mission with the nonprofit to which she belongs to aid her hometown of Petit-Goâve. Nadève Ménard had just picked up her daughter Ana from her second day of school following winter break. She chose to write a letter, a record for the future of the discombobulating moment that they shared. Carolle Charles, a sociologist, recalls conversations with Myriam Merlet in her kitchen two weeks before the quake. Merlet, Magalie Marcellin, and Anne Marie Coriolan are her sisters in the struggle—the three feminist leaders who had so ardently fought to make real gains advocating for women's rights in Haiti. They left us too quickly, with unfinished business that must be continued.

Many of us in the diaspora disconnected from the immediacy went into catatonic states of shock and dissociation because we had real knowledge of the disparity on the ground and, as a result, understood firsthand the extent of the catastrophe while foreigners expressed disbelief. We burned each other's cell phones across states and countries as the social networks Facebook and Twitter became lifelines. We cried together and on our own. We fought to keep our voices, to maintain a sense of self as we became the subject of conversations. The world was watching and responding. People dug into their pockets and gave. Still, we knew our birth-country needed us now more than ever. In private, in the moments of rest, words only came out in poetry. In Santa Barbara,

California, short poems flowed out of Claudine Michel that told other stories of her Haiti as she dispelled myths in the media, offering an alternative to dominant viewpoints that vilified our native land. The fascination with Vodou was in full force. Haitian scholars and scholars of Haiti allied to defend against misrepresentations.

Lenelle Moïse, a first-generation Haitian-American poet, activist/artist, and performer, set lyrical musings on her website that voiced and redirected our outrage. It is clear that the man-made unspeakable horrors, especially the mass graves, that ensued in the aftermath of the quake required creative outlets. In her poetic response, Myriam Chancy charts the underwater course of the departed. Such wailing cannot and must not be structured. This was another reminder that we need a requiem for the dead and the dying. When an illegal adoption ring of missionaries was discovered after the quake, the booming child-trafficking business that has been standard practice in Haiti for years finally made front-page news. Katia D. Ulysse's story "Kado" highlights this menace of Haitian babies and children being whisked away to faraway lands.

The over one million displaced would find themselves in camps that sprang up all over the country. It is there that Mark Schuller, an anthropologist, longtime activist, and advocate of Haiti, found the women who had become so central to his work. They were the main characters of *Poto Mitan: Haitian Women Pillars of the Global Economy*, the documentary he codirected, which was being shown all over the country and abroad before the quake. Until the women were located, we worried that the documentary had become a memorial. Mark returned to Haiti several times to interview the women and (re)tell their stories. He found them organizing in the camps, confronting violence, sometimes putting their lives at risk. They remain determined, as they had been pre-quake, to be agents of change in their own lives.

There are times when we are called upon to speak for others. Our responsibility when we are the transnational bearers of the pens, the ones with the language and access, takes on particular significance, especially when the stories we have to tell are counter-narratives. Haiti needed new narratives and not just textual ones.

In February, Brooklyn-based photographer Régine Romain took her camera to Haiti to be a witness and to bring back representations of a different kind. For weeks, the popular media had saturated viewers with images of inhumanity, disaster, and hopelessness. She felt compelled to shift the gaze. The focus of her lens not only gave us dignity, but also evidence of possibilities both beyond and through the horror. She found proof of life, love, and a presence that reminds us that Haiti has been fractured in the past. Haiti has been a storm. And like Romain's sleeping lion, we should breathe as we await the calm. And like the girl with the flag, arms akimbo staring into her camera, we must do so with boldness, with will.

On my first trip to post-quake Haiti, I accompanied Brunine David on her second medical mission to Petit-Goâve for Easter. I had never been there. I wanted to help and also to get a sense of things outside the capital. I met her mother, Solange Veillard David, a *frankatolik* (pure Catholic), who recited a litany of prayers daily. She has a following of kids who gather around her, and they pray together, praying routinely for everyone who came onto Haiti's land to offer help. One afternoon she told me why she prayed, and her reason will forever stay with me. Her words were spoken quickly with gumption, and they continue to inspire me: "Fòk ou gen volonte pou viv." You must have will to live.

Words are will. Kòm Fanm nou se pitit fi, sè, manman, tant, granmè, kouzin, madanm ak aman (As women, we are daughters, mothers, aunts, grandmothers, cousins, wives and lovers). Men pawòl nou sou douz janvye pou ashiv sa (Here are our words on January 12 for this archive).

23

The Legacy of a Haitian Feminist, Paulette Poujol Oriol

March 29, 2011 / *Ms. magazine blog*

Paulette Poujol Oriol, who died March 11 at age eighty-four, left her birth country, Haiti, a legacy that is immeasurable. She was one of Haiti's most ardent feminist leaders, as well as an unmatched cultural producer and worker.

She was born in Port-au-Prince on May 12, 1926, to Joseph Poujol, founder of the Commercial Institute, and Augusta Auxila, a homemaker.

The family migrated to France when she was eight months old. Poujol Oriol spent six formative years in Paris, where her parents were engaged in the worlds of commerce, education, and theater. She credited this time in Paris as instrumental to her development as a renaissance woman.

Poujol Oriol began her school studies at the École Normale Supérieure in Port-au-Prince, then went on to Jamaica, where she attended the London Institute of Commerce and Business Administration. She started to teach at her father's institute at the age of sixteen. With additional studies in education, she dedicated herself to teaching, but never stopped her own learning. In addition to being fluent in French and Spanish, she eventually learned and mastered English, Italian, and German.

But aside from teaching, Poujol Oriol was writing. She published her first novel, *Le creuset* (The crucible), in 1980, winning the Prix Henri Deschamps—just the second woman to have ever received that prestigious Haitian literary award. Another work, *La fleur rouge* (The red flower) was awarded Radio France Internationale's Best Novel award in 1988. Her novel *Le passage* (*Vale of Tears*) was translated into English with a foreword by the well-known Haitian writer Edwidge Danticat.

And aside from teaching and writing, Poujol Oriol was an actress and playwright, as well as the director and founder of Haiti's Piccolo Teatro, which introduced children to the theater arts. Over the course of her life as a prolific writer, relentless artist, and activist, she became one of Haiti's most highly acclaimed women, a recipient of acknowledgments and awards too numerous to name.

As a staunch feminist activist, she battled for Haitian women's causes and visibility in her writing as well as in practice. At a very young age, she defied gendered and classed restrictions, possessing a hunger for knowledge—encouraged by her parents—that surpassed social expectations of young women of her class. This made her a recognizable intellectual force.

In an interview on Thomas Spear's *Île en île*, Poujol Oriol recalled being steered toward gentler literature by booksellers astonished by her ferocious passion for French classics. The sense that *less* is expected of women and that they should be invisible motivated many of her undertakings.

In many ways, Poujol Oriol was both a product of her privileged socioeconomic background and a challenge to its strictures. Highly visible and engaged in the world, she insisted on keeping her name when she married, bore two children, divorced, and remarried—at a time when such practices (keeping your own name, divorcing, remarrying) were frowned upon in Haiti. All the while, she continued to pursue her art and social interests.

In 1950, she became a member of the Ligue Féminine d'Action Sociale (Women's League for Social Action), an organization founded in 1934 to advance women's rights in Haiti. She served as president of the league from 1997 until her death. She was also a founding member of several women's associations, including L'Alliance des Femmes Haïtiennes (Alliance of Haitian Women), an umbrella organization that coordinates more than fifty women's groups.

Baruch College professor and Haitian sociologist Carolle Charles met Poujol Oriol in 2005 at the Caribbean and Latin American conference on women and citizenship. She remembers her "as a feminist organizer [who] also knew about the fragility of Haitian institutions, thus her strong support to newer feminist organizations." That gathering was organized by Haiti's only feminist research center, Enfofanm, directed by Myriam Merlet—one of the four well-known feminists who perished in the 2010 earthquake. At the conference, Poujol Oriol, a member of the board of directors of Enfofanm, received a life achievement award for her contribution to the Haitian women's movement. Her "level of commitment to the women's movement," says Charles, "was uncompromising."

In Haiti these days, with the contested election runoff and the return of exiled former president Jean-Bertrand Aristide, Paulette Poujol Oriol's passing has received less attention than it truly deserves. She was a much-beloved intellectual mother to hundreds of students, who called her Mommy. She is survived by her actual son, physician Georges Michel, who resides in Haiti, and her daughter, Claudine Michel, a professor of education and black studies at the University of California–Santa Barbara. In Haiti's *Le Nouvelliste*, her son is quoted saying, "She had lots of projects (plays, novels) [in the works]. Even at her age, she continued to write."

Poujol Oriol inspired generations of Haitian writers, artists, and feminist activists. Speaking of her loss, Charles paraphrases the popular Haitian saying, "She came from a small country, but a great nation." Then she added what other obituaries consistently insist: "She stood against injustice and inequality. She was a *'potomitan'*—a formidable central pillar."

24

Click! Doing the Dishes and My Rock 'n' Roll Dreams

April 1, 2011 / *Ms. magazine blog*

It was the 1980s. I was an oddball. I loved Tina Turner, Pat Benatar, Cyndi Lauper, the Eurythmics, U2, and the Rolling Stones. I was dreaming of becoming a rock star. My father wanted me to do the dishes.

If you'd ask me back then whether I was a feminist, I would probably tell you to stop labeling me and flip you the bird ("up yours" was my favorite retort, even though I was still learning English). Besides, at that age, I hadn't given the word "feminist" much thought.

Rewind.

We had migrated from Haiti in 1978. The '80s was a tough time to be Haitian in the United States. It didn't matter how or why we came here, we were considered either boat people or carriers of AIDS. The CDC branded us as one of the four *H*'s—along with hemophiliacs, homosexuals, and heroin users. Haitian was a word amended by qualifiers such as dirty, stinking, and the like. I had a thick accent, a dead giveaway. I was tormented and bullied for years, so I was always on the defensive, even though in some ways I was moving away from the Haiti I knew.

Besides the trouble at school, on the home front my parents knew they were on losing ground. Migration in many ways was easier on kids, who adapted in spite of the cruelty of peers. I cannot count the number of times I heard my parents say that this country ruined their children. I grew up in Haiti wanting to be a nun—not surprising, as I attended Anne-Marie Javouhey, a French missionary Catholic school. In the United States, though, I dreamt of wielding a microphone on the stage.

In my little wars at home, I took on class and church strictures for girls when I fought my mother's insistence that I wear a dress. "Why? Why, why?" I kept asking. This became a serious fight. I remember saying "If God has seen me naked, why can't I wear pants?" Click!

I was going off script. Good Haitian girls, I was taught growing up, left home only when they got married. If they went to college, they did not choose one in the city of sin (New York). But that was precisely where I set my sights. Where else can you break into the singing business? Of course I was naïve.

Living in New York City, it became clearer to me that way too many black women wanted to be singers. I started to understand that white boys in bands—Bono, Mick—were the only ones who could do whatever they want. The singers I adored, mostly white women, were fighting sexism. Tina Turner was the only black rock 'n' roll chick, and she was fighting racism. Click! Where the hell did that leave me? Dark-skinned girl. Click! Short legs. Double click! Braniac. Triple click! And Haitian. Quadruple click!

Then there was the major fight over the dishes. My family moved from New Jersey to Maryland. I refused to go. It was just Father and I in the apartment for a couple of months. I'd come back from the city to piles of dishes in the sink. They began to get crusty because I washed only the ones I used. We had a confrontation. Father said I had to do the dishes. Since I wasn't averse to other chores, I asked why. "You're a girl," he said. "So?" I said back. "Your mother does the dishes," he said. "I am not your wife," I replied. "We don't have a contract. And even she shouldn't have to do your dishes."

This, of course, made us enemies for weeks.

Such answers were typical of me. They made me very un-Haitian and eventually marked me as the one who can't keep her mouth shut and doesn't care about the consequences of talking back. Click! Silence is a structure of power. Click!

Years later, in "Papa, Patriarchy, and Power," I would write about this, realizing that all these clicks and culture clashes are at the heart of why I proudly call myself a feminist and not a womanist today. Oh, and that is a whole other story.

25

Constant Haiti's Fiercest Flag Bearer

April 14, 2011 / *Huffington Post* @ 1:44 p.m.

Myrlande Constant is undoubtedly Haiti's fiercest flag bearer. A maker of Vodou flags (*drapo Vodou*) who has been refining her craft in the last two decades, Constant ironically exists in near obscurity as a Haitian artist, while nothing about her work, accomplishments, and personality is meek.

Brown University rectifies that by bringing the trailblazer into the limelight with *Reframing Haiti: Art, History, and Performativity*, a series of exhibitions, workshops, and lectures that closes April 21 with a talk by Brown alum, Haitian-American writer Edwidge Danticat. The project, done in collaboration with the Rhode Island School of Design and the Waterloo Center for the Arts—the largest public collection of Haitian art in the United States—offers New Englanders a necessary, nuanced glimpse of the fractured republic. According to Anthony Bogues, the Harmon Family Professor of Africana Studies and co-curator of the exhibition, "The exhibition's starting point is that the past shapes both the present and the direction of the future. We want to present a different narrative about Haiti which challenges historical and contemporary biases."

Events include numerous talks and panels on contemporary postquake issues by scholars as well as artists. The founding members of the Haitian artists' collective Atis Rezistans (Artists of Resistance) came from Haiti and held brief residencies at the university along with Haiti's most well-known contemporary artist, Édouard Duval-Carrié. Constant, who traveled from Haiti, held a three-day flag-making workshop for interested members of the community during her visiting-artist stint April 5–8. The exhibition of flags gives us the opportunity to encounter one of the country's most brilliant yet unknown talents.

Born in 1970, Constant is a self-taught flag maker whose artistry is rooted in her skills as a seamstress and the beading techniques that she learned from her mother as a child. While she was in her teens, both she and her mother worked in a wedding-dress factory. Her foray into the world of flag making coincides with a story of self-emancipation from exploitative factory labor. In a public dialogue that I had with her at Brown last Wednesday, Constant recalls quitting her job at the factory over a compensation dispute. When her mother, who still worked at the factory, asked her what she would do, she responded that she didn't know. She then found herself tracing the outline of what would eventually become her first flag, an homage to the spirit Danbala that was purchased by singer and bandleader Richard Morse, also owner of the Hotel Oloffson, where the flag still hangs.

What distinguishes her from other flag makers (who are all men) is the fact that she worked with solid round and cylindrical beads instead of the flat sequins used by other artists. Art historian Katherine Smith, who curated the project along with Bogues and Karen Allen Baxter, comments on Constant's innovation. Her "introduction of the solid-bead technique revolutionized the [flag-making] tradition."

Indeed, Constant's oeuvre and impact are most evident at the exhibition of flags in Brown's Rites and Reason Theatre. Moreover, as Smith says, "Constant's influence on a generation of artists over the last twenty years has not yet been properly recognized. I have known Constant and other flag artists in Port-au-Prince, including a number of her former apprentices, for many years. Still, it was not until Constant and I walked into the gallery of Vodou flags here at Brown that the magnitude of her teaching legacy really struck me. Vodou flags have experienced a kind of renaissance over the past ten years, flourishing with new developments in both form and content. It is not an exaggeration to say that nearly all of the artists taking flags in new and stunning directions were trained by Constant or by her students."

Within the closed world of Haitian art dealers and private collectors, Constant is known for pushing the boundaries of this form in ambitious ways. She has also been creating gigantic flags since she began to respond to her gift. Some of these works are well over six feet tall. For the workshop at Brown, she brought along two newly completed pieces (one for Danbala, a recurring subject, and another for Gédé) not included in the exhibition. The largest one, eight by five feet, required the disciplined assistance of twelve workers over the course of three months.

"I have another at home that is even bigger than these two that I have been working on for years," she said. Constant is driven to create larger-than-life flags with a painter's meticulous attention for details. And she actually wants to make flags the size of murals. When I asked what motivates her, she replied that she feels compelled to include everything she knows about her subject. "I am like a schoolteacher, a professor who is giving students a lesson. I have to include everything. I have to tell them everything I know, give them all of the information I have to change them."

Given the historic ways Vodou has been demonized and remains a scapegoat for Haiti's problems, Myrlande Constant's artistry and communion with the spirits through her flags is an education unto itself. She illuminates the religion and the beauty in its art forms, making her Haiti's fiercest flag bearer.

26

Haitian Feminist Yolette Jeanty Honored with Other Global Women's Activists

April 28, 2011 / Ms. magazine blog

Haitian feminist Yolette Jeanty's name may not ring a bell, but her tireless work has been rightfully recognized recently. As executive director of Kay Fanm (House of Women), an organization whose mission is to fight for social justice and women's rights, Jeanty has been an advocate and supporter of women and girls for decades.

This past Tuesday, April 26, at the seventh annual Global Women's Rights Awards, the Feminist Majority Foundation honored Jeanty and three other feminist activists, including Sunita Viswanath, founder of Women for Afghan Women; Renée Montagne, cohost of NPR's *Morning Edition*; and Aung San Suu Kyi, Burma's democracy movement leader and Nobel Peace Prize laureate.

The Eleanor Roosevelt Award, which these women received, is "given annually to a select few individuals who have contributed significantly—often against great odds and at great personal risk—to advance the rights of women and girls and to increase awareness of the injustices women face on account of their gender." Past honorees include Laurie David, environmental crusader and producer of *An Inconvenient Truth*; Dolores Huerta, the human-rights activist and cofounder of the United Farm Workers; Jody Williams, coordinator of the International Campaign to Ban Landmines and a Nobel Peace Prize laureate; and *Ms.* magazine cofounder and feminist stalwart Gloria Steinem.

At the event, co-chaired by Mavis and Jay Leno together with Eleanor Smeal, Jeanty spoke of the difficulty that small, women-led NGOs such as Kay Fanm face. In the panel discussion that concluded the night's activities, Kathy Spillar, executive editor of *Ms.* magazine and executive vice president of the Feminist Majority Foundation, pointedly asked Jeanty why so little, if any, of the billions of dollars raised for Haitian earthquake victims has reached grassroots organizations such as Kay Fanm.

Jeanty's response revealed the complex interconnections between Haiti's compromised sovereignty and the distribution of international funds, and how Haitians are thus impeded from playing a larger role in their own affairs:

> Most of the money went to big NGOs or is being disbursed by the HIRC—Haiti International Reconstruction Committee—headed by Bill Clinton. Decisions are being made mostly by foreigners. [We have to deal with] (1) people who don't think Haitians can do for ourselves, so they will do for us; (2) those who are there only to fill their pockets; or (3) those with really good intentions who have no knowledge of the terrain. For the last year, Kay Fanm has been working to educate our foreign partners especially in the reality of life on the ground, and has asked them to put pressure on their governments to change the ways things are being done.

Serving as her translator, I had the opportunity to speak further with Jeanty. We discussed the delicate issue of the impact of media's and even feminist reporting's nearly solitary focus on gender-based violence and rape in Haiti. Indeed, in the last year, since the initial MADRE report on rape in IDP camps in Haiti, this issue continues to garner tremendous attention. Jeanty is concerned that other persistent issues, such as battery and domestic violence—the percentage of which is higher than rape—has been marginalized. Since the quake, prostitution has also skyrocketed, yet remains undiscussed. Moreover, the structural, social, economic, and political problems that undergird the tendency for violence also fall by the wayside. She said that in some ways, "this attention is undoing our efforts. Work that we have done for years. Rape and gender-based violence existed well before the earthquake. It is not a new phenomenon. Whenever there is political turmoil, it is on the bodies of women that the battle is fought. In times of crises, it always increases everywhere. The situation for Haitian women is no different. . . . Worse, this emphasis hurts for the way that it represents Haitians solely as predators and victims."

This recognition could not arrive at a better time, bringing attention to Jeanty and the work of Kay Fanm. The organization has yet to recover from the serious setbacks endured in the earthquake, including the loss of founding members and allies as well as destruction of its property, which has yet to be rebuilt. Kay Fanm continues to struggle to offer shelter, along with medical and legal assistance, to girls and women in need.

In spite of the fact that Kay Fanm does not provide abortions, the organization also recently fell victim to the anti-abortion wave that threatens funding of women's health across the world. Earlier this month, they lost the financial backing of Canada's Development and Peace, which has supported them for the last twenty years. The Canadian organization bent under pressure from the Canadian Conference of Catholic Bishops, which has called for halting funds to organizations that are not pro-life.

Jeanty hopes this award will open doors for Kay Fanm in the United States to work in solidarity with new partners, especially other feminist organizations who are as determined to win the fight for women's equal rights and empowerment.

27

Why Context Matters   Journalists and Haiti

July 8, 2011 / *Ms. magazine blog*

Earlier this week, the Ms. blog interviewed journalist Mac McClelland regarding the much-discussed online article she wrote about dealing with PTSD after a reporting stint in Haiti. One of our Ms. bloggers wanted to weigh in with her thoughts about the controversial story.

As a Haitian-American feminist anthropologist who has written much on both gender-based violence in, and representations of, Haiti, I have been following the Mac McClelland controversy with great interest.

McClelland, a *Mother Jones* reporter, recently wrote for GOOD magazine her personal story of suffering PTSD after witnessing the emotional outburst of a Haitian woman who had been gang-raped. What was most provocative about the story, though, was embodied in the headline: "I'm Gonna Need You to Fight Me on This: How Violent Sex Helped Ease My PTSD."

Because I believe dealing with experiences of trauma is a highly subjective process, I won't question her chosen method of healing. She need not be judged. Besides, much is written about women's fantasies of rape, starting with the groundbreaking and controversial work of Nancy Friday; the reporter is not unique in this regard. The difference, however, is that she refused the closet and publicly exposed her desire, couched in terms of it being an antidote to her mental suffering and her need to feel re-empowered.

That said, her essay, and responses to it from both critics and supporters, reveal much about the messiness of race, class, and gender, and show us yet again how much Haiti is popularly misperceived.

McClelland insists that in this piece she did not set out to affect the well-being of the world she writes about, as she has in her other work. Rather, this confessional essay was all about her descent into an abyss, her way back from it, and how she lived to tell about it. Do I fault her for this emphasis on herself? No. But I do understand the criticism she's received for using Haiti as a mere backdrop, such as that from Haitian reporter Marjorie Valbrun, who reminded her that "what's happening in Haiti is not about you."

Valbrun calls out white journalists in general, and McClelland in particular, for a "woe is me" attitude that obscures the bigger problems they encounter on assignments. Haiti, like other troubled countries, becomes just a scene in an all-too-common Hollywood script. The issue of "using" Haiti was also raised in a letter to the editor of GOOD, published on Jezebel .com, that was signed by thirty-six women journalists and researchers (including Valbrun) who have tons of Haiti experience under their collective belt. The writers particularly called out McClelland for her lack of context: "We respect the heart of Ms. McClelland's story, which is her experience of trauma and how she found sexuality a profound means of dealing with it. Her article calls much-needed attention to the complexity of rape. But we believe the way she uses Haiti as a backdrop for this narrative is sensationalist and irresponsible."

This use of Haiti makes the republic a casualty of her healing process. When Valbrun took on McClelland again, in "Haiti Made Me Do It" on TheRoot.com, she decoded the ways the journalist "blames" Haiti for her trauma. Because McClelland's experience in Haiti—particularly when she witnesses the breakdown of the gang-rape survivor—is what evoked her trauma and rape fantasies, Haiti is set up as the culprit. As Valbrun says: "[McClelland describes] rapes by marauding, 'gang-raping monsters' in the tent camps that house homeless earthquake victims. Rapes at the camps are indeed a tragic reality of post-earthquake Haiti, but she paints a picture of Haiti as the site of collective male wilding. Never mind that she's only talking about the capital, which before the earthquake had some 3 million residents, and not the entire country of 10 million."

Imagine for a moment that this incident had occurred in Stockholm. The very element of deviance that gives McClelland's story its bravado and cachet would have been entirely lost, because Sweden is known as a peaceful and sexually open society where the rule of law is abided. On the other hand, Haiti is understood primarily as a dark, chaotic place where bad things happen.

McClelland does not mention in her recent essay that at the time of the incident (September 2010), she actually live-Tweeted about it, even disclosing the rape survivor's real name in her original Tweets. *Mother Jones* re-posted those Tweets using just the victim's initials, describing it as "real-time reportage." In McClelland's blow-by-blow account of the moment, you can almost feel the adrenaline—but who's the victim here? In addition to other criticism, McClelland has taken flack from peers concerning issues of consent, protecting informants, and the ethics of journalism, especially in new media. (For critical response to those Tweets, check out reporter and producer Jina Moore's pieces "Should We Tweet Rape?" and "A Roundup of Ideas on Tweeting Rape.")

Do I think that criticisms of McClelland have turned her into something of a scapegoat? Yes. She certainly is not the first reporter to portray Haiti as a dark and chaotic place, and she won't be the last, as a writing colleague of hers, Ansel Herz, wrote in her defense. I completely agree. (For example, the veteran journalist Amy Wilentz, who also signed the Jezebel.com letter, not too long ago metaphorically referred to Haiti, in the *New York Times*, as a pile of shit.) But should McClelland get a free pass because, as she says, this was not a reported piece about Haiti but an essay on her personal issues? Absolutely not.

In the fall, I'll be teaching a seminar on reflexive anthropology titled "Beyond Me, Me, Me," and I can't help but think that McClelland's piece might serve as an example to discuss. Although it's journalism, not anthropology, her essay could be seen as work that loses sight of the social context while focusing solely on an individual's personal experience in the study of culture. In anthropology, such work is critiqued as navelgazing that won't serve a broader purpose. To be fair, McClelland, as a journalist, does shed some light on a larger dilemma that all female journalists may face in threatening situations—sexual harassment and assault—but aside from that, her essay is all me, me, me.

Reflexive anthropology is important, as it calls for a more self-critical and self-reflective approach that examines power relations in fieldwork. Indeed, many early researchers treated their "informants" as though they were just that—*sources* of information, rather than human beings. That, and the swashbuckling overtone in the work of many early anthropologists, were decried by leftists, feminists, and other minorities, who wanted to decolonize the discipline. (These issues are at the core of my first book.) It's hard not to see that old swashbuckling tone in McClelland's piece, as she suffers-but-soldiers-on despite the violence and the predatory men she encounters. Haiti, in that sense, becomes the last frontier; it ceases to be about the people and the human rights issues, and becomes just another terrain to be conquered.

The *Atlantic Wire* reporter Elspeth Reeve, another supporter of McClelland, wants us to believe that McClelland's Haiti critics are just too sensitive. As she put it, the critics feel that "reenacting rape is fine, just don't call Haiti a hellhole." To bolster her argument that Haiti still *is* such a horrible place, her piece includes a couple of photographs of flimsy tents in a Haitian refugee camp and of men carrying guns.

Honestly, we don't need to see any more pictures about Haiti. Everyone knows and agrees that Goudougoudou shattered an already fractured country that already had little to no infrastructure. The affected areas, in too many ways, are still a mess. Hunger and cholera continue to wreak havoc. The state barely functions, while NGOs rule but fail. Haiti should not be reduced to solely its conditions; yet without violence, gangs, and rapes there is no Haiti story. And without our victim status, we Haitians have no allies. Therein lies our biggest dilemma.

Given the poverty of the government, people in need in Haiti are forced to rely on organizations that are pitted against each other (at both local and global levels) for resources. The gender-based-violence field is also competitive, which fuels a value system based on a hierarchy of horror: the more horrific the story, the more attention it gets and the more likely that the victims in the story might get access to limited support. Progressive Haitian organizations are in trouble precisely because they *refuse* to be dependent on foreign NGOs. They are not even courted, because partnerships in the aid business are code for "as long as we hold the purse strings, *we determine the solutions."*

So much more could be said, but I will stop here. Except for one more thing:

Since this story broke, the issue of Haiti's representation has become a key focus, while the trauma of the woman McClelland calls "Sybille" has been swept aside. While I'm sympathetic to the trauma McClelland faced, I can't help but think back to "Sybille"—the woman who, it turns out, did *not* want her story told, whether in Tweets or an article. In fact, according to Haitian-American writer Edwidge Danticat (also one of the thirty-six), "Sybille" wrote a letter of protest to McClelland. (So no, Pandora Young, the "politically correct female journos"—as you dubbed them on FISH-BOWLLA—are *not* "ganging up on the PTSD essayist," but instead speaking up for this and other "Sybilles.") For me, this moment brings the question of access and power of journalists to the table: Who gets to tell someone else's story? How? And what happens when the subject talks back?

The conversations that have ensued around this essay are important and overdue. People are actually talking about the roles of Haiti's allies—how do they see and represent Haitians? Such conversations tend to stay behind closed doors, where they might be safer, but now they're out in the public sphere. And we don't all agree on everything, but we are all concerned about our rights. Without such public discussions, the undisclosed tensions threaten to reinforce the very problems we all seek to solve. These discussions are a very crucial first step toward productive solidarity work. It is my hope that we have the courage to move beyond this stage and have the most important conversation of all: the conversation about solutions. Haiti desperately needs a nonpartisan space where Haitians from all walks of life, along with their committed allies, can work together to gather, assess, and rigorously analyze gender-based violence in the country. Then we can take the next step to collectively address and eventually eradicate it.

A Spiritual Imperative

28

Fractured Temples Vodou Two Years
after Haiti's Earthquake

January 12, 2012 / *Tikkun Daily*

Vodun practitioners from all over the African diaspora traveled to Benin (formerly Dahomey), the birthplace of the religion, this week to participate in what is known as International Voodoo Day. This January 10 festival of prayers, libations, sacrifices, and other rituals is the most important Vodun gathering in the world.

As a Haitian-American, I can't help reflecting on this most African part of our heritage in the New World, especially as it is continually maligned by those whose knowledge is restricted to popular images that favor the macabre. Those of us who recognize and respect Vodou's complexity know we must defend it because the religion remains trapped in stereotypes, making it extremely difficult to dispel geopolitically driven myths too entrenched in the spectacular.

Growing up as a child in Haiti, I had no concept of what is referred to as "voodoo" in the United States. In fact, the more appropriate word, Vodou, was not part of my vocabulary. The tradition that some members of my family followed was known as "serving the spirits." Even that phrase was not something we actively used, since our actual engagement was rooted more in daily practice than naming. Serving meant living in a world where the sacred and secular were blurred. So it was commonplace to see adults pour libations of water and coffee three times onto the ground upon awakening in the morning before even speaking to one another. Or sometimes they rushed to the outhouse, I would learn later, to expunge bad dreams that should not be spoken in order to deflect their mal-intention and prevent entry into the home. These and other very conscious acts of psychic repulsion taught me that serving the spirits was foremost about communion and protection.

In times of trouble, spirits made appearances to offer counseling. It's not surprising then that *granmoun* and *zanset*, the Kreyòl words for elders and ancestors, are also interchangeably used for *lwas*, or spirits. They are called upon to administer healing only when all other approaches have been exhausted. Their very presence often ordered a chaotic situation because, out of respect, adults must defer to spirits. And when they did not, there were consequences. In that sense, *sèvitès*, those who turned to the spirits, did so with a sense of surrender akin perhaps to encounters between dwarfs and giants, or Lilliputians among the Brobdingnags.

To be sure, like any other religion, Vodou has its extremities. There are secret societies that have their own system of governance, with ritual practices and sacrifices that border the surreal.

To me, the spirit world was always one full of wonder. I have my personal favorites. Ogou, the spirit of the warrior—represented by lithographs of Saint Jacques—brandishes a machete or a sword like an expert bladesman. If people need a bodyguard, they can count on Ogou. He rules over power. Some say he can even reverse poison. He loves women. We can honor him by wearing red and offering rice with beans, or yams. Gédé is the spirit of life and death, the ultimate trickster who makes adults blush with his chorus of expletives too worldly for schoolgirl ears. Ironically or not, he's the protector of all children. Rum and hot peppers are two of his favorites. Ezili Freda is the pretty one. She prefers lace, perfumes, and gold. Her specialty is affairs of the heart. She's honored with cleanliness, fresh linens, rich foods, and white or pink clothes and accessories. Dantò, her counterpart, is pictured as the Black Madonna of Częstochowa and bears two scars on her right cheek. She cannot speak because her tongue had been cut off to discipline her. She has an affinity for knives, and her favorite colors are red and blue.

The deference to the power that spirits have over mortals comes from the simple fact that to serve is to respond to a call to carry on a legacy, because one's relationship to the spirit world is also part of familial inheritance. Along with the land on which they reside in natural resting places, or *repozwas*, spirits are conveyed from generation to generation. Through oral history, family members share the songs, rituals, and knowledge of their spirits' particular likes and dislikes. One family member is selected to take charge of spiritual obligations. Not just anyone is chosen, because spirits are quite finicky. They require a steady force in their intermediary, someone capable of humility and willing to be of service. The select do not always oblige, for all sorts of reasons: outward rejection of what is often an enormous social and financial responsibility, migration that defrays the personal ties, or perhaps religious conversion. Among the ones who do serve, some choose the path of initiation, and others do not. To serve is to enter into a symbiotic relationship with the *lwa* in which demands can be made that will be reciprocated with promises. In return for their work, spirits expect recognition with visible acts of acknowledgment, like depositing a favorite item on the altar, feedings, and pilgrimages.

Annually, many *sèvitès* commit to making long treks to sacred sites all across the country to pay debts, strengthen their faith, or ask for favors. Whether it is under the waterfall of Saut-d'Eau in Mirebalais or a clearing in a venerable forest, spirits visit the offering devotees and bestow benediction in moments of rapture.

In my early teens, in the aftermath of migration and bombarded with narrow and negative views of Haiti, I vividly recall deciding to go back there only when the political situation changed. I ended up pursuing a degree in anthropology for the same reason and in the process became too cognizant of the ways Vodou, as an African-based cultural heritage, was under siege. By the time I made my first return, missionaries had proliferated and provided social services neglected by the compromised and combative state. Conversion to Protestantism was de rigueur. We were not immune.

My family's connection to the spirits, which was always tenuous, had practically disappeared, as various parcels of land had been sold off and were now inhabited by strangers or newcomers to Port-au-Prince. The diasporic ties that bind continued to fray. No one cared, as the stigma had taken hold. This was most evident in the neglected peristyle or temple that was once revered as sacred space where community gathered. When a cousin boldly stated, "Bagay sa yo pa a la mode ankò" (Such things are no longer in style), he was echoing a broader sentiment. Many among the young see serving as old-fashioned. The spiritual uprooting of the last three decades was exacerbated by the devastating earthquake nearly two years ago that also fractured so many temples. That was a sign of things to come. Ours eventually crumbled, as the last of the stalwarts converted.

As Haiti returns to the mainstream media today to mark the second anniversary of the earthquake, let's remember the spirits.

29

Defending Vodou in Haiti

October 17–18, 2012 / *Tikkun Daily, Haitian Times,
Huffington Post* @ 12:45 p.m.

While perception of Haiti as synonymous with Vodou reigns in public imagination, especially abroad, within the republic the religion is under attack again.

Vodouists and supporters from all over Haiti and its diaspora took to the streets of Port-au-Prince yesterday (October 17) to protest against a governmental decree that jeopardizes religious autonomy in the country.

At issue is an amendment to the Haitian Constitution that had been prepared under President Préval's administration, which current president Michel Martelly promulgated in the official newspaper *Le Moniteur* on June 19. It was approved by both the Senate and the House of Representatives.

The amendment repeals Article 297 established in 1987, which in effect declared the cessation of all laws and government decrees that arbitrarily restricted citizens' fundamental rights and liberties, including the decree law of September 5, 1935, on superstitious practices. This law passed by then president Sténio Vincent outlawed "superstitious practices" prohibiting ceremonies, rites, dances, and meetings with offerings of animal sacrifices.

University of Miami associate professor of history Kate Ramsey, author of "The Spirits and the Law: Vodou and Power in Haiti," notes, "The décret-loi against 'superstitious practices' technically criminalized the practice of Vodou in Haiti until its abrogation by Article 297 of the Constitution of 1987. If with the recent abrogation of Article 297 the law against 'superstitious practices' can once again be enforced against Vodou practitioners and anyone else, that is very alarming. This law was the authorizing legal basis for the Catholic Church's 'antisuperstition campaign' against the practice of Vodou in the early 1940s and remained a check on religious freedom in Haiti, subject to arbitrary local enforcement, for years thereafter."

Indeed, practitioners are rightfully concerned, since the establishment of this decree not only led to the persecution of the religion but reinforced its continuous demonization and stigmatization both at home and abroad. Since Vodou is a decentralized religion, in such troubled times Vodouists have consolidated their efforts to withstand and survive repression, whether from the hand of French colonialists or their own brethren.

In recent years, defensive tactics have included the formation of umbrella organizations (such as Zantray and Bode Nasyonal) that brought practitioners together to address common concerns. It must be noted that these groupings are not necessarily representative of all Vodouists and are not without controversy. Nonetheless, with the persistent presence of Protestant missions and increasingly aggressive spiritual cleansings and other attacks, especially since the 2010 earthquake, Vodouists have become increasingly vulnerable and have to be on the offensive.

Anthropologist Rachel Beauvoir Dominique, vice-provost of research and chair of the Department of Anthropology and Sociology at l'Université d'État d'Haïti, a priestess, remains vigilant about defending the practice. She is the daughter of Max Beauvoir, renowned priest of the Temple of Yehwe and public representative of Vodou. She took part in the big march held in February 1986, when anti-Vodou sentiments led to the persecution of practitioners during the Duvalier *dechoukaj* (uprooting). The efforts of protesters and their demands to end this criminalization eventually brought about Article 297, which was added to the 1987 Constitution. As this recurring battle ensues, Dominique remains motivated, ready: "We need to ORGANIZE. Petition, march, do all that is necessary to show our outrage. Rise up out of the shadows to force change. This works. Especially as we are now also much more international, though we need to network much harder."

This repeal of Article 297 also touches those of us in the diaspora who know only too well the potential impact of this official attack. To that end, the Congress of Santa Barbara (KOSANBA), the scholarly association for the study of Haitian Vodou based at the University of California–Santa Barbara, issued a statement in which it "pledged to continue its work of defense and illustration of Vodou as a Haitian national patrimony that is so integral to the country's future in its task of maintaining equilibrium and improving conditions in this earthly station."

Late this summer, a petition from the Konfederasyon Nasyonal Vodouizan Ayisyen (National Confederation of Haitian Vodouists) has been circulating online to gather signatures from international supporters. Some of the demands include:

> That full dignity be returned to Vodou immediately as the cultural and religious tradition of the Haitian people.
>
> The removal of this infamous revocation (i.e., the abrogation of Article 297).
>
> The immediate release of all Vodouists unjustly imprisoned under false pretenses with such vile and malicious intent.

In Haiti, the Fondation Ayizan Velekete, an organization created in 2001 to support the Vodouists, has been organizing the protest taking place today. They chose this particular date in Haitian history because it marks the 206th anniversary of the brutal assassination of Jean-Jacques Dessalines, the revolutionary founding father of the black republic who led the liberation from French colonial tyranny.

Indeed, at stake for Vodouists everywhere, but especially in Haiti, is the issue of freedom.

30

Loving Haiti beyond the Mystique

January 1, 2013 / *Haitian Times, CounterPunch, Tikkun Daily*

I grew up in a country that most of the world degrades and continues to dismiss because it is broken.

Several years ago, I had a revelation. I was trying to sort out a problem, when it hit me. I am not Haiti. I may have been born in Haiti and may resemble Haiti and have its characteristics: something of an *enfant terrible*, too proud, too black, too strong, too spiritual, and too confident. But I am not Haiti. I am not as broken anymore, and that scares people. Often we find it easier to love that which is broken. It can make us feel stronger . . . better about ourselves. We tend to be less threatened by that which is in disarray or needs us to feel whole.

When Haiti attempted to peace itself together two centuries ago (209 years ago on this January 1), many among those in power at home and abroad took calculated steps to ensure that it would remain shattered. All my life, I have lived various aspects of the shame of this heritage. I have also been continually reminded I was born in a small place that is devalued and is trampled upon precisely because of its weaknesses. I persevere holding on to knowing my little country dared. It dared to step out of line. It dared to stand up for itself. It dared to try to define itself. It dared.

In the last decade, while struggling to redefine myself in the all-too-hierarchical world that is the academy, where you are only as good as the person you are better than, I have fought to dare, and not accept labels that were being thrown at me or etched onto me, for others need me to fit into a category to be comfortable with me. I resist, insisting that Haiti needs new narratives to explicate its myriad contradictions. I continue to do so since the answer to the "why" of this question is simply not good enough. So, I look to the future, embracing what I can of my past, determined not to re-create it.

Imagine what Haiti would be like had it been supported and nurtured instead of disavowed and shunned in its infancy. Imagine what we would think of Vodou, had its imaginative spirit of resistance been recognized instead of dishonored.

When I look at people, I try to think of all of them as having a little Haiti or Vodou in them. That makes it easier for me to practice what I have learned growing up, loving Haiti and loving Vodou—live, let live, and respect.

CODA
A Plea Is Not a Mantra

The Google Alerts, which clogged my mailbox nightly, substantiated clichés about Haiti. As mainstream media coverage highlighted the smallest efforts of fund-raising, these confirmed that Haiti and Haitians were in a perpetual state of neediness, thus incapable of helping themselves.

We needed white saviors. Post-quake Haiti saw more growth of the "celebritariat" and nuanced variations of poverty porn as Haiti became this decade's Ethiopia. Moreover, experiments of all kinds, especially from novices, were being suggested as potential solutions to the country's infrastructural weaknesses and dysfunctions. They were often accompanied by the condescension of new "experts" who believed they possessed some formula that could magically make Haiti better. While some of these were well-meaning, they often had one thing in common: they were ahistorical. They not only completely deemphasized the role of geopolitics and local conflicts in how the republic got to where it is, but also only reverified the notion of Haiti as laboratory.

On the lecture and performance circuit, when confronted with questions about what one could do to help, or effective solutions, I could barely abstain from delving deep into the role of history in the formation of racialized social and economic hierarchies, as well as a revolution that was never supposed to happen, which to this day remains unknown in popular imagination.

Worse, it was sadly evident that despite the sheer magnitude of the devastation, the 2010 earthquake was being treated as just another Haitian disaster in this country historically prone to disasters. While I theoretically comprehend the structural reasons for this, it remained especially tough to emotionally absorb in practice.

I was equally dismayed by what was happening among Haitians at home and abroad. As concerned academics gathered to discuss the state of things, we were reminded that the Haiti in Haitian studies was too much of a diasporic one and that Haiti-based scholars, for example, have had a sketchy presence at best in discussions that occurred abroad.

It certainly did not help matters that during the post-quake and rebuilding rush, numerous Haitian organizations in the United States were being (re)formed that claimed to represent our diasporic "community" (note the singular). These groups, which sought a seat at the table being denied to those at home, consisted of new or recycled self-electing bodies, of which most of us outside their circles had no idea how and when they came into being. Too many old patterns were being re-created. Indeed, who gets to represent whom remains one of the most enduring legacies of Haitian inequity and instability.

The fact is that I was ready for something else. For decades, I believed that Haitian studies needed a paradigm shift to create new narratives, knowing full well that we don't even know and engage the old ones. This stemmed from recognition of an intellectual division of labor that pitted social scientists focused primarily on material and structural concerns and their relationship to policy against those in the humanities (especially literature and cultural studies) who addressed more symbolic issues, including representation. This persistent split only upheld the absence of comprehensive social critique needed to unpack these archaic yet dominant ideas of Haiti.

In conversations with friends and supporters, I constantly quoted Martin Luther King's "urgency of now." We were living in a moment that would inevitably have longer-term consequences, so our actions mattered now more than ever. Our words needed to be chosen just as carefully to not reinscribe existing stereotypes about Haiti that people turn to by default because they are there writ large in the public domain.

It is this context that fueled growing awareness of the somatic effects of repetition as I rekindled an interest in mantras. As I explored and understood sound as energy, I began to wonder about the physiological effects of these verbal articulations of perpetual pleading. If nothing else, the fact that I found this overwhelming was even more confirmation of my diasporic position. Once again, I confronted the tensions of negotiating multiple Haiti(s). I had the privilege of entertaining this issue, while many in Haiti did not have the choice to walk away as I could and knew in some ways I would.

So with the accepted conviction that this plea—despite its (irreverent) continuities—is not a mantra, something within gently snapped into place. I took a definitive decision to stop taking an oppositional stance, in favor of an affirming one. From this point on, I knew, at least for now, I would stop insisting that Haiti needs new narratives. Most importantly, inspired by the fierce limitlessness of the Césaires, without apologies, I would simply do it.

ACKNOWLEDGMENTS

On January 13, 2010, I had an appointment with music producer Chico Boyer to record some songs and poems for a CD project that I had been delaying for years. In my state of shock that morning, I called Chico, intending to back out of the recording. "Gina," he said, "your hurricane CD just became an earthquake CD." So I pulled myself together, met *fanm sou mwen*, and made my way to Brooklyn from Middletown. After watching stretches of news coverage, we went to his basement studio and laid down a couple of tracks. We both did this out of duty, knowing it's not much, but it is something. A similar sense of obligation and resolution compelled the work in this collection.

Over the two-year span during which these pieces were written, I encountered old and made new allies as well as advocates and had the unconditional support of dearest friends, who urged me to express myself in the different ways that I do. None was as visionary as Claudine Michel, the HSA president and executive editor of the *Journal of Haitian Studies* who actually imagined this project. In 2010, when I was at a most prolific moment, she informed me that she began to file each piece in a folder as they came out because she believed they would work together as a small collection. Indeed, I am indebted to her as the planter of this idea and am beyond grateful for her continuous appreciation of my analyses and support of my work.

Most of the work done especially during 2010–2011 would not have been published without the support of those who became readers, editors, and at times fact checkers. Their comments were not only invaluable but also allowed me to post or submit pieces in a timely manner. I can only offer genuine thanks, especially to Melissa Johnson, Regina Langhout, and Kristen Olson for their keen eyes, sharpness, and unconditional friendship. We also share deep commitment to social justice, so their help, I am too aware, was also given in that spirit.

Over the entire life of this project, so many offered insights, responses that kept cheering me on and encouraged me to keep writing, as well as good food. Karen Anderson, Ashley Arkhurst, Phanenca Babio, Andra Basu, Natalie Bennett, Ruth Behar, Patrick Bellegarde-Smith, Linda Carty, Carolle Charles, Pascale Charlot, Manolia Charlotin, Kyrah Malika Daniels, Edwidge Danticat, Brunine David, Charlene Desir, Nathan Dize, Ann DuCille, Alex Dupuy, Demetrius Eudell, Sibylle Fischer, Lori Gruen, Nesha Z. Haniff, Faye V. Harrison, Pamela Hemmingway, Catherine Hermatin, Marc Hertzman, Sandra Hinson, Elizabeth James, Kiran Jayaram, Renee Johnson-Thornton, Dianne Kelly, Kerry Kincy, Katja Kolcio, Michele Kort, Colin Leach, Jennifer Lynn, Herns Marcelin, Jacqueline Mattis, Carole McGranahan, Brian

Meeks, Nadève Ménard, Melinda Miles, Patricia Rodriguez Mosquera, Marie-José N'Zengou-Tayo, Katie Orenstein, Michael Phillips, Dawn Piscitelli, Melanye Price, Melynda Price, Frantz Rowe, Kate Rushin, Christine Santacroce, David Santacroce, Susan Santacroce, Mimi Sheller, Jean Small, Kathryn Smith, Paul Stoller, Arlene Torres, Évelyne Trouillot, Irmina Ulysse, Katia Ulysse, Chantalle Verna, Drexel Woodson, Evans Young, and a slew of others deserve thanks.

Still, I owe my most sincere gratitude to ALL the students (too numerous to name) who took my Haiti: Myths and Realities course at Wesleyan over the years.

Without uninterrupted time for contemplation, writing is impossible. To that end, I certainly owe sincere thanks to Wesleyan's College of the Environment (COE). When Barry Chernoff, the COE director, contacted me about the 2010–2011 fellowship, he offered me much-needed space in the middle of the madness that allowed inspiration to seep through. COE's focus on vulnerability of social, economic, and natural systems to multiple sources of external stress gave me an opportunity to process the impact of the quake as part of my public intellectual work. I am also thankful to COE faculty fellows Helen Poulos, Dana Royer, and Gary Yohe, as well as student fellows Jeremy Isard and Phoebe Stonebraker. Valerie Marinelli, many thanks for keeping us in order and making the place lively.

While at the COE, I was also able to conceive and develop *Fascinating! Her Resilience* in collaboration with electronic music composer / sound sculpturist / turntablist Val-Inc. This exploration of concepts of interdisciplinarity and Haiti's "resilience" was composed with choreography/dance by students Sarah Ashkin, Ali Fitzpatrick, Sara Haile, Benjamin Hunter-Hart, Ariella Knight, Marsha Jeans-Charles, Tsyuoshi Onda, Phoebe Stonebraker, and Lucas-Mugabe Turner-Owens. The director of the Center for the Arts, Pam Tatge, who recognized the artist long before most, was instrumental in making this project happen, and Erin Broos helped keep me on track. I am particularly grateful to Elleza Kelley, whose critical creative insights helped me keep my eyes on the prize.

My colleagues in anthropology Elizabeth (Betsy) Traube, Doug Charles, Sarah Croucher, Daniella Gandolfo, Kehaulani Kauanui, Anu Sharma, and Margot Weiss share an undying dedication to education that makes work easy.

Joan Chiari and Donna Rak the super-admins in African American Studies and anthropology helped me navigate the bureaucratic terrain where my work does occur. Thank you for your support and know-how.

My academic, performer, blogger / social commentator worlds collided in ways that lead to more moments that not only allowed me to share my overlapping views but time needed to express and digest my ideas creatively. Special thanks to Veronica Gregg (Hunter College); Vanessa Valdès (City College); Claudine Michel (UCSB); April Mays (Pomona); Marlene Daut (Claremont College); Janelle Hobson (U Albany); Marcial Godoy-Ativa and Diana Taylor at the Hemispheric Institute for Performance and Politics (NYU); Tracye Matthews (U Chicago); Millery Polyné

(NYU Gallatin); Nicholas Dumit Estevez (Union Theological Seminary); Coralynn Davis (Bucknell); Yanique Hume (UWI–Barbados); Lucia Suarez (Amherst College); TEDxUM 2013 team (University of Michigan). The William Electric poetry series at La MaMa has been a most welcoming and supportive space, and several others that remain unnamed. Apologies. Without these performances . . . ? Indeed, art sustains me.

Victoria Stahl and Aziza, my Long Lane walking buddies, were instrumental in my reorienting this work, which ultimately found a home space at Wesleyan University Press. Suzanna Tamminen is an editor like no other who appreciated this project and committed to assuring that we maintain its integrity and organic roots. The anonymous readers offered critical and generous comments, which encouraged me to expand my framing of the project. I am equally grateful to Alexia M. Komada-John, who became my right hand (literally because of an injury) and kept reminding me to nurture my "thought baby," as she called it. She saw the project through to delivery.

Kate Ramsey has been an interlocutor and friend, my sister in the struggle, and a great motivator. Evan Bissell, Kyrah Daniels, Kendra Ing, Una Osato, and so many former students remain constant reminders that there is so much I still want to learn. To Charles Knight, coconspirator on the Haiti Illumination Project who believes Athena should be onstage, and Susan Knight, maximum respect for most enduring support and friendship. To the Desormeau, Lafrance-Simeon, Dumorne, and Pierre clans, *n ap kenbe pired.* My late grandmother and her daughter, Marthe Lucienne, or "Lamama," as I like to call her, still make me wonder at Haiti's possibilities.

On this journey (not a plan) of self-discovery, the late Kathryn Cameron, Lisa Bailey, and Jacqueline Épingle have been instrumental guiding lights along the road with its pitfalls. To my ATEAM: You know who you are, you know why I say that words will never be enough.

This book actually represents a major turning point in my life. Its full materialization forced me into adulthood as I got a new zest for living. In the process, it taught me more about individuation, realizing how to better negotiate what it means to inherit sacrifice, be engaged, and still choose to be me.

NOTES

1 Katherine Smith noted this at the first Ghetto Biennale, which took place in Grand Rue in December 2009.

2 Michel-Rolph Trouillot, "The Odd and the Ordinary: Haiti, the Caribbean, and the World," *Cimarrón: New Perspectives on the Caribbean* 2, no. 3 (1990): 3–12.

3 Galerie Macondo, www.artshaitian.com.

4 Professor Donald Cosentino, "World Arts and Cultures," University of California–Los Angeles, February 5, 2010.

5 Ute Stebich, "Haitian Art: A Western View," in *Haitian Art* (New York: Brooklyn Museum of Art, 1978).

6 Poem by Kyrah Malika Daniels in *Brassage: An Anthology of Poems by Haitian Women*, ed. Claudine Michel, Marlene Racine-Toussaint, and Florence Bellande-Robertson (Santa Barbara, CA: Multicultural Women's Presence and the Center for Black Studies Research, 2005).

7 Poem by Katia Ulysse, ibid., 215.

8 Poem by Laurence Françoise Géhy, ibid., 109.

9 Originally published in the *NACLA Report on the Americas*, July–August 2010.

10 See Gina Athena Ulysse, "Dehumanization and Fracture: Trauma at Home and Abroad," socialtextjournal.org, January 25, 2010.

11 David Brooks, "The Underlying Tragedy," *New York Times*, January 14, 2010.

12 Michel-Rolph Trouillot, *Silencing the Past: Power and the Production of History* (Boston: Beacon Press, 1995), 72.

13 Anténor Firmin, *The Equality of the Human Races* (1885; Urbana: University of Illinois Press, 2002), 398.

14 Mimi Sheller, *Democracy after Slavery: Black Publics and Peasant Radicalism in Haiti and Jamaica* (Gainesville: University Press of Florida, 2000).

15 J. Michael Dash, "The Disappearing Island: Haiti, History, and the Hemisphere," the fifth Jagan Lecture and the third Michael Baptista Lecture, York University, March 20, 2004.

16 Michel-Rolph Trouillot, "The Odd and the Ordinary: Haiti, the Caribbean, and the World," *Cimarrón: New Perspectives on the Caribbean* 2, no. 3 (1990): 3–12.

17 Gina Athena Ulysse, "Haiti Will Never Be the Same," huffingtonpost.com, January 21, 2010.

18 Gina Athena Ulysse, "Haiti's Future: A Requiem for the Dying," huffingtonpost.com, February 4, 2010.

19 See historian Kate Ramsey's *The Spirit and the Law: Vodou and Power in Haiti* (University of Chicago Press, 2011).

20 This is the title of Jean-Paul Sartre's introduction to Frantz Fanon's *Wretched of the Earth* (1961), which was reiterated by Lisa Malkki and Allaine Cerwonka in "Nervous Conditions: The Stakes in Interdisciplinary Research," in *Improvising Theory: Process and Temporality in Ethnographic Fieldwork* (Chicago: University of Chicago Press, 2007).

21 Michel-Rolph Trouillot, "The Caribbean Region: An Open Frontier in Anthropological Theory," *Annual Review of Anthropology* 21 (1992): 19–42.

22 I thank Gillian Goslinga for pointing out the qualification. Indeed it is enlightenment that is at stake.

23 Toni Morrison, *Beloved* (New York: Alfred A. Knopf, 1987).

24 The *potomitan* is the central pillar of a Vodou temple. There is an old saying in Haiti that women are the *potomitan* of their families.

BIBLIOGRAPHY

Published Works

AAA Government Relations and Public Policy Efforts. "AAA Department of Government Relations," 1996–2004. http://www.aaanet.org/gvt/.

Behar, Ruth. *An Island Called Home: Returning to Jewish Cuba*. New Brunswick, NJ: Rutgers University Press, 2007.

———. *The Vulnerable Observer: Anthropology That Breaks Your Heart*. Boston: Beacon Press, 1996.

Behar Ruth, and Deborah Gordon, eds. *Women Writing Culture*. Berkeley: University of California Press, 1995.

Bergan, Renée, and Mark Schuller. *Poto Mitan: Haitian Women, Pillars of the Global Economy*. Documentary, DVD, 50 min. Watertown, MA: Documentary Educational Resources, 2009.

Besteman, Catherine, and Hugh Gusterson, eds. *Why America's Top Pundits Are Wrong: Anthropologists Talk Back*. Berkeley: University of California Press, 2005.

Borofsky, Robert. "Conceptualizing Public Anthropology." 2004. Electronic document, accessed July 13, 2013.

Brooks, David. "The Underlying Tragedy." *New York Times*, January 15, 2010.

Camus, Albert. *Between Hell and Reason: Essays from the Resistance Newspaper "Combat," 1944–1947*. Hanover, NH: Wesleyan University Press and University Press of New England, 1991. First published in 1950.

Césaire, Aimé. *Cahier d'un retour au pays natal. Notebook of a Return to the Native Land*. Translated by Annette Smith and Clayton Eshelman. Middletown, CT: Wesleyan University Press, 2001. First published in 1939.

———. *Discourse on Colonialism*. Introduction, "A Poetics of Anticolonialism," by Robin D. G. Kelley. New York: Monthly Review Press, 2001. First published in 1955.

Césaire, Suzanne. *The Great Camouflage: Writings of Dissent (1941–1945)*. Translation and introduction by Keith L. Walker. Middletown, CT: Wesleyan University Press, 2012.

Christian, Barbara. "The Race for Theory." *Cultural Critique* 6 (1987): 51–63.

Cortez, Jayne. *The Beautiful Book*. New York: Bola Press, 2007.

Drake, St. Claire. "Reflections on Anthropology and the Black Experience." *Anthropology & Education Quarterly* 9, no. 2 (1978): 85–109.

Eriksen, Thomas Hylland. *Engaging Anthropology: The Case for a Public Presence*. Oxford: Bloomsbury Academic, 2006.

Firmin, Anténor. *The Equality of the Human Races*. Urbana: University of Illinois Press, 2002. First published in 1885.

Fischer, Sibylle. *Modernity Disavowed: Haiti and the Cultures of Slavery in the Age of Revolution*. Durham, NC: Duke University Press, 2004.

Fox, Gregory H. *Humanitarian Occupation*. Cambridge: Cambridge University Press, 2008.

Hale, Charles R. "Activist Research v. Cultural Critique: Indigenous Land Rights and the Contradictions of the Politically Engaged Anthropology." *Cultural Anthropology* 21, no. 1 (2006): 96–120.

Hall, Stuart. "A Conversation with Stuart Hall," *Journal of International Institute* 7, no. 1 (Fall 1999).

Harrison, Faye V. "The Du Boisian Legacy in Anthropology." *Critique of Anthropology* 12, no. 3 (1992): 239–60.

———. *Outsiders Within: Reworking Anthropology in the Global Age*. Urbana: University of Illinois Press, 2008.

Harrison, Ira E., and Faye V. Harrison, eds. *African-American Pioneers in Anthropology*. Urbana: University of Illinois Press, 1999.

hooks, bell. *killing rage: Ending Racism*. New York: Henry Holt, 1995.

Hurston, Zora Neale. *Their Eyes Were Watching God*. Urbana: University of Illinois Press, 1991.

Lamphere, Louise. "The Convergence of Applied, Practicing, and Public Anthropology in the 21st Century." *Human Organization* 63, no. 4 (2004): 431–43.

Lorde, Audre. *Sister Outsider: Essays and Speeches*. Berkeley, CA: Crossing Press, 1984.

Low, Setha M., and Sally E. Merry. "Engaged Anthropology: Diversity and Dilemmas." *Current Anthropology* 51, no. S2 (2010): S203–26.

Luktehaus, Nancy. *Margaret Mead: The Making of an American Icon*. Princeton, NJ: Princeton University Press, 2010.

Malkki, Lisa, and Allaine Cerwonka. *Improvising Theory: Process and Temporality in Ethnographic Fieldwork*. Chicago: University of Chicago Press, 2007.

McGrory, Aileen. "Queer Killjoys: Individuality, Niceness and the Failure of Current Ally Culture." Honors thesis, Department of Anthropology, Wesleyan University, 2014.

Michel, Claudine. "Of Worlds Seen and Unseen." In *Haitian Vodou: Spirit, Myth and Reality*, edited by Patrick Bellegarde-Smith and Claudine Michel, 32–45. Indianapolis: Indiana University Press, 2006.

Michel, Claudine, Marlene Racine Toussaint, and Florence Bellande-Robertson, eds. *Brassage: An Anthology of Poems by Haitian Women*. Santa Barbara, CA: Multicultural Women's Presence and the Center for Black Studies Research, 2005.

Morrison, Toni. *Beloved*. New York: Alfred A. Knopf, 1987.

Osterweil, Michal. "Rethinking Public Anthropology through Epistemic Politics and Theoretical Practice." *Cultural Anthropology* 28, no. 4 (2013): 598–620.

Peck, Raoul. *Fatal Assistance*. Documentary, DVD, 99 min. New York: Velvet Film, 2013.

Pierre-Pierre, Garry. "Hip-Hop Idol Is the Pride of a People: Young Haitian-Americans Get Help against Stigma." *New York Times*, March 28, 1998.

Ramsey, Kate. *The Spirit and the Law: Vodou and Power in Haiti*. Chicago: University of Chicago Press, 2011.

Rodriguez, Cheryl. "Review of the Works of Mark Schuller and Gina Ulysse: Collaborations with Haitian Feminists." *American Anthropologist* 112, no. 4 (2010): 638–40.

Sheller, Mimi. *Citizenship from Below: Erotic Agency and Caribbean Freedom*. Durham, NC: Duke University Press, 2012.

———. *Democracy after Slavery: Black Publics and Peasant Radicalism in Haiti and Jamaica*. Gainesville: University Press of Florida, 2000.

Smith, Jennie M. *When the Hands Are Many: Community Organization and Social Change in Rural Haiti*. Ithaca, NY: Cornell University Press, 2001.

Stebich, Ute. "Haitian Art: A Western View." In *Haitian Art*. New York: Brooklyn Museum of Art, 1978.

Trouillot, Michel-Rolph. "The Caribbean Region: An Open Frontier in Anthropological Theory." *Annual Review of Anthropology*. 21 (1992): 19–42.

———. *Global Transformations: Anthropology and the Modern World*. New York: Palgrave Macmillan, 2003.

———. *Haiti's Nightmare and the Lessons of History: Haiti's Dangerous Crossroads*. Edited by Deidre McFayden. Boston: South End Press, 1995.

———. "The Odd and the Ordinary: Haiti, the Caribbean, and the World." *Cimarrón: New Perspectives on the Caribbean* 2, no. 3 (1990): 3–12.

———. *Silencing the Past: Power and the Production of History*. Boston: Beacon Press, 1995.

Ulysse, Gina Athena. *Downtown Ladies: Informal Commercial Importers, a Haitian Anthropologist, and Self-Making in Jamaica*. Chicago: University of Chicago Press, 2008.

———. "Homage to Those Who Hollered before Me." *Meridians: Feminism, Race, Transnationalism* 3, no. 2 (2003).

———. *Loving Haiti, Loving Vodou: A Book of Rememories, Recipes and Rants*. N.p., 2006.

———. "Neither Informant nor Sidekick: The Making of a Post-Quake Chronicle." *Anthropology Now* 6, no. 1 (April 2014).

———. *On What (Not) to Tell: Reflexive Feminist Experiments*. Work in progress.

———. "Pawòl Fanm sou Douz Janvye." *Meridians: Feminism, Race, Transnationalism* 11, no. 1 (2011).

———."Rising from the Dust of Goudougoudou." *Ms.*, Spring 2011.

———. "Why Representations of Haiti Matter Now More Than Ever." *NACLA Report on the Americas* 43, no. 4 (2010).

Young, Robert. *White Mythologies: Writing History and the West*. New York: Routledge, 1990.

Publication Sites

A number of these articles were picked up and cross-posted on other sites. Other pieces were extensions of original posts in one site done for another that are not included here.

e-misférica
"Haiti's Solidarity with Angels." August 1, 2010.

Haitian Times (HT)
"Defending Vodou in Haiti." October 18, 2012.
"Loving Haiti beyond the Mystique." January 1, 2013.

Huffington Post
"Avatar, Voodoo, and White Spiritual Redemption." January 11, 2010.
"Constant: Haiti's Fiercest Flag Bearer." April 14, 2011.
"Fractured Temples: Vodou Two Years after the Earthquake." January 12, 2012.
"Haiti's Earthquake's Nickname and Some Women's Trauma." April 12, 2010.
"Haiti's Electionaval 2010." August 11, 2010.
"Haiti's Future: A Requiem for the Dying." February 4, 2010.
"Haiti Will Never Be the Same." January 21, 2010.
"If I Were President: Haiti's Diasporic Draft, Part I." August 27, 2010.

Meridians
"Pawòl Fanm sou Douz Janvye." March 23, 2011.

Ms. magazine
"Rising from the Dust of Goudougoudou." Winter 2011.

Ms. blog
"Click! Doing the Dishes and My Rock 'n' Roll Dreams." April 1, 2011.
"Haitian Feminist Yolette Jeanty Honored." April 28, 2011.
"Haiti's Fouled-Up Elections." November 29, 2010.
"The Legacy of a Haitian Feminist, Paulette Poujol Oriol." March 29, 2011.
"Rape a Part of Daily Life for Women in Haiti." July 28, 2010.
"Unfinished Business, a Proverb, and an Uprooting." (Sidebar) April 23, 2010.

"Why Context Matters: Journalists and Haiti." July 8, 2011.
"Why I Am Marching for Ayiti Chérie (Beloved Haiti)." January 10, 2011.

NACLA
"Why Representations of Haiti Matter Now More Than Ever." April 23, 2010.

NPR
"Amid the Rubble and Ruin, Our Duty to Haiti Remains." January 14, 2010.

PBS
"The Haiti Story You Won't Read." January 14, 2011.

Postcolonial Networks
"When I Wail for Haiti: Performing a Black Atlantic Nightmare." February 13, 2011.

Social Text
"Dehumanization and Fracture: Trauma at Home and Abroad." January 25, 2010.

Tikkun Daily
"Defending Vodou in Haiti." October 18, 2012.
"Loving Haiti beyond the Mystique." January 1, 2013.

Random Sites
"Not So Random Thoughts on Words, Art, and Creativity." Haiti Art Naïf, March 7,
    2010.
"Sisters of the Cowries, Struggles, and Haiti's Future." Phillis Remastered, March
    18, 2010.

Not Published
"Staging Haiti's Upcoming Selection." November 24, 2010.
"Tout Moun Se Moun." April 10, 2010.

Robin D. G. Kelley is the Distinguished Professor of History and Gary B. Nash Endowed Chair in United States History at UCLA.

Nadève Ménard is professor of literature at the École Normale Supérieure of Université d'État d'Haïti. She has contributed to several journals and collective book projects. Her translations include texts by Louis-Philippe Dalembert, Yanick Lahens, Évelyne Trouillot, and Lyonel Trouillot.

Évelyne Trouillot is an international award–winning writer of children's books, novels, plays, poetry, and short stories in French and Creole. Her writing has been translated into Spanish, Italian, English, and German. She was born in Port-au-Prince, where she lives and works as a French professor at the state university.

Gina Athena Ulysse is an associate professor of anthropology at Wesleyan University. Born in Haiti, she has lived in the United States for the past thirty years. A poet, performance artist, multimedia artist, and anthropologist, she is the author of *Downtown Ladies: Informal Commercial Importers, a Haitian Anthropologist, and Self-Making in Jamaica.*

SA K FÈ AYITI BEZWEN ISTWA TOU NÈF

NÒT SOU TRADIKSYON SA

Twadui se fè lide ak stil yon tèks soti nan yon *premye* lang pou rive nan yon lòt. Chak lang gen gangans li, men stil otè a se lang pa l. Tout bèlte travay tradiktè a se fè gangans lang yo kwaze : gangans lang otè a,ansanm ak tout stil pa li ak gangans dezyèm lang lan.

Se sa nou eseye fè nan tradiksyon liv Gina Athena Ulysse la, rann lide li yo, teks li a nan yon kreyòl ki respekte stil otè a.

Nou swete tradiksyon an ap pemet lektè kreyolofon yo apresye liv la.

Sa k fè Ayiti bezwen istwa tou nèf

Yon kronik apre tranblemanntè

Gina Athena Ulysse

Avètisman : ROBIN D. G. KELLEY

Tradiksyon ann kreyòl : NADÈVE MÉNARD

WESLEYAN UNIVERSITY PRESS

Middletown, Connecticut

Pou

Francesca, Jean-Max, Stanley

Ak kanmarad yo ki sou de bò lanmè a,

Yo menm ki lavni Ayiti

Tout moun se moun, men tout moun pa menm.

— Pwovèb ayisyen [an kreyòl nan tèks la]

Tab Materyèl Yo

TWAZYÈM PATI : YON OBLIGASYON SPIRITYÈL

AVÈTISMAN *Robin D. G. Kelley*

Nou di diyite, sivivans, pèseverans, konsolidasyon
Yo di mendèv bon mache, pozisyon stratejik, entèvansyon
Nou di jistis, edikasyon, manje, rad, lojman
Yo di brigad kriminèl predatè endijenn k ap pote sekou
— Jayne Cortez, « Haiti 2004 »

Plis Ayiti kontinye parèt dwòl, plis li fasil pou n bliye li reprezante
eksperyans neyokolonyal ki pi long nan istwa Loksidan an.
— Michel-Rolph Trouillot, « The Odd and the Ordinary :
Haiti, the Caribbean and the World »

Nan sèk pa m yo, gen de Ayiti. Gen Ayiti viktim la, « peyi ki kraze, » leta ki echwe, trajedi imèn, tèt pa dwat. Selon opinyon politik moun k ap pale a, Ayiti viktim la t ap sibi efè pwòp soudevlopman l, oubyen se envazyon enperyal, okipasyon, anbago, dèt ki tounen yon lesklavaj ak rejim popetwèl Etazini met kanpe ki te detwil. Lòt Ayiti a, natirèlman, se Ayiti Revolisyon an, Tousen, Desalin, deklarasyon Kan Tirèl, Ayiti kokennchenn *Jakoben Nwa* C.L.R. James la. Se Ayiti ki te mennen sèl revòlt esklav ki te reyisi nan lemonn modèn lan, Ayiti ki te montre Lafrans ak lòt demokrasi boujwa ki te fenk ap parèt sa libète ye, Ayiti ki te arive bat tout gwo pwisans Ewòpeyen ki te eseye vin met *ancien régime* yo kanpe ankò ak lame afriken li, Ayiti ki te enspire revolisyon pou libète ak endepedans toupatou nan emisfè lwès la. Li ra pou de Ayiti sa yo pataje menm fraz, sof lè se pou montre jan peyi a desann ba.

Gina Athena Ulysse ap batay kont imaj an de bout sa a depi lè m te premye rankontre l nan Inivèsite Michigan sa gen dizan, kote li t ap prepare yon doktora nan antropoloji sou fanm nan peyi Jamayik ki t ap fè kòmès entènasyonal. Lè a, menm jan ak kounye a, li te pale sa l panse, li te gen anpil pasyon, yon etidyan militan ki te montre lanmou l pou Ayti ak fristrasyon lak reprezantasyon peyi a nan tout sa li t ap fè. Li te gen bon rezon pou l te nève. Toulède istwa sa yo prezante Ayiti tankou yon senbòl, yon metafò, olye pou yo ta wè Ayisyen kòm sijè ak moun k ap aji, tankou moun ki konplèks ak anvi pa yo, imajinasyon, krent, fristrasyon ak lide pa yo sou jistis, demokrasi, fanmi, kominote, latè ak sa sa vle di viv byen. Malerèzman se pa Ulysse ki premye lanse apèl sa yo pou lòt istwa sou Ayiti. Li konnen sa byen. Sa gen egzakteman 130 an, gwo entelektyèl ayisyen an, Louis-Joseph Janvier te pibliye yon liv istwa kritik djanm, *Haïti et ses visiteurs*—yon kokenn rale 600 paj ki te kont tout moun ki te mal reprezante Ayiti tankou yon kote moun yo sovaj, enkonpetan ak pi ba pase lòt. Avèk alèzte, pasyon e yon gangans ki fè sonje pi bon ekriti Janvye, depèch ak meditasyon Ulysse ekri sou peyi l apre seyis la, kraze istwa vizitè jounen jodi a tankou laprès, chèf ONG, kòmantatè, ekspè, kontinye ap di sou Ayiti. Li fasil pou n wè kòman tout dega tranblemanntè a kite te ka ranfòse imaj Ayiti kòm viktim, men reprezantasyon se pa chwa objektif yo ye. Se ideyoloji ki dirije e edite chwa sa yo. Refijye pòv ki chita nan kan, yon sèl polisye k ap eseye mete lòd, moun k ap plenyen poutèt manje ak dlo pa rive jwenn yo—se bagay sa yo CNN ak magazin *Time* renmen. Yo pa enterese nan istwa katye k ap òganize tèt yo, k ap antere mò yo, k ap asire yo timoun yo an sekirite, ke yo manje, k ap retire debri, k ap bati kay jan yo kapab, pataje ti sa yo genyen an, epi k ap eseye etabli yon bagay ki sanble demokrasi lokal, malgre tout difikilte.

Ulysse pa si tèlman enterese nan « korije » reprezantasyon sa yo. Li plis vle poze kesyon sou yo, pou montre travay y ap fè pou repwodwi mit Ayiti a ansanm ak kondisyon sou teren a. Kounye a, nou kapab santi sans ijans ki nan tout esè yo. Menm jan ak nan pèfòmans li yo, Ulysse sonnen lalam lan, li ranpli espas nan tèt nou ak yon gwo son, yon grenn fanm k ap fè yon replik pou kò l. Nou bezwen sa paske tout kriz Ayiti ap konfronte pandan 20yèm ak 21yèm syèk yo fè twòp moun vin pa sansib ankò devan lanmò— kèk 300.000 moun pèdi lavi yo nan tranblemanntè 12 janvye 2010 la. Isit Ozetazini, lè 10, 15, 20 moun mouri nan yon dezas, seri repòtaj vennkat sou vennkat la deklanche. Men, an Ayiti, se bagay ki ka rive. Ulysse vle konnen kòman nou rive nan pwen sa a, lè nou trete Ayiti tankou kò moun ki pa gen kay pou yo rete, nou antann nou paske yo mouri, men nou pa gen lapenn devan lanmò yo. Se pa yon kesyon rayisab, paske kiyès nan nou ki vrèman *rayi* moun ki nan lari yo ? Se endiferans. Jan defen aktris Beah Richards te konn di l souvan, « Kontrè lanmou se pa rayisab, se endiferans. » Endiferans pwodwi silans. Endiferans pa konnen listwa. Endiferans touye moun.

Tankou anpil Ayisyen, li konprann de Ayiti yo pa reprezante de bagay ki ann opozisyon oubyen yon istwa lineyè ki rakonte yon decheyans. Okontrè, youn ede konstwi lòt, youn menm kapab depann de lòt. Kondisyon Ayiti se rezilta de syèk retalyasyon paske li te gen temerite detwi lesklavaj ak yon revolisyon vyolan, paske li te pran pi bèl bijou nan men plantè, komèsan, bankye ak dirijan enperyal yo, ekonomi sik mondyal la epi paske li te siviv kòm egzanp pou lòt moun ki te nan lesklavaj. Lagè a pa t fini lè Jan Jak Desalin te deklare endepandans Ayiti premye janvye 1804. Sonje lagè a te kite ekonomi agrikilti peyi a tèt anba, machin pou travay sik yo te kraze, menm bagay pou sistèm irigasyon konplike a. Epi menm si moun yo ta vle tounen nan kiltive kann pou ekspòtasyon, pou-vwa Oksidantal yo te tabli anbago maritim epi te refize fè komès ak nouvo nasyon an nan yon jefò ki pa t reyisi pou toufe lavi Revolisyon an. Kan yo wè yo pa t kapab retabli lesklavaj moun, yo enpoze nou yon lesklavaj dèt. Nan ane 1825, peyi Lafrans fòse Ayiti peye 150 milyon fran kòm repa-rasyon pou « propriyete » yo te pèdi sou fòm moun ak tè. Pa gen okenn fanmi ayisyen ki te jwenn konpansasyon dèske yo te kidnape yo, fòse yo travay san kòb, pou jan yo te mouri mal oubyen pou jan yo te blese, ela-triye. Menm si Lafrans te *fè yon jès* lè yo te redwi prensipal montan an pou rive nan 90 milyon trèz an pita, endanmnite sa a te vide trezò ayisyen an epi fòse peyi a prete nan men bank franse. Dèt sa a te rapòte bank yo anpil pwofi pandan yo t ap ipoteke kareman avni Ayiti. Nou ka di peman Ayiti bay Lafrans ak bank franse yo te rive nan mwatye bidjè gouvènman ayisyen an 1898 ; sèzan pita, lavèy okipasyon ameriken nan peyi Dayiti, peman dèt la te pran 80 pousan bidjè gouvènman an. Selon kèk kalkil, kòb Ayiti te rive peye a te egal 21 milya dola (dola ane 2004).

Yon lavi chaje dèt ak depandans sou yon mache mondyal pa t rantre nan vizyon ekonomik ak politik ayisyen te gen nan tèt yo. Yo pa t dwe Loksidan ak ansyen esklavajis yo anyen. Se pou yo latè a te ye, epi li te la pou bay manje epi fè moun viv. Yo te plante manje, gade bèt epi konstwi yon ekonomi mache lokal. Se te chèf tout gwoup ki t ap batay yo ki te vle plante pou ekspòtasyon menm si sa te vle di redwi oubyen refize moun sa yo ki te kase chenn lesklavaj jwi libète yo. Pou yo te reyalize vizyon pa yo, dirijan Ayiti yo te bezwen yon lame ki te koute anpil kòb pou pwoteje souverennte nasyon an, pou pwoteje pouvwa pa yo ak pouvwa klas yo epi pou kenbe yon ekonomi kapitalis baze sou ekspòtasyon.

Si w kraze ekonomi yon peyi, ankouraje vyolans ant sitwayen yo, epi kenbe l izole, kisa ou ap jwenn ? Poutan, Ulysse refize aksepte rezilta lagè 200 an sou Ayiti a kòm yon *fait accompli*. Reklame istwa tou nèf se pa sèl-man mande pou nou reyekri liv istwa yo oubyen pou fè tande vwa sa k pa gen vwa yo, men se pou nou ekri yon lòt avni, pou nou fè yon lòt revo-lisyon ayisyen. Sa tèks li yo montre nou byen klè li pa sifi pou nou transfòme leta oubyen efase dèt la. Li ekri ak pasyon sou fanm, sou rezilyans yo ansanm ak soumisyon yo nou p ap janm fin konprann anba rejim vyolans seksyèl ak patriyakal. Li mande yon revolisyon kiltirèl, pou bezwen kreye espas pou eksprime anvi revolisyonè, pou fè rezistans kont lamizè, pou imajine kouman souverènnte ak libète tout bon ta ye.

Men, li pa t ap jis, epi li twò bonè pou nou rele tèks sa a yon manifès. Ulysse gen twòp imilite devan gwo michan reyalite ak twomatis tranble-manntè a, replik li yo epi de syèk istwa ki te pote l la, pou l ta fè okenn gwo deklarasyon sou avni Ayiti. Tèks sa a rakonte tou vwajay yon fanm, yon fanm dyaspora a ki libere tèt li sot nan egzil, pou l negosye sa sa vle di pou l yon chèchè nan yon monn kote inivèsite ak biznis vin gwo konplis : yon fanm k ap batay ak yon sosyete kote granmoun se pou gason sèlman, yon militan ki nan ni monn atistik, ni monn syantifik kote dabitid la ak lasyans kontre sèlman sou papye antèt inivèsite. Gina Athena Ulysse, tankou peyi li, pa nan plas li. Li refize antre nan yon kategori. Se poutèt sa menm nou bezwen istwa tou nèf sou Ayiti.

> Nou di vyolasyon dlo ayisyen
> Penetrasyon espas syèl ayisyen
> Yo di bo bat besbòl aliminyòm mwen
> Souse sison enperyal mwen epi niche kròs fizi mwen
> Nou di anile dèt la . . .
> Yo di kite fèt la kòmanse pou 200 lane restavèk
> Nou di *viva* Revolisyon Ayisyen an
> *Viva* demokrasi, *viva* endepandans, *viva* rezistans, *viva* Inite
> — Jayne Cortez

ENTWODIKSYON   NEGOSYE AYITI PA M

Yon apeti pou verite pa anpeche moun pran pati.
— *Albert Camus*

Li vin yon bagay alamòd pou ekriven etranje denonse jan Ayiti parèt mal
nan laprès pandan yo menm y ap kontribye nan fenomenn la.
— *Michel-Rolph Trouillot*

Sa gen anpil ane, alòske m t ap etidye nan pwogram twazyèm sik, yon pwofesyonèl ayisyen (ki t ap viv Ozetazini tou) te fè m repròch paske m te identifye tèt mwen kòm yon Ayisyen-Ameriken. Pandan gwo deba chofe ki te swiv la, m te defann ak anpil fòs trèdinyon m te adopte a menm si m te konnen byen pwòp akòz listwa de monn pa m yo pa t ap janm egal. Mwen te panse toutbon vre idantite pa t kapab redwi nan pwen dorijin li. Sa m te konnen lè a, e m vin pi si de li kounye a, se Ayiti se te pwen depa mwen, pa pwen darive m.[1]

Nan moman an, yon moman nou kapab rele menm jan ak ekriven Edwidge Danticat epòk apre Wyclef la,[2] nan sèten milye (pa egzanp, milye inivèsitè a kote m pase plis tan) yo te gen mwens move jan kont Ayisyen yo, oubyen pito m di, yo te montre move jan an yon lòt mannyè. Antouka, se pa lawont ki te fè m ensiste sou idantite Ameriken m lan, jan moun sa a te panse epi jan li te menm rive di l, men se te pito yon senp kalkil matematik.[3] Si m te konte kantite jou m te abite nan peyi kote m te fèt la epi konpare l ak kantite ane mwen pase aletranje epi nan milye Ayisyen, yo t ap rive plis pase 19. Mwen te abite Ayiti pandan onzan. Anplis sa, poutèt plizyè ane travay sou teren nan Jamayik ansanm ak lòt vwayaj ak anpil lòt eksperyans, lide pou m ta fèmen nan yon bwat pèsonèlman, ansanm ak lide esansyalis sosyalman, te jennen m anpil.

Ayiti nan dyaspora a

Idantite ayisyen m lan, si m ka di l konsa, pa t janm yon kesyon pou mwen paske m te pase plizyè ane ap fouye kesyon idantite sou yon mòd kritik kòm fenomèn sosyal epi pèsonèl. Analiz sosyal la te konfime analiz endividyèl la, ki te mennen m konprann epi aksepte m t ap toujou fè pati 2

Ayiti. Te gen youn, akòz migrasyon, dyaspora t ap kreye epi te gen youn nan espas piblik la ki te toujou an konfli ak sa ki nan memwa m la. Oubyen petèt nou ta di te gen twa Ayiti. Antouka, Ayiti m te kite dèyè a se youn ki t ap chanje pandan m pa t la alòske sa nou menm manm dyaspora a t ap viv ladan l lan, te prèske statik akòz nostalji. Kifè, mwen viv ak yon kone-sans pouse ki fè m konprann negosye Ayiti m vle di aksepte gen limit nan sa m ka konprann, akòz konpleksite pozisyon mwen kòm moun ki andan epi deyò anmenmtan. Anfen, paske Ayiti fanmi m lan ak inivè sosyoeko-nomik mwen te grandi ladan l lan te gen tout yon seri klas ak koulè ak re-feran iben ak riral, Ayiti ak Ayisyen te toujou pliryèl pou mwen.

Refleksyon sa yo te gen efè konkrè sou relasyon mwen ak Ayiti, men tou sou wòl mwen jwe kòm yon Ayisyen-Ameriken ki vle rann peyi kote l te fèt la sèvis. Tou sa pou di, liv sa a, nan yon sans, se rezilta yon pwomès mwen te fè lè m te gen onzan lè m te vin viv Ozetazini. Lè m te fenk ran-kontre Ayiti ki egziste nan espas piblik la, mwen te gen ase konsyans pou m te sèmante mwen pa t ap janm tounen toutotan bagay yo pat chanje. Natirèlman, mwen vin chanje davi apre.

Desizyon tounen sa a—mwen ekri sou li anpil deja—revele anpil sou chimen pèsonèl mwen ansanm ak chimen pwofesyonèl la. Plis tan t ap pase, plis de wout sa yo t ap kwaze nan anpil jan dwòl pou yo pa janm separe pandan m te aksepte yon lòt seri trèdinyon, fwa sa a kòm atis-inivèsitè-militan. Deplizanpli, lyen sa yo t ap vin sanble mwens, sitou pandan m t ap fè tranzisyon pou m apiye mwens sou syans sosyal epi plis sou domenn atistik la. Anplis sa, kèlkeswa fason m te chwazi a, m te deja la kòm manm angaje dizyèm depatman Ayiti a[4] ki pa t pè pale.

Nan espas piblik la

Tout tan m ap di mwen pa t gen entansyon « fè » antwopoloji piblik,[5] men se pa tout verite a sa. Ni se pa manti tou. Ofèt, mwen te deside fè yon dok-tora ann antwopoloji pou yon sèl rezon, Ayiti. Mwen te vin fristre anpil ak pil eksplikasyon tou senp sou yon kote m te konnen ki te konplèks. Mwen te vle devlope epi anrichi pwòp konesans pa m sou Ayiti, toujou avèk es-pwa m t ap ka pataje sa m te aprann ak lòt moun.

Pwojè mwen pa t mache jan m te prevwa a touswit. Mwen vin fè re-chèch tèz mwen sou fanm komèsan endepandan entènasyonal nan vil Kingston, nan peyi Jamayik. Men yon fwa m te kòmanse fè kou, mwen te ofri yon seminè ki te gen pou objektif demistifye Ayiti nan imajinasyon po-pilè a, epi pou ede etidyan yo imajine youn ki ta baze sou reyalite regilyèman. Apa kou sa a, pandan anpil lane, angajman antwopolojik mwen ak Ayiti pa t fè pati travay m t ap fè pou pwofesyon mwen. Se te sijè aktivite atistik mwen—pwezi ak espektak—epi sijè kèk travay refleksyon mwen te prezante nan konferans. Tout sa te chanje nèt yon jou an janvye 2010.

Yon mwa anvan aprèmidi sa a, mwen te fè yon bagay difisil pou imajine : pou premye fwa mwen te pati pou Ayiti san m pa t di fanmi m sa. Bagay sa a make kouman mwen te komanse chanje. Mwen te identifye m kòm yon atis ak yon feminis, ki te konstwi tèt li nan dyaspora ayisyen an ; poutèt sa, mwen te kirye sou enpak migrasyon. Mwen te viv li tankou yon bagay ki kase, epi tout tan mwen t ap poze tèt mwen kesyon sou devlopman pèsonèl ak pwofèsyonèl mwen—kiyès mwen t ap ye si m te rete ann Ayiti ? Pwojè m se te pou m ale pou m wè si l te posib pou m gen yon relasyon ak Ayiti ki te pa m sèlman.

Kouman m t ap entegre ?

Twa semenn apre m te tounen, sikonstans t ap fòse m reflechi sou kesyon sa a ankò, men l t ap fòse m tou rantre nan espas piblik la nan lonbraj ak siyaj lòt antwopològ angaje ki te reziste anvi rete nan tou ivwa a. Fatalite te fè mwen te deja pran dispozisyon byen kalkile pou m te rive la.

« Ekri pou chanje lemonn »

Se te eslogan yon seminè yon jou mwen te patisipe ladan l ann Oktòb 2009 nan Simmons College nan Boston. Ansanm ak lòt bagay, Pwojè Op-Ed la te vle bay fanm zouti ak teknik yo te bezwen pou rantre nan espas piblik la kòm moun ki t ap ekri editoryal. Li te baze sou lide ke nèg blan ki soti nan klas elit yo ekri plis pase 80 % tout atik opinyon ki pibliye. Pwojè a te travay pou chanje statistik sa yo. Li te montre fanm sitou kòman pou yo ekri epi vann lide yo bay editè. Mwen sonje mwen te reflechi sou reyalite 20 % ki te rete a, se sèten se te fanm blanch ak kèk minorite. Kòm yon fanm nwa ayisyen, mwen pa t menm reprezante yon pwen desimal.

Mwen te deja fè yon ti kou nan kalite ekriti sa a. An 1999, lè m te fèk sòti nan etid twazyèm sik mwen, mwen te ekri «Classing the Dyas : Can the Dialogue Be Fruitful ? » (« Klase djaspora : Eske dyalòg la ka pote fwi ? »), yon atik sou dyaspora ki t ap tounen ann Ayiti epi tansyon ki te genyen ant yo menm ak sa ki te nan peyi a. Li te pibliye nan *Haitian Times*. Prèske dizan apre, mwen vin ekri yon lòt sou Michelle Obama, ki te parèt nan *Hartford Courant* kèk jou anvan eleksyon 2008 yo. Tit editè jounal la te chwazi a : « Michelle Obama : Yon modèl eksepsyonèl » te parèt anlè atik mwen an nan plas sa m te ekri a, ki te gen plis pwovokasyon ladan l, « She

Ain't Oprah, Angela or Your Baby Mama : The Michelle O. Enigma » (« Li pa ni Oprah, ni Angela ni manman pitit ou : mistè yo rele Michelle O. a »).

M te toujou vle fè tande vwa m. Yo rele m dògmatik (se pa yon konpliman !). Se vre ke nan listwa, fanm nwa ki di sa yo panse resevwa repwòch paske yo « reponn. » Nan sans sa a, mwen pa fè eksepsyon. Kòm mwen pa t genyen savwa ki te nesesè pou m negosye inivè paj opinyon sa a, mwen te vle chache konprann li apati nannan l. Se sa ki fè mwen te enskri.

Mwen pa sèlman aprann jan medya prensipal yo fonksyone, men kijan reponsab pòtay yo fonksyone—enpòtans rezo ak koneksyon. Pi enpòtan toujou, mwen jwenn anpil pèspektiv kritik sou jan yo konstwi nosyon ekspètiz, kisa ki nesesè pou ogmante lektora ou epi kijan pou elaji sèk moun ou enfliyanse yo. Se vre yo te ankouraje patisipan nan seminè yo sèvi ak tout teknik yo te fèk fin aprann yo, men mwen pa t enspire pou m ekri yon editoryal anvan kòmansman ane k t ap swiv la. Men, eksperyans sa a te ankouraje m kontinye aprann.

Se nan objektif sa a, an desanm 2009, mwen te aplike pou, epi yo te chwazi m pou patisipe nan Feminist Majority Foundation *Ms.* Magazine Workshop for Feminist Scholars—yon kan twa jou ki te fòme inivèsitè ak tandans militan pou yo vin entelektyèl piblik. Entansyon an te espesifik anpil : objektif final *Ms.* se te montre nou kijan pou nou fè konesans akademik nou travay epi rann li pi aksesib pou piblik la. Yo te ankouraje patisipan yo ekri pou *Ms. blog* tou. Mwen te kòmanse fè l epi mwen kontinye detanzantan.

De seminè sa yo te ede m pi byen konprann vwa ak stil mwen, men yo te pemèt mwen wè tou ki aspè nan pèspektiv nyanse pa m la ki te ka rantre nan inivè medya rapid la. Menm si li te fè m pè anpil lè m te fèk kòmanse, pi gwo motivasyon an se lè m konnen m te gen yon limit (500–700 mo pou pi plis) pou m atire atansyon lektè a, pafwa depi nan premye fraz la. Nouvo apwòch sa a te vle di fò m te bliye fòmasyon akademik mwen te resevwa a, pou m te kite tandans pwofesyonèl pou anplwaye yon pwoz ki plen jagon epi pran tan pou rakonte istwa a pou n kapab touche tout pwen yo. Li te reprezante yon defi, men se te yon libète tou pou mwen itilize yon apwòch ak yon sansibilite etnografik pou m defèt ak anpil kreyativite konpleksite kiltirèl yo, pandan m te konnen objektif final mwen se te prezante lektè yo ak nouvo pwenndvi. Avèk plis eksperyans, mwen vin renmen fòm ekriti sa a anpil.

Nanpwen silans apre tranblemanntè a

Premye editoryal mwen se te yon tèks sou fim James Cameron lan, *Avatar*. Mwen te sèvi ak pwogram editè konseye Pwojè Op-Ed la pou m te ka jwenn yon fidbak anvan m te eseye soumèt plase tèks la pou piblikasyon, « *Avatar*, Voodoo, and White Spiritual Redemption » « Avatar, vodou ak redansyon spirityèl blan. » Mwen te pale sou plizyè aspè fim lan, tankou koneksyon li ak yon spirityalite *New Age*, ki prèske pa janm entegre vodou ayisyen paske anpil sèk ki mele anpil relijyon toujou wè li kòm yon bagay ki mare ak demon. *Huffington Post* te pibliye editoryal mwen an 11 janvye 2010, e, aprèmidi apre a, tranblemanntè a frape Ayiti. Kèk jou apre, Reveran Pat Robertson te deklare piblikman kwayans evanjelik ki di Ayiti ap sibi pinisyon pou akò li te fè ak Satan. Menm kalite lide te parèt nan *New York Times* ak *Wall Street Journal*, de jounal moun li plis Ozetazini.

Mwen te kòmanse lage kòm nan ekriti e sa ap dire plis pase dezan. Mwen te rive atikile klèman santiman ke te gen anpil anje, epi li te parèt aklè nan premye editoryal mwen pibliye apre tranblemanntè a « Amid the Rubble and Ruin : Our Duty to Haiti Remains » (Nan mitan debri ak dekòm, devwa nou pou Ayiti toujou la), ki te parèt 14 janvye sou npr.org. Mwen te rakonte enpak dènye vwayaj mwen te fè a ; li te pèmèt mwen konprann m te kapab genyen yon relasyon ak peyi kote m te fèt la antank granmoun. Sa m te jwenn ankò se yon seri moun mwen te kapab travay ak yo an solidarite epi ki te vle kontribye efò kolektif pa yo pou transfòme Ayiti yo te jwenn kòm eritaj la. Mwen di « yo » paske kòm yon Ayisyen-Ameriken k ap viv nan dyaspora a, mwen konnen byen pwòp mwen gen privilèj pou m fè vi m yon lòt kote. Mwen ka toujou pati, donk m ap toujou tankou yon « etranje anndan. »[6] Sèlman sila yo ki gen konesans konkrè kondisyon enfrastrikti ann Ayiti te vrèman konprann gwosè enpak kraze-brize dezas la nan moman an.

Nan jou, semenn, ak mwa ki te swiv yo, mo ak fraz te danse nan tèt mwen tout jounen. Souvan mwen te reveye nan mitan lannwit, ak yon bezwen ekri jouk mwen rive nan pwen kote m te santi m pa t gen anyen pou m di ankò. Pifò tèks mwen ekri yo te pibliye. Genyen nan yo (tout pa t sou Ayiti) ke yo pa t aksepte, gen lòt ki pa t janm pibliye,[7] yon lòt fòm rejè. Se te okazyon pou mwen pran distans mwen ak inivè akademik la pandan m t ap aprann kilè ak ki kote opinyon m te kapab sèvi kòm entèvansyon ak kilè sa pa t vo lapenn oubyen li pa t ap efikas. Nan moman sa yo, mwen te retounen nan prensip pwofesyonèl teti ki pa t vle aksepte jeneralizasyon ki te ka atire yon lektora ki te pi gwo toujou. Pi souvan, nan ka sa yo, objeksyon m yo te chita sou kesyon ras.

Antwopològ la kòm entelektyèl piblik

Motivasyon pou m ekri yon lòt istwa te soti nan yon enperatif moral, se santiman ak plizyè pwen rekonesans ki te dèye l. Premye a se te rekonesans entelektyèl ke Ayiti ki te nan domenn piblik la te youn ki te nan yon prizon retorik ak senbolik, fèmen nan kliche ak yon istwa espesyal, ki prèske te mare ak stereyotip yo, sa ki pa t siprann pèsonn. Dezyèman, pou rezon sa a, li te nesesè pou yon moun te defye pèsepsyon sa yo. Twazyèman, lide konplèks sou Ayiti ki t ap sikile nan akademi a te rete nan mitan inivèsitè yo, li te ra pou yo te soti deyò. Anfen, kòm yon chèchè ki te gen konesans sa a, mwen te kapab ajoute yon pèspektiv nyanse sou diskisyon piblik ki t ap fèt sou repiblik la.

Michel-Rolph Trouillot, defen antwopològ ayisyen an, ki te toujou ap reflechi sou si inivèsitè kapab, oubyen pito m di si yo te ka pran risk refize jwe wòl entelektyèl piblik, te yon gwo enspirasyon pou mwen nan sans sa a. Nan *Silencing the Past : Power and the Production of History* (1995), Trouillot te soulve yon pwen enpòtan sou sijè sa a ki merite nou tounen sou li. Li te di nou veye pou nou pa souzestime reyalite ke pwodiksyon listwa fèt nan yon pakèt kote ki pa anndan akademi a. Li ekri : « Majorite Ewòpeyen ak Nò Ameriken aprann premye leson istwa yo nan medya ki pa sibi estanda kolèg, près inivèsitè, ak komite doktora mete an plas. Byen lontan anvan sitwayen òdinè yo li istoryen ki detèmine estanda epòk la pou kolèg yo ak etidyan, yo rankontre istwa nan selebrasyon, vizit nan mize ak lòt sit, fim, fèt nasyonal epi liv lekòl primè yo. »[8]

Pandan m t ap eseye konprann pi gwo enplikasyon sou kiyès ki gen dwa rakonte epi ekri istwa a, mwen te reflechi anpil sou kesyon responsabilite sosyal. Èske se pa pi bon fason pou m ta ede Ayiti lè m rantre kòm antwopològ nan kèk sit sa yo, ki t ap monte youn sou lòt, pou mwen te bay piblik la kèk lide kritik ?

Se sèten zòn popilè sa yo mi pou entèvansyon entelektyèl. Sa pa t ap yon bagay nouvo pou disiplin lan. Depi devlopman istorik li, antwopològ yo chache dyalòg ak plizyè piblik nan plizyè fason diferan. Pratik sa a, ki jwenn sous li nan « pyonye ki te fonde l yo »—ki te mwens atache ak frontyè disiplin la—ki te patisipe aktivman nan deba ki te genyen nan epòk pa yo pandan yo t ap eseye eksplike evolisyon sosyal, nati imèn ak varyasyon.

Pita, zansèt tankou Franz Boas, papa antwopoloji kiltirèl ameriken an te gen yon gwo prezans kòm yon inivèsitè anti-rasis ki te defye piblikman ideyoloji rasis yo. Melville Herskovits te defann kòz relativis kiltirèl pou n konprann moun nwa ann Afrik epi nan Amerik yo. Ruth Benedict te pratikman redefini jan nou konprann kilti nan yon fason konseptyèl. Jouk kounye a, Margaret Mead rete yon egzanp modèl entelektyèl piblik ki te pa sèlman pote antwopoloji jwenn mas yo nan analiz kiltirèl kwaze, men ki te fè l tou antank animatris yon emisyon televizyon epi ak atik nan magazin popilè.[9]

Menm si yo te aprann mwen istwa prezans piblik sa a ki te gen yon enfliyans nan kou m te swiv sou tradisyon disiplin lan pandan m t ap fè etid mwen, tout moun te konprann travay ki te gen plis valè entelektyèl, sa yo te ankouraje nou pouswiv la, se te youn ki te prodwi savwa pou pwòp valè pa l. Menm si kwayans sa a te sanble kontrè ak ajennda pa m, (premye enterè m se te nan devlopman), gwo enpòtans pou rekonèt jan diskou yo fòme, jan pouvwa diskou sa yo antre tout kote tou dousman, fè mwen pi anvi konprann enplikasyon pratik reprezantasyon yo.

Plen rechèch nan antwopoloji ki defye swadizan divizyon ant yon travay militan ak yon travay analiz.[10] Toujou gen konvèsasyon k ap tounen anndan disiplin lan sou ki kote ak kòman pou nou lokalize « piblik »[11] sa yo teyorikman. Antwopològ patisipe nan konvèsasyon yo nan fason ki monte youn sou lòt.[12] Malgre sa, avèk pwofesyonalizasyon ak spesyalizasyon ki vin pi plis, prezans antwopològ, sitou nan domenn piblik la chanje, anpati paske inivèsitè meprize espas sa a vre.[13] Nan pase a angajman piblik te pi enpòtan pou disiplin lan. Nan dènyè ane yo, poutan, Asosyasyon Antwopoloji Ameriken an kòmanse ankouraje prezans piblik manm li yo pou « ogmante jan piblik la konprann antwopoloji epi ankouraje itilizasyon konesans antwopolojik nan fè politik piblik »[14] ak pètinans mondyal li pou epòk nou.

Malgre tout sa a, gen kòz ekstèn ki fè disiplin la pa twò vizib nan espas piblik la. Pa egzanp, nan imajinasyon popilè a, antwopoloji egal a etid « egzotik » olye etid fenomèn sosyal k ap fèt chak jou lakay tankou aletranje. Anplis, gwo prezans kòmantatè ak ekspè ki ofri lide sou pesifisite kiltirèl pa sèlman plis nan gou medya yo, men travay yo ap fè a, jan Hugh Gusterson ak Catherine Besteman te byen montre l, gen tandans « ranfòse prejije piblik yo a deja genyen olye li ta defèt sipozisyon fasil yo genyen sou lemonn, epi bay yo defi pou wè yon lòt pèspektiv. »[15] Nou pa ka nye, jan yo te di nou souvan nan seminè Op-Ed la, probabilite yon atik opinyon ap enfliyanse yon lektè ase pou l chanje opinyon l pa gwo paske opinyon pi fò moun fin fikse deja. Se la nou jwenn pi gwo obstak pou entèvansyon n ap fè nan espas piblik la pote fwi.

Lemonn akademik la pa gen twòp divèsite ak kanon, konvansyon ak tout rezistans li genyen pou aksepte diferans. Menm si anpil bagay gentan – chanje depi lè mwen t ap prepare doktora mwen, fò nou di istwa entelektyèl piblik mwen te tande (nan kou ki pa t espesyalize) an jeneral te kite dekote oubyen majinalize travay pyonnye nwa Ozetazini[16] ki pa t sèlman konfwonte baryè estriktirèl ki te baze sou ras ki te bay yo anpil pwoblèm nan travay yo, men te detèmine tou relasyon pwofesyonèl yo te genyen ak disiplin lan.[17] Yo pa konnen enpòtans enpak yo nan espas dominan an. Pa egzanp, Zora Neale Hurston ak Katherine Dunham—toulede te fòme andeyò sistèm inivèsitè a, te gade fòklò ak la pou fè kontribisyon enpòtan ki pa t okipe frontyè ant diferan disiplin yo, ki jouk jounen jodi a kontinye montre dimansyon ekspresiv eksperyans nwa yo. Dunham te sèvi ak nonplim Kaye Dunn pou idantite li kòm ekriven piblik ki te pibliye atik nan magazin *Esquire* ak *Mademoiselle,* anvan eksperyans Margaret Mead ak *Redbook.* Allison Davis te gen yon gwo enpak andeyò antwopoloji paske etid li sou entelijans te gen gwo enfliyans sou pwogram edikasyon pou konpanse lakin tankou Head Start.[18] Panafrikanis St. Clair Drake, yon lòt pyonnye ki gen gwo enfliyans ansanm ak sosyològ Horace Clayton, te vin ak lide Metwopòl Nwa a[19] pou yon gwo piblik anvan menm li te fini etid dokotora li.

Nan epòk sa yo, inivèsitè ak atis nwa te deplwaye konesans yo te genyen nan domenn antwopoloji, menm si yo te gen kèk kritik sou li kòm yon aktivite ezoterik jan St. Clair Drake (1978) te di ki pa t gen anpil « pètinans » pou pwoblèm « avansman ras » Ozetazini.[20] Yo te twouve l itil nan tantativ yo pou ekspoze epi konsidere plizyè aspè lavi dyaspora nwa a nan pi gwo lit kont kolonyalis ak rasis. Gwo medya tradisyonèl yo te fèmen pou yo, donk entèvansyon piblik yo te sitou parèt nan medya nwa yo. Yo te arive fè sa pandan yo te pran pozisyon diferan parapò a kòlèg blan yo, ki pafwa pa t sèlman opoze prezans ak aktivite yo anndan disiplin lan, men anndan ak deyò inivèsite yo tou. Anfèt, sa k te aksetab pou sèten, yo te veye anpil kay lòt ; pami yo nou jwenn sèten nan zansèt fanm kou gason ki gen gwo repitasyon.

Se pou sa fò nou note akademi a ak medya yo gen plis pwen komen pase diferans nan eleman estriktirèl ki enfliyanse minorite yo ki pa reprezante jan sa ta dwe fèt. Se nan kontèks sa a mwen soti epi aprann jan pou m aji kòm fanm nwa ayisyen, antwopològ, ki detèmine pou bay yon diskou diferan nan espas piblik la apre peryòd tranblemanntè a.

Ni sous ni zakolit

Mwen te kòmanse ekri pou m reponn, si m mèt di l konsa, lè li te parèt evidan ke diferan fason yo t ap reprezante Ayiti yo te danjere epi yo te limite. Pa gen kote sa te parèt plis pase nan jan yo te abòde kesyon vodou a, yo te pede montre l tankou li pa t gen okenn sans kiltirèl. Kidonk yo toujou t ap enskri karakteristik « mistik » la ki te asosye ak Ayiti, pou yo retire l nan zafè modènite. Tantativ pou demistifye mit sa a te poze pwòp defi pa yo. Nan entèvyou ak kòlèg blan (pi souvan se te zanmi), mwen te souvan okipe espas « sous endijenn » lan pou moun ki t ap fè entèvyou a pandan ke yo menm te okipe plas « ekspè » a. Ansanm, nou te reziste tandans sa a, men nou te oblije rete vijilan sou konsekans yo.

Nan jou apre a, mwen te toujou konsilte sitwèb yo pou verifye si tèks nouvo entèvyou sa a te gen ladan l bon òtograf mo vodou a nan plas *voodoo*, ki sèvi nan atik medya yo. (Dènye òtograf sa a ranfòse stereyotip yo epi se mo popilè ki pi fasil pou rekonèt, donk li bay garanti pou moun klike sou li plis nan motè rechèch entènèt yo.) Te gen lè « alye »[21] ak patizan nan gran medya yo ak lòt tou te reprezante Ayiti yon jan ki pa t gen ankenn valè. Lè sa te pi mal, yo te rann Ayisyen envizib, lè sa pa t pi mal, yo te montre yo tankou moun san konplèksite. Menm lè li te fatigan anpil pou pran konsyans sitiyasyon sa a ak fè efò pou korije l, move reprezantasyon sa yo te prezante okazyon pou analiz sosyokiltirèl kritik. Se la a endijenn lan jwenn plas li antank zakolit.

Sa pa siprann nou ditou paske jan m te di l anvan, figi antwopoloji piblik la se sitou yon figi gason blan nan sèten kontèks. Menm si ekriven Edwidge Danticat ak rapè Wyclef Jean te Ayisyen ki te parèt pi plis nan medya yo, avèk gwo pwofil entènasyonal li a, se te Paul Farmer, ki se antwopològ medikal ak doktè nan Harvard (epi ki fonde Zanmi Lasante), ki te vin prèske sinonim Ayiti ansanm ak Sean Penn ak Bill Clinton.[22]

Kibò, si, epi kòman « endijèn » rantre nan lòd vizyèl (ekonomik) sa a,[23] sitou nan domenn travay imanitè ak konstriksyon apredezas yon domenn kote yon konplèks endistriyèl sovè blan tabli, sa se kesyon « cho » jan Michel-Rolph Trouillot t ap rele yo sa gen dizan—kesyon ki poko gen repons.

Moman ak pèspektiv enteresan sa yo vin ranfòse deklarasyon Trouillot nan *Global Transformations : Anthropology and the Modern World*

(2003) sou estati vwa endijèn lan nan pwodiksyon konesans antwopolo-jik. Se sou etnografi li t ap travay, pandan mwen t ap travay sou medya—gendefwa branch « gochis » oubyen « altènatif » inivè sa a. Men, yerachi sosyal ak lòt kesyon se te varyasyon sou menm tèm la. Tankou etnograf la, jounalis la sèvi kòm medyatè, nan ni youn ni lòt ka sa yo, endijèn la pa ka yon entèlokitè vre. Anplis, sa te fè m plis gen anvi poze kesyon ki nan tèt mwen depi lontan : « Kiyès k ap etidye ou pandan ou ap etidye nou ? »[24]

Kèk mwa apre, mwen te sispann ekri sou Ayiti, m pa t alèz ak lide pale pou Ayisyen, sitou m potko ale depi seyis la. Menm si m te gen yon pès-pektiv espesifik pou m ofri sou jan yo t ap reprezante Ayiti ak Ayisyen, mwen te reflechi sou enpòtans li. Mwen te fè premye vwayaj mwen dènye semenn mwad mas epi m te pase wikenn Pak la, m te pase yon ti tan sèl-man Pòtoprens pou m te ka fè benevòl nan yon klinik Ti Gwav.

Mwen te tounen yon jan dezespere. Anmenmtan, mwen te konprann sa k rete dèyè yo, sa ki fèmen sou zile la pa t ka chwazi pa gen espwa, paske « nou se mò vivan »[25] jan yon zanmi te di l yon fason briskeman. Yon fwa ankò, mwen te reflechi sou responsabilite sosyal. Ekriti piblik mwen te melanje ak travay atistik mwen nan fason m pa t atann. Envi-tasyon nan inivèsite te vle di manm asistans lan te jwenn yon chèchè nan syans sosyal, yon atis ak yon komantatè piblik an menm tan.

Sa te mete m nan yon pozisyon m poko fin konprann nèt. Mwen omwens rive konprann avèk espektak yo, mwen te ofri moun yon pwen esansyèl kote konvèsasyon kritik te kapab devlope. Men sa te vin pi en-pòtan pase enterè asistans la nan teknik atistik mwen, paske diskisyon yo souvan te chita sou fon sa m te di a. Antouka, koneksyon ak twa pati sa a te anrichi travay mwen plizyè fason, li te fè m rekonèt limit chak pati, epi-tou jan youn te konplemante lòt. Li te pouse m gade ankò efikasite chak pati te genyen poukont pa l.

Avèk lide sa a nan tèt mwen, epi ak premye elan m—reponn yon apèl—mwen te oblije negosye pozisyon mwen anndan plizyè fòm medya. Yon bagay te klè : piblikasyon sou entènèt bay plis aksè epi li rive touche moun nan yon fason tèks enprime a pa kapab. Enprime a, ki enplike yon lòt pwosesis, gen merit pa li epi li se yon fòm dokiman ki kapab pi akse-sib pou kèk moun, anplis li swiv lòt kritè pwofesyonèl nan zafè rechèch, menm si sa yo pa t nan revi espesyalize.[26] Antouka, mwen te rekonèt mwen enterese pou m fè plis pwoje kreyasyon pou karyè mwen ki deja pa t konvansyonèl. Non sèlman se te yon travay mwen te vle fè, men se yon travay yo pa t ka anpeche m fè. Donk, èske li te kapab, èske li t ap kapab gen yon valè pwofesyonèl ? Se lavni k ap di sa si nou swiv deba ki fèt lòt jou, sou jan pou n evalye rechèch ki pa tradisyonèl epi enplikasyon inivèsite a nan angajman sivik.[27]

Pwosesis yon kronik

Se Claudine Michel, pwofesè etid nwa ak edikasyon nan Inivèsite Kalifòni, Santa Barbara ak editris Jounal Etid Ayisyen ki te bay lide pou mete tèks sa yo ansanm pou fè yon liv. Pandan konvèsasyon nou, li te mansyone li te twò okipe pou l te kenbe menm vitès avè m, donk li te kòmanse klase tèks mwen yo nan yon dosye. Apre sa, li ensiste pou m te rasanble yo tou nan yon koleksyon, akòz ijans, frekans ak enpòtans sa m t ap di yo. Li di m antank pitit fi natif natal ak antwopològ, atis majinal, mwen te ofri yon pèspèktif anndan ak deyò alafwa sou moman sa a ki t ap devlope nan istwa Ayiti a, yon kronik apre seyis. (Mwen wè l tankou yon espès memwa.)

Pandan menm peryòd sa a, mwen te ekri detanzantan men mwen pa t janm vrèman sispann. Mwen ekripou *Huffington Post, Blòg Ms. Magazine, Haitian Times,* ki te vin *HT* magazine apre epi *Tikkun Daily*, epi zanmi kou etranje te envite m kòm blogè envite nan plizyè sit espesyalize. Chak te gen avantaj ak defi pa yo. *Huffington Post* te ofri plis libète nan yon espas ki pa t twò chaje ak entèmedyè, san twòp sipèvizyon epi ak yon pwosesis pou fè ankèt. *Ms. blog* te bay yon kokenchenn sèvis verifikasyon enfòmasyon ak yon sipèvizyon editoryal ki te bon tout bon. Sa a te pote anpil pou mwen paske li te enfliyanse m kenbe yon pèspektiv feminis sou kesyon yo pandan m te rete konsantre sou aksyon, epi san m pa t bliye kiyès ki te lektora blòg la.

Haitian Times (jodi a *HT*), te ofri pi bon piblik la ki te deja konnen tout istwa sou Ayiti medya yo t ap denigre tout tan. Kòm lektora sa a te pi popilè, nouvo editris la, Manolia Charlotin, te lanse yon kwen chèchè pou te mete diferan vwa kritik sou kesyon sosyal ak politik aktyèl la devan. Aksan *Tikkun Daily* mete sou reparasyon ak transfòmasyon lemonn te bay yon kominote kote ou te jwenn anpil relijyon, sa ki te pèmèt mwen di plis sou zafè relijyon.

Se vre mwen te renmen ekri pou diferan kalite piblik ki te pi piti, sa te vle di mwen te oblije repete sa m t ap di yo. Men, mwen te apresye kote pratik blòg sou entènèt sa yo ki te mande yon konsantrasyon sou yon tan kout, menm si l te mande pou m rive reponn rapid. Mwen te renmen tou ke m t ap ekri pou moman prezan an.

Pandan premye ane sa a, mwen te aksepte envitasyon pou m soumèt twa tèks diferan pa ekri epi mwen te propoze yon katriyèm bay revi *Meridians : Feminism, Race, Transnationalism*—kreyasyon yon ti koleksyon « pawòl » fanm sou tranblemanntè a kòm yon pwojè achiv. Yo te prezante anpil defi epi te mennen m nan direksyon diferan. Premye tèks la, « Some Not So Random Thoughts on Words, Art, and Creativity, » « Refleksyon sou mo, la, ak kreyativite ki pa tèlman pa aza » te yon refleksyon sou plizyè tablo ak powèm konsèvatè yon galri a nan Grimma nan peyi Almay te solisite pou *A Nayif : Memwa Paradi ?* Esè pa m lan te fè pati yon katalòg pou yon ekspozisyon ki te fèt an mas 2010. Dlo t ap kouri nan je m pandan m t ap ekri l, pandan m t ap kontanple foto tablo yo. Pita, mwen te oblije deside si pou m te kite sa m te ekri a parèt nan katalòg la lè mwen te gen gwo dezakò ak jan konsèvatè yo te itilize tèm akayik « nayif » la pou dekri a Ayisyen. Yon konseyè te ankouraje m rete, li te di m li te pwobab se mwen ki t ap reprezante sèl pespèktiv ayisyen ak/oubyen altènati nan katalòg la.

Dezyèm tèks la se te « Why Representations of Haiti Matter Now More Than Ever » (« Sa k fè reprezantasyon Ayiti pi enpòtan kounye a pase tout tan »). Mwen te prezante l nan konferans Ronald C. Foreman Inivèsite Florid la, ke antwopològ Faye V. Harrison te envite m pwononse ann avril 2010. Se apre m vin aprann konferans lan se te yon pri pou rekonèt rechèch ki te angaje piblikman moun ki te resevwa l yo t ap fè. Mwa apre a, m te mete konferans lan ajou epi revize l pou yon panèl espesyal UNESCO sou Ayiti nan konferans anyèl Asosyasyon Etid Karayib la nan peyi Babad. Panèl sa a te gen ladan l pwofesè sosyoloji Alex Dupuy ak Carolle Charles, epi pwofesè lang ak literati Marie-José N'Zengou-Tayo ki te siviv tranblemanntè a. Kòm mwen te an konje sabatik, mwen te ofri òganize panèl sa a pou kòlèg pi eksperimante yo ak konpatriyòt mwen yo.

« Why Representations » te pibliye pou premye fwa nan nimewo jiyè/ out NACLA *Rapò sou Amerik yo* « Fay : Pèspektiv sou tranblemanntè Ayiti a ». Li te fè pati tèks mwen te ekri ki te pi akademik yo. Anmenmtan, li te montre enfliyans fòmasyon kòm entelektyèl piblik mwen an anpil, fòmasyon ki te ankouraje pale klè, yon fason dirèk epi entans. Mwen pa t kenbe anyen, sitou kòm tèks sa a te note premye reyaksyon mwen te genyen devan reprezantasyon seyis lan nan televizyon ak konsekans li yo. Li te pibliye ankò ak tit « Why Haiti Needs New Narratives Now More Than Ever » nan *Tectonic Shifts : Haiti since the Earthquake*. Gwo antoloji sa a ke Mark Schuller ak Pablo Morales te edite te genyen ladan l yon kantite ekriven ak militan ki te baze ann Ayiti nou pa t janm wè anvan. « Why Haiti Needs New Narratives » te vin tankou yon refren mwen te repete tout kote mwen te prezante travay mwen—se sa k fè m sèvi avè l kòm tit liv sa a.

Twazyèm atik enprime a te yon repòtaj mwen te ekri pou *Ms.* magazine, « Rising from the Dust of Goudougoudou, » « Leve soti nan pousyè Goudougoudou » ki te pibliye nan kòmansman 2011. Mwen te fè dezyèm vwayaj mwen ann Ayiti pandan ete 2010 la epi mwen te fè rechèch ak diferan gwoup fanm ekspre pou atik sa a—yon chans ra pou yon antwopològ pou travay ak yon gwo medya sou yon papye depi nan kòmansman ide istwa a. Editris *Ms.* la te ankouraje m mete anpil enfòmasyon istorik pou montre pi byen kontèks konplèks sitiyasyon aktyèl fanm yo t ap viv ann Ayiti apre seyis la. Pa egzanp, toujou kòm etnograf, mwen te ensiste pou m montre dinamik klas ak koulè nan mitan gwoup fanm yo, pou montre ilizyon ki genyen nan fraz abstrè tankou « nasyon ki pi pòv nan emisfè a. » Anplis, kòm fanm yo te enplike aktivman nan kominote yo, mwen te jwenn chans montre sa avèk abitid yo te genyen pou youn ede lòt. Mwen te kòmanse vin pi malalèz kòm pòtpawòl Ayisyen ann Ayiti ; politik ak reyalite sou kiyès ki gen dwa pale pou kiyès te ban m anpil pwoblèm. Mwen te toujou ekri epi pale ak yon sans otokritik sou kesyon pozisyon, pouvwa ak reprezantasyon, sitou ak privilèj dyaspora m yo. Pandan m te rekonèt mwen te genyen posibilite anpil moun ann Ayiti pa t genyen, mwen te toujou ret kwè piblik la te bezwen tande vwa sa k te ann Ayiti yo, ki ka pale pou tèt yo.

Mwen te pare tou pou m te ale nan yon lòt direksyon pou m fè yon lòt kalite entèvansyon. « Nouvo » espas sa a se te espektak. Pandan m te vin konprann plis wòl medya a nan pèsepsyon Ayiti ki pa t chanje, ekspresyon atistik mwen yo te vin pi kritik, plis antre nan nannan koze a, yo pa t swiv yon liy dwat pou rakonte istwa, sa te enpòtan anpil nan premye etap pratik espektak mwen.[28] Anfèt, depi 2001 lè m te prezante « The Passion in Auto-Ethnography : Homage to Those Who Hollered before Me »[29] « Pasyon nan otoetnografi : omaj pou sa k te rele anvan m yo » pou premye fwa nan reyinyon anyèl Asosyason Antwopolojik Ameriken, mwen angaje nan pèfòmans piblik nan sitiyasyon pwofesyonèl. Angajman m pou m fè travay kreatif ak ekspresif se baz yon angajman pou entèdisiplinarite—mwen te adopte entelektyèlman trèdinyon an kòm atis-militaninivèsitè ki jwenn fòs li nan lide pa gen moun ki viv selon yon liy disiplinè. Donk, mwen vle sèvi ak espektak pou louvri posibilite yo epi rekreye yon sijè ki antye san m pa kite kò a dèyè. Si m ekri sou metòd ak motivasyon mwen pou m fè travay sa yo,[30] nan liv li a *Outsider Within : Reworking An-*

thropology in the Global Age, » Faye V. Harrison (2008) sèvi ak eleman nan travay kreyatif mwen pou fè yon agiman pi laj sou enpòtans vwa powetik ak pèfòmatif pou elaji dimansyon antwopolojik sou praksi konseptyèl, entèpretatif ak metodolojik. Nan *Citizenship from Below: Erotic Agency and Caribbean Freedom,* Mimi Sheller (2012) bay agiman an tou ke nan pote defi pou kontre zak demounizasyon, travay mwen se yon egzanp yon strateji antireprezantasyonèl ki reziste epi ranvèse jan touris ak antwopològ gade reyalite yo (2012).

Lòd pa m pou bagay yo

Gen trant tèks nan liv sa ki gen ladan yo tèks sou blòg, esè, meditasyon ak atik opinyon mwen te ekri epi pibliye ant 2010 ak 2012. Yo òganize nan lòd kronolojik epi yo divize pa tèm an twa etap ki swiv entansyon mwen, ton mwen ak gran tèm ki te travèse repons mwen.

Premye pati a, reponn apèl la, gen ladan l sa mwen te ekri an 2010. Se nan ane sa a mwen te ekri plis epi mwen te fè plis analiz nan nivo makro, mwen te bay kesyon estriktiral ki leplisouvan pa jwenn plas yo oubyen sèlman yon plas abstrè nan gwo medya a, anpil atansyon. Entèrè ak aksan m te mete sou politik se te yon repons devan potansyèl moman sa a te pote, menm si li pa t dire.

Dezyèm pati a, evalye repons mwen ankò, kòmanse nan janvye 2011 pou rekonèt premye anivèsè seyis la. Mwen te patisipe nan yon mach ki te fèt Nouyòk epi m te ekri sou preyokipasyon dyaspora a an rapò avèk anivèsè sa a sou pbs.org. Kòm se pa souvan moun ki ekri atik yo gen dwa chwazi tit yo, tèks mwen an te rele « Haiti's Fight for Humanity in the Media, » « Batay Ayiti pou imanite l nan medya, » li te pibliye sou tit sa a : « Istwa sou Ayiti ou p ap janm li a. » Rive lè sa a, ni longè ni fòm repons mwen yo t ap chanje. Ofèt, nou menm ki gen konesans istorik nyanse sou politik lokal ak global te deja konprann kèlkèswa bon entansyon ki te dèyè efò ak devlopman entènasyonal yo, se te teyat pwogrè ki t ap fèt pou fini pa kenbe *status quo* a.

Mwen te fè ekspre mwen met plis aksan sou pozisyon feminis mwen. Mwen te ekri plis sou kesyon ki te enterese fanm epi moun ki t ap travay nan jan pa yo pou kontre dezilizyon mwen te genyen devan devlopman nasyonal ak entènasyonal. Pifò tèks nan dezyèm etap sa a te pibliye sou *Ms. blog.* Mwen te edite tou « Women's Words on January 12th, » « Pawòl fanm sou douz janvye, » yon koleksyon espesyal esè, powèm, foto ak fiksyon pou *Meridians.*

Dènye pati a, se li k pi kout. Mwen pa t ekri anpil an 2012 paske mwen te gen yon lòt pwojè an rapò ak Ayiti[31] ki pa t pèmèt mwen fè lòt travay. Antretan, mwen te kite zafè politik pou m konsantre m plis sou kreyativite ak la. Mwen te angaje m pou m atire atansyon moun sou netwayaj oubyen defòmasyon vodou a ki t ap fèt ak tout fòs. Mwen dekri chanjman sa a kòm yon obligasyon ansestral paske se yon mouvman familyal pou kite eritaj spirityèl ak responsabilite nou ki te dèyè l.

Kidonk, dènye tèks la, « Loving Haiti beyond the Mystique » « Renmen Ayiti pi lwen pase mistik la, » te pibliye nan *Haitian Times* (HT) pou make desannevyèm anivèse Revolisyon Ayisyen an premye janvye 2013. Ofèt, li se yon ekstrè *Loving Haiti, Loving vodou: A Book of Rememories, Recipes & Rants,* (Renmen Ayiti, Renmen vodou : yon liv souvni, resèt ak gwo rale), yon memwa mwen te ekri an 2006. Se editris la ki te mande m soumèt li. Mwen bay li enerve ak pètinans ironik atik la setan apre.

Nota Bene: Erè ki pote limyè

Atik ki nan rekèy sa a parèt la a jan yo te pibliye nan vèsyon orijinal yo ak kèk ti koreksyon epi san lyen entènèt yo. Gen erè ladan yo tou (tankou yon tandans rele repiblik la yon zile)—se mwen ki sèl responsab erè sa yo. Mwen vin rekonèt li pou sa l ye : yon sans sibliminal ke m adopte tout tan pa defo.

Anplis, plis kote mwen pibliye tèks yo chanje, plis mwen te oblije repete tèt mwen. Fòk mwen avwe repetisyon diskou sa yo fè pati yon strateji tou. Tout sa m ekri te toujou gen yon eleman teyat ladan l. Yon oralite ki gen yon objektif, si ou vle di l konsa, kòm mwen li tèks yo fò pandan m ap ekri yo. *Mea culpa,* chè lektè, menm si yo annwiyan pou li la a, li te nesèsè pou repete yo pou ranfòse kèk pwen mwen kwè ki esanyèl pou klere pase ak chimen Ayiti.

NÒT

1   Defen Stuart Hall, teyoris etid kiltirèl te ekri sou sa anpil sou kesyon *diaspora* e te gen yon gwo enpak sou travay mwen ak refleksyon m. Li te ensiste sou ide chimen eksperyans dyaspora olye nosyon pi esanyalis la ki se rasin. Mwen aprofondi ide sa a an detay nan entwodiksyon an. . Lè mwen t ap fè etid twazyèm sik mwen, mwen te patisipe nan yon seminè nan University of Michigan nan ane 1999 kote li te mete aksan sou ide « olye nou mande ki rasin yon moun, nou ta dwe reflechi sou wout yo fè, diferan pwen yo pase pou rive kote yo ye jodi a. Nan yon sans, moun se adisyon tout diferans sa yo » *Journal of the International Institute* Volim 7, nimewo 1, Otonn

1999. Yon lòt gwo enfliyans sou travay mwen se antwopològ Ruth Behar, direktris tèz mwen an, ki pa t sèlman sèvi ak kesyon pèsonèl pou ekri kilti epi travèse frontyè nan fason pa li andan ak andeyò monn inivèsitè a, men ki gen preyokipasyon atistik ak entelektyèl ak kesyon lakay ki mennen kesyon refleksyon sou idantite pa li kòm Jwif Kiben k ap negosye dyaspora konplike l yo. Anplis etnografi l ak memwa li yo, li ekri esè, pwezi, sèvi ak fotografi ak fim pou bay kesyon li yo repons ki gen nyans. Pami travay li yo, nou ka site *The Vulnerable Observer* (1996) epi *An Island Called Home* (2007).

2 Nan yon atik *New York Times* Gary Pierre-Pierre pibliye an 1998, li te site Danticat ki te rekonèt enpak fyète Ayisyen vedèt *hip-hop* la, ke l te montre tout lè epi tout kote l te kapab. Li di : « lè nou reflechi sou idantite Ayisyen, ap toujou genyen yon anvan Wyclef ak yon apre Wyclef. » Anvan l te parèt sou sèn popilè a, Ayisyen ki te stigmatize (sitou jenn yo) te souvan kache idantite nasyonal yo pou pwoteje tèt yo kont entimidasyon ak lòt repons negatif.

3 M ta dwe di mwen natirèlman mwen plennman konsyan enpak konplèks ane fòmasyon yo kapab genyen sou devlopman yon moun kòm sijè sosyal.

4 Peyi a divize an dis depatman gewogafik ak politik, men te gen nèf jouk an 2003. Avèk plis pase yon milyon Ayisyen k ap viv Ozetazini, Okanada, nan Repiblik Dominikenn, an Frans, nan lòt peyi nan Karayib la epi lòt kote ankò, ide dizyèm depatman an te vin parèt nan ane 1990 yo kòm yon kategori enfòmèl ki depi lè a vin pi etabli pandan Ayisyen lòtbò kontinye chache reprezantasyon politik epi reklame Konstitisyon an chanje pou pèmèt doub nasyonalite.

5 Pou Robert Borofsky, direktè Sant Antwopoloji Piblik la, antwopoloji piblik « montre kapasite antwopoloji ak antwopològ pou yo diskite avèk efikasite pwoblèm ki depase disiplin lan–yo bay limyè sou gwo kesyon sosyal tan pa nou epi yo ankouraje tou gwo konvèsasyon piblik sou yo avèk yon objektif klè pou mennen chanjman sosyal. » « Conceptualizing Public Anthropology, » 2004, mwen te konsilte dokiman eletronik sa a 13 jiyè 2013. Jan m pral diskite l pita, se yon tèm ki konteste pami pwofesyonèl yo ni anndan ni deyò monn inivèsitè a.

6 Mwen poko dechifre konpleksite pozisyon sa a, Ayisyen-Ameriken pami Ayisyen lakay yo, Ayisyen pami nwa yo Ozetazini epi/oubyen yon Lòt pami antwopològ blan. Mwen diskite sa anpil nan premye liv mwen an, *Downtown Ladies*, yon etnografi fanm kòmesan entènasyonal nan Kingston, Jamayik. Pou eseye konprann plas sa a, mwen apiye sou travay Faye V. Harrison sou chèchè majinalize ki angaje nan pwojè dekolonize antwopoloji. Jan Harrison gen rezon di l la, li dakò ak sosyològ Patricia Hill Collins ki sèvi ak ekspresyon « 'etranje anndan' vwayaje atravè frontyè ras, klas, ak jan pou yo 'rantre epi travèse' divès lòt pozisyon andeyò. Pozisyon sa yo relye kominote ki gen diferan nivo pouvwa epi souvan yo se teren ki ka donnen atikilasyon konesans ann opozisyon epi teyori sosyal kritik » : Faye V. Harrison, *Outsiders Within: Reworking Anthropology in the Global Age* (Urbana: University of Illinois Press, 2008), 17.

7   Mwen te ekri on paket lòt atik sou bell hooks, Audre Lorde, prezidan Obama, Oprah, so a, feminis, pefomans ak lòt sijè kite pibliye sou intenet epi anpil lòt pou pratike.

8   Michel-Rolph Trouillot, *Haiti's Nightmare and the Lessons of History: Haiti's Dangerous Crossroads*, ed. Deidre McFayden (Boston: South End Press, 1995), 20.

9   Pou plis sou sa a, gade Nancy Luktehaus, *Margaret Mead: The Making of an American Icon* (Princeton, NJ: Princeton University Press, 2010).

10   Pandan li apiye sou travay Charles Hale (2006), Michael Osterweil fè agiman ki di ide ki wè « rechèch militan » ak « kritik sosyal » tankou de bagay diferan se youn ki fonde paske konesans se yon teren politik kritik epi toulede apwòch sa yo te « parèt kòm repons a rekonesans ki t ap ogmante sou wòl antwopoloji nan kenbe sistèm opresyon ak kolonizasyon ki t ap fè kominote majinalize antwopològ yo t ap travay ak yo mal menm lè yo pa t fè espre. » Gade Michael Osterweil, "Rethinking Public Anthropology through Epistemic Politics and Theoretical Practice," *Cultural Anthropology* 28, no. 4 (2013): 598–620; Charles Hale, "Activist Research v. Cultural Critique: Indigenous Land Rights and the Contradictions of the Politically Engaged Anthropology," *Cultural Anthropology* 21, no. 1 (2006): 96–120.

11   Yon gwo kesyon se konnen kisa egzakteman ki pèmèt fè distensksyon ant antwpoloji aplike, pratik ak piblik. Antwopoloji aplike gen orijin li nan travay devlopman (entènasyonal) epi se politik piblik ki motivel. Sou yon lòt bò, antwopoloji pratik souvan mete aksan sou travay an kolaborasyon ak kominote, toujou avèk objektif pou enfliyans politik piblik. Antwopoloji piblik li menm gen motivasyon fè aksyon pou transfòme sosyete. Se vre definisyon apwòch sa yo ka varye epi depann de lekòl panse kote yo soti jan Louise Lamphere (2004) te byen montre nou, nan 2 dènye deseni yo, yo kòmanse vin prèske menm bagay paske kolaborasyon, sansibilizasyon ak politik kòmanse vin pi kouran nan kèk pwogram twazyèm sik.

12   Nan atik yo nan *Current Anthropology,* « Engaged Anthropology: Diversity and Dilemmas, » Setha Low ak Sally Merry montre kèk fason antwopològ kapab angaje yo plis : « 1) mete antwopoloji nan mitan pwosesis pou fè politik piblik, 2) konekte pati akadmik disiplin lan ak pi gwo inivè pwoblèm sosyal la, 3) tire atansyon medya a sou konesans antwopolojik, 4) vin tounen militan ki enplike nan konstate vyolans ak chanjman sosyal, 5) pataje pwodiksyon ak pouvwa konesans ak manm kominote a, 6) bay apwòch anpirik pou evalyasyon sosyal ak pratik etik, epi 7) lye teyori ak pratik antwopoloji pou kreye nouvo solisyon. » *Current Anthropology* 51, no. S2 (2010).

13   Inivèsitè an jeneral, antwopològ ladan l tou, ki angaje yo nan espas piblik la jis kounye a konn sibi stigmatizasyon nan men kòlèg yo oubyen yo pa pran yo oserye. Anmenmtan, atnwopològ sitou Ozetazini gen preyokpasyon se moun ki pa spesyalis ki sitou diskite kesyon sou kondisyon imèn nan medya. Pou plis sou kesyon sa a, gade Catherine Besteman ak Hugh Gusterson, *Why America's Top Pundits Are Wrong: Anthropologists Talking Back* (Berkeley: University of California Press,

2005), epi Thomas Hyllan Eriksen, *Engaging Anthropology: The Case for a Public Presence* (Oxford: Bloomsbury Academic, 2006).

14 American Anthropological Association, AAAnet.org. Mwen te konsilte sit la 26 mas 2014.

15 Besteman ak Gusterson, *Why America's Top Pundits*, 3.

16 Gade Ira E. Harrison ak Faye V. Harrison, eds., *African-American Pioneers in Anthropology* (Urbana: University of Illinois, 1999).

17 Yon remak akote, men ki enpòtan, travay pa m soti nan yon tradisyon ki pi laj ki genyen ladan l tradisyon etnoloji Ayiti a, ki gen rasin li nan travay antwopològ ak politisyen diznevyèm syèk la Anténor Firmin. Jean Price-Mars te fonde Biwo Etnoloji Pòtoprens la ki te fè rantre ladan l travay ki pa sèlman te travèse fwontyè ant etnoloji ak travay literè, men te soti nan yon pèspektiv militan radikal kont okipasyon amerikenn ak lòt fòm enperyalis. Spesifisite fòmasyon pa m, menm si li te gen sous li nan tradisyon Nò Amerikèn yo te gen ladan l tou etid rejyonal ki te entegre epi rekonèt enpak tradisyon ayisyen an.

18 Gade Faye V. Harrison, "The Du Boisian Legacy in Anthropology," *Critique of Anthropology* 12, no. 3 (1992): 239–60.

19 Se Harper and Rowe ki te pibliye liv sa pou premye fwa an 1945 (Drake ak Cayton, *Black Metropolis: The Study of Negro Life in a Northern City*). Liv la vin reedite de fwa : an 1962 epi an 1970 avèk mizajou premye editè yo te mande. Premye edisyon an te gen ladan l yon entwodiksyon womansye Richard Wright la te ekri.

20 St. Claire Drake « Reflections on Anthropology and the Black Experience, » *Anthropology & Education Quarterly* 9, no. 2, 1978.

21 Pou yon kritik sou problematik « alyans, » wè Aileen McGrory « Queer Killjoys: Individuality, Niceness and the Failure of Current Ally Culture » (Tèz pou mansion, Department of Anthropology, Wesleyan University, 2014).

22 Anvan seyis la, Farmer te rejwenn misyon Nasyonzini a ke Bill Clinton t ap dirije. Te gen yon ironi dwòl nan twa Amerikèn blan sa yo kòm « sovè » Ayiti ki fè pafwa mwen te rele yo twa wa yo.

23 Dokimantè Raoul Peck la, *Assi$tance Fatale* (2013), yon vwayaj dezan andan efò rekonstriksyon apre seyis la ki te fatigan, kontwadiktwa epi kolosal, revele yo te minen souverente peyi a epi echèk gwoup sekou ak èd entènasyonal ak ONG yo, ak ide rekonstriksyon ki te an kontradiksyon ak sa Ayisyen te bezwen vre kòmanse reponn kesyon sa yo. Li bay tou kèk ide sou kote lajan an (pa) te ale.

24 Mwen te soulve kesyon sa a nan yon sesyon plenyè nan 21yèm konferans anyèl Asosyasyon Etid Ayisyen nan ane 2009. Mwen etidye kesyon an ak plis detay nan yon atik sou Ms. Blog an 2011 « Why Context Matters: Journalists and Haiti » (Enpòtans kontèks : Jounalis ak Ayiti), ki fè pati koleksyon sa a. Mwen devlope ide sa yo plis nan liv mwen an ki an pwogrè « On What (Not) to Tell: Reflexive Feminist Experiments. »

25 An kreyòl nan tèks la.

26 Antwopològ ak ansyen jounalis swedwa, Staffan Löfving reflechi sou problematik kesyon tanporalite nan de domenn sa yo. Li di « ekri lantman sou chanjman rapid se yon paradòks nan antwopoloji. Paradòks nan jounalis la se ekri rapide pi pafwa yon fason senp sou chanjman ki konplèks » (2004: 139). Se Eriksen *Engaging Anthropology*, 110) ki site l.

27 Nan premye seksyon kontrandi sou antwopoloji piblik nan *American Anthropologist,* Cheryl Rodriguez note « jan antwopològ ap sèvi ak espas entènèt la pou soulve konsyans moun sou vi fanm ann Ayiti. Kontrandi a etidye enplikasyon pou rechèch ak angajman militans fòm kominikasyon sa yo pandan li plis fokalize sou itilizasyon sit wèb ak espas blòg yo kòm antwopoloji piblik » : Gade Rodriguez, "Review of the Works of Mark Schuller and Gina Ulysse: Collaborations with Haitian Feminists," *American Anthropologist* 112, no. 4 (210): 639.

28 Te gen yon bagay brital ki te deranje m nan prezans etranje ki gen mwayen ak pouvwa sou tè Ayiti a ki te vin pi plis toujou. Gregory H. Fox (2008) rele l yon okipasyon imanitè oubyen yon neyokolonyalis nan peryòd pòs seyis la ki te fè m al chache konsolasyon nan travay Aimé Césaire, sitou *Cahier d'un retour au pays natal* ak *Discours sur le colonialisme.* De tèks sa yo te gen yon gwo enfliyans sou refleksyon mwen pandan m te etidyan epi yo te esansyèl nan desizyon m te pran pou m te etidye antwopoloji pou m te ka ede Ayiti. Mwen te vin konnen travay Suzanne Césaire plis *Le grand camouflage : Ecrits de dissidence* (1941–1945), ki te enspire m aksepte konplètman atirans mwen te genyen pou sireyalis pandan mwen te devlope yon gwo apresasyon pou raj lirik li a. Travay sa yo te fè m plis pare pou posibilite espektak pèfòmans kòm yon espas ki toujou t ap laji pou m eksprime santiman m. Anfen, fòk mwen ajoute gen yon lòt pwen konplèks, ki gen rapò ak atirans mwen genyen pou ekriven matiniken sa yo antank Ayisyen. Mwen panse li enpòtan pou m note l, men m p ap diskite l plis.

29 Gade Gina Athena Ulysse, "Homage to Those Who Hollered before Me," *Meridians: Feminism, Race, Transnationalism* 3, no. 2 (2003).

30 Gade chapit 21, « Lè m rele pou Ayiti : fè prezante espektak yon kochma Atlantik Nwa. » Yon vèsyon pi long atik sa a ki gen pou tit « It All Started with a Black Woman: Reflections on Writing/Performing Rage » (« Tout bagay te kòmanse ak yon fanm nwa : Refleksyon sou ekriti/espestak raj » ki pral parèt nan antoloji feminis nwa a), *Are All the Women Still White?* (New York: SUNY Press, kap parèt) Se Janell Hobson ki edite l.

31 Yo te mande m asire prezidans pwogram konferans anyèl Asosyasyon Etid Karayib la anba direksyon sosyològ Baruch College Carolle Charles ki te vin premye Ayisyen ki te sèvi kòm prezidan asosyasyon an nan 37 lane egzistans li. Wòl pa m se te òganize yon konferans entènasyonal sou senk jou nan Pointe-à-Pitre, Gwadloup ki t ap fini pa genyen ladan l plis pase 150 panèl ak 600 patisipan. Mwen te konnen pou m konsantre sou travay sa a, m pa t ka pran angajman ekri tèks.

PREMYE PATI REPONN APÈL LA

Avatar, vodou ak redanmsyon spirityèl blan

11 janvye 2010 / *Huffington Post* @1:13 p.m.

Avatar pa sèlman dènye fim ki mete an sèn yon nèg blan k ap sove lemonn. Kòm yon fanm nwa epi yon antwopològ kiltirèl ki fèt ann Ayiti, mwen te gen dout mwen sou reprezantasyon ras nan fim lan. Anvan m te al wè *Avatar,* mwen te travay pou reziste tandans mete l nan menm kategori ak *Dances with Wolves, The Last Samurai* oubyen yon *Pocohontas* rechofe jan kèk kritik rele l. Moun k ap ekri fim gwo piblik Hollywood yo renmen istwa nèg blan ki pran pòz endijenn li pou yo reprezante rankont (neyo)kolonyal ant endijenn ak blan.

Yon zanmi m ki se yon antwopològ blan k ap travay sou anviwonnman epi ki gen yon pèspektiv mwen kapab fè konfyans sou reprezantasyon rasyal te renmen fim lan anpil. Donk, mwen te deside al wè l menm si lis distribisyon ayisyen sou entènèt la t ap boudonnen sou jan Dr. Grace Augustine (Sigourney Weaver), nan fason tipik Hollywood, te denigre youn nan relijyon m te grandi avè l yo. « Nou p ap pale de vodou payen men de yon reyalite biyolojik, yon rezo global newon. » Kòm mwen se yon moun ki renmen vodou nètale san kondisyon, m te al wè pou tèt pa m.

Lè m fin gade *Avatar,* mwen te ankouraje ti sè m pou la l fè yon gade tou. Nou toulede te kirye pou rezon diferan. Nan diskisyon nou te fè apre, nou te diskite diferan aspè fim lan ki te mete nou malalèz. Aktè koulè fonse ki t ap jwe wòl moun ble ki sanble makak. Istwa sovaj nòb la. Nèg ble an kòlè ki te an konpetisyon ak nèg blan ki bon an ki reyisi genyen fanm ble a. Te gen pati nou te renmen. Li te bèl anpil. Nou toulede te emèveye devan imaj nati yo—yon monn ekolojik chaje bèlte epi ki te briye. Teknik animasyon yo. Apre sa nou tounen sou moman ki te mete nou malalèz yo. Nou te pale de sèn transfè ki fèt ak siksè lè Moat (se CCH Pounder ki jwe l) te kondwi seremoni ki te libere Jake Scully de kò blan l ki te gen pwoblèm fizik. Moat te rele Eywa, divinite Na'Vi yo pou ede l. Yo te chita epi yo ansèkle pyebwa a ak bra yo epi yo bouje ansanm.

Refren yo t ap pede repete a vin tounen yon tanbou k ap bat. « Dans sakre, dans sakre, dans sakre, » se sa ti sè m di li t ap pede repete poukont li tou ba. Li anseye yon kou dans sakre epi sèn la te twò familye. Mouvman yo, espas la, otèl la, ofrann yo. Kominyon ak lanati. Tout zèt konekte. Na'Vi pa fè diferans ant yo menm ak anvironnman yo. Nou te tounen pale sou pyebwa a.

Nan ekoloji vodou ayisyen, pyebwa te toujou sakre. Yo gen anpil enpòtans nan rityèl yo paske gen espri ki abite yo. Debwazman rapid sou zile a gen enpak sou fason yo sèvi. Nan espas iben ki gen twòp moun, sèvitè ap viv nan sa yon chèchè rele « vodou apre-pyebwa »[1] sa pa gen twò lontan.

Fòk nou di debwazman zile a gen sous li nan okipasyon ameriken ki te fèt sòti 1915 rive 1934. Apre sa, sè m te fè remake nan tout fim la, okenn moun pa t mansyone Bondye moun Syèl yo. Se te yon spirityalite *New Age* sèlman. Spirityalite *New Age* la ak swadizan ouvèti li a kapab entegre kèk pratik relijyon ki gen baz yo ann Afrik, sitou sa k soti Amerik Latin. Men, vodou (ayisyen) toujou stigmatize ladan l, sitou nan sèk kote plizyè relijyon rankontre. Menm si kantite inisye blan yo ap ogmante, pa gen anpil legliz kote plizyè relijyon ap sèvi ki oze rekonèt li. Si nou mete spesifisite kiltirèl yo akote, vodou pataje kèk eleman de baz—espri, lanati, seremoni ak ofrann—ak lòt relijyon mistik yo. *Avatar* fè nou sonje yerachi ki egziste nan mitan relijyon altènatif yo.

Mwen sezi konstate, mwen chita swiv *Avatar* ak anpil pasyans. Mwen fin abitye ak fim epik sou pèp endijen ki toujou gen ewo blan, kit se fim istorik, kontanporen oubyen syans fiksyon. Machin Hollywood pou fè gwo fim asiksè yo, ak preferans li pou bon-kont-mechan p ap pran chans met kòb deyò pou lòt kalite istwa. Eske lesklavaj se pa pi gwo mal ki te genyen epi Napoleyon Bonapat pi gwo mechan an ? Poutan, li toujou difisil pou yon fim sou Revolisyon Ayisyen an, sèl revolisyon esklav ki te reyisi met kolonizatè Ewòpeyen yo deyò, rive pran pye. Epi Disney fèk fè nou sonje imaj vodou a se toujou demon. Gade *La princesse et la grenouille*.

Se vre ke si *Avatar* pa soti nan kliche Hollywood yo, li kanmenm rive kreye pèsonaj blan ki pa rantre nan apwòch mondyal dominan yo. Fim lan te gen yon varyete moun syèl ki te batay ant yo. Epi tout sa ki te arive trionfe yo se te moun sosyete a majinalize. Yon nèg paraplejik. Yon fanm ki soti nan yon gwoup minoritè. Yon jeni ki gen mannyè fanm. Yon syantifik blanch ki sanble yon gason. Yon syantifik gason ki soti nan yon gwoup minoritè. Te gen tou vorasite antrepriz yo. Gwo ponyèt militè. Moun ki pa t kwè ak moun ki te gen lafwa. Te gen yon kritik lasyans ak ironi. Dr. Grace ki te gen anpil konesans vin wè twò ta « voodoo » mistik Na'Vi yo te reyèl e te gen menm valè ak lasyans. Li pa t gentan travèse alòske Jake ki te pi pre lanati epi ki te tounen sovaj te reyisi fè l.

Chòk ant kilti ak ras se yon mwayen fasil pou moun k ap fè fim etidye transfòmasyon pèsonèl. Nan twòp fim, kò ki pi fonse yo toujou sèvi katalizè pou blan yo jwenn delivrans. *Avatar* fòse nou konfwonte kontradiksyon sa yo pandan n ap tann fim epik ki poko fèt la—youn ki rakonte istwa lè endijenn ak blan yo rankontre men nan pèspektiv endijenn yo.

Mwatye lavi se chwazi ak ki kontradiksyon ou pare pou ou viv.
— Savyasaachi

2

Nan mitan debri ak dekònm, devwa nou pou Ayiti toujou la

14 janvye 2010 / npr.org @ 11:29 a.m.

Li difisil anpil pou ou jwenn mo lè ou desounen. Repons mwen pou pil apèl ak imèl zanmi ki te bezwen pran nouvèl t ap voye pou mwen te tounen yon kalite litani. Non, poko gen nouvèl. Nou poko jwenn kontak ak okenn moun. Pou m pa pèdi tèt mwen, mwen reziyen m aksepte ke fanmi m p ap soti nan sa san yo pa pèdi moun. E menm si nou ta gen chans sa a, vi moun ki ale yo ak gwosè dezas la kont pou fè m rete tankou yon zonbi.

Bagay la se ke m te ann Ayiti semenn anvan Nwèl la. Mwen te al nan Geto Byenal atis Granri yo. Mwen te tounen sot nan sa m te rele pi bèl vyawaj mwen janm fè ak plen lespwa pou lavni a. Se rankont ak moun Site Solèy ki te pote tout lespwa sa a lakay mwen. Atravè INURED, yon sant rechèch, mwen te fè konesans dis etidyan ki te resevwa bous pou yo etidye nan peyi Brezil, ansanm ak manm yon fowòm kominotè ki angaje l aktivman nan dyalòg pou eseye konstwi yon pi gwo kowalisyon ki depase politik. Mwen te pran angajman kolekte lajan pou asire toulede pwojè sa yo t ap reyisi.

Lespwa se pa yon bagay ki asosye souvan ak Ayiti. Kòm antwopològ ak kritik represzantasyon zile a, mwen abitye kesyone istwa ki prezante Ayiti sou fòm kategori senp senp, epi nan pwosesis sa a yo tou demounize Ayisyen. Wi, petèt nou se nasyon ki pi pòv nan emisfè lwès la, men gen *lavi la*, lanmou ak yon espri sivivans kreyativ nou pa ka nye ni nou pa ka kraze.

Mwen tande rèl ki di poukisa Ayiti epi poukisa kounye a oubyen ke nou te ka evite sa. Istwa blam kapab founi eksplikasyon, men nan moman sa a se pa yo ki pi itil. Depi Ayiti parèt kòm eta souvren nan dizneyèm syèk n ap kontre ak obstak. Se pa premye fwa nou genyen pou bati epi bati ankò. Mwen enkyè pou avni Ayiti. Nan moman imedya a, nou bezwen asistans, tout kalite misyon sekou. Mwen gen enkyetid pou sa k ap pase nan semenn k ap vini yo, lè nou pap sou premye paj jounal ankò. San efò alontèm, nou tou senpman pap kapab rekonstwi. Kisa k ap pase lè sa a ?

Premye repons mwen lè m te wè foto kapital la apre seyis la se te pou m te mande kòman yo t ap konstwi faktori ak gwo ravaj sa a. Nan dènye ane a, pwojè Nasyonzini ak anvwaye espesyal Bill Clinton ki te chaje ede ekonomi peyi a devlope te prèske inyore nèt dezakò sou teren a ki te mande pou yon apwòch pi imen ; yon apwòch ki pa t ap reprodwi menm relasyon travay ki gen eksplwatasyon nan baz yo ki kontinye sèvi sa k pi rich yo. Nou pa ka inyore gouvènman Ayiti a, ki pa gen estrikti paske li bezwen anpil ranfò, epi fòk espas sivil la jwenn ankourajman.

Moun mwen te rankontre mwa pase yo te gen yon sèl repons lè m te mande yo poukisa, malgre pwòp difikilte pèsonel pa yo, yo te chwazi kontinye angaje yo nan konstriksyon kominote a. An kreyòl oubyen an franse, « c'est mon devoir » (se devwa pa m). Mwen te renmen fraz la, elegans li ak franchiz li. Sou bò lanmè sa a, mwen kenbe mo yo jodi a kòm yon siy ke gen detèminasyon ann Ayiti. Lè efò alontèm yo kòmanse, kominote entènasyonal la tou, dwe wè l kòm yon devwa pou yo pa rekreye erè k te fèt nan pase a.

3

Ayiti p ap janm menm jan an ankò

21 janvye 2010 / *Huffington Post* @ 3:09 p.m.

Li difisil toujou pou m aksepte imaj yo. Menm si kounye a mwen gen nouvèl fanmi m, mwen gen senptonm twoma, sitou disosyasyon—lespri mwen ap chache pran distans ak kò m detanzantan paske tout bagay sa yo twòp pou lespri m sipòte. Kontrèman a moun ki paka deplase devan ekran yo, mwen te etenn televizyon an. Mwen gen liks sa a. Men, mwen toujou panse a sa ki pa kapab yo. Si, avèk 1600 mil ki separe nou, se reyaksyon sa a m genyen, kijan sa dwe ye pou sa ki nan mitan bagay yo ann Ayiti ?

Depi kòmansman l kòm eta nwa lib an 1804, Ayiti te toujou frajil. Si tranblemanntè ki detwi kapital la semenn pase a pa montre lòt bagay, li montre jan peyi a gen yon leta fèb ki prèske pa fonksyone epi jan prèske pa gen enfrastrikti ditou. Se vre sa pa nouvèl pou moun ki konn Ayiti : li te toujou konsa. Kijan li vin konsa di nou poukisa efò pou rekonstwi Ayiti ta dwe pran yon lòt chimen. Epi nou pa ka konprann sa byen si nou pa fè referans a istwa zile a.

Depi lendepandans, pifò politisyen te swiv yon règ senp : bati yon kowalisyon pou met lenmi a deyò apre sa kraze alyans lan jan yo te fè ak franse yo. Libète koute chè. Yo te konpwomèt libète jenn repiblik la nan plizyè fason kritik ki kontinye afekte ljodi a. Byen bonè, li te kokobe ak dèt—yon peman endanmnite 150 milyon fran (ke Ayiti te prete nan bank ewopoyen) Lafrans te reklame pou pwopriyete yo te pèdi, epi ekonomi zile a pa t janm fin refè. Epitou, kominote entènasyonal la te izole Ayiti—yo te toujou ap vann esklav—pandan swasant ane apre revolisyon k te reyisi a. Nan syèk ki vin apre a, okipasyon militè ameriken brital la te ogmante santralizasyon Ayiti nan kapital la ; li te afebli enstitisyon ak ekonomi rejyonal yo. Plis toujou, dirijan apre dirijan te fè chwa konsantre pouvwa a epi devlope kapital la nan detriman nasyon an. Nan sans sa a, batistè moun ki pa t fèt nan kapital la, pou jouk lòt jou la a, te make moun andeyò.[2]

Kòm rezilta, pandan ane ap pase, migrasyon entèn t ap ogmante epi Pòtoprens te vin gen twòp moun. Se chache travay, edikasyon ak lòt chans akòz absans gouvènman an nan zòn riral yo ki te dèyè migrasyon sa a. Se youn nan plizyè rezon ki fè efò yo ni resous yo pa ka rive. Pa egzanp, travayè ekip sekouris yo pa t ka rive jwenn Leyogàn, Ti Gwav ak Jakmèl pandan plizyè jou. Istorikman, leta souse zo a ann opozisyon ak nasyon an epi sèlman sèvi kèk grenn moun.

Lòt jou, mwen pale ak yon zanmi ki te la pandan tranblemanntè a. Li te sanble tèt li te byen anplas. Li te montre li byenelve, li te mande m kijan m te ye. « Ou fèk viv yon tranblemanntè. Kijan ou ye ou menm ? » mwen reponn. Mo pa li yo se te yon seri òbsèvasyon : « Ou pa ka imajine jan sa pa bon . . . Mwen pran anpil foto . . . videyo . . . fòk nou kenbe dokiman. Kò toutpatou. Odè a. Fòk moun konnen sa k ap pase vrèman lòtbò a. Yon zanmi m gen 400 moun nan lakou li. Kay ki tonbe. Tout moun deyò. Genyen ki mouri. Nou bezwen dlo. Asistans medikal. Manje. Pa gen leta. Okenn ministè p ap fonksyone. Pa gen kominikasyon. Anyen. Pa gen anyen. Ayiti, mwen di ou, p ap janm menm jan an ankò. »

Pito Ayiti pa menm jan an !

Tranblemanntè a te sekwe kèk divizyon klas ann Ayiti san diskriminasyon, li fòse tout moun deyò nan lari akòz replik ki te vin souvan epi ki te fè moun pè. Ofèt, dezas sa a ak tout laterè ak trajedi li pote, reprezante yon okazyon lè lè a rive pou rekonstwi yon nouvo Ayiti—youn ak yon gouvènman ki gen ladan l politisyen ki gen ajennda nasyonal, pa enterè pèsonèl, youn ki rekonèt devwa li anvè sitwayen l. Ayiti kapab yon peyi ki gen endistri ak relasyon travay ki sispann eksplwate travayè li epi sispann ranfòse gwo eka ki egziste ant rich ak pòv yo.

Ayiti potansyèl sa a kapab promouvwa ekspansyon yon sosyete sivil ki ankouraje opinyon opoze epi ki sipòte angajman demokratik tout bon vre. Nouvo Ayiti sa a kapab yon peyi kote edikasyon pa privatize epi santralize nan kapital la, men disponib pou tout moun nan dis depatman yo. Epi anfen, li kapab yon zile ki aksepte pliralite sosyal ak kiltirèl li nan tout fòm divès li san kraze mas nwa li yo. Sa p ap ka pase konsa si tout Ayisyen pa detèmine konstwi, menm bagay pou kominote entènasyonal la, sitou Etazini ak ajans èd global yo, paske istorikman yo toujou mine politik lokal.

Kidonk, lè rekonstriksyon an kòmanse, fòk nou toujou rete angaje. Nou oblije vin obsèvatè vijilan epi benevòl ki poze kesyon, gade epi patisipe nan efò rekonstriksyon sou teren an pou asire nou ke an verite, Ayiti, ki tou pre, men anmenmtan ki lwen anpil, p ap janm menm jan an ankò. E pa ta dwe menm jan.

4

Demounizasyon ak frakti Twomatis lakay ak lòt kote

25 janvye 2010 / *Social Context* @ 3:00 p.m.

Sant pou Etid sou Amerik Latin ak Karayib la nan New York University te òganize yon teach-in « Ayiti nan kontèks » mèkredi 20 janvye. Yo te envite m vin pale. Apre panelis yo te fin prezante pèspektiv yo sou sitiyasyon aktyèl la, yon jenn fanm ayisyen, etidyan twazyèm sik, ki te la pandan tranblemanntè a te pran mikro a sou podyòm lan. Jan li te rakonte evenman an epi konsekans li te mande piblik la pasyans. Mo yo te pran anpil tan pou sot nan bouch li epi souvan, li te parèt desounen nan mitan fraz ki patko fini.

Li te gen pèspektiv solid : « efò sekou yo santre sou retire sitwayen Ameriken anvan. Si ou blan, otomatikman ou se yon sitwayen Ameriken. Sa k gen kòb rive Repiblik Dominikenn pou yo sove. Gen kote ki bezwen sekou ki pa jwenn li. Yo inyore pifò. Efò ki reyisi yo se repons gwoup de baz yo ki rive nan kominote yo. » Elatriye.

Sa ki te parèt nou aklè lè l te fini se ke li te toujou nan yon eta chòk epi te twomatize anpil. Yon lòt anseyan ki te nan piblik la te kòmanse kriye kou l te kòmanse pale. Moun pami nou ki te gen gwo koneksyon ak Ayiti (mwen ladan l—se la mwen fèt epi sa gen yon mwa mwen te fè yon vwayaj rechèch ann Ayiti) te montre siy frakti tou.

Lè seyis la te fenk pase, men sa m te ekri : « Li difisil anpil pou ou jwenn mo lè ou desounen. Repons mwen pou pil apèl ak imèl zanmi ki te bezwen pran nouvèl t ap voye pou mwen te tounen yon kalite litani. Non, poko gen nouvèl. Nou pa rive jwenn kontak ak okenn moun. Pou m pa pèdi tèt mwen, mwen reziyen m aksepte ke fanmi m p ap soti nan sa san yo pa pèdi moun. E menm si nou ta gen chans sa a, vi moun ki ale yo ak gwosè dezas la kont pou fè m rete tankou yon zonbi. »

Yon semenn apre, mwen te ekri : « Li difisil toujou pou aksepte imaj yo. Menm si kounye a mwen gen nouvèl fanmi m, mwen gen senptonm twoma, sitou disosyasyon—lespri mwen ap chache pran distans ak kò m detanzantan paske tout bagay sa yo twòp pou lespri m sipòte. Kontrèman a moun ki paka deplase devan ekran yo, mwen te etenn televizyon an.

Mwen gen liks sa a. Men, mwen toujou panse a sa ki pa kapab yo. Si, avèk 1600 mil ki separe nou, se reyaksyon sa a m genyen, kijan sa dwe ye pou sa ki nan mitan bagay yo ann Ayiti ? »

Izole nan Middletown nan Connecticut, mwen te fou pou m jwenn enfòmasyon, mwen te swiv gwo medya yo nan maten apre tranblemanntè a. Li te parèt aklè youn nan premye jounalis sou teren an (yon fanm blanch, idantite l vrèman pa enpòtan la a), sa l te wè sou teren an te boulvèse l. Li te fè remak sou endiferans li te wè lakay moun ki t ap mache nan lari yo, anpil nan yo te kouvri ak pousyè toujou. Eksplikasyon li te bay pou eta detrès ak figi san ekspresyon moun li te wè yo se te ke petèt yo te tèlman abitye ak soufrans, yo vin pa gen reyaskyon ankò.

Remak la—yon lòt move kou pou lespri m—te ranfòse demounizasyon sistematik diskou yo te fè kont Ayisyen yo. Lè yo pran yo kòm sijè rechèch ak reprezantasyon, souvan yo montre Ayisyen tankou frakti, fragman—kò san lespri, tèt san kò oubyen lespri k ap flannen. Lespri san kò sa yo oubyen fanatik viseral, yo te toujou bezwen yon intèmedyè. Yo prèske pa t janm pale pou tèt yo. Nan monn inivèsitè a, se moun ki fè rechèch syans sosyal la ki reprezante yo. Epi 12 janvye apre tranblemmantè a, jounalis san enfòmasyon ak limit sosyokiltirèl vin parèt.

Nan kouvèti medya a te bay tranblemanntè a ak konsekans li, gen kèk nyans istwa demounizasyon an ki parèt ki gen danje espesyal ladan yo, sitou lè nou gade kisa yo enplike. Nan istwa sa yo, swa Ayisyen se moun pi ba pase lòt moun oubyen, swa yo se moun ekstraòdinè. Moun pi ba pase lòt moun soti nan lide dominan nan imajinasyon popilè a ke Ayisyen se endijenn nwa ki modi, ki san fòmasyon, ki kont pwogrè, ki sèvi dyab, ki pa rasyonèl epi k ap peple zile Bondye bliye sa a ak twòp moun. Leplisouvan se ak lide rezilyans lan, yo atikile karakteristik moun ekstraòdinè a. Se tèm sa yo itilize pou yo dekri tankou yon mirak lè yo dekouvri moun vivan jis anba dekonm nèf osnon dis jou apre yo te bloke la. Yon moun òdinè pa t ap ka sipòte tout sa, men pou yon rezon kèlkonk, Ayisyen yo kapab. Gen yon lide sou ras la ki pa di aklè. Paske Ayisyen yo se pi move kalite nwa ki genyen paske, pou nou di bagay yo yon fason senp, Ayisyen yo se *enfant terrible* Amerik yo ki te defye Ewòpeyen yo malgre sa pa t parèt posib, donk yo te oblije wè l kòm yon *bête noire*.

Kèk èdtan apre levefon Hope for Haiti yo te fè vandredi 22 janvye (m pa t gen kouraj gade l), Anderson Cooper te sou ekran an, li t ap pale ak yon jounalis Britanik ki te gen pwoblèm paske moun yo pa t ap kriye. Apre sa li rakonte istwa yon madanm ki te siviv seyis la, men pèdi moun nan fanmi l, yon timoun piti landan yo. Jounalis la te sezi madanm sa a t ap goumen pou monte yon bis pou soti Pòtoprens. Lè l te mande l kisa l te fè ak kò pitit li yo te jwenn nan, fi a di « jete.[3] » Entèpretasyon jounalis la se ke se *madanm lan menm* ki te jete l. Sèl mo li te konprann se te *jete*[4] (*jete, voye, vòltije*). Li pa t mansyone prepozisyon ki te vin anvan oubyen mo ki te vin apre. « Poukisa nou menm Ayisyen nou pa kriye » jounalis la mande moun li te rankontre yo, sezi. Cooper te eseye lanse yon konvèsasyon sou twoma epi te mansyone mo « chok » la. Yo pa t kontiye sou pis sa a.

Yon lòt move kou pou lespri m.

Jan mwen ekri l lòt kote, kò a—yon rezevwa memwa fizyolojik, siko-lojik, sosyal epi nan pawòl—fonksyone kòm achiv. Gen depo ki te fèt 12 janvye jis anvan 5è nan lapremidi ki pral gen enpak pandan anpil ane k ap vini yo. Moun ki te viv moman sa a, lakay oubyen aletranje pral bezwen swen sikolojik, y ap bezwen moun okipe epi soutni yo paske nou fraktire britalman nan anpil fason diferan.

Yon kalite mizajou

Sa gen de jou, yon kouzen m ki gen diznevan ki rete sou Wout Frè, ki nan moman m ap ekri sa a poko jwenn okenn sekou imanitè pou rezon seki-rite, site Nas, rapè a nan premye post Facebook li fè depi seyis la. Li ekri :

Kè yon wa, san yon esklav !!!!

Jedi, 7è11pm Kòmantè mwen renmen
Zanmi l yo reponn
Grasadye ou anfòm, pa m . . . kenbe la, ret an kontak
Jedi, 7è55pm
Beniswa Bondye !
Jedi, 8è27pm
M kontan wè ou ankò, kenbe fèm epi gade kontak !!!
Jedi, 10è33pm
Tèlman kontan konnen ou kanpe toujou. Kè brav pa janm ale anven !!! Lapè ak lanmou frè pa m !!! Kontinye lapriyè.
Yè, 2è15am
Toujou kanpe menm jan ak esklav selèb la, n ap fè l ankò, « BWA KAIMAN »[5]
Yè, 4è22pm

5

Avni Ayiti   Yon rekiyèm pou sa k ap mouri yo

4 fevriye 2010   *Huffington Post* @ 12:19 p.m.

Devastasyon tranblemanntè ann Ayiti pa fè premye paj jounal ankò. Pi fò kamera te chanje direksyon lantiy yo lè travay sinis e fatigan an te kòmanse—aksyon voye jete malman moun ki mouri yo epi kisa pou fè ak vivan yo ki oblije deplase. Pandan bouldozè ap wete debri ki mele ak kò ak lòt rès moun, gwo dirijan ap rankontre nan gran vil etranje pou deside sò Ayiti. Òganizasyon prive ak konpayi ap pozisyone yo pou gwo lajan ki ta dwe tonbe a. Y ap angaje travayè etranje epi òganize konferans nan dyaspora a sou ki pi bon fason pou rekonstwi repiblik ki fraktire a.

Ayiti apre seyis la se jibye, epi se menm gran jwè yo ki la.

Pandan y ap lage kadav san non, ki pa gen dokiman, ke moun pa konte nan fòs komin, Prezidan René Préval ak gouvènman l ennan refize pale sou sa, oubyen sou okenn lòt kesyon enpòtan. Ayisyen lakay kou lòtbò ap mande kiyès k ap kondwi peyi a vre. Si silans sa a ka sanble sovajri, ofèt li se yon silans estriktire ki gen rasin istorik epi enpak ki plen danje pou avni Ayiti.

Ofisyèl ayisyen pa poukont yo nan jan yo meprize mò kou vivan. Premye misyon sovtaj yo te bay sitwayennte ak privilèj priyorite. Se etranje yo te premye sove, kòm moun ki gen anpil valè. Misyon sekou te inyore bidonvil plen moun ki te gen etikèt « zòn wouj » oubyen zòn ki gen gwo risk sekirite. Yo te pran timoun piti yo rele « òfelen » pou mennen yo rapid nan peyi etranje. Diskisyon sou kòb pou moun ki te resevwa tretman Ozetazini te lakòz transpò medikal nan avyon te kanpe sa ki mete vi moun andanje. Apwòch Nasyonzini pou jere moun ki te dezespere epi grangou se te bay yo gaz jouk yo rete trankil. Se pa akòz tranblemanntè a moun ap mouri, men akòz neglijans.

Nou se temwen vyolasyon dwa moun onon ijans. Li pa oblije konsa. Se wòl Ayiti, yon fwa ankò pou aji kòm lidè nan chanjman lemonn. Sa gen de syèk, zile a te provoke yon dezòd nan bagay kolonyal ki t ap fini pa pwovoke lafen esklavaj epi detwi lespwa Lafrans pou lelaji anpi li nan Nouvo Monn lan. Men, fwa sa a, sitiyasyon an ann Ayiti ap bay kominote entènasyonal la defi pou regade konsèp yo sou èd epi aplikasyon yo tou, epi pou fè diferans ant yo ak ideyoloji rasis ki anpeche efò rekonstriksyon dirab pran pye.

Ni militan ki gen bon kè ni kritik rayisab konsantre sou Ayiti kòm eta ki echwe. Yo site koripsyon ki blayi kò l pandan yo vle bliye tout referans istorik. Men si yo pa panse istorikman epi analize koneksyon sa yo pou jwenn nouvo solisyon, tout efò pou met Ayiti sou bon chemèn ap echwe. Moman sa a kritik sitou paske leta ayisyen an nan pozisyon pou l fè yon bagay li pa t janm fè—pran epi respkete responsabilite pou tout nasyon an. Istorikman, se stati sosyoekonomik ki te toujou detèmine vi ki enpòtan ann Ayiti. Pa gen anyen ki montre sa plis pase fòs komin yo ; leta trete mò yo menm jan l trete vivan yo.

Pou mete Ayiti sou yon chimen ki pi demokratik, gen etap konkrè ki nesesè pou asire ke pòv ak anonim yo gen moun k ap defann yo nan diskisyon sou plan rekonstriksyon yo. Yo pa ka kontinye viktim san reprezantasyon. Fòk nou tounen sou opozisyon yo genyen kont plan anvwaye espesyal Nasyonzini a pou Ayiti a. Nou pa ka sèvi ak 12 janvye 2010 kòm pretèks pou tounen fè bagay yo menm jan yo te konn fèt. Malgre istwa gwo medya yo t ap pede rakonte, se sèlman parèt Ayiti te parèt stab. Solisyon Collier a pou bati atelye deksplwatasyon epi fè ekspòtasyon mango moun kòmanse ap repete ankò semenn sa a kòm yon repons kont mizè, se yon ansyen modèl devlopman k ap gen move konsekans pou avni Ayiti jisteman paske li ranfòse konsantrasyon richès la epi eksplwate mas yo.

Si ou gen preyokipasyon, kontinye poze kesyon. Presyon ekstenn te afekte Bank Mondyal nan jou ki te swiv seyis la. Kidonk, telefone, voye sms, sèvi ak Twitter, voye lèt bay ofisyèl lokal, nasyonal epi etranje ansanm ak ajans entènasyonal k ap bay kòb yo pou mande bagay sila yo :

- Efase dèt Ayiti
- Yon pi gwo transparans ant Ayiti ak Etazini pou touledè montre aklè relasyon aktyèl ant de nasyon yo.
- Deba piblik (anndan peyi a epi aletranje) sou avni Ayiti ki bay moun k ap fè opozisyon vwa tout bon pou se pa toujou menm yo menm yo ki deklare yo reprezante anonim yo.
- Rekonèt epi travay ansanm ak òganizasyon de baz yo pou asire sekou ap rive ak efikasite.

Ofèt, okenn rekiyèm p ap pi kòrèk pou sa k ap mouri yo ke yon Ayiti dirab ki p ap efondre pi devan akòz dezas moun ap fè kounye a.

6

Refleksyon sou mo, la, ak kreyativite ki pa tèlman pa aza

Haïti Art Naïf / Denkmalschmiede Höfgen /
Ekspozisyon an kòmanse 7 mas (enprime)

Sa gen kèk ane, kòm mwen t ap tradwi pou refijye ayisyen, mwen te vin gen yon atachman pou kèk mo nèg ak fanm ki t ap chache azil Ozetazini te prononse. Mo sa yo te mennen nan kote m pa t konnen. Kote mwen p at alèz. Kote te gen danje. Tablo nan koleksyon sa a, tankou mòso mo sa yo, te fè m vwayaje. Yo te mennen yon lòt kote. Yon bèl kote. Yon paradi ki te pèmèt mwen rejenere. Yon kote mwen pa t vle kite. Yo te ban m souf, montre m yon imajinasyon san limit epi yo raple m, yon fwa ankò nan yon moman kritik, lespri sivivans kreyatif Ayiti nou pa ka nye epi nou pa ka kraze. Epi poutèt kote yo te ye a—nan yon vilaj a kat kilomèt Grimma an Almay, yo te fòse m laji lide m genyen de kominote. Nan sans sa a, menm jan ak mo ki te entrige m yo, tablo nan koleksyon sa a te ban mwen : *yon ti kal nan peyi sa a m te konnen, yon ti kal nan peyi sa a m pa t janm konnen, yon ti kal nan peyi sa a m ta vle konnen.*

A konplèks ann Ayiti. Ayiti se peyi ki te prodwi sèl revolisyon esklav ki reyisi nan monn lan epi kòm rezilta li te vin eksperyans neyokolonyal ki pi long nan istwa Loksidan. Ayiti, ki te *enfant terrible* Amerik yo ki te defye pwisans ewòpeyen yo te andire tout kalite presyon entenn kou ekstenn epi vin tounen *bête noire* rejyon an. Pou pale tankou antwopològ Michel-Rolph Trouillot, plis Ayiti parèt dwòl, plis l ap fasil pou nou bliye li reprezante pase sa a.[6]

Kritik ak istoryen za gen tandans gade Ayiti apati pèspektiv byen espesifik. Pwen santral nan anpil kad yo se lide ke alabaz Ayiti se yon tè ki plen mizè ak mank kote a—yon ekspresyon lajwa ak richès lespri imen an—soti.[7] Oubyen okontrè Ayiti se yon peyi plen pwoblèm—avèk yon pèp ki anmenmtan se moun ki pi pòv nan sans ekonomik, epi ki gen kilti ki pi rich nan Nouvo Monn lan.[8] Lide sa yo chita sou yon jikstapozisyon ki rejte prezans atis ayisyen pandan l ap mine aksyon yo. Se vre kondisyon sosyoekonomik yo gen gwo enpak sou peyi a, men se pa yo ki sèl bagay

ki défini l. Asosye Ayiti sèlman ak kondisyon materyèl li se yon pratik dis-
kou, yon egzèsis èmenotik—yon zak entèpretasyon.

Ofèt, pèsepsyon sa yo, se nan yon prizon yo fèmen Ayiti—yo kenbe l
nan limit istwa distopik chaje ak dekourajman ki kache konpleksite Repi-
blik la. Konsa, pèspektiv sa yo pa lwen pou yo retire kalite moun ayisyen
yo. Se pou sa Ayiti pa ka chape anba pi gwo etikèt li kòm nasyon ki pi pòv
nan emisfè lwès la. Men, li tèlman plis pase sa. Li plis pase yon seri siy ak
endis kantitativ. Ayiti se, li te toujou ye, yon peyi ekstrèm, jan Catherine
Hermantin di l. Pa gen anyen ki montre sa plis pase monn atistik la. Kiyès
ki prodwi a ? Ki kalite a ? Kiyès ki apresye a ? Kiyès ki gade a ? Kiyès ki
vann a ? Kiyès ki enpòte a ? Epi anfen kiyès ki posede l ? Se pa etonan ke
moun k ap chache eksplike kote Ayiti ye nan lòd bagay yo toujou difisil
pou konprann Ayisyen ki fè a ak poukisa ofèt yo fè l.

Mwen pa fèt nan yon fanmi ki apresye tablo. Nou pa t konn ale nan
mize. Men kreyativite te toupatou bò kote m. Papa m te gen abitid skilpte
ak nenpòt bagay li te ka transfòme an otopòtre, kit se te mòso bwa, metal
oubyen menm plastik. Manman m te koud epi fè gato ki te sanble pran vi
pa yo. Fè yon bagay ak nenpòt bagay se te jan nou te viv chak jou. Prèske
tout moun bò kote nou te fè menm jan. Kapab se te akòz mank, men se
te tou akòz bèl mèvèy.

Kidonk, nou pa sezi wè ane apre twa pitit yo (sè m avè m) se pwo-
fesyonèl ki chante, danse, ekri, epi wi, fè tablo. Lè nou rive nan limit yon
fòm ekspresyon, nou annik pran yon lòt. Objektif la se reponn apèl la
pou bay vwa ak sa mo sèlman pa kab eksprime. Kòm atis, nou ale nan a
paske nou gen anndan nou yon bezwen menm jan nou gen yon touman
k ap senyen sou kannva kòm fòm ak liy. Anvi leve yon penso se yon re-
pons pou yon egzijans viseral. Reponn yon rèl pou dokimante deyò sa k
ap bouyi anndan olye n kite l fèmen anndan, nan achiv lespri ak kò nou
kote pèsonn pa ka wè yo.

Mwen pito konsidere zèv nan katalòg sa a menm jan an, pou m mete
mwens aksan sou detèminis ekonomik ak kondisyon sosyal ki te provoke
yo epi plis sou enèji anndan atis ki kreye yo a. Lè m fè sa, mwen mete atis
yo devan kòm ajan aktif, kòm banbochè k ap entèprete monn pa yo. M
kwè se Gerald Nordland, ki di l pi byen lè l di : « Atis ayisyen fè tablo apati
resous pa yo, istwa ak mitoloji pa yo, doub eksperyans [vodou] ak lafwa
kretyen, obsèvasyon latè, lanmè ak syèl la, epi konesans yo genyen sou
jan moun aji youn ak lòt. Ekspresyon imajinasyon kreyatif pèsonèl yo—

yon nivo fondamantal konsyans imèn—prezève otansite da yo a epi bay lemonn yon eksperyans rich epi entans volonte yo genyen pou kreye. »[9]

Mwen pran konesans zèv nan koleksyon sa a kèk jou apre 12 janvye 2010 lè yon gwo michan tranblemanntè nivo 7,0 sou echèl Riktè a ak pil replik yo te detwi Repiblik la. Lè m gade tablo nan dosye sa a pou m ekri entwodiksyon sa a, mwen tonbe kriye. Mwen te prèske mande wè yo devan m tout bon paske tablo sa yo konfime ke malgre yon istwa konfrontasyon, ravaj ak destriksyon ki fèk pase, depi gen a ak tout kalite atis, Ayiti ap rete yon kote ki plen lavi, lanmou ak volonte. Yon kote chak grenn souf anfèt se yon pwomès.

Refleksyon sou souf, imajinasyon, espri ak kominote
SOUF
Gen plizyè kalite vèt nan peyisaj Jean Edner Cadet ak Henry Robert Brezil ki otomatikman envite moun k ap gade a antre nan jeng vèt chaje bèlte sa yo pou respire. Fon. Souf pwòp. Souf fre. Menm sou ekran òdinatè a, pyebwa yo envite moun poze epi pran yon lòt souf, pi fon ankò pou mele ak pyebwa yo ki ofri Ayiti yon konsolasyon li poko janm konnen, ke yo pran nan men l lòt jou.

Jeng
Fèy vèt koulè jad
Depliye nan
Lanati,
Kap briye nan reflè solèy la epi
Ki vle fè pati nan sa a
Lafen dimonn[10]

IMAJINASYON
Fòk Frantz Zephirin wè ak plis ke yon sèl je. Kapasite sa a rezève sèlman pou sila yo ki gen pi gwo responsabilite—pou wè atravè je rive jouk nan nanm. Li dwe konnen sa anpil lòt twò pè pou yo di ak mo. Donk li penn yo. Li konnen moun ki manyen epe pa pè fizi. Mwen imajine l nan gwo konvèsasyon ak Philton Latortue k ap diskite rankont nan kafou kote lespri ak bèt flannen pandan senp mòtèl bese tèt ak je yo kòm siy respè.

LESPRI

Nan peyizaj enkoni, gen ti bout Ayiti ou kapab konnen sèlman si ou rete yon ti kras pi lontan. Etranje yo gen tandans ale twò bonè. Si ou bliye enpòtans ou bay tèt pa ou epi kite pye ou pran nan yon ti labou, ou kapab refijye ou anba tèt kay pay yon fanm peyizan ki te monte bourik li pou l al nan mache maten an e pita kapab nan vil imajinè a, ou menm tou ka monte yon tig.

Yon jou
Map montre ou pasyon, pasyon, pasyon
Tanpèt tanbou kap bat
Mayanman Ibo le le le le le le
Ti vwa pike k ap file zegwi
Pike w, rale bonè
Pi wouj pase kann anana
Pi dous pase rapadou tou cho k ap koule tankou ji
Kote yo koupe manm moun pou bwa dife
M ap montre tou sa ak plis Yon jou[11]

KOMINOTE

Pi fò Alman gen dwa pa menm konnen Almay gen yon koneksyon yon jan ki pa fin twò bèl ak Ayiti. Nan kèk fason, ekspozisyon sa a reprezante yon tounan. Gen mwens frontyè pou la. La kapab geri. La kapab fè epi refè koneksyon ak kominote. Trannsèt pyès yo te achte sa gen plis pase dizan pral ekspoze kounye a pou selebre yon Ayiti ki te egziste epi ki petèt kapab egziste ankò.

Apre seyis la, evalyasyon dega yo montre yon pèt yon moun pa ta ka imajine. Gen santenn milye moun ki pa la ankò, san yo pa konte pi fò ladan yo, anpil pa gen dokiman epi kounye a yo antere nan fòs komin. Anplis, pwopriyete leta afekte tou, ladan yo Sant da a—sant DeWitt Peters te ouvri an 1944. Sant la te tounen yon espas ekpozisyon ansanm ak yon espas fòmasyon pou atis yo, sitou sa ki aprann pou kò yo. Anpil nan atis ki patisipe nan koleksyon sa a (ladan yo Gabriel Alix, Préfète Duffaut, Jean-Baptiste Jean, Philton Latortue ak lòt ankò) te travay teknik yo la oubyen te gen yon kèlkonk koneksyon ak Sant lan.

Ekspozisyon sa a nan Höfgen kapab premye k ap fèt depi latè a te ouvri epi fraktire Ayti. Pou rezon sa a, li enpòtan anpil. Se yon omaj pou atis ayisyen epi anmenmtan yon rekonesans ke la Dayiti pa dwe sèlman siviv apre tranblemanntè a ak konsekans li, men fòk li pouse pi devan, sitou anndan Ayiti. Nou espere apati koneksyon sa a, Höfgen ap jwe yon wòl nan efò pou rekonstwi Sant da a. E petèt yon jou, menm ekspozisyon sa a ap janbe dlo pou yo wè l ann Ayiti. Lè sa a, Ayisyen tou kapab wè zèv sa yo de pre epi jwi mistè, pwezi ak pasyon ki fon nan mitan tradisyon atistik yo.

Ayiti
Ayiti, leve !
Ayiti, ouvri je ou !
Retounen vin bèl ak pwosperite !
Tounen « Lapèl Antiy yo » !
Tounen limyè ki klere pou nou a !
Tounen ankò reyon ki klere Karayib la !
Retounen vin sous fyète nou ankò !
Retounen vin ògèy nou !
Retounen AYITI ![12]

7

Sè koris, batay ak avni Ayiti

18 mas 2010 / Honorée Jeffers blog / @ Phillis Remastered

14 desanm 2009, jou anvan dènye vwayaj mwen ann Ayiti, mwen te rankontre yon ansyen kamarad etid twazyèm sik mwen pou yon ti moman. P se yon sè ki genyen batay la (li te youn pami yon minorite tou piti) nan Inivèsite Michigan kote li etidye nan fakilte de dwa a pandan mwen t ap prepare yon doktora ann antwopoloji. Se sèlman kèk ane nou te la anmenmtan pandan mwen te rive nan fen etid dokotra m yo. Nou te kenbe fèm pou siviv pwosesis la epi kounye a, prèske dizan apre, n ap travay pou nou reyisi antank pwofesyonèl.

P avè m genyen plis pase alma mater nou ki menm. Nou toulede se moun ki fèt Ayiti k ap viv nan dyaspora Ozetazini. Nou pa t pwòch nan inivèsite a, men nou te konekte. Apre gradyasyon li, li te ede m jwenn yon staj Lafrik di Sid kote nou te rankontre ankò epi nou vin pi byen. M p ap janm bliye lè m te rive Capetown, P banm yon rezime rapid dinamik lokal yo. Dènye bagay li di se « pitit, »[13] apre sa ou ap dekouvri ou se yon « *colored* » pandan l kòmanse ri yon jan ironik. Konvèsasyon nou toujou epise ak mo. Nou te gen konsyans diferan politik sosyal ak idantite senbolik nou kòm fanm nwa te gen ladann, sa se te yon lòt koneksyon ant nou de.

Madi sila a, mwen te chita anfas li apre kèk ane kontak detanzantan. Nou toulède te emeveye devan chanjman nan eta nou ak aparans nou, nou rekonèt se anndan nou chanjman yo te soti. Nou te bay papash pou make moman senkronik nan konvèsasyon nou an, kote youn te konprann lòt san poze kesyon. « Lavi twò kout. » Te gen mmhmm ak en en. « Machè, mwen bouke goumen » « Enpòtan an se pou ou la. » « M vle viv vi pa m kounye a. » nou toulède te di. Kiyès ki te di kisa pa t tèlman enpòtan. Nou chak te fè wout pa nou, men nan anpil fason, nou te sanble rive menm kote nan kafou ki te anfas nou jodi a.

Apre sa, mwen vin revele enpòtans moman sa a pou mwen. Mwen ta pral pran wout Ayiti epi m pa t bay fanmi mwen detay vwayaj mwen ta pral fè a. M pa t gen pwojè nonplis pran kontak avèk moun mwen ann Ayiti. Mwen te bezwen la kòm chèchè ki t ap kòmanse premye etap yon nouvo pwojè, pa kòm pitit, nyès oubyen kouzin yon moun. Rezon mwen te senp anpil, mwen t ap chache konnen si mwen te kapab genyen yon relasyon ak Ayiti jan mwen vle, san dinamik familyal la pa t toufe l. Apre sa, P di yon bagay enpòtan anpil, ki te koresponn ak tout sa ki te nan tèt mwen pandan preparasyon vwayaj sa a. Mwen t ap tounen sou mo li yo plizyè fwa pandan m te ann Ayiti e menm kounye a pandan m ap ekri sa a. Li di : « kilti nou pa gen yon espas pou nou menm fanm granmoun tèt nou. » Remak sa a te mennen nou nan yon diskisyon sou sa sa vle di granmoun (pale de feminis bell hooks) antank fanm lè nou pa genyen pi gwo mak granmoun lan (timoun).

Kòman pou nou fè tranzisyon soti nan jenn fanm pou rive nan fanm pou n rive nan fanm ki gen sajès ? Li te divòse e mwen te selibatè. Nou menm ki pran wout ki pa tradisyonèl, yo toujou fè nou sonje pa gen mak referans pou nou. Men nou konnen tou moun nou vle ye a soti nan anvi ki chita fon anndan nou ; yon anvi pou nou rekonsilye ak tèt nou kòm moun total kapital ki fèt swivan pwòp vizyon pa nou. Nou pa sanble ni manman nou ni grann nou. Nou angaje nan zak konsyan pou nou konstwi tèt nou pandan nou reziste anvi pou lòt moun moulen nou nan fantas yo genyen pou nou, jan Audre Lorde te ekri l.

Pwochen fwa m te wè P, plizyè semenn te gentan pase. Premye janvye 2010 se jou pati nan tè a te ouvri nan emisfè lwès la epi fraktire peyi kote nou te fèt la e ke nou renmen anpil la pou montre aklè tout inegalite ak vilnerabilite li genyen k ap kontinye depi lontan. Nou te eseye fè tout preyokipasyon nou te genyen rantre nan kenz minit li te disponib la. Mwen te bezwen rekonekte avè l anvan yon piblik etranje. Gende pafwa nou te souke tèt nou kòm si nou pa t ka kwè reyalite a, epi nou t ap pede repete mo pitit[14] la ki pa t bezwen eksplikasyon.

Apre sa nou te vire sou avyon plen timoun piti yo te rele « òfelen » yo te pran mennen nan peyi etranje. « Mwen te rele manman m pou m menm di l mwen t ap pran de pou mennen lakay, » P te di m. Nou t ap chache mo pou montre outraj nou epi jwenn yon sans nan zak dezespere sa a. Ki valè timoun ayisyen ? Pi mal te pou pi devan pandan nou t ap diskite sa k mouri yo. Sa moun pa t konte yo. Fòs komin yo.

Kote vwa Ayisyen yo sou kesyon sa a ? Poukisa tout atis sa yo ? Kòman prezidan an ka rete bèbè pandan tout moman sa a ? Konvèsasyon an te tounen sou angajman nou pou nou ede yon fason kèlkonk nan pwosesis retablisman an paske se devwa n pou nou fè l. Apre sa nou rann nou kont nou pa t pale sou vwayaj mwen ann Ayiti. Mwen te ba l yon repons rapid nan kèk minit epi m di l mwen t ap ekri editoryal pou pwòp sante mantal mwen epi pou m jwenn yon sans nan moman an.

Bagay la se ke P tou rive nan yon moman nan vi l kote li refize rete bèbè. Kèk semenn apre, nan Northwestern University mwen rankontre yon lòt fanm ki gen orijin ayisyen, Lenelle Moïse. Li te gen pou l pèfòme *Womb Words Thirsting*—yon espektak solo otobiyografik ki mande patisipasyon piblik la ki melanje « yon tonik ki gen ladann vodou djaz feminis, teyori *queer,* hip-hop, slam chante ak mouvman. » Mwen te la pou m reyaji sou travay la epi ekri yon kritik pou pwojè depatman etid pèfòmans lan, *Solo/Black/Woman.*

Lè n ap soti ayewopò a, pandan nou sou wout la, Ayiti te nan sant diskisyon nou. Stati fanmi . . . Zanmi. Kote nou te ye lè nou te resevwa nouvèl la. Nou te pale tou de enkyetid nou ak jan nou te malalèz pou n temyaye apati yon distans tèlman lwen. Ki avni pou Ayiti paske li sanble se menm jwè yo ki sou plas ?

Se te premye pèfòmans Moïse depi 12 janvye. Lè li te monte sou sèn la yon jou pita, nou te wè aklè nou bezwen moun ki oze kraze estrikti silans la plis kounye a pase nou te janm bezwen yo anvan. Plis pase gangans li, te gen raj nan travay sa a li te ekri kèk ane anvan. Li te fè gwo rèl pou yon

Ayiti ki bezwen defansè ki pèsistan epi djanm sou liy batay la lakay kou lòtbò. Moïse te pran risk pou l vin mèt tèt pa l pandan l te dètemine pou l viv yon vi byen ranpli.

Gen kèk nan batay n ap fè bò isit, ki lwen anpil sa k ap pase lòtbò a. Plenitid sa a, lide kòm kwa nou wè tèt nou tankou yon antite byen ranpli, se yon bagay n ap chache men nou konnen istorikman Ayiti pa fè wout sa a ; oubyen m ka di lide sa a pa rantre nan pèsepsyon ak reprezantasyon moun fè de Ayiti. Menm si nou obsede ak avni Ayiti, ak ki wòl nou ladan l, nou pa bliye nou nan yon pozisyon privilejye.

Depi seyis la nan kan tant yo ki pouse monte tout kote nan kapital la, se fanm ak tifi ki pi vilnerab. Yo kapab viktim eksplwatasyon seksyèl, pèsekisyon ak kadejak. Diskisyon sou rekonstriksyon gen tandans pa okipe sitirasyon espesifik fanm lan. Militan isit ak lòtbò ap eseye mete kesyon fanm yo sou tab diskisyon an. Anpil nan nou konnen twò byen kòman li enpòtan pou nou pa inyore bezwen fanm yo. Fanm ayisyen yo pote non potomitan[15] fanmi ak kominote yo. Si yo pa byen, si tout yo menm pa jwenn pwoteksyon, avni Ayiti ap rete yon abstraksyon ki pèdi nan teyori.

8

Tout moun se moun

10 avril 2010 (n.p.)

Tout moun se moun, men tout moun pa menm.[16] Pa gen anyen ki ilistre pwovèb ayisyen sa a plis pase enpak Goudougoudou, jan Ayisyen yo rele tranblemanntè 12 janvye a—ak konsekans li, san konte plan pou rekonstrikyon yo.

Dènye semenn sa yo, jounalis, moun ki ekri sou blòg ak militan ki enkyete pou Ayiti lakay kou lòtbò rele chalbari dèyè eksklizyon sosyete sivil la te sibi nan reyinyon pòt fèmen ki fèt anvan konferans Nasyonzini pou ranmase kòb la ki te fèt 31 mas. Malgre bèl pawòl sou inite ki te domine konferans lan, nou pa ka nye pi gwo jwè yo ann Ayiti (komite Bank Mondyal ap dirije a, Anvwaye Spesyal Nasyonzini a, CBHF a, Gouvènman Ayiti

a, elit biznis la ak anpil ONG ak misyon ki toupatou sou teren an) pa sèl-
man echwe pou yo konsilte epi entegre sosyete sivil la reyèlman, men y
ap fè menm bagay yo konn fè yo san yo pa tande dizon sila yo ki te sibi
Goudougoudou.

Reyaksyon sou lis difizyon epi nan konvèsasyon prive sou mepri sa a
pou pèp la[17] manifeste l anpil jan, li soti nan gwo outraj (kiyès yo panse
yo ye ?) pou rive nan reziyasyon total (pa gen anyen nou ka fè). Yon bagay
ki klè, sou toulede bò, moun ki konn Ayiti ak tout istwa leta a kont nasyon
an, jan Michel-Rolph Trouillot te rele l, wè siy danje yo pi devan e yo klè
anpil. Aplikasyon pwojè ki pa kowòdone epi ki eksklisif egal prepare yon
dezas lezòm ap pwovoke.

Mwen gade yon ti lespwa yon lòt Ayiti toujou posib sèlman si apwòch
pou konstwi a fè plas pou plis sektè nan popilasyon an epi rekonsidere
òganizasyon ki istorikman te kite yo deyò. Ofèt, san nouvo apwòch estrik-
tirèl, entegrasyon total Ayisyen oubyen tantativ pou ranje Ayiti oubyen
rekonstwi l pi byen jan Bill Clinton ap pede di a pandan l ap sèvi ak mo-
dèl devlopman akayik, yon sistèm leta ki baze sou patwonaj pa sèlman
kondane, men se sèten li kapab eklate ankò.

Ann Ayiti, òganizasyon de baz yo bouke ak gouvènman ki tout tan ap
pase sou yo. Yo vle yon leta ki rann kont bay sitwayen li yo, pa bay komi-
note entènasyonal la. Men, yo konnen tou ofinal desizyon sou avni Ayiti
nan men moun k ap bay kòb yo, enstitisyon finansyè entènasyonal yo ak
ONG ki ranplase leta a depi kèk ane. Avèk rezon, sosyete sivil la ap egzije
patisipasyon l nan pwosesis rekonstriksyon an espesyalman paske tran-
blemanntè katastrofik sa a pa oblije fèt pou ryen. Nou kapab sèvi avè l
pou kreye yon Ayiti kote tout sitwayen epi pa sèlman sa k gen kòb yo ak
bon koneksyon ap kapab jwenn swen medikal, manje, edikasyon, ak loj-
man menm jan avèk lòt bagay yo bezwen ankò.

Ayisyen nan dyaspora yo tou gen volonte pou asire Ayiti p ap janm
menm jan an. Sa ki eksplike apèl pou n konstwi Ayiti ankò. Y ap kola-
bore, òganize, manifeste epi fè diskisyon sou kijan pou yo fè entèvansyon
pa yo paske tren an fin pati jan anpil nan nou renmen di. Pandan anpil
moun ap pozisyone tèt yo pou gwo kòb ki pral tonbe, lòt ap chache jwe
wòl reprezantan ak defansè pou moun yo kite deyò pwosesis la pou asire
yo tande vwa yo.

Youn nan efò sa yo se konferans « Haitians Building Haiti : Towards
Transparent and Accountable Development » ki te fèt Boston 26 ak 27
mas, anvan konferans Nasyonzini a. Pami patisipan yo te genyen manm

sosyete sivil ayisyen an, manm dyaspora ayisyen an (inivèsitè, militan ak pwofesyonèl), manm gouvènman Ayiti a, gouvènman ameriken an, enstitisyon finansyè entènasyonal, Nasyonzini ak ONG pou dyalòge pou « anvizaje epi defini yon nouvo paradig ou modèl pou rekonstriksyon Ayiti. »

Yon lòt egzanp se kowalisyon fanm k ap travay ni nan domenn entènasyonal la ni sou teren an ann Ayiti anba kòdinasyon PotoFanm + Fi pou pwodwi yon kontrapò pou PDNA gouvènman Ayiti a ki chita sou preyokipasyon fanm ak fi.

Se kolaborasyon ak patenarya Barr Foundation, Boston Foundation, National Haitian American Elected Officials Network (rezo nasyonal ayisyen-ameriken ki pase nan eleksyon) ak William Trotter Institute nan University of Massachusetts ak Barr Fellows ki te òganize rankont de jou ki te fèt Boston an. Nan konferans travay sa a, se Ayisyen yo ki te devan sèn lan. Youn te rantre nan konvèsasyon ak lòt sou posibilite pou lavni. Yon rezilta rankont sa a se te yon apèl pou plis dyalòg ak lòt reprezantan, men sitou ann Ayiti.

Li enteresan pou n konstate kijan konferans Boston sa a te pran fòm. Fondasyon ki tabli nan Boston mwen site yo te rankontre lidè ayisyen lokal nan Massachussetts epi annik mande yo kijan nou ka ede nou ak Ayiti ? Lè yo fè sa, yo sèvi ak yon lòt seri règ angajman san patènalis ki karakterize relasyon ant moun k ap bay ak moun k ap resevwa. Jès sa a ki pa kouran, se youn apwòch gwo patnè ann Ayiti ki gen kontròl lajan an ta dwe mete an pratik, sitou ak lidè sosyete sivil yo si pou tout bon vre n ap trete Ayisyen kòm si tout moun se menm.[18]

9

Tinon tranblemanntè Ayiti a ak twomatis kèk fanm

12 avril 2010 / Huffington Post @ 11:23 a.m.

Tranblemanntè ki detwi plizyè kote Ayiti 12 janvye 2010 gen yon non. Goudougoudou—se tinon jwèt ayisyen bay dezas la. Tout moun sèvi ak mo a. Animatè radyo kou moun nan lari kou moun nan biwo sèvi avèl. Gen plizyè blag—soti nan sa k ki nòmal pou rive nan sa k pike sou sa pou ou fè si Goudougoudou ta tounen, sitou si ou nan mitan yon aktivite entim—nan twalèt oubyen si ou ap fè lanmou. Kèlkeswa sa ou ap fè a, sispann epi kouri abrite ou.

Goudougoudou se yon onomatope ki chare bwi bilding yo fè lè latè a te souke tout sa k te sou li epi mete apla sa ki pa t parasismik yo. Depi yo annik site mo a, gen yon ti souri oubyen menm yo ti ri ki parèt. Mo goudougoudou a pa fè moun pè menm jan ak eksperyans pi fò moun ap rakonte ou lè ou mande yo kote yo te ye aprèmidi sa a lè sa te rive.

Nan kòmansman, Sandra pa t vle rakonte m istwa li. Se manman l, Marie, ki te ban mwen l an detay. Vwa l te monte plizyè wotè lè l te sonje gwo malè sa yo : « Sandra te poukont li nan vil la. Li te al enskri nan yon kou. Li te fèk kite lekòl la epi l te travèse lari a pou l pran yon taptap. Li wè l tonbe ak tout moun ki te anndan l yo. » Lekòl la te pre Otèl Kristofè a (kote Minista te gen baz li). Touledè estrikti yo tonbe. Li te vin isterik sou wout pou l rantre lakay li a. Yon fanm nan bis la te mete yon bout twal sou figi l pou l pa wè anyen ankò. Bilding t ap tonbe toujou, kraze moun pandan l t ap rantre lakay li.

Lè Sandra resi pale avè m, se yon rezime istwa a li ban mwen. Li te plis pale m de yon ansyen kanmarad ki te rete anba dekonm pandan plizyè jou. Li menm ak fanmi l te pran bis pou yo kite kapital la pou pwovens. Depi l tounen an, li pa menm ankò. Sandra di lè ou gade l, se tankou ou ap gade yon moun ki pa la ankò. Je l ouvri, men li pa la.

Maggie pa t ka tann pou l te rakonte istwa l. Li te lavil ak nyès li. Yo toulède te tonbe. Li gen yon ti kò sèch, li sèvi ak tout pati nan kò l pou l montre sa ki te rive. Li di : « M pa t konn sa k t ap pase. Bagay la lage m atè, pow ! Plat sou vant mwen. » Pandan l ap eksplike, « Mwen te eseye kanpe. Li lage m atè anko epi pow ! » Li montre kote chak bra te tonbe.

Micheline te andan kay la. Papa l te kouri rantre vin pran l, li te jwenn li kanpe desounen. Apre sa, ak chak sekous, li vin pi kole sou moun, l ap kriye, rele, mande papa l si sa ap rive ankò.

Depi apre Goudougoudou a, fi yo refize dòmi anndan. Kidonk gason yo te konstwi yon ti kay tòl nan lakou a kote tout moun kontinye dòmi chak swa. Moun ki oze rete anba beton an jan yo di a bay tèt yo non solda. Akòz timoun yo, yo rele ti kay la yon otèl. Pi gwo plezi Micheline se ale nan otèl la leswa. Nan fè nwa a, li kouri al ladan l kote li kole kò l bò kote frè l, pi bon zanmi l yon kouzen ki yon tijan pi gran. Lè m te rantre Ayiti pou premye fwa apre seyis la, youn nan premye kesyon Micheline poze m se te èske m ta pral dòmi nan otèl la ?

Lè m te poze l kesyon sou Goudougoudou, li te souri ban mwen yon jan timid men fwonte alafwa, fason yon timoun katran ki pa gen okenn entensyon reponn mwen. Sa yo se istwa kèk fanm nan fanmi m. Lòt moun mwen te rakontre pa t gen menm tandans pa pale a. Depi m te mande, yo te kòmanse rakonte istwa yo, souvan yo tout te pale anmenmtan— twò souvan chak istwa te pi rèd pase dènye a. Moun yo gen yon bezwen sikolojik pou eksprime twoma ak laperèz yo te viv la ki bezwen trete ; sa nesesè anpil pou pèmèt yo geri.

Gouvènman an mare nan enkapasite l pou livre epi kowòdone menm bezwen ki pi senp yo pandan ONG ap kouri toupatou nan peyi a ; bezwen onivo sante mantal pa yon priyorite. Se vre gen efò byen presi ki fèt pou jere twoma, sitou kay timoun yo, men li klè sa nou bezwen se yon pwojè onivo nasyonal ki kowòdone pou asire n ke strès apre-twoma Goudougoudou pa rete fèmen nan kò sila yo ki te viv moman sa a ak tout konsekans li yo.

Sa k fè reprezantasyon Ayiti pi enpòtan kounye a pase tout tan

23 avril (konferans) / jiyè/out 2010 *NACLA Report*

Pa lontan apre tranblemanntè a, jan gwo medya yo rapòte nouvèl sou dezas la te reprodwi menm istwa ak stereyotip sou Ayisyen ki te la depi lontan.[19] Vrèman vre, nou kapab trase reprezantasyon Ayiti ki dominan sou antèn yo apre seyis 12 janvye a pou rive tounen nan reprezantasyon ki te popilè nan 19yèm syèk la, sitou apre Revolisyon Ayisyen an, avèk tou nan 20yèm syèk la, pandan epi apre okipasyon ameriken 1915–1934 la. Jodi a, li pi enpòtan pase anvan pou nou konprann kontinyite ki gen ant diskou sa yo ak sans yo. Jou kote Ayisyen antank moun ak Ayiti kòm senbòl pa reprezante oubyen sinonim soudevlopman ak mizè, poko rive.

Jan mwen di l lòt kote, istorikman yo souvan montre Ayisyen kòm sijè rechèch ak reprezantasyon tankou frakti, tankou bout—kò san lespri, tèt san kò, oubyen lespri kap flannen.[20] Moun san kò oubyen fanatik viseral sa yo te toujou bezwen yon entemèdyè. Yo prèske pa t janm pale pou tèt yo. Nan inivèsite a, se chèchè syans sosyal la ki reprezante yo pi souvan. Epi apre 12 janvye, se jounalis ki pa gen enfòmayon an, ki limite onivo sosyokiltirèl epi ki pa gen sans listwa a ki parèt.

Jou apre seyis la, korespondan CNN lan, Susan Candiotti te prezante youn nan premye repòtaj sou teren an. Li te klè tout sèn lanmò yo te boulvèse l. Li te fè yon kòmantè sou endiferans moun ki t ap mache nan lari yo, anpil nan yo te kouvri ak pousyè toujou. « Nan yon sèn ki kapab fè ou fremi, pafwa ou te kapab wè moun ki chita akote [kadav aliye nan lari a], genyen nan yo ki te gen je yo vid, yo annik chita nan mitan lari a, » li di. « Gendelè ou te ka wè timoun piti ki t ap mache kòm si tout vye imaj yo te wè a pa t deranje yo. Epi ou te oblije poze tèt ou kesyon, èske se paske peyi sa a tèlman soufri epi sibi tèlman dezas natirèl pandan tout lane anvan yo ? »

Plis pase yon semenn pi ta, 22 janvye, jounalis prensipal CNN lan, Anderson Cooper, te parèt sou atenn lan ak yon lòt repòtè, Karl Penhaul, ki te sou plas ann Ayiti. Penhaul rakonte istwa yon fanm ki te siviv seyis la, men ki te pèdi de timoun piti. Li te sezi wè madanm lan ki t ap fòse monte yon bis pou l kite Pòtoprens. Penhaul di li te mande l si l te antere pitit li anvan l te ale. « Epi li annik reponn, Mwen jete yo, » Penhaul di. Li te entèprete repons madanm lan « jete » nan sans se madanm lan limenm ki te jete yo. Sanble yon sèl mo ke li te konprann se te *jete*[21] (jete, voye, vòltije). Li pa t mansyone pwepozisyon ki te vini ni anvan oubyen mo ki te vin apre vèb la. Li pa t panse nonplis petèt madanm lan t ap di li pa t gen chans antere yo paske gen lòt moun ki te gentan jete yo nan yon fòs komin.

« Eske ou kapab imajine yon manman nan kèlkeswa kilti a ki di "mwen jete yo" ? » jounalis la te mande kòm si li pa t ka kwe sa li menm. Penhaul te gen pwoblèm tou paske moun li te wè yo pa t ap kriye. « Jan m te di yon madanm, » li kontinye, « ou konnen. Poukisa nou menm Ayisyen nou pa kriye ? » Cooper te eseye fè konvèsasyon an avanse sou yon diskisyon twoma e te menm itilize mo « chòk » la, men sèlman nan fen pati a.

Nan kouvèti medyatik tranblemanntè a ak konsekans li, diskou demounizasyon Ayisyen yo—ki montre Ayisyen tou twomatize yo kòm si yo endiferan oubyen menm san kè—te chita sou sa mwen rele volè « pi ba pase moun » lan ki te alamòd anpil. Li soti nan ide ki domine imajinasyon popilè a ki wè Ayisyen kòm moun ki san lojik, k ap sèvi dyab, ki reziste pwogrè, ki san edikasyon ; endijenn nwa ki gen devenn, k ap sipeple zile yo, zile Bondye bliye a. Li klè gen yon pawòl k ap pale sou ras la. Ayiti ak Ayisyen rete senbòl nwa nan pi move sans la paske, pou n fè senp, *enfant terrible* dezobeyisan Amerik la te defye Ewòpeyen yo san yo pa t antann yo a sa, epi li te mete dezòd nan bagay kolonyal yo. Ayiti te oblije vin tounen *bête noire* kolonyalis la pou karakteristik sakre koulè blanch la te rete kòm yon bagay tout moun dwe aksepte.

Istwa Ayiti t ap vin tounen sèl defans li kont reprezantasyon sa yo, menm si nan gwo medya yo, revizyonis istorik yo t ap sèvi ak menm istwa sa a kont repiblik la. Jou apre seyis la, Pat Robertson, yon pastè ki preche nan televizyon, deklare se akò Ayiti te fè ak dyab la ki te pwovoke katastròf sa a nan peyi a. Anpil pwotestan ayisyen gen menm kwayans sa a tou. Se seremoni Bya Kayiman an ki te fèt 14 out 1791 epi ke yo di ki te kòmanse Revolisyon Ayisyen an ki swadizan « akò avèk dyab la. » Yo di jou sa a, lidè rebèl ak oungan an, Boukman Dutty te prezide sou seremoni a kote moun ki te la yo te fè sèman touye tout blan yo epi boule kay yo. Manbo Cécile Fatiman te sakrifye yon kochon pou onore lwa yo. Jan Robertson konprann seremoni sa a nan fason pa l se te yon lòt egzanp jan yo « rasyalize » Ayisyen nan istwa ofisyèl yo, menm si sa pa fèt aklè.

Sa ki te ankòz se te yon relijyon (vodou) ki pa sèlman gen orijin Afriken, men ki kenbe fidelite l pou kontinan an, okontrè sistèm kwayans ki santre sou Ewòp yo. Kèk jou apre, editoryalis *New York Times* la, David Brooks, t ap ajoute kèk nyans nan karakterizasyon Ayiti sa a kòm yon kote ki derefize pwogrè. San l pa chita sou kesyon enperyalis la, li mande « Poukisa Ayiti pòv konsa a ? »[22] Men repons li : « Bon, li gen opresyon, esklavaj, ak kolonyalis nan istwa l. Men se menm bagay pou Babad epi Babad anfòm. Ayiti te gen diktatè san pitye, koripsyon ak envazyon etranje. Men Repiblik Dominikenn tou, epi Dominikani nan pi bon eta. » Li kite spesifisite istorik sou kote. Brooks pa mansyone diferans ant lè sou yon bò, ou nan esklavaj, ou oblije touye moun pou ou pran endepandans ou, pou apre yo mete ou an karantèn sou yon bò, epi sou lòt bò, lè yo ba ou libète ou kèk syèk pita nan yon seremoni pezib kote ou kapab menm chante nouvo im nasyonal la.

Diskou sa a—ki pwisan menm ann Ayiti lakay konsèvatè nan zafè relijyon yo—sigjere ke petèt sila yo ki te fè revolisyon an te dwe tann gran pouvwa yo te dakò bay Sendomeng libète l. Yo repete degoutans pou enpak istwa sa a plizyè fwa. Christiane Amanpour—lè sa a li te korespondan entènasyonal anchèf CNN—te fè yon pati tou kout sou Ayiti 23 janvye kote li te met aksan sou moman enpòtan nan istwa Ayiti. Li te kòmanse ak « revolisyon plen san an, » sote pou rive nan deseni deblozay jiskaske Prezidan Woodrow Wilson te voye twoup ameriken yo an 1915, epi apre sa a, li sote rive nan 1945, lè lidè ayisyen yo te kòmanse yon seri diktati ki te fini ak reny Duvalier yo, papa ak pitit. Apre sa a, li te mansyone Jean-Bertrand Aristide ki te pran pouvwa a, ki te sibi yon koudeta militè an 1991, ki te lakòz yon ogmantasyon refijye ayisyen sou lakot Laflorid, elatriye.

Gen moun ki te konteste entèpretasyon sipèfisyèl istwa Dayiti sa a. Yon lektè ki te identifye tèt li kòm Danlex te mete repons ki swiv la sou sit wèb CNN la. Li gen dat 24 janvye a 8:27pm :

> Akòz tandans ou genyen pou repòtaj ki ekilibre epi pwenti, mwen desi fwa sa a, rapò ou sou istwa Ayiti a kite anpil bagay sou kote. Li rete nan yon nivo sipèfisyèl epi li pa ede prezante peyi sa a nan yon pèspektiv jis. Yon peyi ki gen lontan yo pa byen konprann li. Pou kòmanse, mwen ta rekòmande ou li yon atik Sir Hilary Beckles, Prezidan enterimè ak rektè kanpis Cave Hill, UWI fèk pibliye ki rele « Rayisab ak seyis la. » Apre sa a, petèt ou kapab gade pèspektiv Lafrans sou tout kesyon an epi kijan y ap reyaji devan kriz ayisyen an kounye a si yon gen konsyans. Men li lè pou lemonn wè Ayiti pa sèlman tankou yon peyi ki nan fè nwa akòz vodou e analfabetis, men yon viktim konplisite pwisans mondyal nan epòk la ki dire anpil.

Mwen konnen pandan m ap santre sou kesyon reprezantasyon sa a, nan yon sans mwen pa rann Ayiti sèvis. Apre tout, lè nou met aksan sou dekonstriksyon senbòl, nou gen tandans ranfòse istwa dominan an, ki deja jwenn kont piblisite l. Donk se la a objektif militans ak akademik mwen yo antre an konfli. Yon egzèsis dekonstriksyon pou kò l pa ka konble lakin istwa nan pèspektiv ayisyen ak kontistwa sou seyis la ak konsekans li.

Nou menm ki etidye Ayiti konnen sa twò byen menm. Kòm chèchè, militan oubyen senp temwen ki santi yo konsène, nou konnen pou n di l yon fason senp tout moun ka konprann, Ayiti gen yon pwoblèm imaj. Se sa ki rete chay Ayiti a. Gen de fwa mwen fè blag lè premye repiblik nwa a te rantre sou sèn mondyal la pou premye fwa, li pa t gen bon manadjè. Yon pwen klarifikasyon : Se pa Ayiti ki pa t gen bon manadjè, men yo pa t konsidere moun ki te reprezante l nan epòk la—nouvo nèg nwa lib ak milat yo—kòm reprezantan lejitim e pwisan. Dayè, nou konnen pa t gen anpil kolon ak metwopoliten ki te menm konsidere yon leve kanpe Ayisyen kòm yon bagay ki posib.

Nan yon chapit ki rele « Yon istwa yo pa ka imajine, » nan *Silencing the Past* li a, antwopològ ayisyen an, Michel-Rolph Trouillot ekri :

> An 1790, jis kèk mwa anvan kòmansman leve kanpe ki te souke Sendo-meng, epi ki te pwovoke kreyasyon revolisyonè yon Ayiti endepandan, kolon LaBarre bay madanm metwopoliten li a yon asirans sou jan lavi a pezib nan peyi tropik yo. « Pa gen mouvman nan mitan nèg nou yo . . . Yo pa menm panse ak sa, » li ekri. « Yo trankil, yo obeyisan. Afè re-vòlt la enposib pou yo. » Epi yon lòt fwa : « Nou pa bezwen gen laperèz akòz nèg yo. Yo trankil e obeyisan. » Epi ankò : « Nèg yo obeyisan anpil epi y ap toujou konsa. Nou dòmi ak pòt ak fenèt nou gran louvri. Libète pou yo se yon chimè. »[23]

> Chimè : *Yon kreyasyon imajinasyon, pa egzanp, yon ide oubyen lespwa ki fou nèt, oubyen yon pwojè ki pa pratik menm oubyen petèt ou souzestime l.*

Anvan ak apre piblikasyon liv Trouillot a, plizyè chèchè tankou C.L.R. James, Mimi Sheller, Sibylle Fischer, ak lòt ankò te pale sou kesyon libète nwa a ki pa t yon bagay imajinasyon blan te ka panse nan diznevyèm syèk la. Youn nan egzanp pi remakab yo se *De l'égalité des races humaines* (1885) Joseph Anténor Firmin, yon antwopològ, jounalis ak politisyen ayisyen, te ekri. Firmin te ekri liv li a pou reponn liv *Un essai sur l'inégalité des races humaines* (1853–1855), yon tèks fondatè nan teyori rasis syantifik Arthur de Gobineau te ekri. Firmin te vle sèvi ak yon apwòch pozitivis pou diskredite ideyoloji rasis ki te dominan nan epòk li. Li te lanse yon agi-man ke yo toufe nan peyi Lafrans ak Ozetazini pandan plis pase yon syèk.

Nan pati liv li a ki rele « Wòl ras nwa a nan istwa sivilizasyon, » Firmin tounen sou wòl Ayiti te jwe antanke peyi ki te fèk endepandan (li te rele l « ti nasyon ki gen desandan Afriken ladan l ») nan liberasyon Amerik La-tin atravè sipò li te bay Simon Bolívar. « Apa egzanp sa a, » li te ekri, « ki se youn nan pi bèl zak ki ta fè repiblik nwa a merite estim ak admirasyon lemonn antye, nou kapab di deklarasyon endepandans Ayiti te gen yon enfliyans pozitif sou tout ras etyopyen an k ap viv andeyò Lafrik. »[24] Li te kontinye konsa pandan lontan. Nou kapab li travay Firmin an kòm yon egzanp fyète nasyonalis, oubyen petèt yon apèl pou rekonesans ke an verite, *Tous les hommes sont l'homme,*—pou nou di l vit, tout nèg se yon nèg, jan Victor Hugo te di l la. Firmin site l nan epigraf dènye chapit li a. Oubyen *Tout moun se moun,*[25] jan nou di l an kreyòl.

Lè n ap konsidere kesyon reprezantasyon ak sans senbòl yo, mwen panse li enpòtan pou n kòmanse ak yon kesyon tou senp : Kijan *enfant terrible* rejyon an vin tounen *bête noire* li ? *Enfant terrible,* wi. Yo te aprann anpil nan nou Ayiti te pote labànyè nan rejyon an. Li te sèlman vin apre Etazini ki te met Angle yo deyò. Ti teritwa sa a kote te gen plis esklav Afriken pase mèt Ewòpeyen yo, te oze epi reyisi defann tèt li kont twa lame Ewòpeyen pou egzije endepandans li nan yon epòk lè lòt nasyon nan zòn lan t ap fè kòmès esklav toujou. Libète te gen yon pri, gwo montan 150 milyon fran epi swasant lane izolman entènasyonal ki te swiv. Karantèn sa a te konsolide pratik kiltirèl nan divès fason ki te fè plizyè aspè lavi ann Ayiti parèt tankou sa ki pi afriken nan emisfè a.

Yo t ap pase istwa Ayiti sou silans, inyore l, rekonstwi l epi reyekri l kòm « Laperèz ayisyen an »—yon ekspresyon kode pou di yon gwoup nwa dezòd e sovaj ki te menase ekspòte revolisyon nwa a bay lòt zile akote yo epi mete dezòd nan pouvwa kolonyal yo.[26] Lè l gade peryòd sa a, kritik litterè J. Michael Dash fè remak sa a : « Nou pa sezi ke yo pa janm konprann prezans senbolik Ayiti nan imajinasyon karibeyen an kòm inivèsalis radikal [ke li te reprezante vrèman epi ke l te chache senbolize]. Okontrè, "zile a disparèt" anba imaj revanch rasyal, sengilarite misterye, ak yon patikilarite eksepsyonèl. »[27]

Defòmasyon ki te parèt apre revolisyon ki te reyisi a t ap gen enpak pandan anpil ane. Vrèman vre, « chimè » libète nwa a te reprezante ak stereyotip ki ale avè l, jouk jounen jodi a rete santral nan fason nou pale de Ayiti, reprezante Ayiti, konprann epi eksplike Ayiti ak Ayisyen. Se sèten tout sa a fòse nou poze yon kesyon pi enpòtan sou wòl istwa sa yo jwe nan kesyon pi pratik, nan dokiman politik, elatriye. Paske se vre gen kèk istwa ki pèmèt nou rete fèmen youn anfas lòt nan fason yo ranfòse mekanikman jan nou kreye Lòt. Oubyen, jan Trouillot di li, « Plis Ayiti kontinye parèt dwòl, plis li fasil pou n bliye li reprezante eksperyans neyokolonyal ki pi long nan istwa Loksidan an. »[28]

‖

Biznis ki pa fini, yon pwovèb ak yon dechoukaj

jiyè/out 2010 / Ankadre nan NACLA *Report*

8 jiyè 2009, jounalis Ayisyen, Joseph Guyler Delva, pibliye yon atik tou kout nan Reuters ki rele « Bill Clinton sezi wè dezinyon ki gen ann Ayiti, » ki te rakonte premye vwayaj ansyen prezidan an te fè kòm anvwaye espesyal Nasyonzini an. Selon Delva, Clinton—nou kapab sipoze li kenbe nouvo pozisyon Nasyonzini l la akè lè nou sonje jan li te patisipe nan apwofondi pwoblèm ekonomik Ayiti nan dènye ane yo—te trouve « yon mank kowoperasyon ant politisyen ayisyen, gwoup èd ak chèf konpayi t ap kraze efò ki t ap fèt pou ede nasyon pòv la. »

Delva site Clinton ki di : « Sa ki pi fè m sezi a se jan kominote envèstisè a, tout eleman nan gouvènman an, branch lejislatif la tou, ak kominote ONG yo sanble pa tèlman aprann ni absòbe leson youn nan men lòt. » Delva fini tèks la ak kèk mo ankourajan Clinton te di, menm si te gen kontradiksyon. Li te angaje pote chanjman ki sanble te rive Ozetazini nan mwa janvye sa a nan Repiblik Ayisyen ki te tèlman frajil la. « Si se yon kesyon kòb, sa se pwoblèm pa m, » Clinton te di, *men si se pa pwoblèm kòb, sa se yon bagay pou Ayisyen rezoud yo menm.* » (se mwen ki souliye tèks sa a).

Evalyasyon sa a, menm si li te diplomatik, te montre analfabetis kiltirèl Clinton. Li pa t sèlman san okenn sans istorik nan fason li te inyore eleman kle ki te kreye Repiblik la epi ki rete nan nannan sosyal peyi a (pliralite, dezakò, disidans), men tou, kòmantè sa a te eseye chanje istwa enperyalis la—kòm si nou te kapab pa antre lajan nan pwoblèm Ayisyen gen ant yo. Kòm si li te posib pou yon anvwaye espesyal Nasyonzini, nan wòl li kòm bankye, rete san enpak sou politik lokal, sitou lè nou konsidere wòl kapital etranje gen jwe istorikman nan kreye, kiltive, epi ogmante dezakò ant Ayisyen.

Apre seyis la, Clinton te vin pi enpòtan toujou kòm bankye Ayiti. Epi dezakò li te wè kèk mwa anvan an non sèlman t ap vin pi mal akoz dezas la, men t ap devlope nan fason nou te ka prevwa. Menm si tranblemanntè a te afekte tout Ayisyen, kèlkeswa klas sosyal yo, konsekans imedya li yo te montre aklè ke vrèman vre, *tout moun pa menm*,[29] jan pwovèb ayisyen an di l.

Sa te parèt klè pandan premye efò sekou yo, lè yo te sove etranje yo anvan Ayisyen, kòm etranje se moun ki gen plis valè. Ekip sekou yo te inyore bidonvil plen moun ki te pote etikèt « zòn wouj » oubyen zòn ki pote gwo risk. Yo te pran timoun yo te rele « òfelen » mennen yo nan peyi etranje. Diskisyon kòb pou swen medikal Ozetazini an fè misyon transpò medikal nan avyon yo kanpe sèvis epi mete vi moun an danje. Nasyon-zini te bay moun dezespere epi grangou gaz pou yo ret trankil. Se pa akòz tranblemanntè a sa ki pa t gen mwayen, ki pa t gen kòb pou pran avyon ale Repiblik Dominikenn oubyen ki pa t gen paspò oubyen viza ameriken te mouri. Se akòz neglijans.[30]

Petèt pa gen anyen ki montre jan ansyen pwovèb sa a se yon verite pase absans aksyon gouvènman an nan kan yo. Fòs komin yo—fò n pa bliye se krim kont limanite yo ye—te premye avètisman sa k t ap tounen yon pratik ofisyèl plizyè mwa apre tranblemanntè a. Ofèt, yo t ap mande leta fè yon bagay li poko janm konn fè : pran epi montre responsabilite pou tout nasyon an, pa sèlman kèk grenn privileje. Istorikman se toujou estati so-syoekonomik ki detèmine vi ki gen enpòtans ann Ayiti, e pa gen anyen ki te montre sa plis pase fòs komin yo. Leta trete mò yo jan l trete vivan yo.[31]

Absans leta a vle di nasyon an toujou oblije depann sou jantiyès dyas-pora li (ki aji tankou yon sistèm asistans sosyal), ONG, imanitè ak—gendefwa sa poze pwoblèm—misyonè. Apre tranblemanntè a, prezans misyonè yo t ap vin yon bagay yo te bezwen pi plis ankò, li te akonpaye ak yon atak sou vodou nou ka sèlman dekri kòm yon dechoukaj[32] spirityèl.

Nou menm ki enterese nan eritaj kiltirèl oblije konsidere ke aktivite sizmik yo te fraktire epi nan kèk ka detwi tanp fanmi yo, ki esansyèl nan pratike vodou. Pa gen anpil moun ki pale sou tanp sa yo, oubyen lè yo fè l, se an soudin.[33] Stigmatizasyon ap enstale l. Genyen tou kèk ensidan vyolans anti-vodou. Reyaksyon negatif sa a fè pati yon mekanik kontròl sosyal. Fòk nou brize silans sou pèt sa yo. Fòk nou prepare plan pou nou batay kont destriksyon achiv familyal sa yo. Fòk tanp yo repare.

Vodou pa sèlman rantre nan klandestinite jan li te fè lè yo te pèsèkite l apre Revolisyon an epi pandan okipasyon ameriken an.[34] Se eradye y ap eradye l, anpati paske misyonè yo kontinye jwe yon gwo wòl nan bay sèvis nasyon an ki nan yonsitiyasyon malouk bezwen anpil. Moman sa a, ke Pat Robertson te dekri kòm yon benediksyon degize, ap prepare teren an pou règ angajman ki pi klè : manje, lojman, rad ak edikasyon ann echanj pou nanm ou. Moun ap konvèti paske yo pa gen lòt solisyon. Kantik domine mòn yo ak kan yo san rete. Son tanbou yo ap disparèt nan peyi a. Sou liy fay yo gen yon lòt bagay k ap pase. Yon netwayaj relijye ap fèt.

Epi pase Ayiti a ap kontinye peze lou sou prezan li.

12

Kadejak, zafè chak jou nan lavi fanm ayisyen

28 jiyè 2010 / *Ms. magazine blog*

Menm lè replik gwo tranblemanntè 12 janvye a te sispann, kò fanm ayisyèn t ap tranble toujou. Sa k lakòz sa a, selon sa yon nouvo rapò di nou, se kadejak sistematik, pèsistan (epi souvan kolektif) ki vin fè pati lavi chak jou fanm nan kan pou moun ki deplase anndan pwòp peyi yo.

Se MADRE, yon enstiti pou jistis ak demokrasi ann Ayiti, ansanm ak lòt ki ekri yon rapò ki rele *Our Bodies Are Still Trembling—Haitian Women's Fight Against Rape (Kò nou ap tranble toujou—Batay fanm ayisyen kont kadejak)*. Li baze sou enfòmasyon de delegasyon avoka Etazini, chèchè kominotè ak yon spesyalis zafe sante fanm te ranmase. Yo te fè rechèch yo nan mwa me ak jen ane sa a. Manm delegasyon te fè entèvyou ak plis pase senkant fanm, ki soti nan senk rive nan swasantan. Se KOFAVIV ak FAVILEK, de òganizasyon de baz ki konsantre yo sou vyolans ki baze sou sèks, ki te refere fanm yo. Akòz patisipasyon yo nan mouvman pou demokrasi, yo te sible lidè de òganizasyon sa yo, ki enrejistre plis pase 230 ka kadejak nan kan yo.

Rapò a montre ke fanm ak tifi vilnerab anpil nan kan pou moun ki deplase yo ki gen twòp moun ladan yo. Fanm yo pa gen entimite (souvan yo benyen an piblik) epi estrikti fanmi ak kominote yo febli, kòm anpil fanm te pèdi rezo sipò yo nan seyis la.

Selon *Our Bodies Are Still Trembling*, pi fò fanm yo rapòte « se de moun oubyen plis ke yo pa t rekònèt ki te fè kadejak sou yo ; moun sa yo te prèske toujou gen zam tankou revòlvè, kouto oubyen lòt kalite zam. »

Rapò a te jwenn tou ke 95,7 % viktim yo te soufri ak sa yo rele « strès apre-twoma » a, epi plis pase mwatye te soufri ak depresyon.

Lè fanm yo te fin sibi agresyon, yo pa t jwenn swen medikal fasil, epi lè yo te resi jwenn, pa t gen anpil fanm ki t ap travay nan sektè a. Moun ki di yo disponib pou bay swen yo souvan pa t kapab bay prèv yo te gen kalifikasyon medikal.

Li pi difisil toujou pou fanm yo jwenn jistis. Souvan lapolis te pase fanm ki te rapòte kadejak yo nan betiz oubyen pa t okipe yo ditou. Alòske fanm yo te deja ap eseye konbat stigmatizasyon ak efè sikolojik agesyon seksyèl. Nan kèk ka, fanm yo te gen pou jerekoripsyon lapolis la tou. An-plis, sistèm jistis ayisyen an pa pouswiv ka yo. Sivivan yo toujou rete vilne-rab paske yo kontinye viv nan menm zòn kan kote yo te sibi atak epi ka-dejakè yo toujou an libète. Plizyè fanm di yo sibi kadjak plizyè fwa depi seyis la.

Pou jouk kounye a, gouvènman ayisyen an prèske pa bay kriz k ap de-vlope sa a okenn repons, sitou ak lanmò lidè feminis ki te gwo defansè egalite ant fanm ak gason ann Ayiti epi ki t ap travay nan ministè fanm lan pou kwape vyolans ki chita sou kesyon sèks. Ofèt, ofisyèl lokal ak en-tènayonal minimize sa rapò a jwenn lan.

Delegasyon an te fè yon evalyasyon kritik tretman sou-gwoup Nasyon-zini k ap travay sou vyolans ki chita sou jan te bay kesyon kadejak ann Ayiti. Nan rapò a, yo di sou-gwoup la pa t konsilte gwoup ki te sibi enpak yo komsadwa. Pou presize, « Fanm pòv di yo pa t mete yo nan PDNA—evalyasyon bezwen apre dezas la . . . epi li difisil pou yo rantre nan akti-vite sougwoup la. »

Youn nan inisyativ sougwoup la—yon kat referans pou moun ki siviv vyolans seksyèl yo te distribye nan kan yo—te gen move enfòmasyon sou li tankou nimewo telefòn ki pa mache ankò ak move adrès pou resous sou kesyon kadejak. Selon rapò a, gwoup Nasyonzini a pa t swiv okenn ka kadejak sistematikman, tandiske òganizasyon de baz lokal yo, tan-kou KOFAVIV te fè l. An rezime, sanble menm fanm ki te viktim yo, se yo menm k te oblije jere sitirasyon an poukont yo epi bay tèt yo sekirite.

Konklizyon rapò a se sitirasyon aktyèl la ann Ayiti pa bon menm, si-tou paske souvan yo pa rapòte kadejak yo epi gouvènman ayisyen an « pa menm fè minimòm li ta dwe fè selon lalwa entènasyonal pou pwoteje dwa fanm pou lòt moun respekte kò yo, e nan kèk ka lavi yo. » Moun ki ekri rapò a fè rekomandasyon pou leta kap bay kòb yo ta travay ansanm ak gouvènman ayisyen epi jwe yon wòl pi aktif nan jesyon kriz sekiritè ki alabaz vyolans sa a k ap kontinye a. Yo fè yon seri rekomandasyon pou moun ki enterese nan pwoblèm lan. Pami yo, pou yo met sekirite ak limyè nan kan yo imedyatman ; envite yon rapòtè espesyal Nasyonzini sou vyolans kont fanm pou vizite Ayiti ; garanti patisipasyon fanm nan tout faz rekonstriksyon Ayiti a ; rasanble enfòmasyon sou vyolans kont fanm sistematikman ; epi, finalman aji rapidman komsadwa pou anpeche, ankete epi pini zak konsa.

Ayiti se yon lòt peyi ankò ki istorikman pa bay fanm ak fi li anpil valè nan zafè rekonèt epi pini vyolans ki chita sou sèks. Donk nou pa sezi wè fanm yo pa fè sistèm jistis la konfyans, yo konnen twò byen sa yo reprezante devan leta. Selon rapò a, ann Ayiti, gen fanm ki pito mo viktim lan pase moun ki siviv, epi sa vle di anpil bagay. Kò yo rete sèn krim nou pa ka aksepte ki rete san pinisyon.

13

Solidarite Ayiti ak zanj yo

Premye out 2010 / *e-misférica*

Gendefwa pou fè blag, mwen di si Mè Tereza te prezidan Ayiti, li t ap patisipe nan koripsyon an tou. Pa bliye, li t ap antoure ak moun k ap fè move zak. Tout gwo jwè yo nan zafè Ayisyen yo, Etazini, enstitisyon finansyè entènasyonal yo, Nasyonzini ak gouvènmen ayisyen an ap patisipe nan pwojè enperyalis, jwèt diplomatik ak espyonaj, epi tout kalite eksplwa pou pèmèt kapital sikile ankò, menm si se pa nan menm nivo. Derespektan ? Pètet. Sakrilèj ? Non.

Yon melanj efè chòk, bon sans ak fristrasyon. Yon rèl rekonesans pou Bourdieu ak Gramsci ki pa twò byen chita. Yon tantativ pou eseye ensiste sou jan li ijan pou nou konprann epi rekonèt aspè estriktirèl kesyon sa yo, ki depi lontan ap met Repiblik la andanje, epi pou nou konsidere yo nan kad reprodiksyon estrikti a. Anmenmtan, remak la fè pati yon bezwen rebèl pou chanje diskou a sou ikon ak senbòl (ki vivan oubyen ki mouri). Sa va pèmèt nou di yon bagay klè sou enpòtans koulè blan an san nou pa kache dèyè mask, nan yon peyi kote valè senbolik koulè ak divès sans li kontinye ap ogmante, depi premye rankont ki te anrejistre ant Ewòpeyen ak popilasyon endijenn lan. De bagay yo gen rapò youn ak lòt.

Zanj yo te toujou blan, yon koulè po blan, jiskaske militan fè presyon sou Crayola epi konpayi a chanje koulè po blan pou koulè pèch.

Se yon fiksyon pou panse Mè Tereza te ka sove Ayiti, menm bagay pou de zanj ki mete yo ajenou pou chache delivrans nan men pèp Ameriken epi logo USAID a (ou pa ka wè l sou foto a) ki gen de men ki youn kenbe lòt— youn fonse, youn klè—k ap reprezante yon patenarya (enposib) ant de pati ki pa egal (rival). Pa gen moun ki ka sove Ayiti. Kèlkeswa entansyon endividyèl li ta genyen, prezidan an rantre nan yon relasyon ki deja eg-ziste. Depi premye moman li pran pòs la, aksepte l oubyen achte l ak kòb li blije remèt, li pa ka soti san l pa pran kou. Pa gen moun ki ka chape, kit se te nèg ak zam, biznismèn, nèg legliz, nèg literati kit se moun nan do-menn atistik. Bravo pou eksepsyon an, men leplisouvan se gason.

Ayiti pa bezwen sove. Si sa pa t klè anvan 12 janvye, lè latè a te ouvri, li te vin menm twò klè pou lemonn antye apre jou sa a, lè nou tout te vin temwen tout kalite vyolasyon dwa moun onon efikasite. Yo te pran ti-moun yo te bay non òfelen mennen yo nan peyi byen lwen. Èd imanitè te vin ak zam. Pwoteje frontyè yo. Nan tan dezespwa sa yo, ou pa dwe poze kesyon sou byenfè kado yo fè ou.

Zanj mawon yo toujou sanble kopi orijinal yo. Yo annik pi fonse. Lòt yo refè yo nan imaj pa yo.

Ayiti pa bezwen sove. Se restriktire pou Ayiti ta restriktire si sila yo ki te toujou viktim mank reprezantasyon—pòv anonim yo—ap rive gen yon enpòtans lè nou konstate leta abandone nasyon li an depi lontan. Pa gen anyen ki te montre sa plis pase fòs komin yo. Fòk yo te rive kontwole tou chaj mizè ki t ap debòde a. Leta trete mò yo menm jan ak vivan yo. Kou-nye a lapli menase pote plis toujou ale.

Eske mò tranblemmantè a ap monte epi tounen zanj ? Twòp nan yo te konnen : li pa fasil pou tabli solidarite.

Agneau de Dieu, qui enlève le péché du monde, donne-nous la paix.

14

Eleksyonaval ann Ayiti an 2010

11 out 2010 / *Huffington Post* @ 2:56 p.m.

Ak Wyclef epi Michel Martelly alyas Sweet Micky (de mizisyen anpil moun konnen) nan batay la, eleksyon ki pral pase ann Ayiti yo parèt yon jan ironik. Aktyèlman peyi a gen devan l yon kokenchenn defi depi michan tranblemanntè 12 janvye a ; li bezwen bon jan lidè e li pa abitye gen sa a. Lakay kou lòtbò, tout moun ap met mo pa yo nan diskisyon an.

Yon jou apre deklarasyon l la, jounalis ayisyano-amerikèn Marjorie Valbrun te ekri yon lèt louvri pou Jean ki te rele « Monchè Wyclef, tanpri pa poze kandidati ou » ki leve yon pakèt pale anpil.

Mwen te Pòtoprens semenn pase a kote tout moun tout kote t ap pale de kandida prezidan yo. Si m te rankontre moun ki te rejete atis yo kòm moun ki t ap pase pwosesis la nan betiz, sa ki fè yo te refize pran yo oserye, gen lòt ki te gen gwo enkyetid sou kisa moman sa a montre vrèman sou sitiyasyon aktyèl la ann Ayiti.

Vrèman vre, mepri istorik elit gen pou mas yo te mennen peyi a nan pwen kote anpil moun, jenn yo sitou, tèlman pa gen abitid wè dwa yo respekte, epi fatige ak machin politik la ke y ap mete espwa yo pou chanjman nan yon atis ki pwomèt yon delivrans mirak.

Jiskaprezan, Wyclef anonse li pral sèvi ak stati l kòm vedèt pou fè livre fon lòt nasyon yo te promèt nan konferans Nasyonzini a nan mwa mas. Kòm si se karis ak konviksyon ki te sèl pwoblèm la. Bliye 200 ane jeyopolitik ki pase yo. Lòt jou tou, Wyclef te di nan yon estasyon radio NPR ke Ayiti bezwen yon 'prezidan global' e se li k ka fè travay la. Dènye bagay Ayiti ta bezwen se ta yon prezidan absanteyis k ap fè yon toune mondyal.

Okontrè, si se pou peyi a pran yon chimen pi demokratik, fòk prezidan an la, fò l gen bonjan konesans sou zafè « lokal » yo epi fò l gen bon jan lide ak konesans ki nesesè pou navige istwa byen long repiblik la ; yon istwa fragmantasyon sosyokiltirèl ak ekonomik ansanm ak yon leta ki pa òganize ki kontinye ap eksplwate nasyon an. Se pa kreye yon fondasyon, ak tout pwoblèm nou konnen l genyen, fè jenerosite oubyen popilarite ki ka fè yon prezidan.

Plizyè nan nou ap mande, kiyès anko ki dèyè kandidati Jean an ? Apa sèvi ak popilarite le bòn volonte li, ki pwogram pati politik Viv Ansanm genyen ? Kòman l ap fè fas epi soulaje dezespwa pèsistan k ap malmennen peyi a ? Epi, ak rapò MADRE ki fèk parèt la, mwen ta sitou renmen konnen kijan li wè kesyon tankou vilnerabilite fanm nan peyi a.

Yè, Jean te detaye kèk lide l nan *Rolling Stone*. L ap file dyaspora a, donk l ap fè kanpay ni ann Ayiti ni bò dlo sa a. Gen kèk elektè ki renmen Jean paske li se yon etranje nan yon sans epi li pa gen eksperyans. Yon jenn fanm di m moun ki pou Wyclef yo bouke ak politisyen eksperimante yo ki ap pede pwomèt chanjman, men pa janm pote chanjman vre. Siksè ekonomik li se yon lòt rezon anpil moun ensiste l ap yon lòt kalite lidè. L ap mwen fasil tonbe nan koripsyon.

Moun ki kritike Jean jwenn reyaksyon vyolan nan men fanatik k ap defann kandida yo a. Sipòtè yo bay kòm prèv bòn volonte li, fason li angaje tèt li piblikam ak afeksyon li genyen pou peyi li pou tout moun kapab wè.

Avèk tout pale anpil sou Jean sa a , pa gen anpil pale sou Martelly ki popilè tou ann Ayiti, epi sa ki enpòtan tou, petèt menm pi enpòtan, li gen rantre li nan kèk sèk elit yo—yon alyans ki leplisouvan nesesè pou moun reyisi vin prezidan. Anplis, gen mwens kesyon sou si Martelly se yon rezidan Ayiti. Li gen dwa pa oblije chache mwayen pou l pase akote atik 135 Konstitisyon an ki egzije pou kandida pou prezidan yo abite nan peyi a pandan 5 an.

Madi pase, premye paj yon jounal Ayiti, *Le Nouvelliste* te gen yon desen ki montre eleksyon prezidansyèl ki pral rive yo, ke yo rele avèk rezon 'eleksyonaval 2010'.

Prezidan Préval kanpe agoch anba yon ansèy ki make « Byenvini nan KEP a » (Konsèy Elektoral Pèmanan) pou l dirije pwosesyon k ap mache sou li a. Se Jean ki premye nan liy la sou tèt kamyon li, drapo ayisyen an akote l ak de manm nan staf li. Ak yon mikro nan men l, li deklare « nou se lemonn » ann angle, apre sa a. Sou kote kamyon yo, nou wè logo Yele Haiti a an jòn abriko epi nwa ak mo « Men Wyclef » an. Jis dèyè l se wa konpa a, chantè Martelly nan yon machin spò ak staf pa l. Slogan pa li a make « sa k pa konn Micky, men Micky. » Jacques Edouard Alexis, kanpe kèk pye dèyè. Li nève. Ansyen premye minis la deklare « mwen te la anvan » apre sa, an franse, « dirije yon peyi se yon afè serye. » Akote l se ansyen premye dam, kandida Madanm Mirlande Manigat ki di « mwen pa t konnen t ap gen kanaval. »

Madame, fòk mwen di ou, nou pa t konnen sa nonplis.

Pandan tan sa a, gen lò siy angajman sivik. Haiti Aid Watchdog ap travay san pran souf ak lòt patnè pou òganize yon seri deba ant sosyete sivil la ak kandida yo. Tèm yo a, « N ap Vote pou yon pwogram ! Pa pou yon moun ! »[35]

15

Si m te prezidan ... Apèl dyaspora ayisyen an (premye pati)

27 out 2010 / *Huffington Post* @ 10:28 a.m.

18 janvye, lè chantè hip-hop Wyclef Jean te fè konferans pou laprès la lè l te tounen Nouyòk apre vwayaj li Pòtoprens tranblemanntè a te ravaje, li te pale sou premye nan de obstak legal ki te menase anpeche l patisipe nan eleksyon prezidansyèl Ayiti yo.

Apre yon rapò chaje ak emosyon sou wòl li nan premye efò sekou yo epi defans li kont akizasyon sou fondasyon li a, Yele Haiti, Jean te kenbe paspò ayisyen l anwo tèt li ansanm ak alyennkat li pandan kamera t ap flache. Nou menm ki te konnen sa ki dèyè istwa a, te konprann se tankou li t ap anonse li ta pral lanse kandidati l pou prezidan.

Lè l prezante prèv estati li kòm sitwayen ayisyen, Jean te minimize piblikman menas atik 13 Konstitisyon an, ki di yon moun pèdi nasyonalite ayisyen li yon fwa li pran sitwayennte yon lòt peyi (epi donk pa kapab poze kandidati l pou pi gwo pòs nan Repiblik la).

Atik 135, ki egzije moun lan kontinye rezide Ayiti pandan senk ane youn dèyè lòt, te ka yon lòt pwoblèm pou moun ki te vle vin prezidan an.

Vandredi swa, konsèy elektoral la diskalifye Jean ak katòz lòt, ladan li, tonton l, Raymond Joseph (anbasadè Ozetazini)—nan eleksyon prezidansyèl la. Pou kòmanse, Jean te aksepte desizyon sa a, li te mande patizan l yo pou yo rete kalm, pou yo kenbe lafwa, men kèk jou apre, li rejte desizyon an. Dimanch swa, Jean sèmante l t ap fè apèl kont desizyon konsèy elektoral la.

Sètennman se pa premye fwa yon Ayisyen nan dyaspora te chache vin prezidan epi defye konsèy elektoral la pou atik 13 epi/oubyen 135 vin bloke yo pi devan. An 2005, pandan eleksyon ki te lejitime deplasman Prezidan Aristide la, de kandida dyaspora a, Samir Mourra ak Dumarsais Siméus te chache vin prezidan. Nan yon match ping-pong, Siméus ak Mourra fè apèl epi defye desizyon KEP a. Yo te sou biltenvòt la, apre sa yo pa t la ankò. Jiskaske yon panèl gouvènman enterimè Ayiti a te met anplas te diskalifye yo.

Menm jan ak Jean, Mourra ak Siméus se te biznismen rich ki te reprezante enterè elit la ak kominote entènasyonal la. Men yo pa t gen menm sipò popilè Jean te genyen an. Epitou, yo se te sitwayen etranje ki te renonse a sitwayennte ayisyen yo.

Se sèten ke, mizapa nasyonalite li, Jean—yon rezidan Ozetazini Préval te bay tit anbasadè an 2007—deklare egzijans pou rezidans la pa dwe pou li akòz pòs sa a. Si nou ta swiv lojik sa a, toujou rete yon diferans dezan pou l ta eksplike. Genyen tou pi gwo kesyon an ki se amandman konstitisyonèl la k ap fèt kounye a.

Nou kapab doute apèl Jean ap reyisi kòm desizyon KEP yo leplisouvan kenbe fèm. Men, diskisyon sou kandidati li a antouka louvri yon fwa ankò yon deba ki te la deja e ki pa t gen rezolisyon sou wòl dyaspora a ann Ayiti epi nan zafè Ayiti yo.

Lè l te anonse kandidati l nan kòmansman mwa a, Jean te deklare li t ap chache pòs prezidan an paske yo te rekrite l pou sèvi Ayiti.

Ofèt, plizyè nan nou, ki te kite Ayiti dèyè pou yon rezon oubyen yon lòt, te tande epi reponn apèl dyaspora sa a nan diferan fason depi 12 janvye. Genyen nan nou ki chwazi rantre nan mitan bagay yo epi demenaje tounen Ayiti pou sèvi ak resous ak teknik yo. Gen lòt ki rete lòtbò pou travay dèyè sèn lan, oubyen nan maj yo, epi fè vwayaj alevini detanzantan. Se pa nou tout ki gen aspirasyon politik. Yon sèl motivasyon anpil nan nou genyen se chanjman sistemik ann Ayiti.

16

Teyat pwochèn seleksyon ayisyen an

24 novanm 2010 (n.p.)

Li t ap kareman yon krim pou fè eleksyon kounye a, se sa yon pwofesè inivèsitè ayisyen te di m. Li te fè deklarasyon profetik sa a an mas, 2 mwa apre seyis la. Premye enkyetid li se te nan mitan dega ak dekonm yo, fè eleksyon kredib te enposib.

Nou te UMass Boston pou patisipe nan konferans travay « Haitians building Haiti : Towards Transparent and Accountable Development » « Ayisyen k ap Konstwi Ayiti : Pou yon devlopman transparan ak responsab » kèk fondasyon Boston t ap patrone pou eseye angaje yon dyalòg pou « envizaje epi defini yon nouvo paradig pou rekonstriksyon Ayiti. » Nou te pale sou zafè pi fò moun Goudougoudou, (selon ti nom seyis la), te deplase te pèdi kat idantifikasyon nasyonal yo. Anplis, destriksyon enfrastrikti leta a ki te deja fèb ak devastasyon anpil kote nan peyi a t ap gen yon gwo enpak sou patisipasyon.

Antank defansè, chèchè, sitwayen ki enterese epi tout kalite ekspè devlopman sou Ayiti, politik ayisyen ak wòl istorik ki chaje pwoblèm Etazini ak kominote entènasyonal la jwe nan zafè ayisyen, nou tout te konnen kèlkeswa problèm pratik ki te gen sou teren an ak aspè demounizan swadizan efò demokratik sa a, t ap gen yon sanblan eleksyon kanmenm. Vrèman vre, te gen twòp bagay ki te nan balans lan. Kèk jou apre rankont nou an, Nasyonzini te rankontre sou Ayiti e nou te aprann egzakteman kisa ki te anje !

Lefèt ke Lavalas, pati ki pi popilè a rete deyò pwosesis elektoral la yon fwa ankò pa sanble konsène moun ki vle rebati Ayiti pi byen yo. Ki mele yo ak demokrasi ! Se pa t janm yon kesyon chif. Inyon Ewòpeyen an, Òganizasyon Leta Ameriken ak Mache Komen Karayib la (KARIKOM)— enstitisyon ki enpòtan nan Wachintonn yo (sèlman nan sèten moman) kanpe padèye sèn lan ; yo pare pou yo jwe jwèt la kòm obsèvatè ofisyèl. Gen yon sèl objektif : deklare yon moun genyen. Men se pa nenpòt moun ki ka genyen !

Lè m te ann Ayiti sa gen kèk mwa, menm anvan lis ofisyèl KEP la te soti, rimè te di se Jude Célestin ki t ap pwochen prezidan Ayiti. E sa se te lontan anvan Wyclef Jean t ap plenyen piblikman pou prezidans la. Célestin— yon teknokrat ki gen relasyon pwoblematik se proteje Prezidan Préval, se li li chwazi pou vin apre l. Pandan pi fò medya nouvèl entènasyonal yo kenbe pwotokòl diplomatik ki di pou yo pa poze twòp kesyon, lis distri- bisyon ak sit wèb ayisyen yo ap boudonnen ak similak k ap devlope devan je nou. Nou konnen kiyès k ap soufri lè sa fini.

Pou kounye a, sanble se Madanm Mirlande Manigat, kandida fanm lan ki devan nan sondaj yo. Nou konnen swadizan sondaj yo se jis yon pèfòmans piblik patisipasyon, nou pa p menm montre nou sezi lè nan dènyè moman oubyen nan dezyèm tou, si genyen, Célestin pran devan pou depase ansyen premye dam lan. Senaryo pou pwochen lidèchip Ayiti a se yon ansyen kopi ki pa korije. Genyen nan nou ki abitye ak mòd fonksyonnman prodiktè yo epi ki bouke ak mank kreyativite direktè a. Nou refize ret chita nan piblik la ap gade espektak. Nan anpil enstans, sitou pou nou menm ki nan dyaspora a, nou gen privilèj pou nou fè sa.

Men kanmenm, nan rankont anyèl Asosyasyon Etid Ayisyen a ki te fèt Brown University sa gen de semenn, chache Ayisyen ki te enkyete ak Ayisyanis te pale sou avni sonm repiblik ki te deja chaje ak pwoblèm la. Malgre prèv yo, anpil nan nou gen espwa ke nou twonpe n, ke vè a pa vid jan sosyològ Alex Dupuy te deklare l nan tabwonn sou politik apre seyis ak rekonstriksyon an. Pou nou, twòp moun ap pandye nan balans lan. 9. ???. ??? milyon vi. Ofèt, nou pa genyen yon chif definitif paske eva- lyasyon kantite moun ki mouri nan seyis la pa fyab ditou.

Sa gen kèk jou, plizyè kandida te mande pou yo repòte swadizan eleksyon yo, pandan defansè tankou Enstiti pou Jistis ak Demokrasi ann Ayiti (IJDH) t ap anrejistre pwoblèm nan eleksyon an. Pa gen lontan *New York Times* te rapòte « dega tranblemanntè a fè ak yon epidemi kolera lakòz Ayisyen rete an kòlè epi yo pa sou bò eleksyon ki sipoze fèt anvan lontan. » Mwen pa siyen ak pawòl sa a menm. Dezas lòm fè ak sa ki natirèl yo pa divèzyon. Se eleksyon k ap vini an ki pa nan plas yo. Eta bagay yo apre tranblemanntè a te klè anpil. Sa ta yon espektak ki pran egzanp nan teyat mechanste Artaud e ki pa gen plas li la a, pou nou atann ke moun yo, nan kondisyon difisil sa yo, ta sou bò eleksyon oubyen ke yo p ap sibi entimidasyon pou yo chanje vòt yo kont manje epi/oubyen sekiriti.

Seleksyon yo prevwa fè dimanch 28 novanm lan pa sèlman kriminèl, men se yon fason ki lèd anpil pou fè nou sonje ke pou tout moun k ap ensiste sou charad sa a, istorikman valè lavi ak kondisyon mas Ayisyen yo ap viv, pa vo anyen nan je moun ki gen pouvwa lakay kou lòt bò dlo. E sa se malgre gwo manifestasyon sipò yon kominote mondyal ki sanble panse yon lòt jan.

17

Eleksyon ki gate ann Ayiti yo

29 novanm 2010 / *Ms. magazine blog*

Nou pa sezi wè evennman ki te fèt nan eleksyon prezidansyèl Ayiti yo yè. Te gen fròd, konfizyon ak dezòd. Tout sa te prevwa.

Elektè yo te rive nan biwo vòt epi yo pa t jwenn non yo sou lis moun ki te enskri yo. Nan kèk ka, pa t gen ase bilten. Nan lòt, moun yo rive pou jwenn biwo vòt yo te toujou fèmen a sizè, lè yo te sipoze ouvri a ; yo te nye sitwayen yo dwa yo pou patisipe nan pwosesis la. Ki mele yo ak demokrasi ! Nan kòmansman apremidi a, 12 nan 19 kandida ki t ap batay pou prezidans lan te mande anile eleksyon an. Yo te bay kòm rezon entimidasyon elektè ak lòt kalite koken pati Prezidan Préval la (INITE) te itilize nan konfyolo ak Konsèy Elektoral Provizwa a (KEP).

Rezo sosyal ak stasyon radyo te fè nou menm nan dyaspora a konnen lè manifestan te pran lari a pou yo rele bare.

De mwa apre seyis la, yon pwofesè inivèsitè ayisyen te di m ke se ta yon bagay kriminèl pou fè eleksyon kounye a. Pi gwo enkyetid li se te ke yon eleksyon kredib pa t posib nan mitan dega ak dekonm. Anpil nan 1,5 milyon moun (fanm yo te sibi plis enpak negatif) *Goudougoudou* te deplase yo te pèdi kat idantifikasyon nasyonal yo. Anplis, enfrastrikti gouvènman an ki te deja fèb ki kraze a, plizyè pati nan peyi te devaste epi moun pa t ka jwenn menm sèvis de baz yo—kòmansman sezon siklonn lan ak epidemi kolera ki pa t gen lontan depi li te komanse, tout bagay sa yo t ap gen yon enpak negatif sou patisipasyon moun nan eleksyon an.

Malgre sa, defansè, militan, chèchè, sitwayen ki enterese ak ekspè sou devlopman ki konprann Ayiti, politik ayisyen ak wòl istorik pwoblematik Etazini ak kominote entènasyonal jwe nan zafè Ayiti tout te konnen malgre difikilte sou teren an ansanm ak gwo kesyon demounizasyon ki te genyen nan depanse lajan pou vote alòske moun prèske pa ka siviv anba tant, epi ap mouri poutèt dlo trete yo pa jwenn, malgre tou sa, t ap gen yon similak eleksyon kanmenm. Sa ki anje se fon yo te anonse nan rakont Nasyonzini a sou Ayiti an mas : 9,9 milya dola pou nou egzak.

Lefèt ke yo mete Lavalas, pati ki pi popilè a, deyò nan pwosesis elektoral la yon fwa ankò pa t enkyete moun ki di yo vle konstwi yon Ayiti miyò. Pandan gen efò defansè te fè pou asire patisipasyon fanm nan pwosesis la, sitou fanm pòv yo te kanmenm viktim anpil pratik entimidasyon, anplis ensekirite grav ak vyolans baze sou jan ki deja fè pati lavi yo anndan ak andeyò kan yo. Men, Inyon Ewòpeyen, Òganizasyon Leta Ameriken, Kominote Karibeyen an (CARICOM) te patisipe kòm obsèvatè ofisyèl. Te gen yon sèl objektif : deklare yon moun ki genyen !

Men se pa nenpòt moun ki pou genyen. Lè m te ann Ayiti sa gen kèk mwa, anvan menm lis ofisyèl Konsèy Elektoral Provizwa (KEP) la te vin piblik, rimè te di se te Jude Célestin—pwoteje Prezidan Préval la, moun li te chwazi pou vin apre l la, ki t ap pwochen prezidan Ayiti a. Li se yon teknokrat ki gen relasyon problematik epi pwòp pwoblèm ekonomik pal. Viktwa Célestin te asire lontan anvan plent piblik Wyclef Jean pou prezidans lan.

Men nan dènye semenn yo, li te sanble se te kandida fanm lan ki antèt, Madanm Mirlande Manigat, vis-rektris Inivèsite Quisqueya a ki gen swasanndizan, ki te vrèman devan nan sondaj yo. Lè dimanch rive, yo te di kandida yo nan lòd pou rive nan sa ki gen mwens vwa a, se te Manigat, Célestin, Michel « Sweet Micky » Martelly, chantè ki te pote non prezidan konpa a, epi notè Jean Henry Céant, vis-prezidan Renmen Ayiti. Lè nou konnen swadizan sondaj sa yo se jis yon pèfòmans piblik patisipasyon, okenn nan nou p ap sezi lè alafen oubyen nan dezyèm tou, si gen youn 16 janvye, se Célestin ki genyen.

Sa gen kèk jou, pandan aktivite koken yo te vin parèt plis epi epidemi kolera a te vin pi mal, plizyè kandida te menm mande pou ranvwaye eleksyon yo. Defansè etranje tankou Enstiti pou Jistis ak Demokrasi ann Ayiti t ap anrejistre fot elektoral. Elas, yo te fè swadizan eleksyon yo kanmenm, malgre anpil manifestasyon epi rapò ki te denonse pakèt frod, KEP a te apwouve pwosesis la. Li di iregilarite yo pa t anpil epi kòm rezilta, yo pa t bezwen anile tout pwosesis la. *New York Times* te site prezidan KEP a, Gaillot Dorsainvil ki di « Sèlman 3,5 % sant vòt yo te gen pwoblèm. Sa pa ase pou gate yon eleksyon. » Ekip obsèvatè entènasyonal yo poko bay pawòl ofisyèl.

Pou mwen, eleksyon sa a pa t sèlman kriminèl, men se te yon fason ki lèd pou fè nou sonje istorikman lavi ak kondisyon mas ayisyen yo ap viv, pa vo anyen nan je moun ki gen pouvwa lakay kou lòt bò dlo. E sa se malgre gwo manifestasyon sipò yon kominote mondyal ki sanble panse yon lòt jan.

Nou menm ki konsenè pou Ayiti dwe rete vijilan kounye a pi plis toujou. Veye. Pale. Gen twòp bagay ki pandye nan balans lan.

Dezyèm Pati Evalye repons mwen ankò

18

Sa k fè m ap mache pou Ayiti Cheri

10 janvye 2011 / *Ms. magazine blog*

A 4è53:10 pm 12 janvye 2010, mwen te lakay mwen nan Middletown, nan eta Connecticut, lè latè anba Ayiti a te ouvri. Se te kòm si yo te frape m ak yon traktè pou leve chay. Mwen te toudi pandan plizyè jou.

Gen plizyè fason mwen te ka komemore premye anivèse gwo michan tranblemanntè a ki te paralize peyi kote m te fèt la—lamès nan memwa moun yo, rankont nan lè manje maten, vijil ak limyè bouji, senpozyòm—men mwen deside al Nouyòk pou m jwenn Marching for Change. Gen plizyè òganizasyon ki enterese nan amelyore lavi pèp ayisyen an ki met ansanm pou fè rankont sa a, ki ta dwe kòmanse a 2:30pm nan Times Square, pou l fè yon kanpe devan konsila ayisyen an (Trantnevyèm ri ak Madison) epi fini devan Nasyonzini.

M ap mache paske m se yon manm gwo dyaspora ayisyen an. Yo rele nou dizyèm depatman an—plis pase yon milyon moun ki fè vi nou lòt kote—lòtbò dlo,[36] jan kèk moun lakay ta di an kreyòl. Sof Antatika, nou tout kote. Nou gen yon prezans enpòtan sou kontinan an, an Amerik Disid, ann Afrik epi ann Ewòp. Nou kapab pa anpil ann Azi ak Ostrali, men nou la kanmenm—*nou la.*[37]

Nou se travayè sezonye sou fèm ak nan faktori, nou lave asyèt, nou okipe timoun, nou se enfimyè, dokte, pwofesè, etidyan ak tout kalite atis. Nou gen divès koulè, klas, afilyasyon politik ak idantite seksyèl, nou pratike divès relijyon. Malgre istwa senp ki gen tandans redwi nou pou fè n rive nan yon sèl grenn lide, nou rete e nou te toujou pliryèl. Men, nou gen yon istwa dezakò ak disidans nan mitan kominote nou. Tandans nou—jan deviz nou an di l, « l'union fait la force » (tèt ensanm bay fòs) se pou nou met tèt ansanm pou nou vin fè yon fòs. Nou fè l nan pase a pou met lenmi nou deyò. (Nan dènye nimewo revi *Ms.* la, mwen ekri sou lenmi Ayiti genyen depi lontan, sak deyò kou sa k anndan, epi lespwa fanm nan òganizasyon debaz yo reprezante.)

M ap mache paske ni sa k anndan ni sa k deyò ki gen bon jan konesans sou pi gwo pwoblèm yo peyi nou a konnen chanjman p ap rive Ayiti si pa gen apwòch konsyan e radikal. Si se pa sa, avni Ayiti a ap plen lòt dezas lòm fè. *Nou rete, nap gade.*[38]

Mwen mache paske nou pa rete san nou pa fè anyen pandan n ap tann. Nou te inisye, òganize epi patisipe nan kolekte lajan, nan misyon medikal, atelye, konferans akademik, lekti pwezi ak lòt pèfòmans. Yo te rasanble nou pou nou te fè sa nou te kapab epi pou konsidere (ankò) angaje nou pou Ayiti cheri[39] nou an. Moman sa yo te ban nou plis chans pou youn gade lòt epi pou nou abitye ankò ak diferans nou.

Pou di vre, pou chak bon jan efò ki te fèt pou pote yon soulajman rapid bay Ayisyen ki te nan sitirasyon difisil yo epi pou ede kenbe kominote ki te fraktire yo, te gen twòp ki te pare pou met tèt yo an pozisyon pou pwofite lajan k ta pral tonbe a. Yo te jwenn yon okazyon nan dezas la, epi yo te pran l, Ayiti te vin tounen yon sous opòtinite pou tout moun.

M ap mache paske, malgre divizyon nou, pou anpil nan nou ane sa a se te yon ane ki te yon jan flou. Yon ane kote n t ap viv ak yon avantaj dwòl ki te pèmèt nou lwen tout dega a. Yon ane kote nou pa konn sa pou n di ankò lè nou rele detanzantan moun nou renmen yo ki rete dèye yo. Jan poèt Wilbert Lafrance ekri nan powèm li a, « Kouman, »

Anndan kè m tankou yogan (kote 80 % vil la te detwi)
Adye mwen bouke di podyab
Yon sèl litany [sic]
Yon podyab ki pa janm fini[40]

M ap mache kèk jou anvan jounen Martin Luther King Jr., paske jan gran doktè a te di l, « Nenpòt kote ki gen enjistis se yon menas pou jistis toupatou. »

M ap mache pou reprezante sila yo ki gen imaj yo toupatou nan lemonn, men ki rete envizib.

M ap mache paske litani sa a te ka fini si kominote entènasyonal la pa t toujou mine souvrennte n.

M ap mache paske ONG yo, malgre tout byen yo fè, toujou bezwen kowòdinasyon.

M ap mache paske gouvènman ayisyen an ta dwe rann tout nasyon an kont.

M ap mache pou tout sa ki ini kont vyolans ki chita sou jan.

M ap mache pou tout sa ki toujou prizonye twoma.

M ap mache pou pou tout jèn nan peyi a ki gen yon rèv li ta dwe wè reyalize.

M ap mache paske lè milye nan nou te mache Nouyòk deja nou te efikas.

M ap mache paske Ayiti bezwen nou tout.

Anfen, m ap mache paske a 4è53:10 pm ane pase, lè latè a te louvri, yo te mande Ayiti yon fwa ankò pou l pwovoke chanjman nan lemonn. Fwa sa a, se tout sa ki pa t fini pandan revolisyon an ki rete kòm anje— rekonesans ak akseptasyon imanite nou san kondisyon.

19

Leve soti nan pousyè Goudougoudou

Nimewo ivè 2011 / *Ms.* magazine (enprime)

Nan ane ki sot pase a lemonn te gade fanm pi vilnerab Ayiti yo siviv seyis, inondasyon, kolera ak tribilisayon moun ki pa gen kote pou yo rete—men fanm yo toujou santi yo envizib. Kisa ki nesesè pou moun wè epi tande yo ?

« Nou pa gen visibilite »[41] [*sic*], Mary-Kettely Jean te di m.

Mo li yo iwonik lè nou sonje jan imaj fanm ayisyen kouvri ak pousyè siman apre seyis la ane pase a te toupatou. Oubyen lè nou sonje jan foto fanm ayisyen te toupatou nan medya global yo lè yo te rete nan kan tant ki ranplase kay ki te kraze yo. Oubyen jan pwojekte te klere sou fanm ankò lè Siklonn Toma te inonde pati nan rejyon sid peyi a epi gwo van te pote ale tant solèy te deja pouri. Oubyen jan se foto fanm ak timoun sou branka ki te ilistre epidemi kolera ki te kòmanse ann oktòb la. Oubyen finalman, jan kanpay yon fanm pou prezidan Ayiti, Mirlande Manigat te mete yon lòt fwa, imaj fanm ayisyen devan nan gwo medya mondyal yo.

Donk, poukisa Mary-Ketly panse li envizib ?

Mwen te jwenn kèk repons pandan dezyèm vwayaj mwen depi seyis la nan peyi Karayib kote mwen te fèt la e kote m toujou gen fanmi. Kòm antwopològ kiltirèl epi pwofesè inivèsite, mwen te al patisipe nan reyi-nyon konsèy INURED (Interuniversity Institute for Research and Deve-lopment, yon gwoup refleksyon ak aksyon pou pwomouvwa chans edi-

kasyon pou moun ki pi majinalize yo) epi pou tande pou tèt pa m kisa
fanm ayisyen yo t ap viv. Jean—sekretè fowòm kominotè Site Solèy epi
direktris GFK (Group of Women Fighters)- ak senk lòt fanm lidè ti òga-
nizasyon debaz ki te tabli nan gwo bidonvil Pòtoprens yo rele Site Solèy
la, te pale avè m pandan nou te chita anba yon prela nan espas rankont
piblik youn nan kan yo.

« Se nou ki pi méprize lan sosyete a [sic], »[42] Lucienne Trudor te di m
an kreyòl. Se Tudor ki trezorye Asosyasyon Fanm Baryè Fè nan Site Solèy.
« Se nou yo plis pa okipe nan peyi a. »

Fanm yo te gen espwa mwen t ap kapab fè yo jwenn ouvèti sou le-
monn—yon aksè yo pa genyen, malgre tout kouvèti medyatik yo. « Si nou
te ka jwenn yon moun tankou ou ki ta vle ede nou, menm si ou pa gen
lajan pou ban nou, » Jean te di, « si ou met mesaj nou yo deyò, petèt nou
te ka jwenn yon ti vizibilite. »

Leplisouvan, fanm tankou Jean se migran entèn ki soti nan youn nan
dis lòt depatman Ayiti yo (tankou eta) pou vin Pòtoprens chache travay
oubyen edikasyon, epi ki vin prizonye yon laviwonn mizè. Ak yon to cho-
maj ki plis pase 70 % epi san yon sistèm asistans sosyal, fanm sa yo vin de-
pann de tout pil ONG ki ranplase leta ayisyen an ki prèske pa la ankò pou
bay sèvis epi satisfè bezwen debaz yo. Yo pa gen anpil reprezantasyon,
oubyen pa genyen ditou, ni tou yo pa gen kontak ak machin pouvwa a.

Pandan tout istwa li, Ayiti, tankou fanm li yo, vizib anpil epi envizib
anmenmtan. Yon epòk, li te pote etikèt *la perle des Antilles,* anpati paske
akòz gwo pwodiksyon sik li, tout moun te konnen Sendomeng—non Ayiti
anvan endepandans—te koloni Lafrans ki te rapòte plis kòb nan dizwit-
yèm syèk la. Jouk popilasyon esklav la monte sèl revolisayon esklav ki
reyisi nan istwa mondyal la.

Apre l te fin deklare tèt li yon eta souvren an 1804, Ayiti te peye chè pou
libète li. Non sèlman li aboli esklavaj, men li te gen kran pou l deklare
okenn blan pa te ka met pye sou zile a kòm mèt oubyen pwoprietè. Blan
pa t kapab posede tè. Sa pa fè moun sezi lè yo mete Ayiti an karantèn
jewopolitik, yo te izole l nan zafè diplomatik pou prèske swasantan paske
li te reprezante yon menas pou gwo pwisans yo ki te toujou ap fè komès
esklav.

Izolasyon sa a ak anbago ekonomik detanzantan, alafwa te mete ansyen
chèf revolisyonè yo an danje e te fè yo antre nan koripsyon. Menm bagay
pou gouvènman ki te vin apre yo tou, ki yo menm te eseye tabli ansyen
sistèm travay plantasyon an pou fè komès ak pi gwo mache. Ayiti te vin pi

pòv toujou pase li te bije prete ak gwo enterè nan men labank Ewòpeyen pou peye Lafrans yon endanmnite li te egzije pou pwopriyete li te pèdi.

Yon okipasyon militè ameriken sovaj (1915-1934) te agrave santralizasyon leta a nan kapital Pòtoprens lan, pandan li te afebli ensitisyon ak ekonomi rejyonal yo. Pou ilistre divizyon jewografik sa a ant yon Ayiti iben ak yon Ayiti riral, pi bèl egzanp la se kategori sitwayennte « peyizan » ak « moun andeyò »[43] leta te mete sou batistè moun ki te fèt andeyò kapital la. Tout dirijen ayisyen yo, youn apre lòt—ladan l genyen diktati brital Duvalier yo (1957-1986)—te favorize politik ekonomik ki te benefisye elit la.

Pou loksidan, Ayiti toujou egal « nasyon ki pi pòv nan emisfè lwès la »—yon jan pou di « pòv epi nwa. » Men sa ki pa parèt nan ekspresyon sa a, se richès ak kilpabilite 3 % popilasyon an, ki se elit la. Pi fò ladan yo se desandan migran Ewòpeyen (anpil te marye ak fanm ayisyen pou kontoune konstitisyon an pou yo sa posede tè) epi komèsan Mwayenn Oryan. Avèk ti klas mwayenn lan (12 % popilasyon an), yo kontwole 73 % revni nasyonal la. Ven pousan sa ki pi pòv yo resevwa sèlman 1,1 % revni nasyonal la.

Ansyen pwovèb la di, *fanm se poto mitan*[44]—fanm se poto mitan fanmi l. Men, nan anpil fason, yo konsidere yo pi ba pase gason onivo sosyal epi se jis an 1950 yo vin jwenn dwa vote—se jis an 1990 fanm nan tout klas te arive jwi dwa sa a lè te gen premye eleksyon demokratik ann Ayiti.

Fanm nan klas elit la gen plis restriksyon sosyal ; madanm ak pitit fi plis gen tandans pou yo ta aji kou ti biblo. Fanm klas mwayenn yo gen anpil edikasyon e yon jan plis vizibilite, sitou kòm pwofesyonèl. Fanm klas pi ba ak fanm pòv yo souvan pa gen anpil edikasyon (yo pale kreyòl), men anmenmtan, malgre yo gen mwens revni se yo ki travayè epi chef fanmi. Nan sant iben yo, yo sitou gen aktivite *ti machann*[45] ki vann manje, tout kalite machandiz tankou tisi, ak lòt bagay ki enpòte. Se fanm pi pòv Ayiti yo ki pi vizib pou Loksidan an. Se souvan imaj ikonik yon fanm nwa ak pànye sou tèt li a oubyen yon machann ki chita nan yon kwen lari a ki reprezante yo.

Men èske moun Ozetazini te konn reflechi sou Ayiti ak fanm li yo anvan 4è53 nan apremidi jou 12 janvye 2010 ? Se lè sa a tranblemanntè a te tounen je medya global yo sou Ayiti e gwo mizè ak inegalite ki te genyen ant jan yo te parèt aklè. Menm si jou sa a, jan Louis Marie Mireille te sonje l, « nou te travay menm jan ak gason, rale kò sot anba dekonm, youn ede lòt. » Mireille se yon reprezantan Òganizasyon Fanm k ap Kobat Mizè, ki pot non l byen.

Omwen 300.000 moun te pèdi lavi yo, e selon dènye rapò Nasyonzini yo, majorite se te fanm. Selon sa m te wè lè vwayaj mwen an, se fanm tou ki plis nan 1,5 milyon moun san kay yo ki kounye a rete nan plis pase 800 kan ki toupatou nan peyi a.

Nan kan yo, kote y ap viv anba tant ki fèt nenpòt ki jan, ak prela tou chire epi katon, yon pakèt nan fanmi yo te gen omwens yon manm—timoun ladan l tou—ki fè tout jounen an san yo pa manje. *Unstable Foundations,* yon ankèt antwopològ Mark Schuller te fè an oktòb montre 44 % fanmi te bwè dlo ki pa t trete epi 27 % te oblije fè bezwen yo nan yon resipyan. 78 % fanmi ap viv san kloti ; gen anpil k ap soufri ak maladi san yo pa trete.

Edikasyon—ki se yon dwa konstitisyonèl ann Ayiti ke istorikman sitou fanm ak fi pa arive jwi—rete yon bagay ki manke. Sèlman youn nan chak senk kan ofri edikasyon sou plas ; sa ki ale alankont prensip debaz Nasyonzini yo pou moun ki deplase anndan pwòp peyi yo.

Anvan, en 1994, ansyen prezidan ayisyen Jean-Bertrand Aristide te fè yon pa pou amelyore kondisyon fanm nan peyi a lè l te kreye Ministè Kondisyon Fanm ak Dwa Fanm pou fè presyon pou dwa fanm nan edikasyon ak nan travay epi pou pwoteje yo kont vyolans sistematik ki baze sou kesyon jan an. Malerezman, kat nan gwo lidè feminis li yo te peri nan tranblemanntè a lè ministè a te tonbe : Anne-Marie Coriolan, Magalie Marcelin, Myriam Merlet ak Myrna Narcisse.

Men gen nouvo lidè k ap soti nan òganizasyon sou baz yo (tankou fanm ki te pale avè m yo) epi militan ki t ap travay depi lontan ki vin parèt sou sèn lan toutakou. Militan tankou Malya Vilard ak Eramithe Delva—kofondatris KOFAVIV (Komisyon Fanm Viktim pou viktim), yon òganizasyon ki gen 7 an lap konbat vyolans ki baze sou jan epi ki bay viktim ak defansè sipò pou ede yo pouswiv moun ti te atake yo. Malerezman, ann Ayiti gwoup fanm klas mwayenn ak klas rich yo ki gen plis kontak avèk medya ak moun k ap pran desizyon yo souvan lakòz moun pa wè òganizasyon de baz yo.

Malgre sa, nan kan pou moun ki deplase yo e nan bidonvil iben ki te egziste anvan yo, gwoup fanm kontinye travay ansanm pou pataje konesans, fòme fòs sekirite enfòmèl, pouswiv jistis pou viktim oubyen annik rankontre nan you atelye kwochè. Décembre, ki patisipe souvan nan atelye a, di « Gen depafwa mwen pa manje. Mwen pa dòmi pou m ka fè kwochè, tèlman mwen renmen sa a. » Gwoup la te kòmanse rankontre regilyèman pou pa rete chita aryenafè, konbat izòlman epi pou bay tifi vilnerab yo yon kote pou yo rankontre epi petèt devlope prodwi ki te ka fè yo fè yon ti kòb.

Kesyon sekirite a rete yon gwo defi pou fanm ak fi nan kan yo. KOFAVIV te anrejistre plis pase 230 ka vyolans ki chita sou jan nan yon peryòd twa mwa. Kòm rezilta, sougwoup Nasyonzini sou vyolans ki chita sou jan an te envite Villard ak Delva nan yon rankont, men leplisouvan rankont sa yo prèske fèt an franse nèt epi yo pa tradwi yo ann kreyòl—ki fè fanm òganizasyon debaz yo rete deyò pwosesis la pandan yo privileje òganizasyon fanm klas mwayenn yo ki gen fanm ki pale franse. (Yon aksè inegal pou jwenn edikasyon rete youn nan aspè ki kraze lavi fanm pòv ann Ayiti).

Youn nan repròch yo fè Ministè Kondisyon Fanm lan leplisouvan nan fonksyonnman li se jan li efase fanm pòv yo. Selon Monité Marcelin, yon manm Klib Manman Little Haïti, « Wi, se vre nou di nou gen yon ministè pou fanm, men minis lan pa janm rele nou pou eseye pale avè nou epi lè ou resi wè l se sèlman ak fanm jis anlè yo, pa sa k anba yo. »

Tansyon konplèks ki egziste ant klas, koulè ak lang—ke òganizasyon etranje yo gen tandans pa menm wè—repete epi anplifye onivo entènasyonal. Ekonomi fèb Ayiti a fè l vin depandan anpil sou èd entènasyonal, pou 40 % bidjè nasyonal la. Nan dènye ane yo, se ONG ki jwenn pi fò nan èd sa a akòz kapasite gouvènman an ki limite epi akòz yo pè koripsyon nan gouvènman an. Ak plis pase 10.000 ONG nan peyi a—ki soti nan gwo òganizasyon tankou Kwa Rouj ak Medsen San Frontyè pou rive nan yon pakèt misyonè ak ti òganizasyon tou piti ki souvan konsantre yo sou yon sèl misyon—yo pran abitid rele Ayiti repiblik ONG a. Men se ONG yo ki pi gwo sous sèvis pou mas yo—depi nan swen sante rive nan edikasyon ak travay—epi depi tranblemanntè a, yo vin gen plis pouvwa.

E tout èd yo te voye Ayiti a ? Nou sezi konstate prèske anyen ditou pa rive jwenn Ayisyen ki pi vilnerab yo k ap viv nan kan. Jouk kounye a, se sèlman 27 % 1,3 milya dola gwo ONG yo te ranmase nan premye mwa yo ki depanse anndan peyi a vre. Se sèlman 10 % ki livre nán di milya dola yo te pwomèt Ayiti nan konferans donatè Nasyonzini te òganize nan mwa mas pase a. 1,5 milya Etazini te pwomèt la toujou rete bloke nan nivo Palman an.

Yo di se dout sou kiyès k ap pwochen prezidan peyi a ki eksplike yon pati nan reta a. Fanm ki te pale avè m yo te konnen sa twò byen—epi sa te fè yo fache paske gen yon istwa moun k ap entimide fanm oubyen fè frod pou anpeche yo vote. Yo pa renmen nonplis afè se lè eleksyon sèlman pral rive sèlman yo wè fanm yo.

« Lè eleksyon yo bay moun senk goud (anviron 5 santim) pou yo ka al fè kanpay pou yo. » Jean te ajoute, « men lè gen yon gwo desizyon ki pou pran, fanm yo pa la. Fanm yo dwe la paske fanm kapab deside tou. Yo ta dwe sonje fanm tout tan, nan tout bagay. »

Eleskyon yo te fèt pandan yon epidemi kolera te menase anvayi tout peyi a, epi te gen akizasyon frod ki te mete yon dout sou rezilta yo. Manifestasyon vyolan t ap fèt. Men, nou ta ka sezi wè se kapab yon fanm ki pwochenn prezidan Ayiti, kòm Mirlande Manigat t ap mennen ak 31,37 % vòt yo. Jude Célestin ki se kandida Préval, aktyèl prezidan an te chwazi, te vini an dezyèm, men yon bon jan dèye ak 22,48 %. Michel Martelly t ap talonnen l—se li k te dezyèm pi popilè nan sondaj ki te fèt anvan yo. Yo te prevwa yon dezyèm tou ant de sak vin an premye yo 16 janvye.

Madame Royere, yon militan depi lontan e yonn nan fondatris klib kwochè a, di m Ayiti se yon kote kote sèl aksyon gouvènman an sanble rekonèt se *kraze-brize*.[46] « Si ou pa soti nan lari, fè manifestasyon, yo pa janm okipe ou, » li di. « Yo pa konprann lè ou kenbe moralite ou epi kalite moun ou ye. »

Men se sitou gason nou te wè nan imaj *kraze-brize*[47] yo. Yo te bouke ak rezilta eleksyon yo ki te rejte Michel Martelly, dezyèm kandida pi popilè nan sondaj ki te fèt anvan yo, yo te revòlte kont tout yon ane kote yo te inyore sitiyasyon moun pòv ann Ayiti yo.

Kijan kondisyon fanm ta ye ak Manigat, Célestin oubyen Martelly opouvwa ? Li enposib pou n ta prevwa sa. Yo youn pa met devan yon pwogram nasyonal, kit pou yo ta eksprime yon angajman parapò a kesyon jan oubyen sou kijan yo ta soulaje neglijans estrikti avèg, Solange Veillard David, nan Tigwav, yon vil bò lanmè ki nan sidwès parapò a Pòtoprens. Malgre li te oblije dòmi anba yon tant nan lakou frè li paske li toujou pa t ka abite nan kay li a, li te rete byen djanm, li pa t kite dezas ki te antoure l la dekouraje l. « Fòk ou gen volonte pou viv, »[48] li di m.

Devwa pa nou, an solidarite, se pou nou asire kouraj ak detèminasyon fanm ki te pale avè m yo pa pou ryen. Donk, mwen toujou gen lespwa pou avni peyi natal mwen kòm mwen konnen kèk nan fanm pi vilnerab Ayiti yo—kanpe djanm pou patisipe nan avni peyi a. Kisa yo dwe fè pou nou wè epi tande yo ?

20

Istwa Ayiti ou p ap janm li a

14 janvye 2011 / pbs.org @ 5:09 p.m.

Pandan repòtaj sou premye anivèse tranblemanntè ki te ravaje peyi kote n te fèt la toupatou sou antenn, anpil nan nou, lakay kou lòtbò fè grimas devan tout imaj kliche reprezantasyon medya yo ki anvayi ekran televizyon ak jounal yo.

Lòt moun tankou mwen menm ak Ayisyànfil di kou wòch yo, t ap prepare nou pou slogan « nasyon ki pi pòv nan emisfè lwès la » ki t ap bonbade nou nan chak bout nouvèl. Nou konnen yo pral fè gwo plan agresif sou mizè moun k ap mouri kolera oubyen ki pa gen kay nan kan yo pou yo prezante trajedi a sou yon aspè pi imen. Jan nou te atann nou, repòtaj yo te rete lwen istwa, yo te pito ti bout nouvèl ki te met aksan sou echèk gouvènman an depi 12 janvye, 2010. Nou kapab di san nou pa sezi, yo pa konsantre ase sou wòl nasyon etranje ak enstitisyon entènasyonal te jwe e kontinye jwe nan sitirasyon nou.

Frap retorik ak vizyèl sa yo demounize nou—Ayisyen sou toude bò dlo a—ki toujou ap viv ak twoma nou te oblije met sou kote pou nou jere lavi chak jou a. Li rete nan menm eta a. Sa ki pi rèd, nou poko vrèman kriye oubyen fè yon rekyèm komsadwa pou sila ki te pèdi lavi yo nan trant segonn sa yo.

Nou wè, si gen yon bagay nou konnen san diskisyon, se si pa gen mizè, sansasyonalis ak vyolans, pa gen istwa sou Ayiti. Jan yon editè yon revi enfòmasyon te di m sa gen kèk mwa, apre eleksyon ki te gate yo, n ap fè yon istwa sou SIDA kounye a, donk ann tann pwochen gwo moman an pou ou voye yon papye ban mwen. Atant la se ke ap gen lòt trajedi. Pa bliye, se Ayiti n ap pale.

Pèsepsyon sa a te lou anpil pou m pote, li te si tèlman ban m pwoblèm lè m te yon jen imigran nan peyi sa a pandan ane 80 yo, lè mwen te yon gwo douzan sou tèt mwen, mwen te fè sèman m pa t ap tounen Ayiti jouk bagay yo te chanje. Mwen te kareman bouke eksplike moun ki t ap poze m kesyon ke nou se plis pase sa. Non, nou pa responsab viris SIDA a. Wi, nou pòv e nou gen yon istwa gwo konfli politik, men se pa yon bagay ki natirèl. *Epi non,* se pa paske pi fò nan nou se nwa. Nou pa ka redwi a kondisyon nou.

Men, kòm moun ki okouran, nou gen anpil konesans sou Ayiti, men yo prèske pa janm prezante nou kòm ekspè. Yo pito prezante nou kòm sous. Selon antwopològ medikal Inivèsite Miami, Louis Herns Marcelin, « pandan twò lontan, diskou ki domine a [sou Ayisyen] chita sou yon modèl imanitè patènalis : nou se viktim pasyon nou, eksè ak mank rasyonalite nou. Yo pati sou ipotèz eksè nou avegle nou pou yo rive nan sipozisyon nou pa ka fè yon analiz rasyonèl/objektif sou pwòp kondisyon pa nou. »

Fabienne Doucet, pwofesè Inivèsite New York epi kofondatris Haïti Corps (yon òganizasyon ki mete aksan sou devlopman kapasite pou ranfòse fòs travayè Ayiti depi seyis la) plizoumwen dakò, « yo toujou montre nou kòm dezespere, patetik epi nan bezwen. » Anplis, li ajoute, « m pa kwè y ap reprezante nou yon fason diferan ke jan yo reprezante nou pandan tout vi m. »

Mario, yon chofè taksi Mannatann ki fèt Ayiti di m, « Yo pa janm montre sa k ap mache nan peyi a. Menm anvan tranblemanntè a, tout sa ou wè se sa k pa mache. Ou pa janm wè Jakmèl oubyen Labadi. » Toude se destinasyon touris ki te konn rale anpil vizitè, sitou sot Kanada ak ann Ewòp.

Vrèman vre, tout pil dokimantè « ennan apre » yo montre semenn sa a sitou konsantre sou kapital la, Pòtoprens. Yo bay lide sengilye sou Ayiti jarèt. Kòm rezilta, nou konnen mwens sou eta bagay yo nan nef lòt depatman peyi a. Sa ki enpòtan ankò, yo fè kapital la vin sinonim ak Ayiti. Jan Sybille Fisher ki nan Inivèsite New York la epi otè *Modernity Disavowed* yon etid sou enpak Revolisyon Ayisyen an sou Amerik Latin di l, « se kòmsi tranblemanntè a pran tout peyi a daso. »

Kòm antwopològ, mwen se yon obsèvatè kritik kalite reprezantasyon sa yo. Pandan dènye deseni a, mwen anseye yon seminè ki rele « Ayiti : Mit ak Reyalite. » Mwen sèvi ak yon apwòch miltidisiplinè ki gen baz li nan istwa pou trase orijin kwayans pi popilè yo tankou lide Ayiti tankou yon « repiblik kochma » oubyen jan vodou te vin « voodoo » ansanm ak lòt pèspektiv. Pandan m ap fè sa a, mwen pa sèlman diskredite kèk mit, men mwen diferansye yo parapò a reyalite yo sanse reprezante yo. Finalman, mwen konstwi yon agiman solid pou montre diferan fason pase a kontinye jiska prezan an.

Andeyò inivè akademik lan, nou gen tandans pa tèlman vle angaje istwa, sitou lè kantite mo nan tèks yo limite. Nan reprezantasyon jeneral Ayiti yo, sa nou toujou wè se reprodiksyon istwa ak stereyotip ki soti nan diznevyèm syèk lè apre Revolisyon Ayisyen an, nouvo repiblik nwa a ki te fini ak esklavaj epi deranje lòd bagay yo nan monn lan ; yo te mete l an karantèn sou sèn jewopolitik la, epi yo te demounize nou.

Pou Brunine David nan Coconut Creek, Laflorid, menm lè reprezantasyon yo eseye montre imanite nou, yo pa fin yès. « Lè yo oze pale de kouraj ak fòs oubyen pèseverans nou, yo chanje sans la epi retire tout sa k bon ladan l epi kite nou ak rezilyans ; yon kalite moun ki aksepte nenpòt ki kondisyon ki pa akseptab, moun ki ka viv nenpòt kote nan move kondisyon okenn lòt moun pa t ap reyèlman aksepte. »

Pou mwen, lè tè a te ouvri ane pase a 4:53:10, yo t ap mande Ayiti yon fwa ankò pou l pwovoke chanjman nan lemonn. Sa ki anje a fwa sa a se revolisyon an ki pa t fini : nou egzije imanite nou yo te refize nou.

Gade. Apre medya yo fini kouvri anivèsè a, kamera yo ap rantre epi jounalis yo ap pati menm anvan yo siyen atik yo. Epi ou p ap tande pale de Ayiti ankò sof si, oubyen jiskaske, gen yon lòt gwo dezas. Epi ak eta bagay yo kounye a, mwen oblije admèt li, siman ap gen lòt dezas moun fè. Ap gen lòt istwa sou Ayiti, menm si se pa nan vwa pa nou oubyen se p ap ditou nan pèspektiv pa nou.

21

Lè m rele pou Ayiti   Fè prezante espektak yon kochma Atlantik Nwa

13 fevriye 2011 / Postcolonial Networks

Nou mande . . . èske se son raj sa a ki dwe toujou ret . . .
reprime, anfèmen, bloke nan espas . . . sa ki pa dwe pale
— bell hooks, killing rage

E si raj sa a pa pale, eksprime, enbyen sa k rive l ? Tèlman gen
bagay ki ekri pou deskonstwi fanm blanch fou yo fèmen nan
grenye a. Yo pa byen konnen raj femèl nwa a paske leplisouvan pa
gen plas pou li. Atikile sèlman se yon kondanasyon lanmò sosyal

sitou si gen divès kalite moun ansanm. (Re)souvni l yo rete kraze
nan kò l, achiv li. Li pa oze pale. Fèmen bouch ou. Atansyon. Gen
yon kote pou tifi dezòd tankou ou ki pa konn ki lè pou yo pe. Lè
pou yo pa ofanse sansibilite blan. Lè pou yo pa toufe. Lè pou yo
bay legen. Chhhh . . . Respire fon. Vale. Pa gen mo ki pa danje.

Kèk jou apre 12 janvye a 4:53:10pm lè tranblemanntè a te ravaje peyi kote m te fèt la, m te di youn nan pi bon zanmi m gen yon pati nan mwen ki te swete an kachèt m te ka annik al sou tèt Foss Hill Inivèsite Wesleyan lan, mete m ajenou, leve de bra m anlè epi annik rele pou m pedi souf jouk mwen pa t kapab ankò.

Depi ou pa kite okenn moun wè ou, li te avèti m. Nou te ri epi diskite konsekans ki ka genyenn lè yo konsidere ou tankou yon moun ki pa stab. Ofèt, dènye bagay mwen ta bezwen se pou moun ta panse tèt mwen fin pati. Mwen deja pa fin rantre nan yon kad epi se tankou mwen se yon espès an disparisyon. Mwen se yon fanm nwa ki se pwofesè titilè. Yon fanm nwa ayisyen an plis. Yon fanm nwa ayisyen ki te toujou di sa l panse depi anvan mwen te rive pwofesè titilè. Yon fanm nwa ayisyen ki pa gen yon non yo ka rekonèt, jan mwen renmen di l pou sa ki pa konnen politik klas ak koulè peyi kote m te fèt la. Mwen rive fè yon plas pou tèt mwen nan yon nouvo monn sosyal ke nan plizye aspè, jenerasyon anvan m ki pa t gen aksè sa a oubyen te gen lòt rèv libète, pa t rive jwenn. Jan Bill T. Jones di li byen, mwen jwenn valè libète mwen te dakò achte. Antouka, mwen se yon manm kò pwofesoral la ki « etabli » nan yon inivèsite ki piti, men ke yo respekte. Menm si li provoke « ajitasyon ak nè »[49] kay fòmalis yo ki pa apresye tout libète ekspresyon ak manèv pwofesyonèl li pèmèt nan mitan tout fwontyè ki separe disiplin yo. Menm si mwen te fòme kòm antwopològ kiltirèl, mwen pa ka pran risk pèdi tèt mwen, sitou pa an piblik. Mwen se yon militan tou, yon powèt/atis pèfòmè epi yon atis miltimedya.

Donk, mwen fè pwochen pi bon bagay la. Mwen konsolide tout enèji m epi mwen ekspoze pèn ak raj mwen sou sèn lan.

Sa fè kèk ane depi m t ap jwe espektak solo m lan, « Because When God Is Too Busy: Haiti, me, & THE WORLD. » Nan youn nan premye vèsyon yo, mwen dekri travay la kòm yon monològ dramatik ki konsidere kijan pase a kontinye jiska prezan an. Ladan l, mwen tise istwa, teyori ak istwa pèsonèl nan yon *slam* ak chante vodou pou reflechi sou souvni danfans, (en)jistis sosyal, spirityalite, ak demounizasyon Ayisyen ki pa janm sispann.

Premye espektak mwen fè anantye apre seyis la se te 4 fevriye nan chapèl enstitisyon m lan. Menm si mwen te an konje sabatik, mwen te pote m volontè pou fè pèfòmans lan, anpati paske tou senpman, mwen te bezwen defoule m. Travay sa a, ki gen ladan l meditasyon sou relasyon mwen ak Ayiti avèk sa ki rive apre migrasyon an, lè m te yon adolesan pou rive nan ekperyans etid twazyèm sik mwen ki pa t fasil, se yon melanj inisyasyon, konsyantizasyon ak rèl.

Se pandan premye ane m kòm etidyan twazyèm sik mwen te kòmanse pèfòme aktivman, anpati pou m kenbe rèv mwen te genyen kòm timoun pou m chante, pou m fikse tèt mwen, pou m pèmèt lespri kreyatif mwen respire pandan yon pwosesis restriktiyasyon ki te menase rann mwen ensansib. Lè sa a, pèfòmans la te tankou yon defi katatik pou mwen. Li te tounen yon platfòm pou mwen te eksprime nouvo akseptasyon m te fenk genyen an ki wè silans se jis yon lòt estrikti pouvwa mwen te refize kreye ankò. Yon fason pou rejte dosilite. Se te yon volonte pou m revele sa n ta dwe kenbe an prive pou n pa met dezòd nan bagay yo, epi pou n jwenn rekonpans soumisyon nou. Mwen kondane konplisite. Lè m fin resevwa doktora a, epi yon fwa m te kòmanse anseye atanplen, pèfòme te vin yon aksyon ki kenbe m an vi, yon espas pou m montre opozisyon m kont sa nou reprime nou menm lakay nou, oubyen tou sa nou li nesesè pou nou koupe an de pou pwofesyon an. Sa ki pi enpòtan toujou, li te toujou ban mwen espas pou m kontinye angaje tèt mwen pou Ayiti.

Pou mwen, pèfòmans se sa m rele yon istwa *alter(ed)native*—« yon kont istwa parapò a aspè konvansyonèl apwòch dominan yo nan antwopoloji . . . Li evoke pwosesis angajman nan yon pozisyon anti epi pòskolonyal, e li gen konsyans pa gen vrè ripti ak pase a. Nan lespri sa a, pwojè alter(e)natif pa ofri yon nouvo repons oubyen yon pèspektiv altènatif, yo pito itilize sa ki deja la yo, menm si yo te sibi transfòmasyon . . . yo aksepte yo epi yo manipile yo pou 'chanje senaryo a' nan objektif anti ak pòskolonyal . » Donk, mwen kòmanse ak ipotèz kategorik ke kolonyalis te fraktire sijè a. Ak volonte pou l pa kite kò a dèyè, alter(e)natif la se yon tantativ ki chaje atansyon ak lanmou pou ranmase moso yo nan objektif pou entegre yo. Nan sans sa a, alter(e)natif la se yon pwojè politik.

Sou sèn lan, men sa ki motive m : anpil volonte pou m rantre anndan epi konfronte yon kochma Atlantik Nwa ak aspè ki baze sou jan ki pa janm eksprime e ki rete nan kò nou kòm achiv. Li rete prizyone nan pati nan sa Carl Jung rele konsyans kolektif nou, kòm pa gen pi bon fason pou n di l.

Mwen pa t gen entansyon fè l, men m pa ka di se te yon aza senp. Ann di pito pwosesis oto-etnografik deskonstriksyon pèsonèl la, m te diskite l nan premye liv mwen sou Jamayik (kote mwen te fè rechèch pou doktora a), te detenn sou dyalòg entèn mwen te genyen sou Ayiti. Kòm rezilta, mwen komanse sèvi ak pase pa m pou m etabli koneksyon ak sosyal la, sa ki pèmèt mwen revele ankò plis tandans nasyonal ak entènasyonal ki enskri *ad infinitum* epi ki ta mande pou yo eksplore nannan yo plis.

Plis mwen monte sou sèn, plis mwen vin wè ke ofèt nou pa konn anpil bagay sou eksperyans ayisyen pi enpòtan yo. Menm si nou wè yon dipita imaj epi tande rèl yo, moun k ap jemi yo, dènyèman sitou. Fanm nou pa konnen ki kouvri ak pousyè k ap flannen nan lari a. Chache moun li renmen yo. Rele. Sa yo se moun dezoryante k ap pwomenen ; istorikman yo wè yo kòm si yo san lojik.

Show a toujou kòmanse avè m k ap repete yon refren yon kote nan sal la oubyen nan piblik la (mwen pa janm dèyè sèn lan). Refren an tounen yon bouk pandan m ap mache nan paramèt espas la (souvan pou m tounen anwon) jouk mwen bay piblik lan fas epi m kanpe nan mitan sèn lan. Anvan seyis lan, mwen te chante pawòl orijinal yo mwen te sonje m te konnen lè m te timoun :

Nwaye n ape nwaye
Nwaye m ape nwaye
Ezili si wè m tonbe lan dlo, pran m non
Metrès, si wè m tonbe lan dlo, pran m non
Sove lavi zanfan yo, nwaye n ape nwaye[50]

Apre seyis la, mwen chanje mo yo. Nan moman mwen te pèfòme 4 fevriye a, te gentan genyen plis pase senkant replik. Lè sa a, yo te rapòte apeprè 200.000 moun te mouri epi yo t ap ranpli fòs komin ak moun yo pa t idantifye. Se konsa nwaye tounen tranble. Tranble, tè a t ap tranble. Tranble, n ape tranble. Ezili, si nou tranble ankò, kenbe nou. Sovi lavi pitit ou paske latè a ap tranble.

Mwen te repete chante sa a pou m sèvi avèk li tankou yon pòt antre—pou m rive jwenn kò a epi kenbe li la. Mwen te mete chante a nan mitan lòt moso yo pou fè piblik la sonje objetktif prensipal travay la. Nou te ra-sanble la a pou konprann epi diskite yon gwo katastwòf. Mwen te kanpe pèfòmans lan nan mitan pou m te prezante yon mesaj ki sot Ayiti. Mwen te fèmen pyès la ak pawòl ki soti nan yon konvèsasyon m te gen ak yon zanmi m.

Apre swa sa a, m te kòmanse enprovize nan lòt pèfòmans yo. Mwen te fè pati « mwen » nan tèks orijinal la pi kout (ansanm ak analiz ansyen konfli ann Ayiti kòm sa yo te vin gen mwens konsekans imedya parapò a ijans sitiyasyon aktyèl la) epi m te kòmanse entegre vwa moun ki te ann Ayiti yo. Lè m te fè dènye pèfòmans mwen an nan LaMaMa nan dat 13 desanm, mwen te koupe tout pati orijinal yo kareman ak mesaj ki sot Ayiti, nan men moun mwen te rankontre sou entènèt oubyen nan entèvyou m te fè ak yo pandan de vwayaj apre seyis mwen yo. Vwa yo te rann pèfòmans lan aktyèl. Sa ki pi enpòtan toujou, sèn lan te vin tounen yon platfòm pou bay sa ki pa t genyen li yo *vizibilite imedyat.* Spektak la te vin tounen yon jounal vivan ibrid.

Chak pèfòmans mwen te fè nan ane pase a, mwen te vin pi konsyan ke nou pa konnen oubyen nou pa t janm konfronte lapenn Ayiti a. Nou pale sou li. Ekri sou li san fen. Genyen ki te vrèman rantre ladan l. Men nou pa janm chita avè l pandan li tou rèk pou nou kite legziste. Yo toujou ap toufe l. Chhhhh. Pa an piblik, e sitou pa lè gen etranje la. Teyori somatik di nou gen pati ladan l ki toujou la nan divès fason. Prizonye. Li rete yon twoma ki pa trete.

Ane pase a, àkoz tout diskisyon sou enpak tranblemanntè a lakay epi aletranje, mwen te kòmanse reflechi plis sou absans diskisyon sou eksplorasyon sikoanalitik eksperyans ayisyen an apre revolisyon an. Nou pa gen okenn tras solid moman frakti sa yo, moman lapenn lan lè rèl yo te soti jis anndan anvan yo te rive jwenn yon ekspresyon òganize, pafwa avèk raj. Ti sa nou konnen sou moman sa yo vin jwenn nou atravè pawòl laperèz kolon yo. Kijan nou te sonnen nan zorèy pa nou ? M ap poze tèt mwen kesyon kisa Ayiti—tè sa a kote lespri yo abite refij nan lanati tout tan—ka di nou sou son kolektif ak endividyèl nou te fè apre revolisyon an.

Pou mwen, tranblemanntè a se yon lòt moman esansyèl tout malè kolektif ke nou pa dwe toufe, sitou alòske nou gen si tèlman zouti nou ka itilize pou anrejistre l, dayè nou ap anrejistre l. Nan dènye vèsyon espektak la, mwen entewonp pèsonèl la ak sitarasyon endividyèl epi estatistik sou kondisyon apre seyis la. Chan vodou yo la pou ilistre aspè etik la epi pou met aksan sou obligasyon moral ki anje yo. Mare ak istwa, mwen sèvi ak tisaj sa a pou fasilite posibilite ki gen plis relyèf, plis vwa. Apwòch sa a sitou pètinan paske lavi chak jou a pa divize nan konpatiman diferan. Moun viv, fè epi refè tèt yo nan yon monn an dezòd ki toujou ap mande pou nou kwaze divès domèn yo. Mwen kòmanse ak ipotèz ke teyori sèl pa kapab senen objè etid la, jan antwopològ Michel-Rolph

Trouillot di l san twòp pawòl.[51] Donk mwen plonje fon. Mwen ranmase sa m rele koleksyon etnografik mwen a (ti bout anplis ki pa apropriye pou piblikasyon paske yo te twò pèsonèl, twò kri oubyen te sanble banal) epi mwen resikle yo. Mwen fèmen lemonn deyò pou m kapab jwenn sa sosyete a aprann mwen reprime. Inivèsite ak fòmasyon. Reprime. Fouye jis nan fon pou jwenn mwayen eksprime yon istwa vyolans. Reprime. Mwen gen konsyans mwen travay vwa m pou m mete l deyò pandan m konnen m ap travèse frontyè. Simen yon lòt fwa grenn ki te fè laperèz yon planèt nwa leve kay blan yo. Denonse atachman boujwa a pou kontwòl. Negosye ak diferan fòm kapital. Defèt larezon. Pi espesyalman, defèt rezon eklere.[52]

Pou prezante yon espektak ki rasanble moso, jan Toni Morrison[53] ensiste li nesesè pou yon bon netwayaj, mwen chwazi sèn lan pou konfronte pati zantray la ki anndan estriktirèl la. Pèfòmans la tounen tankou yon bon netwayaj piblik, yon kote pou okipe epi atikile sa ki nan kò a. Primitf la. Lage deyò ekstrè sonò kokenn malè yo. Retire tout gon yo pou lage rèl la. Sa ki pou fanm nwa yo twò souvan dwe rete yon bagay yo pa ka di.

Jemisman an se mòd entenvansyon mwen chwazi a.

22

Pawòl fanm sou douz janvye

21 fevriye 2011 / *Meridians*

Fòk ou gen volonte pou viv
— Solange Veillard David

Nenpòt moun ou mande, lakay oubyen lòtbò ki kapab e vle pale sou sa, kapab di ou egzakteman kote yo te ye apremidi 12 janvye sa a a 4è53:10 lè tranblemanntè 7,0 a te fraktire Leyogàn. Episant li, sèz mil de Pòtoprens, te ravaje pati nan vil kapital la sèlman pou l detwi vil nan pati sid repiblik ki te deja frajil la. Plis pase senkant replik te swiv nan de semenn ki te vin apre yo, epi te gen rapò sounami Jakmèl, Okay, TiGwav, Leyogàn, « Luli » epi Ansagalè.

Selon estimasyon ofisyèl yo, 300.000 moun te pèdi lavi yo. Estimasyon ki pa ofisyèl yo pi wo toujou. Manm kantite a te blese, epi plis pase 1,3 milyon te oblije deplase. Rapò dega nan kay ak biznis te rive nan santenn milye. Espas adorasyon yo (legliz ak tanp), sant atistik, lekòl ak ministè gouvènman an te vin plat tankou sandwich (jan moun rele yo). Sa detwi lyen familyal ak fiktif, resous ki te deja limite, epi tout kalite achiv paske yo te abrite memwa istorik kou sosyal.

Touswit apre seyis la, anpil nan vivan yo te vin fè pati you nouvo popilasyon andikape ki manke yon pati kò yo, epi efè sikolojik twoma a rete fèmen anndan kò sila yo ki, jouk kounye a poko janm jwenn sèvis sikososyal ki nesesè pou soulaje sentòm pòs-strès ak lòt move bagay ki kenbe yo prizonye kounye a.

Nou menm ki *lòtbò dlo*,[54] oubyen « sou bò lanmè sa a, » jan yo di a, ki fè lakay nou lòt kote te fè de eksperyans k ap pran yon lòt sans pou nou, y ap agrandi espas la ant isit ak lòtbò, sa ki fè nou nan dyaspora Ayiti a. Nou te swiv istwa yo prezante nan televizyon. Ak liy telefòn e lòt kalite kominikasyon ki pa t aksesib, sa t ap pran kèk jou, nan kèk ka semenn oubyen menm mwa pou aprann sa k te rive kèk nan paran nou. Nan lòt ka, se dediksyon ki te pèmèt nou konstwi nouvèl yo, li klè a lè lye a, si nou pa gen nouvèl zanmi ak fanmi n, siman yo peri. Detay yo (kilè, kibò, ak kòman) rete yon mistè paske posibilite fèmen dosye yo vin pi enposib toujou nan kèk ka akòz lojistik, jan gouvènman jete mò yo san yo pa trete yo tankou moun epi ekonomi ki enplike nan zafè rekiperasyon an.

Yo di 70 % dyaspora ayisyen an (ki rive nan apeprè yon milyon) sibi yon pèt. 30 % ki pa t pèdi yon moun pwòch yo konsène kanmenm paske nou tout tande pale de yon moun ki konn yon moun ki konn yon lòt moun ki te peri nan seyis la. Ofèt, nan pi fò ka, ou pa bezwen plis pase yon sèl degre separasyon.

Menn jan ak nenpòt lòt dezas natirèl, se fanm ki afekte plis nan yon pi gwo pwopòsyon. Sitiyasyon an Ayiti a pa t diferan. Ofèt, nan divès fason, li te pi mal. Kòm potomitan[55] fanmi yo, se fanm ki pot responsabilite pou yo la pou okipe pitit yo, granmoun yo ak lòt manm fanmi an ki depann de yo. Ak yon ti enfrastrikti tou piti oubyen san enfrastrikti ditou, san sipò yon leta ki istorikman abandone nasyon li, se kèk grenn moun sèlman ki te jwenn sèvis.

Se sèten ti koleksyon sa a pou achiv revi sa a pa reprezante tout fanm ayisyen. Se pa wòl li sa. Lide a se pou ofri lektè yo yon apèsi anviwonnman an ki gen nyans pou montre jan kèk fanm te viv moman sa a, repons yo epi enpak li kontinye genyen nan vi nou. Kòm editris, pandan mwen t ap chache anrejistre yon varyete eksperyans nan diferan klas ak pozisyon, nan kapital la epi nan kanpay la kote majorite popilasyon an ap viv e ke yo inyore twò souvan, mwen pa t reyisi. Sa te fè m sonje privilèj dyaspora a genyen epi ke ekri se yon liks. Apèl mwen te fè bay fanm ak tifi ann Ayiti pa t bay okenn rezilta, sitou pami sila yo ki t ap pase jounen yo ap chache nouvo strateji pou yo siviv. Kòm yo te fin pèdi fanmi lwen ak zanmi ki te konn ede yo, chak jou te tounen yon defi pou yo, nan anpil ka yo pa t ka konte sou rezo sosyal yo te genyen anvan.

Men lòt ki te kapab, pa t anvi pale. Nadine Mondestin, yon jenn fanm ki te etidye nan peyi Kanada epi yon moun ki pratike desantralizasyon te chwazi viv andeyò kapital la lè l te tounen lakay sa gen kèk ane, te re-fize envitasyon m lan, paske, jan li di l la : « Mwen te Okap (nan nò Ayiti). Mwen te gade tout bagay sou CNN. Mwen pa t afekte tankou moun nan kapital la. » Kèk jou apre, li menm ak lòt t ap òganize yon karavàn sekou pou pote pwovizyon ki te nesesè anpil Pòtoprens. Mwen te swiv devlop-man efò li yo sou entènèt. Mwen panse nou te ka pran leson nan istwa l pase li te la e an menm tan li te lwen ; ki sa k te pouse l aji ?

Mwen panse sa ki rete dèyè yo gen istwa pou rakonte ; istwa sa yo nou dwe rasanble yo epi rantre nan achiv pase kounye a yo fè pati yon lòt chapit istwa Ayiti, men fòk nou pataje yo tou, sitou pase yo se prèv jan Ayisyen te youn ede lòt. Se pa sou istwa sa yo medya popilè yo te met aksan. Se istwa kouraj, istwa solidarite, istwa twoma, istwa lespwa, istwa dezespwa, istwa mepri, e petèt pi enpòtan, yo se istwa detèminasyon. Se istwa pou nou transmèt.

Mwen te detèmine pou m pa t retire anyen nan eksperyans yo te fè jou sa a, nan aspè ki chaje emosyon yo, donk mwen te ankouraje patisipan yo pou yo soumèt tèks yo nan kèlkeswa fòm yo panse te rann vwa yo ak emo-syon yo pi byen. Se te yon fason pou nou onore tradisyon feminis la ki sèvi ak plizyè jan pou rakonte istwa epi yon fason tou pou asire lè n te met jan sa yo ansanm epi melanje yo, kwazman yo t ap ofri yon peyizaj pi nyanse, yon reprezantasyon moman sa a ki gen relyèf. Nan sans sa a, mwen panse li te esansyèl pou n te rekonèt estriktirèl la, men pou n pa kache nannan esansyèl la ak langaj e analiz akademik. Gendefwa, li senpman twò bonè pou dekonstriksyon. Nou bezwen defèt tout bagay anvan. Nou bezwen espas pou kriye, pou onore, pou absòbe epi reflechi. Donk, pawòl fanm ki la yo rakonte nan fòm esè, powèm, foto epi menm yon tèks fiktif. Lè nou konsidere plas Ayiti nan imajinè rasyal global la epi kòm nou tout byen konnen kondisyon istorik nou, menm an pwoz ak powèm, pawòl nou sou 12 janvye plen moso obsèvasyon kritik ladan yo.

Gen tèks Marie-José N'zengou-Tayo, ki fèt ann Ayiti kote li sèvi ak premye sijè konjigezon pou l rakonte istwa a. Li te viv seyis la, men se sèlman lè l tounen lakay li Jamayik li aprann li se yon sivivan. Brunine David, ki viv Miyami, te nan machin li, li t ap kondwi pou l al nan kou aswè li lè laprann nouvèl la. Yon semenn apre, ansanm ak òganizasyon ki p ap chache pwofi li ladan l la, li t ap òganize epi mennen yon misyon medikal nan Tigwav, peyi l. Nadève Ménard te fèk al chache piti li, Ana, apre dezyèm jounen li lekòl apre vakans Nwèl yo. Li te chwazi ekri yon lèt, yon dokiman pou avni a sou moman plen boulvès sa a yo te pataje. Carolle Charles, yon sosyològ, te sonje konvèsasyon li te gen ak Myriam Merlet nan kwizin li de semenn anvan seyis la. Myriam Merlet, Magalie Marcellin ak Anne-Marie Coriolan se sè nan batay la—twa lidè feminis sa yo ki te tèlman batay pou fè gwo avansman nan defans dwa fanm ann Ayiti. Yo kite nou twò bonè, ak travay ki pa fini nou dwe kontinye.

Anpil nan nou nan dyaspora a te dekonekte ak sa k ap pase devan nou epi nou te vin nan eta chòk ; nou disosye tankou zonbi paske nou te gen bonjan konesans enjistis sou teren an, sa ki fè, nou te ka apresye dimansyon katastwòf la pandan etranje yo pa t ka kwè. Nou te boule kat telefòn pòtab nan rele lòt eta (Ozetazini) ak lòt peyi, pandan rezo sosyal Facebook ak Twitter te tounen metòd kontak esansyèl pou nou. Nou te kriye ansanm e pou kont nou. Nou te goumen pou n pa pèdi vwa nou, pou nou kenbe sans idandite nou pandan nou te vin tounen sijè konvèsasyon. Lemonn t ap gade epi t ap reponn. Moun te foure men nan pòch yo pou yo bay. Kanmenm, nou te konnen peyi kote n te fèt la te bezwen nou kounye a plis pase anvan. An prive, pandan moman poz yo, se sèlman sou fòm powèm mo yo te soti. Nan Santa Barbara, Kalifòni, powèm tou kout te koule soti nan Claudine Michel ki te rakonte lòt istwa sou Ayiti a pandan li t ap kraze mit nan medya a, li t ap ofri yon altènatif devan pèspektiv dominan ki t ap dyabolize peyi natal nou. Fasinasyon ak vodou a te gaye byen fò. Chèchè ayisyen ak chèchè ki travay sou Ayiti te met ansanm pou pwoteje l kont move reprezantasyon sa yo.

Lenelle Moïse, yon Ayisyen-Amerikèn ki fèt Ayiti se yon powèt, militan/atis epi pèfòmè te mete refleksyon lirik sou sit wèb li a ki te bay raj nou a vwa epi te dirije l nan yon lòt direksyon. Li klè gwo malè moun fè yo ki te parèt apre seyis la nou pa ka pale yo, sitou fòs komin yo, te bezwen yon fason kreyatif pou yo sòti. Nan repons powetik li, Myriam Chancy trase wout anba dlo sa ki ale yo swiv. Rèl sa yo pa kapab e pa ta dwe estriktire. Se te yon lòt fason pou fè nou sonje nou bezwen yon rekiyèm pou mò yo ak sa k ap mouri yo. Lè yo te dekouvri yon rezo adopsyon ilegal misyonè t ap jere apre seyis la, gwo biznis trafik timoun k ap fèt nòmalman ann Ayiti depi plizyè ane te resi parèt sou premye paj jounal. Istwa Katia D. Ulysse la, « Kado » ilistre danje pou moun pran bebe ak timoun ayisyen mennen nan lòt peyi byen lwen.

Plis pase milyon moun ki deplase yo t ap retrouve yo nan kan ki leve tout kote nan peyi a. Se la Mark Schuller, yon antwopològ, yon militan epi defansè Ayiti depi lontan te jwenn fanm ki te tèlman enpòtan nan travay li yo. Se te pèsonaj prensipal nan *Poto Mitan : Haitian Women Pillars of the Global Economy,* dokimantè li te kodirije a, yo t ap montre tout kote nan peyi a ak aletranje anvan seyis la. Jiskaske nou te vin konnen kote fanm sa yo te ye, nou te pè pou dokimantè a pa t tounen yon memoryal. Mark te tounen Ayiti plizyè fwa pou fè entèvyou ak fanm yo epi rakonte istwa yo (ankò). Li te jwenn yo ki t ap òganize kan, konfronte vyolans, pafwa ki t ap mete vi yo an danje. Yo te rete detèmine, jan yo te ye anvan seyis la, pou yo aji kòm ajan chanjman nan pwòp vi pa yo.

Gendelè, nou oblije pale pou lòt. Responsabilite pa nou lè se nou ki pote plim transnasyonal yo, sa ki gen lang ak aksè a, pran yon sans espesyal sitou lè istwa nou gen pou rakonte yo se kont-istwa. Ayiti te bezwen istwa tou nèf, e pa sèlman istwa ki ekri.

An fevriye, fotograf Régine Romain ki baze nan vil Nouyòk te pran kodak li al Ayiti pou temwaye epi pote tounen yon lòt kalite reprezantasyon. Pandan plizyè semenn, medya popilè a te plen moun ki t ap gade yo ak imaj demounizasyon, dezas ak dezespwa. Li te santi l oblije chanje direksyon istwa sa yo. Direksyon kodak li a te pa sèlman ban nou diyite, men li te ban nou prèv gen posibilite travèse epi ale pi lwen pase malè yo. Li te jwenn prèv lavi, lanmou epi yon prezans ki fè nou sonje Ayiti te fraktire deja nan pase a. Ayiti te yon tanpèt. Epi menm jan ak lyon Romain k ap dòmi a, nou dwe respire pandan n ap tann kalm. Epi menm jan ak tifi ak drapo a, bra l sou kote l, k ap fikse kamera a, nou dwe fè lakje nou byen kale, ak detèminasyon.

Pandan premye vwayaj mwen Ayiti apre seyis la, mwen akonpaye Brunine David nan dezyèm misyon medikal li nan Tigwav pou Pak. Mwen

patko janm konn la. M te vle ede epi tou wè kijan bagay yo te ye andeyò
kapital la. Mwen te rankontre manman l, Solange Veillard David, yon *fran
katolik*,[56] ki t ap resite yon litani priyè chak jou. Li gen yon ekip timoun
k ap swiv li ki rasanble sou kote l, epi yo lapriyè ansanm, yo pran abitid
lapriyè pou tout moun ki vin sou tè Ayiti a pou ede. Yon apremidi, li te di
m poukisa li lapriyè, epi rezon li ban mwen an ap toujou rete avè m. Li te
pale rapid, dousman ak kouraj. Mo li te di yo kontinye enspire m :

Fòk ou gen volonte [sic] pou viv.[57]

Mo se volonte. *Kòm fanm nou se pitit fi, sè, manman, tant, granmè, kou-
zen, madanm ak aman.*[58] *Men pawòl nou sou douz janvye pou achiv sa a.*[59]

23

Eritaj feminis ayisyen Paulette Poujol Oriol

29 mas 2011 / *Ms. magazine blog*

Paulette Poujol Oriol, ki mouri 11 mas nan laj katrevenkatan, kite yon
kokenn eritaj pou Ayiti, peyi kote l te fèt la. Se te youn nan lidè feminis
ki pi pasyone Ayiti janm konnen, epi yon travayè epi yon prodiktè kiltirèl
san parèy.

Li te fèt Pòtoprens 12 me 1926. Papa l se te Joseph Poujol, ki te fonde
yon enstiti komèsyal epi manman l se te Augusta Auxila, yon fanm ki pa
t travay deyò. Fanmi a te pati enstale l nan peyi Lafrans lè l te gen 8 mwa.
Poujol Oriol te pase sizan nan Pari ; epòk sa a te gen enpak sou devlopman
l. Paran li te gen aktivite nan inivè komès, edikasyon ak teyat. Li te di tan
li pase nan vil Pari a te jwe yon gwo wòl pase li fè l devlope yon lespri laj.

Poujol Oriol te kòmanse etid li nan Lekòl Nòmal Siperyè Pòtoprens,
apre sa li te pati pou Jamayik kote li te frekante London Institute of Com-
merce and Business Administration. Li te kòmanse fè kou nan enstiti
papa l la lè l te gen sèzan. Ak lòt etid nan domenn edikasyon, li te tra-
vay kòm anseyan, men li pa t janm sispann aprann pou kont pa l. Anplis
franse ak panyòl li te pale san pwoblèm, li te vin aprann epi metrize angle,
italyen ak alman.

Men anplis ansèyman, Poujol Oriol t ap ekri. Li pibliye premye woman l, *Le creuset,* (krezè a) an 1980, epi l te genyen Pri Henri Deschamps an—se te sèlman dezyèm fanm ki te janm resevwa gwo pri literè ayisyen sa a. Yon lòt tèks, *La fleur rouge* (Flè wouj la) te resevwa pri pi bon woman Radio France International la (RFI) an 1988. Woman l ki rele *Le passage* (Pasaj la) la tradwi ann anglè ak yon prefas Edwige Danticat, yon ekriven ayisyen ki gen anpil repitasyon.

Anplis ansèyman ak ekriti, Poujol Oriol te yon aktris epi lte ekri teyat tou, epitou li te direktris epi fondatris Piccolo Teatro Ayiti a ki te fè timoun rantre nan inivè teyat la. Se te yon ekriven ki te prodwi anpil, yon atis ak militan ki pa t pran souf, pou sa li te youn nan fanm ayisyen ki te resevwa plis lwanj ak konpliman pandan l vivan, li tèlman resevwa rekonesans ak pri nou pa ka site tout.

Kòm yon gwo militan feminis, li te batay pou kòz ak vizibilite fanm ayisyen nan ekriti lepi nan pratik li. Depi byen bonè, li te refize kontrent ki te baze sou klas ak sèks, li te toujou vle aprann—e papa ak manman l te ankouraje l—yon atitid ki te ale pi lwen pase jan sosyete a te konsidere jenn fanm nan klas pa l la. Sa te pèmèt li devlope yon fòs entelektyèl tout moun te ka rekonèt.

Nan yon entèvyou sou sit *Île en île* Thomas Spear la, Poujol Oriol sonje jan boukinis yo te konn eseye dirije l pou l pran yon literati ki pi senp tèlman yo te sezi wè gwo pasyon li te genyen pou klasik franse yo. Lide sosyete a toujou bay fanm yo mwens valè e panse fanm yo te dwe envizib, te motive l anpil nan aksyon li te fè nan vi l.

Nan divès mannyè, Poujol Oriol te alafwa yon prodwi anvironnman sosyoekonomik privilejye li a epi yon defi pou kontrent li yo. Li te vizib anpil menm jan li te angaje nan lemonn, li te ensiste pou l kenbe non pa l lè l te marye, li fè de timoun, divòse epi marye ankò—nan yon epòk lè pratik sa yo (kenbe non ou, divòse, remarye) pa t twò aksepte ann Ayiti. Pandan tout tan sa a, li te kontinye ak aktivite atistik ak sosyal li yo.

An 1950, li te vin manm Ligue Féminine d'Action Sociale (Lig Fanm pou Aksyon Sosyal)—òganizasyon ki te fonde an 1934 pou ede dwa fanm avanse ann Ayiti. Li te sèvi kòm prezidan Lig la apati 1997 pou jouk li mouri. Li te yon manm fondatris plizyè asosyasyon fanm tou, tankou l'Alliance des Femmes Haïtiennes (Alyans Fanm Ayisyen), yon platfòm òganizasyonèl ki kowòdone plis pase senkant gwoup fanm.

Sosyològ ayisyen ak pwofesè Baruch College, Carolle Charles te rankontre Poujol Oriol an 2005 nan konferans Karayib ak Amerik Latin sou fanm ak sitwayennte. Li sonje l kòm « yon òganizatris feminis [ki] te konnen frajilite enstitisyon ayisyen yo, kidonk li te bay nouvo òganizasyon fanm yo anpil sipò. » Se ENFOFANM, sèl sant rechèch feminis Ayiti ke Myriam Merlet te dirije—youn nan kat feminis tout moun te konnen ki te peri nan tranblemanntè 2010 la—ki te òganize rankont sa a. Nan konferans lan, Paulette Poujol Oriol, manm konsèy direksyon ENFOFANM te resevwa yon rekonpans pou tou sa li te akonpli pandan vil, pou kontribisyon l nan mouvman fanm ann Ayiti a. Charles di nou : « Li pa t fè ankenn konpwomi nan nivo angajman l nan mouvman fanm lan. »

Ann Ayiti sèjousi, ak dezyèm tou eleksyon yo ki konteste epi retou ansyen prezidan egzile Jean-Bertrand Aristide, lanmò Paulette Poujol Oriol pa resevwa tout atansyon l merite. Li te yon manman entelektyèl pou santenn etidyan ki te renmen l ; yo te rele l Manmi. Li kite dèyè l, bon pitit gason l, Georges Michel, ki doktè k ap viv ann Ayiti ak pitit fi li, Claudine Michel, pwofesè etid nwa ak edikasyon nan Inivèsite Kalifòni nan Santa Barbara. Jounal Ayiti, *Le Nouvelliste* site pitit gason l ki di « Li te gen anpil pwojè (teyat, woman) [li t ap travay sou yo]. Menm nan laj li, li te kontinye ekri. »

Poujol Oriol te enspire plizyè jenerasyon ekriven, atis ak militan feminis ayisyen. Charles reprann yon pwovèb popilè ayisyen pou l di, « li te soti nan yon ti peyi, men yon gwo nasyon. » Apre sa li ajoute yon pawòl ki tounen nan lòt anons lanmò li yo : « Li te kanpe kont enjistis ak inegalite. Se te yon kokenn poto mitan. »[60]

24

Klik ! Lave vesèl ak rèv « rock 'n' roll » mwen

1 avril 2011 / *Ms. magazine blog*

Nou te nan ane 1980 yo. M te yon timoun dwòl. Mwen te renmen Tina Turner, Pat Benatar, Cyndi Lauper, Eurythmics, U2 ak Rolling Stones yo. Rèv mwen se te pou m vin yon vedèt « rock. » Papa m te vle m lave asyèt.

Si ou te mande m nan epòk sa a si m te yon feminis, m t ap pwobableman di ou sispann met etikèt sou mwen epi m t ap fè yon jès malelve (*up yours* se te repons mwen te pi renmen bay la, men si m te toujou ap aprann angle). Dayè, a laj sa a, mwen patko reflechi anpil sou mo feminis la. Rebobinen.

Nou te migre sot Ayiti an 1978. Ane 80 yo te yon tan difisil pou yon moun idantifye tèt li kòm Ayisyen Ozetazini. Kijan oubyen poukisa nou te rive pa t gen enpòtans, yo te konsidere nou swa kòm botpipòl swa kòm moun k ap pote SIDA. CDC a te make nou kòm youn nan 4 H yo—ak emofilyak, gasonmakòmè ak moun ki t ap sèvi ak eroyin. Mo Ayisyen an te vin egal adjektif tankou sal, santi, ak lòt ankò. Mwen te gen yon gwo aksan, kou m ouvri bouch mwen yo te konn kote m sòti. Yo te toumante m epi tizònnen m pandan plizyè ane, donk mwen te toujou sou defansif, menm si pou sèten pwen, mwen t ap kite Ayiti mwen te konnen an dèyè.

Anplis pwoblèm ki te gen lekòl la, lakay la, paran m te konnen yo t ap pèdi batay la. Nan anpil fason, migrasyon pi fasil pou timoun yo, ki arive adapte yo malgre mechanste kamarad yo. Mwen pa ka konte kantite fwa m tande paran m di peyi sa a fini ak pitit yo. Mwen te grandi ann Ayiti ak entansyon pou m te vin fè mè ; sa pa t fè pèsonn sezi paske mwen te lekòl kay Anne-Marie Javouhey, yon lekòl misyonè katolik franse. Men, Ozetazini, mwen te reve monte sou sèn avèk yon mikro nan men m.

Nan ti lagè ki t ap pase lakay yo, mwen te defye restriksyon klas ak legliz te gen pou fi lè mwen te refize obeyi manman ki t ap ensiste pou m mete yon wòb. « Poukisa ? Poukisa ? Poukisa ? » Mwen pa t sispann poze l kesyon sa a. Li te tounen yon gwo batay. Mwen sonje m te di, « Si Bondye wè m toutouni, poukisa m pa ka met pantalon ? » Klik !

Mwen pa t ap swiv senaryo a. Lè m t ap grandi yo te montre bon tifi ayisyen te kite kay la sèlman lè yo ta pral marye. Si yo te al etidye, yo pa t chwazi yon lekòl nan vil peche a (Nouyòk). Men se egzakteman la menm m te vle ale. Ki lòt kote ou kapab lanse w nan yon karyè chantè ? Natirèlman, mwen te nayif.

Pandan m t ap viv Nouyòk, li te vin klè pou mwen te gen twòp tifi nwa ki te vle vin chantè. M te kòmanse konprann gwoup gason blan yo—Bono, Mick—se yo menm sèl ki te ka fè sa yo vle. Chantè mwen te fanatik yo, sitou fanm blanch, t ap batay kont seksis. Se Tina Turner sèl ki te genyen kòm fanm nwa nan *rock 'n' roll,* e li t ap batay kont rasis. Klik ! Kote sa te kite m menm ? Ti fi po nwa. Klik ! Ti janm kout. Klik ankò ! Ti jeni. Klik Klik Klik ! Epi Ayisyen. Klik kat fwa !

Epi te gen gwo batay sou vesèl la. Fanmi mwen te kite New Jersey pou yo te ale Maryland. Mwen te refize ale. Se te sèl mwen ak Papa ki te ret nan apatman an pou kèk mwa. Mwen te konn tounen sot lavil pou m jwenn yon pil asyèt nan evye a. Yo te kòmanse fè kwout paske mwen te sèlman lave sa m te itilize yo. Nou te fè yon gwo kont. Papa te di m te oblije fè vesèl. Kòm mwen pa t gen pwoblèm fè lòt travay nan kay la, mwen te mande l poukisa. « Ou se tifi, » li di m. « Epi ? » Mwen reponn. « Manman ou lave vesèl, » li di m. « Mwen pa madanm ou, » mwen reponn. « Nou pa gen kontra. E menm li menm pa ta dwe oblije lave asyèt ou. »

Natirèlman sa te fè nou lenmi pandan kèk semenn.

Repons konsa t ap sòti nan bouch mwen tout tan. Yo pa t sanble pawòl ayisyen epi yo te vin make m kòm yon moun ki pa kapab fèmen bouch li epi ki sousye l konsekans repons li bay. Klik ! Silans se yon estrikti pouvwa. Klik !

Kèk ane apre, nan « Papa, Patriyaka ak Pouvwa, » mwen t ap ekri sou sa, m t ap rann mwen kont ke se tout klik ak chòk kiltirèl sa yo ki eksplike poukisa mwen idantifye tèt mwen kòm yon feminis ak fyète jounen jodi a e pa kòm yon « womanist. » Men, sa se yon lòt istwa.

25

Constant Pòt drapo Ayiti ki pi djanm lan

14 avril 2011 / *Huffington Post* @ 1:44 p.m.

Tout bon vre, Myrlande Constant se pòt drapo Ayiti ki pi djanm lan. Yon fabrikan drapo vodou[61] k ap rafine teknik li depi de dènye deseni yo, se ironik pi fò moun pa konn egzistans Constant, alòske travay li, ak pèsonalite l dinamik anpil.

Brown University korije sitirasyon sa a lè l fè pyonye sa a parèt aklè nan « Rekadre Ayiti : A, Istwa ak Pèfòmativite, » yon seri ekspozisyon, atelye ak konferans ke ekriven ayisyano-ameriken an Edwidge Danticat, ki se yon ansyen etidyan Brown, klotire 21 avril Pwojè a ki fèt an kolaborasyon ak Rhode Island School of Design epi Waterloo Center for the Arts—pi gwo koleksyon piblik ayisyen Ozetazini—ofri abitan Nouvèl Angletè yo yon apèsi ki te nesesè sou repiblik ki fraktire a. Selon Anthony Bogues, pwofesè Fanmi Harmon etid Afriken epi kokonsèvatè ekspozisyon an, « Ekspozisyon an kòmanse ak lide ke pase a bay ni prezan an ni direksyon avni a fòm. Nou vle prezante yon lòt istwa sou Ayiti ki defye prejije istorik ak kontanporen. »

Pami aktivite yo, gen anpil konferans ak panèl chèchè epi atis prezante sou kesyon pòs-seyis ki nan aktyalite a. Manm fondatè kolektif atistik ayisyen an, Atis Rezistans[62], soti Ayiti epi rezide pou yon ti tan nan inivèsite a ansanm ak atis kontanporen Ayisyen yo pi konnen an, Edouard Duval-Carrié. Constant, ki te sot Ayiti te fè pandan pasaj li kòm atis envite yon atelye twa jou pou manm kominote a ki te enterese, soti 5 pou rive 8 avril. Ekspozisyon drapo a ba nou chans pou rankontre youn nan pi gwo talan peyi a ke anpil moun pa konnen.

Constant ki fèt an 1970, se yon moun ki aprann fè drapo pou kò l. Talan li gen rasin nan konpetans li kòm koutiyè ak teknik pèlaj manman l te montre l lè l te timoun. Pandan adolesans li, toulede t ap travay nan yon faktori pou fè rad maryaj. Istwa antre l nan inivè fè drapò a mare ak istwa liberasyon tèt li, ki jan l sòti nan travay eksplwatasyon faktori a. Nan yon dyalòg piblik mwen te fè avè l mèkredi pase, Constant te sonje jan li te kite travay li nan faktori a akòz yon diskisyon sou konpansasyon travayè. Lè manman l ki t ap travay nan faktori a toujou mande l sa li ta pral fè, li te reponn li pa t konnen. Apre sa li te trouve l ki t ap trase chema pou sa k t ap vin premye drapo l, yon omaj pou Danbala. Se chantè ak chèf djaz RAM, Richard Morse, pwopriyetè Otèl Olofson, ki te achte l. Drapo a toujou kwoke nan otèl la.

Sa ki diferansye l de lòt moun k ap fè drapo yo (tout se gason) se ke l travay ak pèl ki solid epi won epi ki gen fòm silenn olye payèt tou plat lòt atis yo itilize. Katherine Smith, ki se istoryen a ki te prepare pwojè a ansanm ak Bogues epi Karen Allen Baxter, bay kòmantè sa a sou inovasyon Constant an, « entwodiksyon teknik pèl li fè a revolisyone tradisyon [fè drapo] a. »

Vrèman vre, zèv ak enpak Constant an parèt aklè nan ekspozisyon drapo nan teyat Rites and Reason Brown lan. Pi lwen, Smith deklare : « Nou poko rekonèt kòmsadwa enfliyans Constant sou yon jenerasyon atis pandan vent an ki sot pase yo. Mwen te konnen Constant ak lòt atis drapo Pòtoprens pandan plizyè ane, ladan yo anpil nan ansyen apranti l yo. Men, se lè mwen ak Constant te rantre nan galri drapo vodou yo la a nan Brown ke enpòtans eritaj ansèyman l lan te vrèman frape m. Drapo vodou yo ap jwi yon kalite renesans depi dizan, y ap epanwi ak nouvo developman onivo fòm ak kontni yo. Se pa yon egzajerasyon pou di ke prèske tout atis k ap pote yon chanjman ekstraòdinè nan drapo yo te jwenn fòmasyon nan men Constant oubyen etidyan li yo. »

Nan ti inivè piti komèsan a ak koleksyonè prive, yo konnen Constant kòm yon moun ki toujou ap pouse limit fòm lan nan yon fason odasye. Epitou, depi lè li te aksepte talan li a, li te kòmanse fè drapo imans. Genyen nan travay sa yo ki pi wo pase sis pye. Pou atelye Brown la, li te vini ak de zèv ki te prèske fini (youn pou Danbala, yon sijè ki toujou retounen ak youn pou Gede) ki pa t fè pati ekspozisyon an. Pi gwo a, 8 x 5 pye, te mande yon asistans byen kontwole douz travayè pandan twa mwa.

« Mwen gen yon lòt lakay ki menm pi gwo pase de sa yo. M ap travay sou li depi plizyè ane, » li di. Constant motive pou li kreye drapo ki pi gran pase lavi, li bay yo menm atansyon pou ti detay yon atispent ta genyen. Ofèt, li vle fè drapo ki gwosè yon miray. Lè m mande l kisa ki motive l ? Li reponn li santi l oblije mete tout sa l konnen sou sijè a. « Mwen se tankou yon pwofesè lekòl, yon pwofesè k ap bay elèv leson. Fò m mete tout bagay. Fò m di yo tout bagay mwen konnen, bay yo tout enfòmasyon mwen genyen pou chanje yo. »

Kalite atistik Myrlande Constant ak jan li asosye lespri yo nan travay fè drapo yo, se yon edikasyon pou kont pa l, lè nou konsidere fason istorik yo dyabolize vodou epi jan li rete yon boukemisè pou pwoblèm Ayiti. Li klere relijyon an ak bèlte li mete nan fòm atistik li yo, ki fè nou kapab wè l kòm pòtdrapo Ayiti ki pi djanm lan.

26

Ochan pou feminis ayisyen Yolette Jeanty
ansanm ak lòt militan fanm nan lemonn

28 avril 2011 / *Ms. magazine blog*

Ou gen dwa pa konnen non feminis ayisyen, Yolette Jeanty, men yo te rekonèt travay san pran souf li a kòmsadwa lòt jou. Kòm direktè egzekitif Kay Fanm—yon òganizasyon ki gen kòm misyon pou l batay pou jistis sosyal ak dwa fanm—Jeanty ap defann dwa fanm ak fi, epi ankouraje yo pandan plizyè deseni.

Madi pase, 26 avril, nan setyèm seremoni pou remèt pri anyèl la, Global Women's Rights Awards, Fondasyon Feminist Majority a te onore Jeanty ak twa lòt militan feminis, ladan yo Sunita Viswanath, fondatris Women for Afghan Women ; Renée Montagne, ko-prezantatris emisyon NPR la, *Morning Edition ;* epi Aung San Suu Kyi, lidè mouvman demokrasi Bimani a ak loreya pri Nobèl Lapè a.

Pri Eleanor Roosevelt yo te bay fanm sa yo se yon pri yo bay « chak ane bay kèk endividi yo chwazi pou kontribisyon enpòtan yo fè—souvan yo jwenn anpil defi e yo pran gwo risk pèsonèl—pou fè avanse dwa fanm ak tifi epi pou sansibilize plis moun sou enjistis fanm sibi akòz jan yo. » Pami ansyen loreya yo, nou kapab site Laurie David, yon militan pou environnman an epi pwodiktris *An Inconvenient Truth* ; Dolores Huerta, militan dwa moun ak ko fondatris United Farm Workers (inyon travayè agrikòl) ; Jody Williams, kowòdonatris kanpay entènasyonal pou entèdi min terès, li te resevwa pri Nobèl lapè a tou ; epi Gloria Steinem, ko fondatris revi *Ms.* la, yon feminis fawouch.

Pandan seremoni a, se Mavis ak Jay Leno ki te prezide l ansanm ak Eleanor Smeal, Jeanty te pale sou difikilte ti ONG fanm ap dirije, tankou Kay Fanm, rankontre. Nan diskisyon panèl ki te met fen nan aktivite sware a, Kathy Spillar, editris egzekitiv revi *Ms.* magazine ak vis prezidan egzekitif Fondasyon Feminist Majority te mande Jeanty ak ensistans poukisa se ti pousantaj sa a ki rive jwenn òganizasyon debaz yo nan kantite milya dola yo te ranmase pou viktim tranblemanntè a—lè yo rive jwenn kichoy.

Repons Jeanty te montre entèkoneksyon konplike ki genyen ant souverennte Ayiti ki pa byen chita ak distribisyon fon entènasyonal yo, epi jan sa anpeche Ayisyen jwe yon pi gwo wòl nan pwòp zafè pa yo.

> Pi gwo pati nan kòb la te al jwenn gwo ONG yo oubyen se CIRH (Komite Entènasyonal pou rekonstriksyon Ayiti) Bill Clinton ap dirije a k ap distribye l. Se plis etranje k ap pran desizyon yo. [Nou oblije jere] (1) Moun ki panse Ayisyen pa kapab fè pou tèt nou, donk y ap fè pou nou ; (2) Sa ki la sèlman pou ranpli pòch yo oubyen (3) Sa ki gen anpil bon entansyon, men ki pa gen okenn konesans teren an. Pandan dènye ane a, Kay Fanm ap travay pou bay kolaboratè etranje nou yo edikasyon sitou sou reyalite yo sou teren a, epi nou mande yo met presyon sou gouvènman yo pou chanje jan bagay yo ap fèt.

Kòm mwen t ap jwe wòl tradiktris li, mwen te gen chans pale plis avèk Jeanty. Nou te diskite kesyon difisil enpak repòtaj medya ak repòtaj feminis tou lè yo chita sèlman sou vyolans ki baze sou kesyon jan an ak kadejak ann Ayiti. Toutbon, nan ane ki sot pase a, depi premye rapò Madre a sou kadejak nan kan yo ann Ayiti, kesyon sa a kontinye jwenn anpil atansyon. Jeanty pè lòt pwoblèm k ap kontinye, tankou zak bat fanm ak lòt vyolans domestik—pousantaj la pi wo pase ka kadejak yo—ap majinalize. Depi seyis la, pwostitisyon ogmante anpil, men yo pa pale de sa a. Sa ki pi grav la, yo pase akote pwoblèm estriktirèl, sosyal, ekonomik ak politik ki alabaz tandans pou vyolans la. Li di : « [Jan sa a], atansyon sa a ap ipoteke efò nou. Travay nou fè pandan plizyè ane. Kadejak ak vyolans baze sou jan egziste depi lontan anvan tranblemanntè a. Se pa yon fenomèn nouvo. Nenpòt kote ki gen boulvèsman politik, se sou kò fanm yo fè batay la. Nan tan kriz, li ogmante tout kote. Sitiyasyon pou fanm ayisyen yo pa diferan. . . . Pi mal toujou, tout anfaz sa a fè dìtò nan fason li reprezante Ayisyen sèlman kòm predatè ak viktim. »

Rekonesans sa a ki atire atansyon sou Jeanty ak travay Kay Fanm pa t ka rive pi bon lè. Òganizasyon an poko fin reprann li apre gwo bak li fè apre tranblemanntè a, gen manm fondatè ak alye ki mouri, kay la efondre, li poko rekonstwi. Kay Fanm kontinye ap batay pou l ofri abri, ansanm ak asistans medikal ak legal bay fi ak fanm ki nan bezwen.

Malgre Kay Fanm pa ofri avòtman, dènyèman, òganizasyon an te tonbe viktim vag anti-avòtman an ki menase finansman sante fanm tout kote sou latè. Pi bonè nan mwa sa a, yo pèdi sipò finansye Devlopman ak Lapè Kanada ki te bay yo sipò pou plis pase ventan. Oganizasyon kanadyen an te bat ba anba presyon Konferans Kanadyen Evèk Kanadyen ki te mande pou yo sispann bay tout òganizasyon ki p ap batay kont avòtman yo kòb.

Jeanty swete ke pri sa a ap ouvri pòt pou Kay Fanm Ozetazini pou travay an solidarite ak lòt patnè, sitou lòt òganizasyon feminis ki gen menm detèminasyon avèk yo pou genyen batay pou egalite dwa fanm ak emansipasyon yo.

27

Enpòtans kontèks Jounalis ak Ayiti

8 jiyè 2011 / *Ms. magazine blog*

Nan kòmansman semenn sa a, blòg Ms. la te fè yon entèvyou ak jounalis Mac McClelland sou atik li ekri sou fason li te jere SSPT (sendwòm strès pòs twoma) apre li te al fè repòtaj ann Ayiti. Youn nan blògè Ms. nou yo te vle bay opinyon pa l sou istwa plen kontwovès sa a.

Kòm antwopològ ki ekri anpil sou vyolans baze sou jan ann Ayiti ak reprezantasyon peyi a, mwen swiv kontrovès Mac McClelland la ak anpil enterè.

McClelland, yon jounalis pou *Mother Jones,* ekri istwa pèsonèl li lòt jou pou revi GOOD sou jan li te soufri ak SSPT apre l te temwen jan yon fanm ayisyen ki te sibi yon kadejak kolektif te pa t kapab kontwole emosyon li. Sa ki te pi pwovokan nan istwa a te chita nan tit la : « M ap bezwen ou batay avè m sou kesyon sa : kijan yon rapò seksyèl vyolan te ede soulaje SSPT m. »

Paske m kwè jan yon moun jere twoma se yon pwosesis ki sibjektif anpil, mwen pa t mete an kesyon metòd li chwazi pou geri a. Nou pa bezwen jije l. Dayè, gen anpil bagay ki ekri deja sou fantas kadejak kay fanm, pou kòmanse, travay pyonye Nancy Friday ki kontrovèse. Jounalis sa a pa eksepsyonèl nan sans sa a. Men, diferans lan se ke li te refize kache epi te chwazi pou l ekspoze anvi l an piblik, li te prezante l tankou yon remèd pou soufrans mantal li epi bezwen li te genyen pou l santi li reprann kontròl.

Men, tèks li a—ansanm ak repons ni kritik ni sipòte yo ba li—revele anpil bagay sou dezòd ki genyen nan zafè ras, klas ak sèks, epi montre nou yon fwa ankò jan pèsepsyon moun sou Ayiti pa bon an jeneral.

McClelland ensiste nan tèks sa a, li pa t gen entansyon afekte byenèt kote lap ekri sou li a, menm jan ak nan lòt tèks li. Li di pito, esè konfesyonèl sa a te santre sou jan li te tonbe nan yon twou san fon, jan li te rive tounen epi ki jan li siviv pou l rakonte istwa a. Eske mwen reproche laksan li met sou tèt li a ? Non. Men mwen konprann kritik yo tou yo fè lakòz itilizasyon li fè de Ayiti a kòm yon senp paravan, tankou jounalis ayisyen Marjorie Valbrun ki fè l sonje ke « sa kap pase ann Ayiti a pa chita sou ou. »

Valbrun kritike jounalis blan an jeneral, ak McClelland an patikilye pou yon atitid « podyab mwen » ki kache pi gwo pwoblèm yo rankontre pandan y ap fè travay yo. Ayiti, tankou lòt peyi ki gen pwoblèm, tounen senp sèn nan yon senaryo Hollywood ke nou konnen twò byen. Kesyon « sèvi ak » Ayiti sa a te soulve nan yon lèt bay editris GOOD la, ki te pibliye sou Jezebel.com. Se trannsis jounalis fanm ak chèchè (Valbrun ladan l) ki gen anpil eksperyans sou Ayiti te mete ansanm pou yo siyen l. Ekriven yo te sitou kritike McClelland pase li pa t konsidere kontèks la ase.

Nou respekte fondalnatal istwa Ms. McClelland la, ki se kijan li viv yon twoma e jan li te itilize seksyalite kòm yon bon mwayen pou l jere l. Atik li a mande pou n bay konpleksite kadejak la plis atansyon, sa se yon bagay ki nesesè anpil. Men nou panse jan li sèvi ak Ayiti kòm paravan pou istwa sa a fèt yon fason sansasyonèl ak iresponsab.

Jan li sèvi ak Ayiti a fè repiblik la tounen yon viktim pwosesis gerizon li. Lè Valbrun te kritike McClelland ankò, nan « Haiti Made Me Do It » (« Ayiti ki fè m fè sa ») sou *TheRoot.com,* li te dekode fason jounalise la « blame » Ayiti pou twoma li a. McClelland prezante Ayiti kòm koupab la paske se la li te fè eksperyans lan—sitou lè li wè fanm ki te siviv kadejak kolektif la pèdi tèt li—se sa ki te provoke troma l ak fantas kadejak yo lakay li. Jan Valbrun di l :

[McClelland dekri] « gang kadejakè yo tankou mons » k ap pwomennen nan kan tant yo kote viktim tranblemanntè yo ki pa gen kay yo rete. Vrèman vre, kadejak nan kan yo se yon reyalite trajik Ayiti pòs seyis la, men li prezante yon pòtre Ayiti kòm yon kote gason ap mache tankou sovaj pou yo fè kadejak. Sa pa gen enpòtans si se de kapital la sèlman l ap pale, yon kote ki anvan seyis la te gen vè twa milyon rezidan ladan l, alòske tout peyi gen di milyon moun ladan l.

Ann imajine pou yon moman ke ensidan sa a te fèt Stokòm. Eleman pwovokatè ki bay istwa McClelland la yon sèten kouraj ak stil pa t ap gen ankenn sans, paske tout moun konn Laswèd kòm yon peyi pezib epi ki toleran nan zafè seksyèl, kote moun obeyi lalwa. Alòske, yo konsidere Ayiti kòm yon kote fè nwa, ki plen dezòd, kote move bagay toujou rive.

McClelland pa mansyone nan tèks li fèk ekri a ke nan moman ensiden an (septanm 2010), li te voye « tweet » sou ensiden an pandan li t ap pase a, li te menm revele non moun ki te sibi kadejak la nan premye « tweet » li yo. *Mother Jones* te revoye « tweet » yo, men li te enprime sèlman inisyal viktim la, li te dekri l kòm yon « repòtaj nan tan reyèl. » Nan rapò detaye McClelland fè sou moman sa a, ou ka prèske santi adrenalin lan, men kiyès ki viktim lan ? Anplis lòt kritik, jounalis parèy McClelland fè l repwòch sou kesyon konsantman, pwoteksyon sous epi etik jounalis, sitou nan nouvo medya yo. (Pou yon repons kritik « tweet » sa yo, wè tèks Jina Moore yo ki se yon jounalis ak prodiktè : « Eske nou ta dwe voye 'tweet' sou kadejak ? » ak « Kèk lide sou 'tweet' ak kadejak. »)

Eske m panse kritik McClelland yo fè l tounen yon boukemisè ? Wi. Li pa ditou premye jounalis ki montre Ayiti tankou yon kote ki fè nwa e plen dezòd ; e se pa li k ap dènye a, jan yon kolèg li, Ansel Herz te ekri nan defans li. Mwen dakò nèt ak sa a (pa egzanp, jounalis Amy Wilentz k ap travay depi lontan, epi ki te siyen lèt *Jezebel.com* lan, te ekri yon atik pou *New York Times* sa pa gen twò lontan kote li te sèvi ak metafò ki fè konprann Ayiti se yon pil kaka.) Men èske nou ta dwe padone McClelland paske, jan li di, sa a se pa t yon tèks sou Ayiti, men yon tèks sou pwoblèm pèsonèl pa l ? Pa ditou.

Ann otòn, mwen pral anseye yon seminè sou antwopoloji refleksif ki rele « Pi lwen pase mwen, mwen, mwen, » e m pa ka anpeche m panse tèks McClelland la kapab sèvi kòm egzanp pou nou diskite. Se vre se yon tèks jounalis, pa antwopoloji, men nou kapab wè tèks li tankou youn ki bliye kontèks sosyal la pandan li sèlman konsantre sou esperyans pèsonèl moun lan pandan lap etidye kilti. Nan antwpoloji, nou kritike kalite travay sa yo tankou yon aktivite « gade-lonbrit, » ki pa sèvi okenn objektif ki pi gran pase sa a. Pou nou jis, fò nou di McClelland, kòm jounalis pote limyè sou yon pi gwo dilèm tout jounalis fanm kapab rankontre nan sitirasyon danjere—entimidasyon seksyèl ak agresyon, men apa sa, esè li a se « mwen, mwen, mwen. »

Antwopoloji refleksif enpòtan paske li mande pou yon apwòch otokritik epi oto-refleksiv ki gade relasyon pouvwa ki egziste sou teren an. Vrèman vre, anpil nan premye chèchè yo te trete « sous » yo tankou se sa yo te ye menm—sous enfòmasyon olye moun tankou tout moun. Gochis, feminis ak lòt minorite ki te vle dekolonize disiplin la te kritike sa, ansanm ak ton enteresan nou jwenn nan anpil travay premye antwopològ yo. (Kesyon sa yo nan kè premye liv mwen an.) Li difisil pou nou pa wè ton enteresant sa a nan tèks McClelland la, kote li montre l ap soufri men l ap kontinye malgre vyolans ak gason predatè li rankontre yo. Nan sans sa a, Ayiti vin tounen dènyè frontyè a ; li pa gen anyen pou wè ak moun yo ankò, ni ak kesyon dwa moun. Li tounen jis yon lòt tè pou n konkeri.

Elspeth Reeve, yon jounalis *The Atlantic Wire* epi yon lòt patizan Mc-Clelland ta vle nou kwè moun k ap kritike McClelland yo parapòa Ayiti twò siseptib. Jan li di l, pou kritik yo, « pa gen pwoblèm pou w mete yon kadejak an sèn, annik pa rele Ayiti yon twou lanfè. » Pou ranfòse agiman l fè, ke Ayiti *toujou* yon vye kote, tèks li a gen ladan l kèk foto tant an mo-vèzeta nan yon kan refijye ayisyen ak nèg ak zam.

Vrèman, nou pa bezwen we lòt foto sou Ayiti. Tout moun konnen, tout moun dakò Goudougoudou kraze yon peyi ki te deja fraktire ki deja pa t gen anpil enfrastrikti, oubyen pa ditou. Nan zòn ki te afekte yo, gen twòp pwoblèm ki poko rezoud. Grangou ak kolera kontinye fè ravaj. Leta prèske pa fonksonye pandan ONG ap fè lalwa, men yo pa pote solisyon. Nou pa ta dwe gade Ayiti kòmsi li egal kondisyon li, men san vyolans, gang ak kadejak, pa gen istwa sou Ayiti. Epi san stati nou kòm viktim, nou menm Ayisyen pa gen alye. Se la a pi gwo dilèm nou chita.

Akòz mizè gouvènman an, moun ann Ayiti oblije konte sou ògani-zasyon ki monte youn kont lòt (onivo lokal ak mondyal) pou resous. Do-menn vyolans ki baze sou kesyon jan konpetitif tou, sa ki debouche sou yon sistèm valè ki baze sou yon yerachi malè : Plis istwa a malouk, plis atansyon l ap resevwa, epi plis gen chans pou viktim nan istwa rive jwenn nan resous ki limite yo. Òganizasyon ayisyen ki pwogresis gen pwoblèm paske yo *refize* depann sou ONG etranje. Yo pa menm kontakte yo, pase patenarya nan biznis èd la se yon jan pou di « depi se nou ki gen kòb la, *se nou ki detèmine solisyon yo.* »

M te ka di plis toujou, men m ap rete la. Sof pou yon sèl bagay ankò : Depi istwa sa a pete, kesyon reprezantasyon Ayiti a tounen yon kesyon santral pandan twoma fi McClelland rele « Sybille » la tonbe akote. Si m gen senpati pou twoma McClelland te sibi a, mwen pa ka anpeche m sonje « Sybille »—fanm ki, jan nou vin aprann li *pa t vle* yo rakonte istwa l, ni sou « tweet » ni nan yon atik. Ofèt, selon ekriven ayisyano-ameriken Edwidge Danticat (youn nan trannsis yo tou), « Sibylle » te ekri yon lèt protestasyon bay McClelland. (Donk, non Pandora Young, 'jouno femèl politikman korèk' yo—jan ou rele yo sou FISHBOWLLA- *pa t ap* fè kò kont eseyis SSTD a, » men pito yo t ap pran pou « Sybille » sa a ak lòt tankou l.)

Pou mwen, moman sa a mete sou tab la kesyon aksè ak pouvwa jounalis yo : Kiyès ki gen dwa rakonte istwa yon lòt moun ? Kijan ? Epi kisa ki pase lè sijè a reponn ?

Konvèsasyon ki vin fèt apre esè a sa a enpòtan e yo te dwe fèt deja. Moun resi ap pale sou wòl alye Ayiti yo—kijan yo wè, kijan yo reprezante Ayisyen ? Mòd konvèsasyon sa yo gen tandans ret dèyè pòt fèmen, kote yo kapab an plis sekirite, men kounye a yo nan espas piblik la. E nou tout pa dakò sou tout bagay, men nout tout konsène sou kesyon dwa nou. San diskisyon sa yo, tansyon ki pa pale yo menase ranfòse pwoblèm nou tout ap chache rezoud yo. Diskisyon sa yo se yon premye pa esansyèl pou nou rive nan yon travay solidarite ki efikas. Espwa mwen se ke nou gen kouraj ale pi lwen pase etap sa a, pou nou fè pi gwo konvèsasyon an : konvèsasyon sou solisyon an. Ayiti vrèman bezwen yon espas ki pa gen patipri, kote tout kalite Ayisyen, ansanm ak alye ki angaje yo kapab travay ansanm pou rasanble, evalye epi analize seryezman vyolans ki baze sou jan nan peyi a. Apre sa, nou ka pase nan pwochen stad la ki se konsidere pwoblèm lan kolektivman epi rive elimine l.

TWAZYÈM PATI
YON OBLIGASYON SPIRITYÈL

28

Tanp fraktire Vodou dezan apre seyis la

12 janvye 2012 / *Tikkun Daily*

Pratikan vodou ki sot tout kote nan dyaspora afriken an te vwayaje al Benin (ansyen Dawome), kote relijyon an te fèt, semenn sa a pou yo patisipe nan sa yo rele Jounen Entènasyonal Vodou. Festival lapriyè, jete dlo, sakrifis ak lòt rityèl ki fèt 10 janvye sa a se rankont vodou ki pi ennpòtan nan lemonn.

Kòm yon Ayisyen-Ameriken, mwen pa ka anpeche m reflechi sou pati afriken eritaj nou sa a nan nouvo monn lan, sitou pandan moun—ki sèl konesans yo genyen sou li se imaj popilè ki gen tandans makab—ap pede pale l mal. Nou menm ki rekonèt epi respekte konpleksite vodou konnen nou oblije defann li paske relijyon an rete prizonye stereyotip ; li difisil pou detwi mit ki mare ak jewopolitik epi ki chita sou sansasyonalis.

Lè m te timoun ki t ap grandi Ayiti, m pa t gen okenn lide sou sa yo rele « voodoo » Ozetazini. Ofèt, menm mo pi kòrèk la, vodou, pa t nan vokabilè m. Nou te rele « sèvi lwa yo » tradisyon kèk manm nan fanmi m te swiv. Menm fraz sa a se pa t yon bagay nou te di souvan, paske angajman nou te plis nan pratik chak jou ke nan chache non. Sèvi te vle di viv nan yon monn kote sakre ak pwofàn te mele. Donk se te yon bagay nòmal pou wè granmoun jete dlo oswa kafe twa fwa atè a lè yo leve nan maten, anvan menm yo pale youn ak lòt. Oubyen gendefwa, yo te kouri al nan latrin, mwen te aprann pita, pou jete move rèv ki pa dwe pale pou detounen move entansyon yo epi anpeche yo rantre nan kay la. Aksyon sa yo ak lòt zak konsyan rejè sichik te montre mwen sèvi lwa yo se te sitou yon zafè kominyon ak pwoteksyon.

Lè te gen pwoblèm, lwa yo te parèt pou ofri konsèy. Sa pa t etone nou, mo kreyòl *granmoun* ak *zansèt* sèvi tou pou *lwa* yo.[63] Nou rele yo pou yo ofri gerizon sèlman lè nou fin eseye tout lòt apwòch. Prezans yo pou kont pa l souvan kapab pote lòd nan yon sitiyasyon kawotik paske akòz respè, granmoun dwe bese tèt devan lwa yo. Lè yo pa t fè l, te gen konsekans. Nan sans sa a sèvitè[64] yo, moun ki aksepte lwa yo, te fè l ak yon soumisyon ki te yon jan sanble rankont ant nen ak jeyan oubyen Lilipisyen nan mitan Brobdingnag.

Se sèten, tankou tout relijyon, vodou gen ekstrèm li. Gen sosyete sekrè ki gen pwòp sistèm gouvènans pa yo ak pratik rityèl ak sakrifis ki ka parèt sireyalis.

Pou mwen, monn lespri a se te toujou yon monn mèveye. Mwen gen sa m pito yo, Ogou, lwa gèrye a—se imaj Sen Jak ki reprezante l—ki kenbe yon manchèt oubyen yon epe tankou yon ekspè nan zafè batay. Si yon moun bezwen yon gadikò, yo ka konte sou Ogou. Li renye sou pouvwa. Gen moun ki di li kapab menn ranvèse pwazon. Li renmen fanm. Nou kapab onore li lè nou abiye an wouj epi ofri diri ak pwa, oubyen yanm. Gede se lwa lavi ak lanmò, li renmen pase moun nan betiz, li fè granmoun yo malalèz ak pil betiz li yo ki twò vilgè pou zorèy timoun lekòl. Sa ka parèt yon jan komik men se li ki pwoteje tout timoun. Kleren ak piman se de bagay li renmen anpil. Ezili Freda se sa k bèl la. Li prefere dantèl, pafen ak lò. Espesyalite l se zafè santiman. Pou rann li omaj, se fè pwòpte, dra fre, bon jan manje ak rad ak akseswa ki blan oubyen woz. Se Madòn nwa Tchèstèhowa ki gen de sikatris sou bò figi dwat li ki reprezante Dantò, tokay li. Li paka pale paske yo rache lang li pou pini l. Li renmen kouto epi koulè prefere l se wouj ak ble. Sèvi lwa se aksepte pou kontinye yon eritaj, se sa ki eksplike pouvwa lwa yo genyen sou vivan yo, paske relasyon you moun genyen ak monn espri yo fè pati eritaj fanmi li tou. Ansanm ak tè kote yo rete, nan espas natirèl kote yo repoze, oubyen repozwa,[65] lwa yo pase de yon jenerasyon bay yon lòt. Nan istwa oral, manm fanmi a pataje chante yo, rityèl ak konesans sou sa lwa fanmi an renmen epi sa yo pa renmen. Yo chwazi yon manm fanmi a pou okipe obligasyon spirityèl yo. Se pa nenpòt moun yo chwazi paske lwa yo ase egzijan. Yo mande pou entèmedyè a montre yo ka konte sou li tout tan, fòk li gen, imilite epi fòk li dakò pou li rann sèvis. Moun yo chwazi yo konn pa dakò pou tout kalite rezon : yo rejte kareman yon chay ki kapab yon kokenchenn obligasyon sosyal ak ekonomik, migrasyon ki nwi lyen pèsonèl yo oubyen petèt yo konvèti nan lòt relijyon. Pami sa ki sèvi yo, genyen ki chwazi chimen inisyasyon epi gen lòt ki pa fèl. Sèvi se antre nan yon relasyon senbyotik ak lwa[66] yo kote yo kapab fè egzijans ki kapab debouche sou pwomès. An retou pou travay yo, lwa yo ap tann rekonesans ak zak konkrè tankou mete yon bagay yo renmen sou otèl la, bay manje epi pelerinaj.

Chak ane, anpil sèvitè[67] pran angajman pou fè vwayaj byen long al nan sit sakre tout kote nan peyi a pou peye dèt, ranfòse lafwa yo oubyen mande favè. Kit li anba kaskad Sodo nan Mibalè kit se yon bwa nan yon forè sakre, lwa yo rann sèvitè yo vizit epi bay yo benediksyon nan kriz posesyon yo.

Nan kòmansman adolesans mwen, apre migrasyon epi pandan m t ap pede resevwa yon pil pèspektiv negatif e limite sou Ayiti, mwen sonje klè-man m te deside tounen sèlman lè sitiyasyon politik la te chanje. Mwen t ap pran desizyon etidye pou yon diplòm ann antwopoloji pou menm re-zon an. Nan pwosesis la m te vin temwen twò souvan kouman vodou, yon eritaj kiltirèl ki gen baz li ann Afrik, t ap sibi atak. Lè m te resi tounen pou premye fwa, misyonè te gaye tout kote epi yo t ap bay sèvis sosyal yon leta ki te fèb epi ki t ap batay te neglije. Konvèti nan protestan se te yon bagay ki te *de rigueur.* Nou pa t iminize.

Koneksyon fanmi pa m ak lwa yo, ki pa t janm twò solid, te prèske dis-parèt pandan yo te vann moso tè ke etranje oubyen moun ki te fèk vin Pòtoprens te abite kounye a. Lyen dyaspora yo te kontinye ap kraze. Sa pa t di pèsonn anyen paske stigmatizasyon an te fin enstale. Sa te parèt plis nan jan yo te neglije peristil yo oubyen tanp nou te konn respekte tankou yon espas sakre kote kominote a te konn rasanble. Lè yon kouzen te di kareman « bagay sa yo pa alamòd ankò, »[68] li t ap eksprime opinyon anpil moun. Anpil nan jèn yo wè sèvi a tankou yon bagay ki demode. Dechou-kaj spirityèl twa dènyè deseni yo te vin ogmante avèk michan tranble-manntè ki te fraktire anpil tanp tou gen prèske dezan de sa. Se te yon siy bagay ki ta pral rive. Pa nou te fini pa efronde pandan dènye nan fidèl yo te konvèti.

Pandan Ayiti retounen nan gwo medya yo jodi a pou make dezyèm ani-vèsè tranblemanntè a, ann sonje lwa yo.

29

Defann vodou ann Ayiti

17–18 oktòb 2012 / *Tikkun Daily, Haitian Times,
Huffington Post* @ 12:45 p.m.

Alòske Ayiti se sinonim vodou nan imajinasyon piblik la, sitou aletranje, anndan repiblik la, relijyon an kontinye ap sibi atak.

Vodouyizan ak sipòtè ki sot tout kote ann Ayiti ak nan dyaspora a te pran lari Pòtoprens yè (17 oktòb) pou manifeste kont yon dekre gouvènman an ki menase otonomi relijye nan peyi a.

Kesyon an se yon amandman konstitisyon ayisyen an ki te prepare pandan administrasyon Prezidan Préval la, ke prezidan aktyèl la, Michel Martelly te promilge nan jounal ofisyèl *Le Moniteur* a nan 19 jen. Ni Sena a ni Chanm depite a te aprouve l.

Amandman an aboli atik 297 ki te etabli ann 1987, ki te deklare anilasyon tout lwa ak dekrè ki te mete restriksyon abitrè sou dwa ak libète fondamantal sitwayen, ladan l gen dekrè lwa 5 septanm 1935 la sou pratik sipèstisye. Lwa sa a prezidan nan moman an, Sténio Vincent te pase a te entèdi « pratik sipèstisye, » li te entèdi seremoni, rityèl, dans ak rankont ki ofri sakrifis bèt.

Men sa pwofesè adjwen istwa nan Inivèsite Miyami, Kate Ramsey, ki ekri « The Spirits and the Law : Vodou and Power in Haiti » di sou kesyon an :

« Dekrè-lwa kont "pratik sipèstisye" kriminalize teknikman pratik vodou ann Ayiti jis tan atik 297 konstitisyon 1987 la te anile l. Si avèk abrogasyon atik 297 lòt jou a, yo kapab aplike lwa kont "pratik sipèstisye" a kont moun k ap pratike vodou ak nenpòt lòt moun, sa se yon bagay ki enkyetan anpil. Lwa sa a se te baz legal ki te bay legliz katolik otorizasyon pou "kanpay anti-sipèstisyon" li kont pratik vodou nan kòmansman ane 1940 yo epi li te rete yon antrav pou libète relijyon ann Ayiti, paske otorite lokal yo te ka aplike l nan fason abitrè, pandan plizyè ane apre. »

Vrèman vre, pratikan yo gen rezon enkyete paske adopsyon dekrè sa a pa t sèlman pèmèt pèsekisyon relijyon an, men li te ranfòse dyabolizasyon lak stigmatizasyon lakay kou lòtbò. Kòm vodou se yon relijyon ki desantralize, nan epòk li gen pwoblèm sa yo, vodouyizan met efò yo ansanm pou reziste epi siviv represyon, kit li soti kot kolon franse oubyen kay pwòp frè yo.

Nan dènye ane yo, taktik defans yo gen ladan yo fòmasyon òganizasyon kòdinasyon (tankou Zantray ak Bode Nasyonal) ki te rasanble pratikan pou diskite sou preyokipasyon yo tout genyen. Fòk nou di, gwoup sa yo pa nesesèman reprezante tout vodouyizan, e yo gen kontwovès. Men, kòm misyon pwotestan tout tan sou teren an, kòm gen yon netwayaj spirityèl ki vin pi agresif epi lòt atak, sitou depi tranblemanntè 2010 la, vodouyizan vin pi vilnerab e yo bije pran pozisyon atak.

Antwopològ Rachel Beauvoir Dominique, vis-rektris rechèch ak chèf depatman antwopoloji ak sosyoloji nan inivèsite deta dayiti, yon manbo, rete vijilan sou zafè defann pratik la. Li se pitit Max Beauvoir, yon oungan anpil moun rekonèt nan tanp Yehwe a epi yon reprezantan piblik vodou. Li te patisipe nan gwo mach ki te fèt an fevriye 1986 lè santiman anti vodou te pwovoke pèsekisyon pratikan pandan dechoukaj[69] Duvalier a. Efò manifestan yo ak egzijans yo pou mete fen nan kriminalizasyon sa a te genyen kòm rezilta konkrè atik 297 yo te ajoute nan konstitisyon 1987 an. Pandan batay sanfen sa a ap kontinye, Dominique rete motive, li pare :

« Fòk nou OGANIZE. Ekri petisyon, fè mach, fè tout sa ki nesesè pou montre kòlè nou. Sòti nan lombraj pou fòse chanjman. Sa mache. Sitou ke kounye a nou gen yon pi gwo dimansyon entènasyonal, menm si nou bezwen travay rezo nou pi plis. »

Abrogasyon atik 297 la afekte nou menm tou nan dyaspora a ki konnen twò byen enpak potansyèl atak ofisyèl sa a ka genyen. Nan objektif sa a, Kongrè Santa Barbara a (KOSANBA), asosyasyon chèchè pou etidye vodou ayisyen ki baze nan Inivèsite Kalifòni, Santa Babara, te fè sòti yon deklarasyon kote yo te « fè sèman pou kontinye travay yo pou defans ak ilistrasyon vodou kòm yon patrimwàn nasyonal ayisyen ki entegral pou avni peyi a nan tach li pou li kenbe ekilib epi amelyore kondisyon nan estasyon terès sa a. »

Nan fen ete a, yon petisyon KONFEDERASYON NASYONAL VODOUYIZAN AYISYEN t ap sikile sou entènèt pou rasanble siyati sipòtè entènasyonal. Kèk nan egzijans yo se :

Restitisyon imedya tout diyite li bay vodou kòm tradisyon kiltirèl ak relijye pèp ayisyen an.

Anile revokasyon tèt chaje sa a (abwogasyon atik 297 la).

Lage imedyatman tout vodouyizan ki nan prizon san jistis, sou move pretèks ak entansyon malonèt.

Ann Ayiti, Fondasyon Ayizan Velekete, yon òganizasyon ki te kreye an 2001 pou sipòte vodouyizan t ap òganize manifestasyon k ap fèt jodi a. Yo te chwazi dat espesifik sa a nan istwa ayisyen an paske li make desansizyèm anivèse asasinay brital Jan Jak Desalin, papa fondatè revolisyonè Repiblik la ki te mennen liberasyon nou anba tirani kolonizasyon franse.

Vrèman vre, sa ki anje pou vodouyizan tout kote, men sitou an Ayiti se kesyon libète a.

30

Renmen Ayiti pi lwen pase mistik la

Premye janvier 2013 / *Haitian Times, Counterpunch, Tikkun Daily*

Mwen grandi nan yon peyi majorite moun nan lemon ap denigre epi kontinye rejte paske li kase.

Sa gen kèk ane, mwen te fè yon revelasyon. Mwen t ap eseye rezoud yon pwoblèm, lè sa te frape m. Mwen pa Ayiti. Mwen gen dwa te fèt an Ayiti, e m ka sanble Ayiti epi gen menm karakteristik avè l : yon kalite *enfant terrible,* twòp ògèy, twò nwa, twò fò, twò spirityèl, epi gen twòp konfyans nan tèt mwen. Men mwen pa Ayiti. Mwen pa kase menm jan an ankò epi sa fè moun pè. Pafwa nou wè li pi fasil pou n renmen sa ki kase. Li kapab fè nou santi nou pi fò . . . li fè nou pi kontan ak tèt nou. Nou gen tandans santi nou mwen menase lè yon bagay an dezòd oubyen bezwen nou pou l santi l byen anfòm.

Lè Ayiti te eseye mete tèt li ansanm sa gen de syèk (premye janvye sa a ap fè desannevan), anpil nan sa k te opouvwa lakay epi aletranje te pran mwayen byen kalkile pou asire li t ap rete kase. Pandan tout vi mwen, mwen viv ak plizyè aspè lawont eritaj sa a. Epitou, yo toujou fè m sonje—mwen te fèt nan yon ti kote ki pa gen twop valè e yo mache sou li akòz feblès li menm. Mwen pèsevere, m kenbe fèm pase m konnen ti peyi m la te pran risk. Li te pran risk depase limit yo. Li te pran risk defann tèt li. Li te pran risk eseye defini tèt li. Li te pran risk.

Pandan dènye deseni a, pandan m t ap batay pou redefini tèt mwen nan monn twò yerachize akademik la, kote yo jije ou apati ki moun ou rive kale, mwen batay pou m pran risk, epi pou m pa aksepte etikèt yo t ap voye sou mwen oubyen grave sou mwen paske zòt bezwen mwen rantre nan yon kategori pou yo alèz avè m. Mwen reziste, mwen ensiste Ayiti bezwen istwa tou nèf pou eksplike tout pil kontradiksyon li yo. Mwen kontinye fè sa paske senpman eksplike « poukisa » pa ase. Donk, mwen gade avni a, mwen aksepte sa m kapab nan pase m, men m gen volonte pou m pa rekreye l.

Imajine kijan Ayiti ta ye si li te jwenn sipò ak ankourajman olye yo te rejte l epi meprize li lè li te fèk fèt. Imajine kisa nou ta panse de vodou, si yo te rekonèt li olye yo te dezonore espri rezistans imajinatif li genyen.

Lè m gade moun, mwen eseye panse tout moun gen yon ti Ayiti oubyen vodou nan yo. Sa rann li pi fasil pou m pratike sa m te aprann lè m t ap grandi, renmen Ayiti, renmen vodou—viv, kite lòt viv epi respekte moun.

KODA
Yon pledwaye pa yon litani

Atik Google ki te ranpli bwat imel mwen chak swa t ap pwouve opinyon sou Ayiti. Pandan repòtaj gwo medya yo t ap mete anfaz sou menm pi piti efò ranmase lajan, sa te konfime Ayiti ak Ayisyen toujou nan yon eta kote yo nan bezwen, kidonk yo pakab ede tèt yo. Nou te bezwen sovè blan. Ayiti pòsseyis la te wè plis ogmantasyon « selibritarya » ak varyasyon nyanse pònografi mizè pandan Ayiti te tounen Etyopi deseni sa a. Plis toujou, yo t ap sigjere tout kalite ekperyans, sitou pa novis yo, kòm so-lisyon potansyèl kont feblès ak disfonksyonman enfrastrikti peyi a. Anpil fwa, nouvo « ekspè » ki te kwè yo te gen kèk fòmil majik pou amelyore Ayiti te prezante yo ak patènalis. Si genyen ki te gen bon entansyon, yo tout te pataje yon bagay : souvan yo pa t gen okenn rapò ak listwa. Yo pa t sèlman retire tout anfaz sou wòl jeyopolitik ak konfli lokal nan jan repiblik la rive kote li ye a, men yo te reaplike tou lide Ayiti kòm laboratwa.

Pandan m t ap vwayaje pou fè konferans ak pèfòmans, lè m te konfwonte ak kesyon sou kisa yon moun te ka fè pou ede oubyen solisyon ki efikas, li te difisil pou m p at rantre pi fon nan wòl istwa nan fòmasyon yerachi sosyal ak ekonomik ki rasyalize, ansanm ak yon revolisyon ki p at sipoze fèt, ki jouk jounen jodi a rete yon bagay enkonni nan imajinasyon popilè a.

Pi mal toujou, li te malerezman klè ke malgre enpòtans ravaj la, yo te kanmenm trete tranblemanntè 2010 la tankou yon lòt dezas ayisyen nan yon peyi ki istorikman gen tandans gen dezas. Se vre mwen ka konprann teyorikman rezon estriktirèl ki fè sa, men li difisil anpil , pou m aksepte li onivo emosyonèl.

Menm jan tou, sa ki t ap pase nan mitan Ayisyen lakay ak lòtbò te ban m anpil pwoblèm. Pandan etidyan inivèsitè ki te konsène t ap rasanble pou diskite eta bagay sa yo, fòk nou te sonje Ayiti nan etid ayisyen an te chita twòp sou dyaspora a e chèchè ki baze ann Ayiti yo, pa egzanp, te gen yon prezans limite anpil nan diskisyon ki te fèt aletranje.

Sa sètennman pa t ede ke pandan tout ijans ki te genyen apre seyis la pou rekonstriksyon an, anpil òganizasyon ayisyen Ozetazini t ap (re)fòme pou yo te deklare tèt yo kòm reprezantan « kominote » dyaspora nou a (souliyen sengilye a). Gwoup sa yo, ki t ap chache yon plas devan tab la ke moun lakay yo pa t jwenn te gen eleman ki te chwazi tèt yo ki te nèf oubyen resikle, anpil nan nou ki te deyò sèk yo pa t gen okenn ide sou kijan ak kilè yo te kreye. Twòp ansyen modèl t ap rekreye. Ofèt, youn nan eritaj inegalite ak enstabilite Ayiti ki dire plis se kiyès ki gen dwa reprezante kiyès.

Mwen te pare pou yon lòt bagay. Pandan deseni, mwen te panse etid ayisyen te bezwen chanje modèl pou kreye yon istwa tou nèf, menm lè m byen konnen nou pa menm konnen epi itilize ansyen yo. Sa te rive pase yo te tabli yon ansyen divizyon nan travay entelekyèl la : yon bò chèchè syans sosyal yo ki te chita plis sou kesyon materyèl ak estriktirèl ak relasyon yo ak politik, yon lòt bo chèchè nan syans moun yo (sitou literati ak etid kiltirèl) ki te panche sou kesyon pi senbolik, tankou reprezantasyon. Divizyon sa a ki kontinye a te annik anpeche kreyasyon yon kritik sosyal tout bon vre, sa ki nesesè pou defèt lide akayik sou Ayiti k ap domine.

Nan konvèsasyon ak zanmi ak sipòtè, mwen t ap pede site lide « ijans kounye a » Martin Luther King te di a. Nou t ap viv yon moman, ki, se sèten, t ap genyen konsekans pandan lontan, donk aksyon nou te gen plis enpòtans jodi a pase anvan. Fòk nou te byen chwazi mo nou pou nou pa reenskri stereyotip sou Ayiti ki egziste ke moun vle itilize otomatikman paske se yo ki nan domenn piblik.

Se kontèks sa a ki te nouri yon konsyans ki t ap ogmante sou efè somatik repetisyon pandan mwen t ap renouvle yon enterè nan litani. Pandan mwen t ap eksplore epi konprann son kòm enèji, mwen te kòmanse poze tèt mwen kesyon sou efè fizyolojik atikilasyon vèbal siplikasyon pèpètyèl sa yo. Menm si pa t gen lòt rezon, si sa te boulvèse m konsa, se te yon lòt konfimasyon pozisyon mwen kòm dyaspora. Yon fwa ankò, mwen te konfwonte tansyon negosyasyon plizyè Ayiti m yo. Mwen te gen privilèj reflechi sou sa pandan anpil moun Ayiti pa t gen chwa pati janm te kapab fè l, e mwen te byen konnen mwen t ap fè l.

Donk, ak konviksyon ke pledwaye sa a, malgre tout repetitsyon (enpètinan) li yo se pa yon litani, gen yon bagay anndan m ki pran plas li dousman. Mwen pran yon desizyon definitif pou m sispann pran pozisyon opozisyon pou m pran yon pozisyon afimatif pito. Apati moman sa a, mwen te konnen, omwen pou kounye a, mwen t ap sispann ensiste Ayiti bezwen istwa tou nèf. Pi enpòtan toujou, san ankenn limitasyon, nan jan fawouch Césaire yo, ki sèvi m kòm enspirasyon, san mande padon, mwen t ap annik fè l.

REMÈSIMAN

13 janvye 2010 m te gen randevou avek reyalizatè mizik Chico Boyer pou anrejistre kèk chante ak pwezi pou yon sede ; sa te gentan fè kèk ane depi m t ap trennen ak pwojè sa a. Maten sa a m te sou chòk toujou lè m rele Chico ak lide pou m bay anrejistreman an vag. Li di m « Gina, sede siklonn ou an fèk tounen yon sede tranblemandtè. » Sa w tande a, m mete fanm sou mwen e m fè deplasman an sot Middletown pou m rive Brooklyn. Apre n fin gade plizyè segman nouvèl, nou te ale nan stidyo a pou n anrejistre kèk mòso. Nou tou de te fè sa paske n te santi se devwa nou, nou te konnen li pa t anpil, men se kichoy. Se menm sans devwa ak detèminasyon sa a ki enspire zèv sila a.

Pandan de zan ke m t ap ekri tèks sa yo, m rankontre ansyen, m fè nouvo alye, jwenn nouvo patizan, e m te gen sipò bon zanmi ki ankouraje m eksprime tèt mwen nan diferan fason m konn fè a. Pa t gen pi gwo vizyonè pase Claudine Michel, prezidan HSA ak editè egzekitif *Journal of Haitian Studies* ki te imajine pwojè sa a. Epòk m t ap ekri pi plis la, an 2010, li te fè m konnen li te gentan kòmanse klase chak tèks nan yon dosye paske li te gentan wè yo t ap travay byen ansanm kòm yon ti koleksyon. Se pou sa mwen dwe li anpil kòm moun ki mete lide sa a nan tèt mwen, e mwen pa konn kijan pou m di l mèsi pou jan li toujou apresye analiz mwen fè e jan li sipòte travay mwen.

Pi fò nan travay ki fèt pandan 2010 – 2011 lan sitou pa t ap pibliye si se pat pou sipò zanmi ki vin tounen lektè, editè ; se yo tou ki detanzantan verifye enfòmasyon nan tèks yo. Kòmantè yo te ede m anpil e se yo ki te pèmèt mwen remèt tèks yo ak rapidite. M ka sèlman ofri yo yon remèsiman sensè, espesyalman bay Melissa Johnson, Regina Langhout ak Kristen Olson pou je kale, entelijans, ak zanmitay enkondisyonèl yo ofri m. Nou tout pataje yon angajman pou jistis sosyal, ki fè m konprann ke yo te bay èd yo nan lespri sa a tou.

Pandan tout dire pwojè sa a, anpil moun te ofri kantite konsèy ak reyaksyon ki te kontinye ap aplodi m e ankouraje m pou m kontinye ekri. Te gen bon manje tou. Karen Anderson, Ashley Arkhurst, Phanenca Babio, Andra Basu, Natalie Bennett, Ruth Behar, Patrick Bellegarde-Smith, Linda Carty, Carolle Charles, Pascale Charlot, Manolia Charlotin, Kyrah Malika Daniels, Edwidge Danticat, Brunine David, Charlene Desir, Nathan Dize, Ann DuCille, Alex Dupuy, Demetrius Eudell, Sibylle Fischer, Lori Gruen, Nesha Z. Haniff, Faye V. Harrison, Pamela Hemmingway, Catherine Hermatin, Marc Hertzman, Sandra Hinson, Elizabeth James, Kiran Jayaram, Renee Johnson-Thornton, Dianne Kelly, Kerry Kincy, Katja Kolcio, Michele Kort, Colin Leach, Jennifer Lynn, Herns Marcelin, Jacqueline Mattis, Carole McGranahan, Brian Meeks, Nadève Ménard, Melinda Miles, Patricia Rodriguez Mosquera,

Marie-José N'Zengou-Tayo, Katie Orenstein, Michael Phillips, Dawn Piscitelli, Me-
lanye Price, Melynda Price, Frantz Rowe, Kate Rushin, Christine Santacroce, David
Santacroce, Susan Santacroce, Mimi Sheller, Jean Small, Kathryn Smith, Paul Stol-
ler, Arlene Torres, Évelyne Trouillot, Irmina Ulysse, Katia Ulysse, Chantalle Verna,
Drexel Woodson, Evans Young, ak yon pakèt lòt merite yon gwo mèsi.

Epitou, mwen gen anpil gratitid sensè pou tout elèv yo (two anpil pou mete non
yo) ki te pran kou Ayiti : Lejann ak Reyalite ke m ap ansenye lan Wesleyan pou kèlke
zane.

Si ou pa gen tan san limit pou refleksyon, ekri vin enposib. Poutèt sa, m vrèman
dwe College of the Environment (COE) nan Wesleyan University yon mèsi ki sot nan
kè. Lè Barry Chernoff, direktè COE te kontakte m sou koze bous pou ane 2010 – 2011
a, li te ofri m espas m te bezwen anpil nan mitan tout dezòd la pou m kite enspi-
rasyon a pèse. COE santre sou vilnerabilite sistèm sosyal, ekonomik ak natirèl anfas
divès sous estrès ki sot deyò ; sa ki te pèmèt mwen reflechi sou enpak tranblemantè
an kòm yon pati nan travay mwen kòm entelektyèl piblik. M gen rekonesans pou
manb fakilte COE yo, Helen Poulos, Dana Royer, ak Gary Yohe, Ellen Poulos, an-
sanm ak Jeremy Isard ak Phoebe Stonebraker ki te elèv nan pwogram bous la. Valerie
Marinelli, anpil mèsi poutèt ou kenbe n nan lòd e ou rann kad la agreyab.

Pandan m te nan COE a, m te gentan kreye epi devlope *Fascinating! Her Re-
silience* (Kaptivan! Rezilyans li) an kolaborasyon avèk reyalizatè mizik elektronik/
eskiltè son/platinis Val-Inc. Eksplorasyon konsèp plizyè disiplin sa a ansanm ak
"rezilyans" Ayiti te reyalize avèk koregrafi/dans Sarah Ashkin, Ali Fitzpatrick, Sara
Haile, Benjamin Hunter-Hart, Ariella Knight, Marsha Jeans-Charles, Tsyuoshi Onda,
Phoebe Stonebraker, ak Lucas-Mugabe Turner-Owens. Direktè Center for the Arts,
Pam Tatge, ki te rekonèt atis la lontan anvan lòt moun, te enpòtan nan reyalizasyon
pwojè a, epi Erin Broos te kenbe m sou chimen an. M gen yon rekonesans patikilye
pou Elleza Kelley; vizyon kreyatif kritik li te ede m kontinye gade devan.

Kolèg antropològ mwen yo, Elizabeth (Betsy) Traube, Doug Charles, Sarah Crou-
cher, Daniella Gandolfo, Kehaulani Kauanui, Anu Sharma, ak Margor Weiss rann
travay la fasil.

Joan Chiari ak Donna Rak, kokenn chenn administratè nan depatman etid Afro-
Ameriken ak Antropoloji te ede m jwenn wout mwen sou teren biwokratik kote tra-
vay mwen fèt la. Mèsi pou sipò ak konesans nou.

Diferan domèn mwen yo, kit se akademik, pèfòmans atistik osnon kòmantatè
sosyal sit wèb te vin kontre nan plizyè fason ki te vin mennen nan lòt moman ki pa
t sèlman ban m chans pou m pataje pil lide m yo; men te ban m tan tou pou m te
eksprime e dijere lide m nan yon fason kreyatif. Remèsiman espesyal pou Veronica
Gregg (Hunter College); Vanessa Valdès (City College); Claudine Michel (UCSB);
April Mays (Pomona); Marlene Daut (Claremont College); Janelle Hobson (U Al-
bany); Marcial Godoy-Ativa and Diana Taylor at the Hemispheric Institute for Per-
formance and Politics (NYU); Tracye Matthews (U Chicago); Millery Polyné (NYU

Gallatin); Nicholas Dumit Estevez (Union Theological Seminary); Coralynn Davis (Bucknell); Yanique Hume (UWI–Barbados); Lucia Suarez (Amherst College); TEDxUM 2013 team (University of Michigan). Seri powetik William Electric nan La MaMa rete yon espas ki bay bèl akèy ak sipò, ak anpil lòt ankò ke mwen pa site la a. Eskize m. San pèfòmans sa yo . . . ? Tout bon, la a soutni m.

Victoria Stahl ak Aziza, patnè mach mwen, te gen yon gwo wòl nan reyoryantasyon travay mwen ki vin twouve l lakay li nan Wesleyan University Press. Suzanna Tamminen se yon editris san parèy, li te apresye pwojè sa a e te devwe l pou l asire ke li kenbe entegrite l ak rasin òganik li. Lektè anonim yo te ofri kòmantè byenveyan ak kritik ki te non sèlman ankouraje m elaji kad pwojè an, men ki te lakòz m sitye e apresye travay mwen antank antropològ piblik. Évelyne Trouillot ak Nadève Ménard te pi bon tradiktè yon moun te ka janm vle. Non sèlman yo kapte vwa m, men anplis yo remèt mwen lang mwen yo, yon zak ki tèlman gran m paka eksplike vale l.

M vrèman gen anpil rekonesans pou elèv ki te suiv kou Ayiti m la pandan dènye dizan sa yo. Kiryozite otantik yo ak kesyon yo kenbe Ayiti vivan pou mwen nan yon kad entelektyèl. Asistan rechèch mwen, Alexia M. Komada-John, ki te tounen men dwat mwen (literalman poutèt yon aksidan) e ki te toujou fè m sonje pou m pran swen "bebe konseptyèl" mwen, jan l te rele l la. Li kenbe la ak pwojè a jis akouchman fèt.

Kate Ramsey te toujou yon patnè pou konvèsasyon, yon zanmi, sè m nan batay la ak yon gwo sous motivasyon. Evan Bissell, Kyrah Daniels, Kendra Ing, Una Osato, ak anpil lòt ansyen elèv raple m ke m gen anpil bagay m ta toujou vle aprann. Pou Charles Knight, kondisip mwen nan Haiti Illumination Project ki kwè ke Athena ta dwe sou sèn, ak Susan Knight, anpil respè pou sipò ak zanmitay pèsistan nou. Pou fanmi Desormeau, Lafrance-Simeon, Dumorne, ak Pierre yo, sitou kouzen nan zòn Twa Eta yo, Frantzy Simeon ak Elsie Desormeau, *n ap kenbe pi rèd*. Granmè m (ki deja anba tè) ak pitit fi li, Marthe Lucienne, oubyen "Lamama," jan m renmen rele l, toujou fè m reflechi sou posibilite Ayiti genyen.

Nan vwayaj sa a (se pa yon plan) kote m ap dekouvri tèt mwen, defen Kathryn Cameron, Lisa Bailey ak Jacqueline Épingle te de gid enstrimantal byen klere nan yon wout ki te plen twou. Pou ban dèyè m lan: nou konnen kiyès nou ye, nou konnen poukisa m di ke mo p ap janm ase.

An verite, liv sa a reprezante yon gwo moman nan vi mwen. Reyalizasyon total li fòse m pran wòl granmoun mwen pandan ke m vin devlope plis pasyon pou lavi. Pandan pwosesis la, mwen aprann plis sou konsèp endividyalizasyon, kote m reyalize kòman pou m negosye pi byen sa sa vle di erite yon sakrifis, rete angaje, men chwazi kanmenm pou m rete mwen menm.

NÒT

1 Katherine Smith te fè remak sa nan premye Geto Byenal ki te fèt Granri an 2009.
2 An kreyol nan tèks la.
3 An kreyòl nan tèks la.
4 An kreyòl nan tèks la.
5 An kreyòl nan tèks la.
6 Michel-Rolph Trouillot, « The Odd and the Ordinary: Haiti, the Caribbean, and the World, » *Cimarrón: New Perspectives on the Caribbean* 2, no. 3 (1990), 3–12.
7 www.artshaitian.com.
8 Pwofesè Donald Cosentino, Department of World Arts and Cultures, University of California–Los Angeles, 2/5/2010.
9 « Haitian Art: A Western View » nan Ute Stebich, *Haitian Art* (New York: Brooklyn Museum of Art, 1978).
10 Powèm Kyrah Malika Daniels nan *Brassage: An Anthology of Poems by Haitian Women.* Claudine Michel, Marlene Racine Toussaint ak Florence Bellande-Robertson ki edite l (Santa Barbara, CA: Multicultural Women's Presence ak the Center for Black Studies Research, 2005).
11 Powèm Katia Ulysse nan *Brassage,* p. 215.
12 An kreyòl nan tèks la. Powèm (an franse) : Laurence Françoise Géhy, ibid., p. 109.
13 An kreyòl nan tèks la.
14 An kreyòl nan tèks la.
15 An kreyòl nan tèks la.
16 An kreyòl nan tèks la.
17 An kreyòl nan tèks la.
18 An kreyòl nan tèks la.
19 Pibliye pou premye fwa nan *NACLA Report on the Americas,* jiyè-out 2010.
20 Wè Gina Athena Ulysse, « Dehumanization & Fracture: Trauma at Home & Abroad, » *socialtextjournal.org,* 25 janvye 2010.
21 An kreyòl nan tèks la.
22 David Brooks, « The Underlying Tragedy, » *New York Times,* 14 janvye 2010.
23 Michel-Rolph Trouillot, *Silencing the Past: Power and the Production of History* (Boston: Beacon Press, 1995), 72.
24 Anténor Firmin, *The Equality of the Human Races* (1885 ; Urbana: University of Illinois, 2002), 398.
25 An kreyòl nan tèks la.
26 Mimi Sheller, *Democracy after Slavery: Black Publics and Peasant Radicalism in Haiti and Jamaica* (Gainesville: University Press of Florida, 2000).

27 J. Michael Dash, « The Disappearing Island: Haiti, History, and the Hemisphere, » *phillisremastered.com* the Fifth Jagan Lecture and the Third Michael Baptista Lecture, York University, 20 mas 2004.

28 Michel-Rolph Trouillot, « The Odd and the Ordinary: Haiti, the Caribbean, and the World, » *Cimarrón: New Perspectives on the Caribbean* 2, no. 3 (1990): 3–12.

29 An kreyòl nan tèks la.

30 Gina Athena Ulysse, « Haiti Will Never Be the Same, » *huffingtonpost.com,* 21 janvye 2010.

31 Gina Athena Ulysse, « Haiti's Future: A Requiem for the Dying, » *huffingtonpost .com,* 4 fevriye 2010.

32 An kreyòl nan tèks la.

33 An kreyòl nan tèks la.

34 Wè istoryen Kate Ramsey, *The Spirit and the Law: Vodou and Power in Haiti,* (University of Chicago Press, 2011).

35 An kreyòl nan tèks la.

36 An kreyòl nan tèks la.

37 An kreyòl nan tèks la.

38 An kreyòl nan tèks la.

39 An kreyòl nan tèks la.

40 An kreyòl nan tèks la.

41 An kreyòl nan tèks la.

42 An kreyòl nan tèks la.

43 An kreyòl nan tèks la.

44 An kreyòl nan tèks la.

45 An kreyòl nan tèks la.

46 An kreyòl nan tèks la.

47 An kreyòl nan tèks la.

48 An kreyòl nan tèks la.

49 Se tit entwodiksyon Jean-Paul Sartre ekri pou *Damnés de la Terre Frantz Fanon* (1961) a. Li te parèt ankò nan « Nervous Conditions: The Stakes in Interdiscipli-nary Research, » *Improvising Theory: Process and Temporality in Ethnographic Fieldwork,* yon Lisa Malkki ak Allaine Cerwonka (2007).

50 An kreyòl nan tèks la.

51 Trouillot, Michel-Rolph, « The Caribbean Region: An Open Frontier in Anthro-pological Theory, » *Annual Review of Anthropology* 21 (1992): 19–42.

52 Mwen remesye Gillian Goslinga ki te souliye kalifikasyon an. Vrèman vre, se Syèk Limyè a ki anje.

53 Toni Morrison, *Beloved* (New York: Knopf, 1987).

54 An kreyòl nan tèks la.

55 Potomitan an se poto ki nan mitan tanp vodou a. Gen yon ansyen pwovèb Ayisyen ki di fanm se potomitan fanmi yo.

56 An kreyòl nan tèks.

57 An kreyòl nan tèks la.

58 An kreyòl nan tèks la.

59 An kreyòl nan tèks la.

60 An kreyòl nan tèks la.

61 An kreyòl nan tèks la.

62 An kreyòl nan tèks la.

63 Mo sa yo an kreyòl nan tèks la.

64 An kreyòl nan tèks la.

65 An kreyòl nan tèks la.

66 An kreyòl nan tèks la.

67 An kreyòl nan tèks la.

68 An kreyòl nan tèks la.

69 An kreyòl nan tèks la.

Robin D. G. Kelley se Pwofesè Distenge Istwa epi li se titilè pòs Gary B. Nash nan Istwa Etazini nan UCLA.

Nadève Ménard se pwofesè literati nan Lekòl Nòmal Siperyè nan Inivèsite deta Dayitii. Li kontribye nan plizyè revi ak pwojè liv kolektif. Nan zèv li tradwi yo, genyen tèks Louis-Philippe Dalembert, Yanick Lahens, Évelyne Trouillot ak Lyonel Trouillot.

Évelyne Trouillot se yon ekriven liv timoun, nouvèl, teyat, pwezi ak iswta an fransè ak kreyòl ki genyen pri entènasyonal. Zèv li yo tradwi nan lang panyòl, italyen, angle ak alman. Li fèt Pòtoprens kote li viv e travay kòm pwofesè fransè nan inivèsite leta a.

Gina Athena Ulysse se yon pwofesè antropoloji nan Wesleyan University. Li fèt an Ayiti men ap viv Ozetazini depi trant lane. Yon powèt, atis, antwopològ, li ekri *Downtown Ladies: Informal Commercial Importers, a Haitian Anthropologist, and Self-Making in Jamaica*.

POURQUOI HAÏTI A BESOIN DE NOUVEAUX DISCOURS

POURQUOI HAÏTI A BESOIN DE NOUVEAUX DISCOURS

Une chronique post-séisme

GINA ATHENA ULYSSE

Avant-propos par ROBIN D. G. KELLEY

Traduit de l'anglais par ÉVELYNE TROUILLOT

WESLEYAN UNIVERSITY PRESS

Middletown, Connecticut

Pour

Francesca, Jean-Max, Stanley

et leurs camarades des deux côtés de l'océan,

eux qui sont le futur d'Haïti

Tout moun se moun, men tout moun pa menm

Tout le monde est un être humain, mais tous les humains ne

sont pas pareils.

— Proverbe haïtien

TABLE DES MATIÈRES

AVANT-PROPOS *Robin D. G. Kelley*

> *Nous disons dignité, survie, endurance, consolidation*
> *Ils disent main d'œuvre à bon marché, lieu stratégique, intervention*
> *Nous disons justice, éducation, nourriture, vêtements, abri*
> *Ils disent brigades criminelles de prédateurs indigènes à la rescousse*
> — Jayne Cortez, « Haiti 2004 »

> *Tant qu'Haïti apparaitra bizarre, il sera facile d'oublier qu'il représente*
> *l'expérience néocoloniale la plus longue de l'histoire occidentale.*
> — Michel-Rolph Trouillot, The Odd and the Ordinary:
>   Haïti, the Caribbean and the World

Dans mon cercle, il y a deux Haïti. Il y a Haïti la victime, « la nation brisée », l'état failli, la tragédie humaine, la démentielle. Selon les opinions politiques de l'individu concerné, Haïti-la-victime subissait les contrecoups de son propre sous-développement immuable, ou était détruit par l'invasion impériale, l'occupation, les embargos, l'esclavage, la dette et les régimes fantoches supportés par les États-Unis. L'autre Haïti, évidemment, est l'Haïti de la Révolution, de Toussaint Louverture, de Dessalines, de la déclaration au Camp Turel, du célèbre *Les Jacobins Noirs* de C. L. R. James. C'est l'Haïti qui a mené l'unique révolte d'esclaves réussie du monde moderne, l'Haïti qui a montré à la France et aux autres démocraties bourgeoises naissantes le sens de la liberté, l'Haïti dont les armées africaines ont vaincu les plus grandes puissances européennes qui ont essayé de restituer l'ancien régime, l'Haïti qui a inspiré les révolutions de libération et d'indépendance à travers l'hémisphère occidental. Ces deux Haïti partagent rarement la même phrase, sauf quand il s'agit d'illustrer les profondeurs de la déchéance de la nation.

Gina Athena Ulysse se bat contre cette image fissurée d'Haïti depuis notre première rencontre à l'Université de Michigan il y a dix ans, lorsqu'elle poursuivait un doctorat en anthropologie avec son travail sur les commerçantes internationales à la Jamaïque. À ce moment, tout comme maintenant, elle était une étudiante militante, passionnée et directe qui manifestait dans tout ce qu'elle faisait son amour pour Haïti et son exaspération vis-à-vis de la représentation du pays. Elle avait de bonnes raisons de s'énerver. Les deux discours traitent Haïti comme un symbole, une métaphore au lieu de voir les Haïtiens comme des sujets et des agents, des êtres humains complexes avec leurs désirs, leurs imaginations, leurs peurs, leurs frustrations et leurs idées sur la justice, la démocratie, la famille, la communauté, la terre et ce qu'il signifie de vivre bien. Tristement, les appels enflammés pour de nouveaux discours sur Haïti n'ont pas commencé avec Ulysse. Elle en est pleinement consciente. Il y a exactement 130 années, le grand intellectuel haïtien Louis-Joseph Janvier publiait son histoire cinglante et critique *d'Haïti et ses visiteurs* – une diatribe géniale de six cent pages contre tous ceux qui avaient mal représenté Haïti comme un trou perdu, un repaire de sauvagerie, d'incompétence et d'infériorité. Avec passion, élégance, grâce et un humour égal à la meilleure prose de Janvier, les dépêches et les méditations d'Ulysse après le séisme démolissent les histoires dites et redites par les visiteurs du temps présent : la presse, les chefs des ONG, les commentateurs, les experts. Évidemment, c'est facile de voir comment la dévastation laissée par le tremblement de terre renforcerait l'image de l'Haïti, la victime, mais ces représentations ne sont pas des vérités objectives mais des choix, enchâssés et édités par l'idéologie. Les pauvres refugiés assis autour des tentes dans les camps, un officier de police isolé essayant d'établir l'ordre, des réclamations à propos de la livraison de la nourriture de base et de l'eau – c'est ce qui intéresse CNN et la revue *Time*, ce ne sont pas les histoires des quartiers qui s'organisent eux-mêmes, qui enterrent leurs morts, qui s'assurent que les enfants sont en sécurité et nourris, qui enlèvent les débris, construisent des maisons de fortune, qui partagent ce qu'ils ont, et essaient en dépit de tout ce qui se liguent contre eux d'établir un quelconque semblant de démocratie locale.

Ulysse est moins intéressée à « corriger » ces représentations que de les questionner, révélant le genre de travail qu'ils font en reproduisant le mythe d'Haïti et les conditions actuelles sur le terrain. Maintenant, le sens de l'urgence qui traverse ses essais est palpable. En accord avec ses performances, Ulysse sonne l'alarme, remplit l'espace de notre esprit avec un son fulgurant, la secousse d'une seule femme. Nous avons besoin de ceci parce que la succession de crises auxquelles est confrontée Haïti à travers les 20ème et 21ème siècles a endurci trop d'individus à l'insoutenable perte en vies humaines – quelques 300,000 âmes ont péri dans le tremblement de terre le 12 janvier 2010. Ici aux États-Unis, quand 10, 15, 20 meurent dans un désastre, le cycle du reportage continu passe au rythme maximal. Mais en Haïti, ces choses arrivent. Ulysse veut savoir comment nous en sommes arrivés là, à un moment où Haïti est traité comme ces corps de sans abri rencontrés par hasard dont la mort ne nous surprend plus et que nous ne pleurons pas ? Ce n'est pas une affaire de haine, car qui parmi nous *hait* sincèrement les sans-abris ? C'est de l'indifférence. Comme le défunt poète et acteur Beah Richards l'a souvent dit, « Le contraire de l'amour n'est pas la haine, mais l'indifférence. » L'indifférence produit le silence. L'indifférence ignore l'histoire. L'indifférence tue.

Comme beaucoup d'Haïtiens, elle comprend que les deux Haïti ne représentent pas deux pôles opposés ou une linéaire histoire d'origine. Plutôt, les deux sont mutuellement constitutives, peut-être même co-dépendantes. La condition d'Haïti est un produit de deux siècles de représailles pour avoir eu la témérité de détruire l'esclavage par une révolution violente, pour avoir pris le bijou le plus précieux de l'économie sucrière globale entre les mains des planteurs, des négociants, des banquiers, et des dirigeants d'empires, et d'avoir survécu comme exemple pour les autres populations tenues en esclavage. La guerre ne s'est pas arrêtée lorsque Jean-Jacques Dessalines a déclaré l'indépendance haïtienne le 1er janvier 1804. Rappelez-vous que la guerre laissa l'économie agricole du pays en lambeaux, ses machines de production sucrière détruites, de même que son complexe système d'irrigation. Et même si la population avait voulu retourner à la culture de la canne pour l'exportation, les pouvoirs occidentaux établirent les embargos maritimes et refusèrent de négocier avec la nouvelle nation dans un effort vain d'étrangler la révolution. Incapable de réimposer l'esclavage des hommes, ils se sont tournés vers l'esclavage de la dette. En 1825, les Français ont forcé Haïti à payer 150 millions de francs comme réparation de la perte de « propriété » d'esclaves et de la terre. Aucune famille haïtienne ne fut dédommagée d'avoir été kidnappée, contrainte de travailler sans salaires, des morts injustifiées, des blessures, etc. Quoique la France avec *magnanimité* ait réduit le capital à 90 millions de francs treize ans plus tard, l'indemnité a néanmoins vidé le trésor haïtien et forcé le pays à s'endetter auprès des banques françaises. Les banques ont profité de la dette et ont carrément hypothéqué l'avenir d'Haïti. En effet, le paiement à la France et aux banques françaises a constitué la moitié du trésor public du gouvernement haïtien en 1898, seize ans après, à la veille de l'occupation américaine d'Haïti, le paiement de la dette a absorbé quatre-vingt pourcent du budget gouvernemental. Selon certains calculs, ce qu'Haïti a éventuellement payé totalise quelques 21 billions en dollars, selon la valeur du dollar en 2004.

Une vie de dette et de dépendance du marché mondial, ce n'est pas la vision politique et économique que les Haïtiens avaient en tête. Ils ne devaient rien à l'Occident et aux anciens propriétaires d'esclaves. La terre leur appartenait et le but de la terre était de nourrir et d'entretenir la population. Ils produisirent de la nourriture, élevèrent du bétail et encouragèrent une économie de marché local. Les chefs des différents groupes en conflit insistèrent dans leur choix de cultiver pour l'exportation même lorsque cela signifiait le déni ou la limitation de la liberté de cette population libérée. Afin de réaliser leur vision, les dirigeants haïtiens ont du recourir à une force militaire couteuse pour préserver la souveraineté de la nation, préserver leur propre pouvoir politique et leurs privilèges de classe, et maintenir une économie capitaliste d'exportation.

Détruire l'économie d'une nation, alimenter la violence intestine, et la garder en confinement solitaire et qu'obtenez-vous ? Et cependant, Ulysse refuse d'accepter le résultat de deux cents ans de guerre contre Haïti comme un fait accompli. Réclamer de nouveaux discours n'est pas uniquement un appel pour réécrire les livres d'histoire ou pour interviewer les sans-voix, mais pour écrire un nouveau futur, faire une nouvelle Révolution Haïtienne. Comme les essais le disent très clairement, il ne suffit pas de transformer l'État ou de démanteler les forces militaires ou d'annuler la dette. Elle parle avec éloquence des femmes, de leur résilience aussi bien que leur subordination insondable sous les régimes de violence sexuelle et du patriarcat. Elle demande une révolution culturelle, pour le besoin de créer un espace pour l'expression de désirs révolutionnaires, pour faire face à la misère, imaginer ce que seraient la liberté et une souveraineté véritable.

Cependant, ce serait injuste et prématuré d'appeler ce texte un manifeste. Elle est trop humble devant les redoutables réalités et le traumatisme du séisme, ses secousses, et les deux siècles d'histoire dans son sillage pour faire des déclarations intempestives relatives à l'avenir d'Haïti. Ce texte est aussi le voyage d'une femme, une femme de la diaspora, qui se libère de l'exil, négocie son identité d'universitaire dans un monde où les universités et les corporations sont devenues complices, une femme en lutte avec la société dans laquelle la maturité est réservée seulement pour les hommes, une activiste chevauchant les arts et les sciences dans un monde où « les arts et les sciences » habituellement se rencontrent seulement dans les papiers à en-tête d'un courrier universitaire. Gina Athena Ulysse, tout comme son pays natal, ne rentre pas dans les normes. Elle refuse de le faire, et c'est justement pour cela qu'il nous faut de nouveaux discours.

Nous disons l'eau haïtienne profanée
L'espace aérien haïtien pénétré
Ils disent embrasse ma batte de baseball en aluminium
Suce ma tétine impériale et lèche la crosse de mon fusil
Nous disons annuler la dette...
Ils disent laisser la célébration continuer pour 200 ans de plus de
    servitude
Nous disons *viva* La révolution haïtienne
Viva la démocratie, *viva* l'indépendance, *viva* la résistance, *viva*
    l'Unité
— Jayne Cortez

Introduction Négocier (mon/mes) Haïti(s)

Le goût de la vérité n'empêche pas de prendre parti
— *Albert Camus*

Il est devenu à la mode pour les écrivains étrangers de dénoncer la
mauvaise presse que subit Haïti alors qu'en fait ils y contribuent.
— *Michel-Rolph Trouillot*

Il y a plusieurs années, alors que j'étais étudiante de troisième cycle, un professionnel haïtien (qui vivait aussi aux États-Unis) me reprocha de m'identifier en tant qu'Haïtiano-Américaine. Au cours du débat extrêmement passionné qui s'ensuivit, je me suis retrouvée à défendre farouchement l'adoption du trait d'union tout en sachant pertinemment qu'à cause de l'histoire, mes deux mondes associés n'ont pas été et ne seront jamais égaux. Je croyais fermement que mon identité ne se réduisait pas à son point d'origine. Ce que je savais alors, et dont je suis encore plus certaine maintenant, c'est qu'Haïti était mon point de départ, non mon point d'arrivée.[1]

Pendant cette période, un moment qu'on pourrait caractériser par ce que l'écrivaine Edwidge Danticat appelle l'ère post-Wyclef,[2] les conséquences de s'identifier comme Haïtien dans certains milieux (par exemple, le milieu académique où j'ai passé beaucoup de temps) étaient moins hostiles ou, devrais-je dire, avaient leur version particulière de l'hostilité. Néanmoins, la raison pour laquelle j'insistais sur mon américanité n'était pas la honte, comme cette personne non seulement le présupposait mais arrivait même à verbaliser, mais une simple équation mathématique.[3] Si je comptais le nombre d'années où j'ai résidé dans mon pays natal et le compare au nombre d'années passé en dehors et dans les cercles haïtiens, ces dernières totaliseraient plus de 19. J'ai vécu en Haïti pendant 11 ans. En outre, suite aux nombreuses années de travail intensif sur le terrain à la Jamaïque en plus d'autres voyages et expériences diverses, j'étais aussi atterrée à l'idée de voir mon identité cloisonnée, ou de me voir limiter socialement avec ces idées d'essentialisme.

L'Haïti de la diaspora

Je n'ai jamais questionné mon haïtienneté, si je peux m'exprimer ainsi, parce que j'ai passé des années à enquêter de manière critique sur les questions d'identité en tant que phénomène social et personnel. L'analyse sociale a confirmé l'examen individuel qui m'a conduite à réaliser et à accepter le fait que je ferai toujours partie des deux Haïti. Il y avait celle qui, suite à la migration, était recréée dans la diaspora et celle de la sphère publique qui se heurtait continuellement avec celle de ma mémoire. Ou peut-être qu'il y avait trois Haïti. Dans tous les cas, l'Haïti que j'avais laissée derrière était celle qui changeait en mon absence tandis que celle dans laquelle je vivais en tant que membre de la diaspora avaient des éléments de stagnation étant donné qu'elle était ancrée dans la nostalgie. Par conséquent, je vis avec une conscience aigue que négocier mes Haïti signifie inévitablement accepter qu'il y ait des limites à ma compréhension, étant donné ma position complexe à la fois d'initiée et d'étrangère. Finalement, parce que l'Haïti de ma famille et du monde socio-économique dans lequel j'ai grandi incluaient un large continuum de référents de classe, de couleur, du monde urbain et du monde rural, historiquement, Haïti et les Haïtiens ont toujours pour moi été pluriels.

Ces réflexions n'ont pas seulement eu des conséquences concrètes sur ma relation avec Haïti mais aussi sur le rôle que je joue en tant qu'Haïtiano-Américaine déterminée à servir son pays natal d'une façon ou d'une autre. Ceci dit, ce livre, en un sens, est le résultat d'une promesse faite il y a longtemps, à l'âge tendre de 11 ans quand je suis venue vivre aux États-Unis. Ayant pour la première fois à faire face à l'Haïti qui existait dans la sphère publique, j'avais juste assez de maturité pour jurer que je ne retournerai jamais en Haïti si les choses ne changeaient pas. Évidemment, j'ai éventuellement changé d'avis.

Cette décision de retourner, sur laquelle j'ai longuement écrit, dévoile autant de mon parcours personnel que de mon parcours professionnel. Avec le passage du temps, les deux se sont entrecroisés de façons curieuses pour ne jamais se séparer, alors que j'adoptais un autre lot de traits d'union, cette fois comme artiste-universitaire-engagée. Ces liens deviendront de plus en plus distincts, d'autant plus que je venais à compter moins sur les sciences sociales et plus sur les arts. En outre, indépendamment du medium choisi, je me projetais déjà sur la sphère publique en tant que membre engagé politiquement et qui n'hésite pas à prendre la parole à partir du 10ème département d'Haïti.[4]

Dans la sphère publique

Je dis souvent que je n'avais pas l'intention de « faire » de l'anthropologie publique,[5] mais ce n'est pas la vérité entière. Ce n'est pas un mensonge non plus. En fait, j'ai décidé de poursuivre un doctorat en anthropologie pour une seule raison, Haïti. Je devenais de plus en plus frustrée avec les explications simplistes sur ce lieu que je savais si complexe. Je devenais déterminée à augmenter et compliquer ma propre connaissance d'Haïti, toujours avec l'espoir de partager éventuellement ce que j'avais appris avec les autres. Mes plans n'ont pas tout de suite marché comme prévu ; j'ai fini par faire ma thèse sur les commerçantes internationales indépendantes à Kingston à la Jamaïque.

Cependant, aussitôt que je commençai à enseigner, j'offrais régulièrement un séminaire visant à démystifier Haïti dans l'imaginaire populaire, et à aider les étudiants à visionner une image plus réaliste. En dehors de ce cours, pendant plusieurs années, mon engagement anthropologique envers Haïti ne correspondait pas avec le trajet professionnel que j'avais choisi. C'était plutôt le sujet de mes objectifs artistiques – la poésie et la performance artistique – et la focalisation de quelques essais réflexifs que je présentais à des conférences. Cela changea drastiquement un jour en janvier 2010.

Ma transformation était ponctuée par le fait qu'un mois avant cet après-midi, j'ai fait l'impensable. J'ai entrepris un voyage en Haïti pour la première fois sans en informer ma famille. En tant qu'artiste et féministe auto proclamée dans la diaspora haïtienne, j'étais curieuse de l'impact de la migration. Je l'ai vécue comme une rupture, et j'interrogeais continuellement mon développement personnel et professionnel, qui j'aurais pu devenir si j'étais restée en Haïti. Mon plan était d'aller là-bas et de voir si c'était possible d'avoir une relation avec Haïti qui serait exclusivement la mienne.

Où est-ce que j'allais pouvoir m'insérer ?

Trois semaines après mon retour, les circonstances me forceraient non seulement à repenser cette question, mais me pousseraient aussi dans la sphère publique dans l'ombre des pas d'autres anthropologues militants qui résistaient à l'envie de rester dans leur tour d'ivoire. Le sort en décida, j'avais déjà pris les dispositions nécessaires pour m'y rendre.

« Écrire pour changer le monde »

C'est le slogan d'un séminaire d'un jour que j'avais suivi en octobre 2009 au Simmons College à Boston. Entre autres choses, le Projet Op-Ed visait à responsabiliser les femmes en leur donnant les outils et les habiletés nécessaires pour entrer dans la sphère publique en tant qu'auteurs d'articles d'opinion. Le postulat était de questionner le fait que les hommes blancs des classes sociales aisées soumettaient plus de 80% des articles d'opinions publiés. Je me rappelle réfléchissant sur la réalité des 20% restants, inévitablement des femmes blanches et quelques minorités. En tant que femme noire et haïtienne, je ne représentais même pas un point décimal.

J'avais brièvement essayé ce medium avant. En 1999, fraichement licenciée du troisième cycle d'études, j'écrivis « Classing the Dyas: Can the Dialogue Be Fruitful? » (« Classant les diaspo : Le dialogue, peut-il porter des fruits ? »), un article sur le retour en Haïti de la diaspora et les tensions qui bouillonnent avec ceux qui vivent au pays. Cet article fut publié dans le journal *Haitian Times*. Presqu'une décennie plus tard, j'écrivis un autre sur Michelle Obama, qui apparut dans le Hartford Courant quelques jours avant les élections de 2008. Le grand titre du journal « Michelle Obama : Un exemple exceptionnel » coiffait mon article au lieu de ma version plus accrocheuse «She Ain't Oprah, Angela or Your Baby Mama: The Michelle O Enigma." (« Elle n'est ni Oprah, ni Angela ni la maman de votre bébé : l'énigme Michelle O. »)

J'avais toujours voulu faire entendre ma voix. On m'a qualifié d'être opiniâtre (ce n'est pas un compliment !). C'est un fait que les femmes noires qui expriment leurs opinions ont été traditionnellement réprimandées pour avoir osé « rétorquer ». En ce sens, je ne suis pas exceptionnelle. Comme je n'avais pas l'expertise nécessaire pour négocier le monde des articles d'opinion, j'ai cherché à le comprendre du point de vue de l'initié. C'est ainsi que je me suis inscrite pour le séminaire à Simmons.

J'ai appris non seulement comment les media dominants fonctionnent mais aussi comment les gardiens opèrent – l'importance des réseaux et des connexions. Encore plus important, j'ai eu des aperçus critiques sur la manière dont les notions d'expertise se construisent socialement, ce qui est requis pour augmenter le lectorat et comment étendre sa « zone d'influence ». Alors que les séminaristes étaient encouragés à mettre en pratique les nouvelles techniques acquises, je ne me suis sentie inspirée à écrire un article d'opinion seulement au début de l'année suivante. Mais, cette expérience m'a motivée à continuer d'apprendre.

À cette fin, en décembre 2009, j'ai appliqué et fus sélectionnée pour Feminist Majority Foundation's *Ms.* Magazine Workshop for Feminist Scholars – un camp de trois jours d'entrainement pour aider les universitaires engagés à devenir des intellectuels publics. L'objectif était clairement défini. Le but ultime de *Ms.* magazine était de nous montrer comment utiliser nos connaissances académiques en les rendant plus accessibles au public. Les participants étaient aussi encouragés à écrire pour *Ms. blog*, ce que j'ai éventuellement fait et continue à faire de manière intermittente.

De ces deux séminaires, j'ai acquis non seulement une compréhension critique de ma voix et de mon style, mais j'ai vu aussi comment et où des aspects de ma perspective nuancée pourraient en fait s'insérer dans le monde des médias ultra-rapides. Quoiqu'assez terrifiante au début, la meilleure motivation était de savoir que j'avais des limitations d'espace (un maximum de 500 à 700 mots) pour capter l'attention du lecteur, souvent dès la première phrase. Cette nouvelle approche vers l'écriture signifiait la cassure avec la formation académique antérieure : rejeter l'attachement professionnel aux valeurs de la prose pleine de jargon et une méthode qui consistait à développer l'histoire lentement en insistant sur la prise en compte de tous les aspects. C'était un défi, mais en même temps, cela me libérait aussi, me poussait à utiliser mon regard et mes sensibilités ethnographiques de manière créative pour mettre en relief les complexités culturelles, tout en sachant que le but final était de présenter aux lecteurs des points de vue alternatifs potentiels. Au fil des expériences, je me mis à aimer cette manière de faire.

Pas de silence après le séisme

Mon premier article d'opinion était un commentaire sur le film blockbuster de James Cameron, *Avatar*. J'ai utilisé le programme conseiller-éditeur du Projet Op-Ed pour avoir des réactions avant de soumettre mon article « *Avatar*, Voodoo and White Spiritual Redemption » « *Avatar*, vodou et la rédemption spirituelle blanche ». J'ai discuté de plusieurs aspects du film incluant sa connexion au spiritualisme New Age, qui n'intègre presque jamais le vodou haïtien qui est encore considéré comme maléfique dans des cercles œcuméniques. Mon article fut diffusé en direct sur le *Huffington Post* le 11 janvier 2010, et l'après-midi suivant, le tremblement de terre frappa Haïti. Quelques jours plus tard, le révérend Pat Robertson proclama la tristement célèbre croyance Évangélique qu'Haïti était punie à cause de son pacte avec le diable. Des vues similaires trouveraient leur place dans les colonnes du *New York Times* et du *Wall Street Journal*, les deux journaux les plus largement lus aux États-Unis. Je commençai une orgie d'écriture qui dura plus de deux ans. Le sentiment qu'il y avait un enjeu important était un sentiment que je pouvais clairement articuler, et c'était tout à fait évident dans ma première pièce d'opinion après le séisme « Amid the Rubble and Ruin: Our Duty to Haiti Remains » (Au milieu des débris et des ruines, notre devoir envers Haïti demeure), publié le 14 janvier sur NPR.org. J'ai repris l'impact de mon récent voyage et la réalisation qu'en effet, je pouvais avoir une relation avec mon pays natal en tant qu'adulte indépendant. J'ai découvert aussi des gens avec lesquels je pouvais travailler en solidarité et qui étaient déterminés à réunir leurs efforts collectifs en vue de transformer l'Haïti dont ils avaient hérité. Je dis « ils » car en tant qu'Haïtienne-Américaine vivant dans la diaspora, je suis tout à fait consciente du fait que j'ai le privilège de faire ma vie ailleurs. Je peux toujours partir, par conséquent, j'aurais toujours le statut d'un « étranger du dedans ».[6] Seulement ceux ayant une connaissance concrète des conditions d'infrastructures en Haïti ont pu pleinement appréhender l'impact dévastateur du désastre à ce moment.

Dans les jours, semaines et mois suivants, des mots, des phrases ont tourbillonné dans ma tête à toute heure. Je me suis souvent retrouvée au milieu de la nuit, emportée par des élans d'écriture jusqu'au point de sentir que je n'avais plus rien à dire. La plupart de ce que j'ai écrit a été rendu publique. Certains (tous ne concernaient pas Haïti)[7] ont été rejetés, et d'autres n'ont jamais été soumis, une autre forme de rejet. Ce fut une opportunité de m'écarter des espaces académiques car j'apprenais à distinguer entre le moment et l'endroit où mon opinion pouvait intervenir d'une certaine manière et le moment quand il ne valait pas la peine d'essayer ou que mon intervention serait inefficace. À ces moments-là, je recourais à des préceptes professionnels tenaces incapables de s'adapter à des généralisations qui attireraient un lectorat plus vaste. Le plus souvent, dans ces cas-là, mes objections concernaient des questions raciales.

L'anthropologue en tant qu'intellectuel public

Ma motivation de raconter une histoire différente découle d'une nécessité morale, poussée par mes sentiments et plusieurs points de reconnaissance. Le premier était ma prise de conscience intellectuelle que l'Haïti du domaine public était théoriquement et symboliquement séquestrée, enfermée dans des discours singuliers et des clichés qui, sans surprise, dépassaient rarement les stéréotypes. Deuxièmement, pour cette raison, il était nécessaire que de telles perceptions soient remises en cause. Troisièmement, des idées complexes sur Haïti circulant dans le milieu académique restaient parmi les universitaires, parvenant rarement au-dehors. Finalement, en tant qu'universitaire possédant une telle connaissance, je pouvais ajouter une perspective nuancée aux discussions en cours au sujet de la république.

L'anthropologue haïtien, feu Michel-Rolph Trouillot, qui soulevait constamment la question à savoir si les universitaires pouvaient être, ou plutôt, pouvaient prendre le risque de ne pas être des intellectuels publics, fut une grande inspiration pour moi à ce niveau. Dans *Silencing the Past : Power and the Production of History* (1995), Trouillot souleva un point important à ce sujet qui mérite d'être revisité. Il nous met en garde contre le danger d'oublier le fait que l'histoire est produite dans des lieux qui se chevauchent en dehors de l'académie. Il stipule : « La plupart des Européens et des Nord-Américains apprennent leurs premières leçons d'histoire à travers les medias qui ne sont pas sujets aux normes établies par leurs pairs, les presses universitaires ou les comités d'examen doctoral. Bien avant que les citoyens moyens lisent les historiens qui fixent les normes du jour pour les collègues et les étudiants, ils ont accès à l'histoire à travers les célébrations, les visites de sites et de musées, les films, les fêtes nationales et les manuels d'écoles primaires. »[8] Alors que je saisissais les plus grandes implications découlant de qui obtient le privilège de raconter et d'écrire, j'agonisais sur les questions de responsabilité sociale. Quelle meilleure manière d'aider Haïti qu'en insérant mon moi anthropologue dans ces espaces qui se chevauchaient pour transmettre les points de vue critiques au grand public.

Certainement, ces domaines populaires sont particulièrement mûrs pour des interventions intellectuelles. Ce ne serait pas nouveau pour cette discipline. Depuis son évolution historique, les anthropologues ont abordé différents publics de diverses manières. Cette pratique, qu'on peut faire remonter aux « pères fondateurs » – moins sujets aux contraintes académiques – qui ont participé activement aux débats de leur époque vu qu'ils cherchaient à expliquer l'évolution sociale, la nature humaine et la variation.

Plus tard, des ancêtres tels que Franz Boas, le fameux père de l'anthropologie culturelle américaine, se distingue en tant qu'académicien antiraciste qui a publiquement mis en défi les idéologies racistes. Melville Herskovits a soutenu l'importance du relativisme culturel pour comprendre les noirs en Afrique et dans les Amériques. Ruth Benedict a pratiquement redéfini la compréhension conceptuelle de la culture. Margaret

Mead, jusqu'à présent, demeure l'icone le plus typique du public intellectuel qui non seulement a apporté l'anthropologie aux masses à travers des analyses culturelles mais aussi en tant qu'animateur d'un show télévisé et à travers les colonnes des magazines populaires.[9]

C'est vrai qu'on m'a enseigné cette histoire de la présence publique et de son influence dans des cours sur les traditions disciplinaires au troisième cycle universitaire, le consensus sous-jacent était que le vrai travail intellectuel, celui que nous étions encouragés incidemment à poursuivre, était celui qui produisait du savoir comme une fin en soi. Quoique cette perception semble en désaccord avec mon agenda, (mon intérêt initial étant dans le développement), l'emphase rigoureuse sur le mode de création des discours et le pouvoir pervers et insidieux de leurs représentations, me rendait encore plus curieuse face à leurs implications pratiques.

Les recherches anthropologiques qui défiaient la soi-disant division entre la plaidoirie et le travail analytique abondent.[10] Des conversations reviennent au sein de la discipline sur le comment et l'endroit où localiser théoriquement ces « publics »[11] que les anthropologies interpellent et souvent de manières entrelacées.[12] Néanmoins, avec l'augmentation de la professionnalisation et de la spécialisation, la présence des anthropologues, surtout dans la sphère publique a évolué en partie parce que les universitaires ont tendance à éviter cet espace.[13] Dans le passé, l'engagement public était plus essentiel à la discipline. Dans les années récentes, cependant, l'Association Américaine d'Anthropologie s'est mise à encourager la présence publique de ses membres pour « augmenter la compréhension de l'anthropologie par le public et promouvoir l'utilisation du savoir anthropologique dans l'élaboration des politiques publiques »[14] et sa pertinence globale pour notre époque.

Toujours est-il que les causes externes de la méconnaissance de la discipline dans la sphère publique incluent le fait que dans l'imaginaire populaire, l'anthropologie est encore beaucoup plus synonyme de l'étude des « exotiques » que de phénomènes sociaux liés au quotidien d'ici ou d'ailleurs. En outre, la notoriété des commentateurs et des experts qui offrent des indices sur les spécificités culturelles n'est pas seulement plus adaptée aux medias mais leur travail, comme Hugh Gusterson et Catherine Besteman l'ont pertinemment souligné, tend à « renforcer les préjugés nourris par leur public plutôt que ceux qui renversent leurs hypothèses faciles sur le monde et les mettent au défi pour envisager d'autres perspectives ».[15] Incontestablement, comme on nous l'a souvent répété au cours du séminaire de l'op-ed, la probabilité qu'un article d'opinion puisse influencer un lecteur suffisamment pour changer sa perspective est mince car la plupart des idées sont déjà arrêtées. C'est là que réside le plus grand obstacle à des interventions fructueuses dans le grand public.

Le monde académique est limité dans sa diversité, avec son ensemble de critères, de conventions et de résistance aux différences. S'il est vrai que beaucoup de choses ont changé depuis mes années d'étude, il faut avouer que les histoires d'intellectuels publics que j'ai entendues (dans des cours non-spécialisés) ont généralement exclu ou marginalisé les travaux des pionniers noirs des États-Unis[16] qui non seulement ont confronté des obstacles structurels racistes qui ont sévèrement entravé leur travail mais ont aussi ont influé sur leur relation professionnelle avec la discipline.[17] L'étendue extensive de leur impact est inconnue des courants dominants. Par exemple, Zora Neale Hurston et Katherine Dunham – toutes deux formées en dehors du système universitaire, se sont tournées vers le folklore et les arts pour contribuer de manière importante au-delà des frontières disciplinaires, ce qui jusqu'à maintenant continue de souligner les dimensions expressives des expériences noires. Dunham sous le pseudonyme de Kaye Dunn était en fait un écrivain public qui publia des articles dans les revues *Esquire* et *Mademoiselle*, anticipant les expériences de Margaret Mead dans *Redbook*. Allison Davis a eu un impact énorme hors de l'anthropologie à travers ses études de l'intelligence qui contribuèrent grandement à influencer les programmes de mise à niveau en éducation, comme le Head Start.[18] Le panafricaniste St. Clair Drake, un autre pionnier fondamental aux côtés du sociologue Horace Clayton, a introduit la notion de Métropole Noire,[19] à un vaste public, avant même d'avoir terminé ses études de doctorat.

En ces temps-là, les universitaires et artistes noirs ont étalé leur savoir en anthropologie en dépit des vues controversées à ce sujet, qui la considéraient comme une aventure ésotérique comme St. Clair Drake (1978) l'a dit avec peu de « pertinence » aux problèmes d'« évolution raciale » aux États-Unis.[20] Ils la trouvèrent utile dans leurs tentatives d'exposer et de considérer les divers aspects de la vie noire dans la diaspora dans le cadre d'un plus grand combat contre le colonialisme et le racisme. Rejetées des grands medias traditionnels, leurs interventions publiques furent documentées principalement dans les organes de la presse noire. Ils y ont réussi alors qu'ils se positionnaient différemment de leurs vis-à-vis blancs qui, quelquefois s'opposaient activement à leur présence et à leurs activités dans la discipline, mais aussi à l'intérieur et à l'extérieur des universités. En effet, ce qui était permis pour certains était durement policé par d'autres, incluant quelques-uns des célèbres pionnières et pionniers.

Dans cet ordre de pensées, il faut noter que l'académie et les media sont plus en harmonie qu'en désaccord quand il s'agit des facteurs structurels influençant la sous représentation des minorités. C'est dans ce contexte que j'ai émergé et que j'ai appris à manœuvrer comme une femme noire haïtienne, une anthropologue, déterminée à émettre un contre-discours dans la sphère publique dans la période post-séisme.

Ni source ni acolyte

J'ai commencé à écrire en réaction, si je peux m'exprimer ainsi, quand il parut évident qu'Haïti était représentée de manières nocives et limitatives. Ceci était le plus apparent dans le traitement du vodou, qui était constamment décrit comme dépourvu de sens culturel, et qui reprenait donc les caractéristiques « mystiques » attribuées à Haïti et la bannissait des discours modernes. Des tentatives de démystifier ce mythe comprenaient leurs propres défis. Dans des entrevues avec des collègues blancs (le plus souvent des amis), j'étais souvent perçue comme « la source native » par l'interviewer pendant qu'ils étaient perçus comme des « experts ». Ensemble, nous sommes arrivés non seulement à résister à cette impulsion mais aussi à demeurer vigilants face à ses répercussions.

Le lendemain, je consulterai les sites web pour m'assurer que le texte de cette nouvelle entrevue contenait en fait l'orthographe du mot vodou au lieu de *voodoo*, qui est utilisé dans les feuilles de style des media. (La dernière orthographe renforce le stéréotype et est le terme populaire reconnu qui garantit le plus de hits sur les moteurs de recherches). Il y eut des cas dans lesquels « des alliés »[21] et des défenseurs dans les média traditionnels et autres, représenteraient Haïti des manières les plus dévaluées, au pire rendant les Haïtiens invisibles et au mieux, unidimensionnels. Alors que la prise de conscience et les tentatives d'y faire face étaient épuisantes, ces détériorations de la réalité étaient aussi mures pour une analyse socio-culturelle. Place à la native en tant qu'acolyte.

Ce n'est pas du tout surprenant, comme je l'ai dit précédemment, le visage de l'anthropologie publique est principalement blanc et male dans certains contextes. Quoique l'écrivaine Edwidge Danticat et le rappeur Wyclef Jean étaient les Haïtiens les plus célèbres dans les media, avec son profil hautement international, ce fut l'anthropologue médical de Harvard, le médecin, Paul Farmer (Fondateur de Partners in Health) qui était pratiquement synonyme d'Haïti aux cotés de Sean Penn et de Bill Clinton.[22]

Où, si et comment les « indigènes » entrent-ils dans cet ordre (économique) visuel,[23] surtout dans les domaines du travail humanitaire et de la reconstruction post-désastre, dominés comme ils sont par un complexe industriel de sauveurs blancs demeurent des questions non résolues et « brûlantes » comme Michel-Rolph Trouillot les aurait nommées il y a une dizaine d'années.

De tels moments de perspicacité servent à renforcer les affirmations de Trouillot dans *Global transformations : Anthropology and the Modern World* (2003) au sujet du statut de la voix des indigènes dans la production du savoir anthropologique. L'ethnographie était son lieu de recherche, alors que j'enquêtais sur les media – dans certains cas, des branches « gauchistes » ou « alternatives » de ce monde. Cependant, les hiérarchies sociales et autres questions étaient des variations du même thème. Comme l'ethnographe, le journaliste sert de médiateur, dans aucun cas l'indigène ne peut servir d'interlocuteur à part entière. En outre, ceci reconfirmait le besoin d'adresser un problème que je retournais dans ma tête, « Qui est en train de vous étudier, vous qui nous étudiez ? »[24]

J'ai arrêté d'écrire au sujet d'Haïti des mois après me sentant mal à l'aise avec l'idée de parler au nom des Haïtiens, d'autant plus que je n'avais pas mis les pieds en Haïti depuis le tremblement de terre. Quoique j'aie une opinion bien précise sur les représentations d'Haïti et des Haïtiens, je réfléchissais sur leur signification. Je suis repartie pour Haïti la dernière semaine du mois de mars et y suis restée jusqu'au weekend de Pâques, passant très peu de temps à Port-au-Prince, car j'avais offert bénévolement mes services dans une clinique de Petit-Gôave.

Je suis revenue désespérée. Parallèlement, je comprenais que l'absence d'espoir n'était pas une option pour ceux restés là-bas, pour ceux coincés à l'intérieur, parce que « *nou se mò vivan* » (nous sommes des morts vivants), comme un ami l'a dit brutalement. Une fois de plus, des idées de responsabilité sociale ont refait surface. Mes écrits publics s'emmêlaient avec mon travail artistique de manière inattendue. Des invitations à des facultés et universités signifiaient que les membres de l'auditoire avaient simultanément accès à un professionnel des sciences sociales, un artiste et une commentatrice publique.

Ceci me plaçait dans une position que je n'ai pas encore totalement déchiffrée. J'ai au moins compris qu'avec un spectacle, j'offre aux gens un point d'entrée viscéral pour développer des conversations critiques. Ceci éclipsait cependant l'intérêt de l'auditoire dans ma performance artistique, puisque souvent, les discussions considéraient les contenus. Quand même, la connexion tripartite nourrissait mon travail de plusieurs facettes, me permettant de prendre conscience des limites de chacune d'entre elles aussi bien que la façon dont elles se complétaient mutuellement, et m'a poussée à réexaminer leur efficacité globale respective.

Ayant ces idées en tête et compte tenu de mon élan initial – répondre à un sens du devoir – je devais négocier ma position à l'intérieur de différentes formes de media. Une chose est restée indiscutable : la publication en ligne facilite l'accès et pouvait étendre la portée de ce qu'on avait à dire d'une façon que l'imprimé ne peut pas. L'imprimé qui impliquait un processus différent, a encore ses mérites et est une forme de documentation qui est plus accessible pour certains. De plus il répond à des critères professionnels relatifs à la recherche, quoiqu'il ne s'agissait pas de revues spécialisées avec des comités de lecture.[25] En tout cas, je me suis retrouvée attirée par des projets plus créatifs pour ma carrière déjà assez peu conventionnelle. C'était un travail que j'étais non seulement déterminée à faire, mais un travail que je ne pouvais pas ne pas faire. Est-ce qu'il pourrait avoir une certaine valeur professionnelle ? Cela reste à vérifier en raison des débats récents sur les modalités d'évaluation de la recherche non traditionnelle et les engagements universitaires dans l'implication civique.[26]

La réalisation d'une chronique

L'idée de compiler ces essais en un livre vient de Claudine Michel, professeure d'études des noirs et d'éducation à l'Université de Californie, Santa Barbara et éditrice du Journal des Études Haïtiennes. Au cours de nos conversations, elle mentionna qu'elle était trop occupée pour suivre mon rythme, et qu'elle avait commencé à rassembler mes écrits dans un dossier. Puis, elle insista pour que je le fasse aussi comme une collection, étant donné l'immédiateté, la fréquence et l'étendue de mon champ d'intervention. Elle ajouta qu'en tant que fille du pays, anthropologue-artiste placée dans la marge, j'offrais une perspective aux multiples facettes de l'intérieur et de l'extérieur sur ce moment de l'histoire haïtienne qu'on était en train de vivre, une chronique post-séisme. (Je le considère comme une sorte de mémoire).

Au cours de cette même période, j'avais écrit de manière intermittente mais constante pour *Huffington Post*, le *blog* de *Ms.* magazine, *Haitian Times*, (qui deviendra après *HT* magazine) et *Tikkun Daily*, et j'avais été invitée sur les blogs de plusieurs sites spécialisés tant par des amis que par des étrangers. Chaque invitation avait ses propres avantages et ses défis. *HuffPo* offrait le plus de liberté en tant qu'espace avec le moins de médiation, avec peu de supervision et des enquêtes de vérification. *Ms. blog* fournissait la vérification rigoureuse des faits et une supervision éditoriale extraordinaire. Ceci me fut particulièrement profitable, en m'influençant à garder ma perspective féministe sur des questions tout en étant engagée activement, et en gardant en vue le lectorat du blog.

Haitian Times, (aujourd'hui *HT*), offrit le meilleur auditoire, celui qui possédait les connaissances de base sur les interminables histoires d'une Haïti constamment calomniée dans les medias. Comme ce lectorat était plus populaire, la nouvelle éditrice, Manolia Charlotin, lança un coin de chercheurs pour porter au premier plan une diversité de voix critiques sur les questions sociales et politiques actuelles. L'accent mis par *Tikkun Daily* sur la réparation et la transformation du monde me procura une communauté œcuménique qui me permit d'être encore plus téméraire en ce qui concernait les questions religieuses.

S'il est vrai que j'aimais m'adresser à des auditoires divers et plus réduits, cela augmentait la probabilité que je serai obligée de me répéter. Malgré tout, je me réjouissais du côté pratique des blogs en ligne qui réclamaient une attention intense quoique de courte durée pour répondre et livrer. J'appréciais également le fait que j'écrivais pour le moment présent.

Au cours de cette première année, j'acceptais des invitations pour soumettre trois papiers imprimés différents et je proposai un quatrième à la revue *Meridians: Feminism, Race, Transnationalism* – la création d'une petite collection de « paroles » de femmes sur le tremblement de terre en tant qu'un projet d'archive. Ces invitations constituèrent de vrais défis car elles me plongèrent dans des directions variées. Le premier texte, « Some Not-So-Random Thoughts on Words, Art and Creativity », « Quelques réflexions pas si aléatoires sur les mots, l'art et la créativité », était une méditation sur quelques tableaux et poèmes sollicitées par les conservateurs d'une galerie d'art à Grimma, en Allemagne pour l'art naïf : Souvenirs du paradis ? Mon essai faisait partie d'un catalogue pour une exposition tenue en mars 2010. Je l'ai écrit en larmes tandis que j'admirais les tableaux choisis. Plus tard, j'ai du décider si j'allais permettre à mon texte d'être inclus dans le catalogue alors que je m'opposais fortement à l'utilisation par les conservateurs du terme archaïque Naïf pour décrire l'art haïtien. Un mentor m'encouragea à participer au projet, indiquant que très probablement, je serai la seule Haïtienne et/ou la seule à présenter une perspective différente dans le catalogue.

Le deuxième essai était « Why Representations of Haiti Matter Now More Than Ever » (« Pourquoi les représentations d'Haïti importent plus que jamais »). Je l'ai présenté à la conférence Ronald C. Foreman de l'Université de Floride, que j'étais invitée à prononcer en avril 2010 par l'anthropologue Faye V. Harrison. Il s'ensuivit que la conférence était en fait une récompense pour reconnaitre l'engagement public de l'intellectuel qui le recevait. Le mois suivant, j'ai mis à jour et révisé cet essai pour une plénière UNESCO sur Haïti lors de la conférence annuelle de l'Association des Études caribéennes (CSA) à la Barbade. Ce panel incluait les professeurs de sociologie Alex Dupuy et Carolle Charles, et la professeure de littérature et de langue, Marie-José N'Zengou-Tayo qui avait survécu au séisme. Comme j'étais en congé sabbatique, j'offris d'organiser ce panel pour mes ainés, collègues et compatriotes.

« Why Representations » fut d'abord publié dans le numéro juillet/août de *NACLA Rapport sur les Amériques* « Lignes de faille : Perspectives sur le tremblement de terre en Haïti ». Il faisait partie des articles les plus académiques que j'avais écrits. En même temps, il était fortement influencé par ma formation d'intellectuel public, qui encourageait la clarté, l'acuité et l'intensité. Je ne me suis pas retenue, d'autant plus que cet article reportait en fait mes toutes premières réactions aux portraits télévisés du séisme et de ses premières conséquences. L'article fut réimprimé sous le titre « Why Haiti Needs New Narratives Now More Than Ever » (« Pourquoi Haïti a besoins de nouveaux discours plus que jamais ») dans *Tectonic Shifts: Haiti since the Earthquake.* Cette vaste anthologie, éditée par Marc Schuller et Pablo Morales, comprend un nombre sans précédent de militants et d'écrivains basés en Haïti. « Why Haiti Needs New Narratives » est devenu comme un refrain que je reprends partout où je présente mon travail – c'est pourquoi je l'ai choisi pour le titre de ce livre.

Le troisième article publié était un reportage à la une que j'écrivis pour *Ms.* magazine, « Rising from the Dust of Goudougoudou ». « Se lever des cendres de Goudougoudou » sortait au début de 2011. Je partis pour mon deuxième voyage en Haïti au cours de l'été de 2010 et poursuivis des recherches avec divers groupes de femmes précisément pour cette mission – une opportunité rare pour un anthropologue : travailler avec un important organe de presse écrite dès la conceptualisation d'une idée. L'éditeur de *Ms.* m'encouragea à inclure autant d'histoires que possible pour mieux exposer et mettre en contexte la complexité de la situation actuelle des femmes en Haïti après le séisme. Par exemple, à jamais une ethnographe, j'étais déterminée à dévoiler les dynamiques de couleur et de classe parmi les groupes de femmes pour exposer l'absurde fausseté des abstractions telles que « la plus pauvre nation de l'hémisphère ». En outre, puisque les femmes étaient activement engagées dans leurs communautés, j'ai eu l'opportunité de le révéler en même temps que leur coutume de s'aider mutuellement.

Je devenais de plus en plus perturbée en tant que porte-parole des Haïtiens en Haïti, horrifiée par les politiques et les réalités de qui parle au nom de qui. J'ai toujours écrit et parlé de façon réflexive sur les questions de position, de pouvoir et de représentation, surtout en tenant compte de mes privilèges diasporiques. Si je reconnaissais que j'avais des avantages dont beaucoup en Haïti ne jouissaient pas, je croyais fermement que le public avait quand même besoin d'entendre la voix de ceux basés en Haïti qui pouvaient parler pour eux-mêmes.

Le fait est que j'étais aussi prête à aller dans une autre direction pour intervenir d'une autre manière. Le « nouvel » espace était la performance artistique. Comme ma compréhension du rôle des medias dans les perceptions persistantes d'Haïti se raffermissait, mes expressions artistiques prirent un tour encore plus critique et viscéral se démarquant de la linéarité et des discours qui étaient fondamentaux dans les premières étapes de mon travail.[27] En effet, je me suis engagée dans des performances publiques dans des milieux professionnels de manière constante depuis 2001, quand j'ai présenté pour la première fois « The Passion in Auto-Ethnography : Homage to Those Who Hollered before Me »,[28] « La passion en auto-ethnographie : Hommage à ceux qui ont hurlé avant moi », au réunion annuelle de l'Association Américaine d'Anthropologie. Mon engagement à faire un travail créatif et expressif sous-entend un dévouement à l'interdisciplinarité – en tant qu'intellectuel incarné, assumant le trait d'union de l'artiste-intellectuel-engagé, qui est animé par la notion que personne ne vit sa vie en suivant des lignes disciplinaires. De là vient ma détermination à utiliser ma performance pour aborder et pour recréer un sujet entier sans oublier le corps. Alors que j'ai écrit sur mes méthodes et motivations pour faire un tel travail,[29] dans son livre *Outsider Within:*

Reworking Anthropology in the Global Age, Faye V. Harrison (2008) utilise des aspects de mon travail créatif pour faire un argument plus large sur la signification des voix poétiques et performatives en élargissant les dimensions anthropologiques d'une praxis conceptuelle, interprétative et méthodologique. Dans *Citizenship from Below: Erotic Agency and Caribbean Freedom,* Mimi Sheller (2012) a aussi argumenté qu'en défiant les discours de déshumanisation, mon travail illustre une stratégie anti-représentationnelle de résistance et de renversement des regards touristiques et anthropologiques. (2012).

Mon ordre des choses

Ce livre consiste en trente entrées qui incluent des textes publiés sur des blogs, des articles, des réflexions et articles d'opinions écrits et publiés entre 2010 et 2012. Elles sont organisées chronologiquement et divisées par thème en trois étapes qui tiennent compte de mes intentions, le ton et le thème qui englobe mes réponses.

La première section, répondant à l'appel, inclut les écrits de 2010. C'était mon année la plus prolifique pendant laquelle j'ai fait le plus de macroanalyses, avec une attention particulière aux sujets structurels rendus historiquement abstraits dans les medias traditionnels. Mon intérêt et ma focalisation sur la politique étaient une riposte au potentiel, quoique bref, que ce moment représentait.

La seconde partie, réétudiant la réponse, commence en janvier 2011, la première année commémorant le séisme. J'ai participé à une marche tenue à NYC et j'ai écrit au sujet des anxiétés de la diaspora autour de cet « anniversaire » sur pbs.org. Comme les écrivains choisissent rarement leurs propres titres, l'article que j'avais titré « Haiti's Fight for Humanity in the Media », « La lutte d'Haïti pour l'humanité dans les medias », fut publiée sous le titre « L'histoire d'Haïti que vous ne lirez pas ». À ce stade, et l'étendue et la manière de mes ripostes discursives et expressives étaient en train de changer. En effet, ceux d'entre nous qui possédions un savoir historique nuancé des politiques locales et de la géopolitique avaient déjà compris qu'en dépit des bonnes intentions des efforts internationaux et des développements, c'était des performances du progrès qui ne serviraient finalement qu'à maintenir le statut quo.

J'ai délibérément pris une position explicitement féministe. J'ai écrit davantage sur des sujets concernant les femmes et celles qui faisaient une différence à leur manière, en partie pour faire face à ma déception

devant l'évolution de la situation tant au niveau national qu'internatio-
nal. La plupart des textes de cette deuxième étape ont été publiés sur le
blog de *Ms.* J'ai aussi édité « Women's Words on January 12th », « Mots de
femmes sur le 12 janvier », une collection spéciale d'essais, de poèmes, de
photographies et de fiction pour *Meridians.*

La dernière partie, une nécessité spirituelle, est la plus courte. Je n'ai
presque pas écrit en 2012, ayant effectué un autre travail professionnel
sur Haïti[30] qui a sévèrement limité mon temps. À l'époque, j'avais laissé
les sujets politiques pour me concentrer principalement sur la créativité
et l'art. Je m'étais engagée à attirer l'attention sur le nettoyage religieux
ou la bâtardisation du vodou qui se déployait actuellement. Je caracté-
rise ce changement comme une impérative venue des ancêtres, motivé
qu'il était par l'éloignement familial de nos héritages spirituels et de nos
responsabilités.

Ainsi, le dernier article, « Loving Haiti beyond the Mystique », « Aimer
Haïti au-delà de la mystique », parut dans *The Haitian Times* (*HT*) pour
marquer le 209ème anniversaire de la révolution haïtienne le 1er janvier
2013. C'est en fait un extrait de *Loving Haiti, Loving Vodou: A Book of Re-
memories, Recipes & Rants, Aimer Haïti, aimer le vodou : un livre de sou-
venirs revisités, de recettes et de déclamations*, un mémoire écrit en 2006.
Je l'ai soumis à la requête de l'éditeur énervé par l'ironie de sa pertinence
sept ans plus tard.

Nota Bene : Des erreurs édifiantes

Les articles de ce recueil sont légèrement réédités ici comme ils avaient
été publiés initialement sans les liens hypertexte. Ils contiennent aussi
des erreurs (telle qu'une tendance à parler de la république comme une
île) qui me sont totalement imputables. Je me suis rendue compte qu'il
s'agissait d'une signification subliminale faite constamment par défaut.

En outre, plus les lieux de publication variaient, plus je me répétais.
Ces réitérations discursives, je dois l'avouer, sont aussi en partie, un dis-
positif stratégique en cours. En effet, mon écriture a toujours compris une
composante théâtrale – une oralité raisonnée, pourrais-je dire, puisque
je lis à haute voix les textes sur lesquels je travaille. Mea culpa, cher lec-
teur, s'ils sont ennuyants peut-être à lire ici ; les combiner est nécessaire
pour renforcer certains points que je crois cruciaux pour éclairer le passé
d'Haïti ainsi que son chemin.

NOTES

1 Les idées et nombreux écrits du défunt théoricien culturel Stuart Hall ont eu un profond impact sur mon travail et mes pensées. Il a insisté sur les parcours des expériences diasporiques en opposition à la notion plus essentialiste de racines, que je considère en détails dans cette introduction. Quand j'étais étudiante de troisième cycle, j'ai suivi un séminaire à l'université de Michigan en 1999 où il insista sur l'argument suivant : « au lieu de s'enquérir des racines des gens, nous devrions plutôt penser à leurs parcours, les différents points qu'ils ont traversé pour arriver où ils sont aujourd'hui ; ils sont après tout, la somme de ces différences... » *Journal of the International Institute* 7, no. 1 (Automne 1999). Une autre influence primordiale sur mon travail fut celle de l'anthropologue Ruth Behar, ma directrice de thèse, qui non seulement a fait appel à l'expérience personnelle pour écrire au sujet de la culture et traverser les frontières à sa manière, à l'intérieur comme à l'extérieur du monde académique, mais dont les préoccupations intellectuelles et artistiques autour du concept de foyer impliquent des interrogations méditatives sur son identité en tant que juive-cubaine négociant la complexité de ses diasporas. En plus de ses ethnographies et son/sa mémoire, elle a écrit des essais, de la poésie, a utilisé la photographie et le cinéma pour mieux nuancer les réponses à ses questions. Ses travaux incluent *The Vulnerable Observer* (1996) et *An Island Called Home* (2007).

2 Dans un article du *New York Times* publié en 1998 par Garry Pierre-Pierre, l'écrivaine Danticat était citée pour avoir reconnu l'impact de la fierté que la vedette hip hop éprouvait pour Haïti, fierté qu'il affichait en tout moment et à tout lieu. Elle déclara « quand nous pensons à l'identité haïtienne, ce sera toujours avant et après Wyclef. » Avant sa présence sur la scène populaire, les Haïtiens discriminés (spécialement les jeunes) cachaient souvent leur identité nationale pour se protéger des harcèlements et autres réponses négatives.

3 Je devrais indiquer que je suis tout à fait consciente évidemment de l'impact complexe des années de formation sur le développement de l'être social.

4 Le pays est divisé en dix départements géographiques et politiques, mais en avait neuf jusqu'en 2003. Avec plus d'un million d'Haïtiens vivant aux Etats-Unis, au Canada, en République Dominicaine, en France et dans d'autres pays de la Caraïbe et ailleurs, le 10ème département a émergé comme une catégorie informelle au début des années 1990 ; cette conception est devenue plus courante comme les Haïtiens de l'étranger continuent de solliciter des représentations politiques et demandent l'amendement de la constitution pour accepter la double citoyenneté.

5 Pour le directeur du Centre d'Anthropologie Publique, Robert Borofsky, l'anthropologie publique « illustre l'habileté de l'anthropologie et des anthropologues à confronter efficacement des problèmes au-delà des limites de la discipline – jetant la lumière sur les plus grandes questions sociales de notre époque tout en encourageant de vastes conversations publiques à leur sujet dans le but explicite de pro-

mouvoir un changement social » Voir « Conceptualizing Public Anthropology, » 2004, document électronique consulté le 13 juillet 2013. C'est un terme contesté au sein des professionnels à l'intérieur et à l'extérieur du monde académique, dont je parlerai plus loin.

6 Je n'ai pas encore pu décoder la complexité de cette position en tant qu'Haïtienne-américaine vivant parmi les Haïtiens au pays, en tant qu'Haïtienne parmi les Noirs aux Etats-Unis et/ou en tant qu'un Autre parmi des Anthropologues blancs, ce dont j'ai discuté longuement dans mon premier livre, *Downtown Ladies*, une ethnographie des commerçantes internationales à Kingston, en Jamaïque. Pour essayer de comprendre ce positionnement, je me suis inspirée du travail de Faye V. Harrison sur les chercheurs en marge impliqués dans le projet de décolonisation de l'anthropologie. Comme Harrison l'a si correctement relevé en accord avec la sociologue Patricia Hill Collins qui utilise ce terme « 'étrangers du dedans' voyagent à travers des frontières de race, de classe, de genre pour 'se déplacer à l'intérieur et à travers' d'autres positionnements étrangers. Ces espaces relient les communautés de puissance différentielle et constituent souvent des terreaux fertiles pour la formulation de connaissance oppositionnelle et de théorie de critique sociale ». Faye V. Harrison *Outsiders Within: Reworking Anthropology in the Global Age* (Urbana: University of Illinois Press, 2008) 17.

7 J'ai écrit de nombreux articles sur bell hooks . . . Audre Lorde, le Président Obama, Oprah, l'art, le féminisme, la performance et d'autres sujets qui ont été rendus en direct aussi bien que d'autres que j'ai écrit pour le simple fait de pratiquer.

8 Michel-Rolph Trouillot, *Haiti's Nightmare and the Lessons of History: Haiti's Dangerous Crossroads*, édité par Deidre McFayden (Boston: South End Press, 1995), 20.

9 Pour d'avantage sur Margaret Mead, voir Nancy Luktehaus, *Margaret Mead: The Making of an American Icon* (Princeton, NJ: Princeton University Press, 2010).

10 S'appuyant sur le travail de Charles Hale (2006), Michal Osterweil soutient que voir une différence entre les concepts de « recherche engagée » et de « critique sociale » s'avère faux puisque la connaissance est un terrain politique critique et que ces deux approches ont en fait « émergés comme des réponses à la reconnaissance grandissante du rôle de l'anthropologie dans le maintien des systèmes d'oppression et de colonisation qui faisaient du tort inconsciemment aux communautés marginalisées sur lesquelles travaillaient les anthropologues ». Voir Michael Osterweil, « Rethinking Public Anthropology through Epistemic Politics and Theoretical Practice, » *Cultural Anthropology* 28, no. 4 (2013): 598–620, et Charles Hale, « Activist Research v. Cultural Critique: Indigenous Land Rights and the Contradictions of the Politically Engaged Anthropology, » *Cultural Anthropology* 21, no. 1 (2006): 96–120.

11 Une grande question est de savoir ce qui distingue exactement l'anthropologie appliquée, l'anthropologie engagée et l'anthropologie publique. L'anthropologie appliquée a ses origines dans le travail de développement (international) et

sa motivation est de contribuer à des politiques. L'anthropologie engagée de son coté, met souvent l'accent sur le travail collaboratif avec les communautés dans le but d'utiliser le travail pour affecter les politiques publiques. L'anthropologie publique est aussi orientée à agir dans le but de transformer les sociétés. S'il est vrai que les définitions de ces approches varient et dépendent des écoles de pensées dont elles sont issues, comme Louise Lamphere (2004) l'a justement fait ressortir, dans les deux dernières décennies, elles ont tendance à converger car la collaboration, l'aide sociale et la politique sont devenues plus courantes dans certains programmes de troisième cycle.

12 Dans leur article de *Current Anthropology*, « Engaged Anthropology: Diversity and Dilemmas, » Setha Low et Sally Merry ont indiqué de quelles manières l'anthropologue peut s'engager plus : « 1) en mettant l'anthropologie au centre du processus de définition des politiques publiques, 2) en reliant la partie académique de la discipline au monde plus vaste de problèmes sociaux, 3) en offrant le savoir anthropologique à l'attention des media, 4) en devenant des militants concernés par la violence et les changements sociaux environnants, 5) en partageant la production du savoir et le pouvoir avec les membres de la communauté, 6) en offrant des approches empiriques à l'évaluation sociale et la pratique éthique, et 7) en liant la théorie et la pratique anthropologique pour trouver de nouvelles solutions » Voir Low et Merry, « Engaged Anthropology: Diversity and Dilemmas, » *Current Anthropology* 51, no. S2 (2010).

13 Les universitaires en général, y compris les anthropologies, qui s'impliquent dans la sphère publique sont encore stigmatisées et considérés avec moins de respect que leurs pairs. Parallèlement, les anthropologues surtout aux Etats-Unis se préoccupent du fait que les sujets relatifs aux conditions humaines dans les media soient traités par des non-professionnels. Pour davantage sur ce sujet, consultez Hugh Gusterson et Catherine Besteman, *Why America's Top Pundits Are Wrong: Anthropologists Talk Back* (2005) et Thomas Hyllan Eriksen, *Engaging Anthropology: The Case for a Public Presence* (Oxford: Bloomsbury Academic, 2006).

14 American Anthropological Association, AAAnet.org site consulté le 26 mars 2014.

15 Besteman et Gusterson, *Why America's Top Pundits*, 3.

16 Voir Ira E. Harrison et Faye V. Harrison, éditeurs, *African-American Pioneers in Anthropology* (Urbana: University of Illinois, 1999).

17 Une note secondaire mais très importante quand même : mon travail se situe en effet dans le sillage d'une plus grande tradition qui inclut la tradition d'ethnologie haïtienne qui remonte aux travaux de l'homme politique et anthropologue du 19ème siècle, Anténor Firmin. Le Bureau d'Ethnologie à Port-au-Prince, fondé par Jean Price-Mars a incorporé des travaux qui n'ont pas seulement brouillé les lignes entre l'ethnologie et la littérature, mais ont aussi découlé d'une perspective engagée radicale contre l'occupation américaine et d'autres formes d'impérialisme. Les spécificités de ma formation quoiqu'imprégnées de traditions nord-américaines

ont inclus des études régionales ayant incorporé et reconnu l'impact de l'école haï-
tienne.

18 Voir Faye V. Harrison, « The Du Boisian Legacy in Anthropology, » *Critique of An-thropology* 12, no. 3 (1992): 239–60.

19 Ce livre (Drake et Cayton, *Black Metropolis: The Study of Negro Life in a Northern City*) d'abord publié par Harper et Rowe en 1945 a été réédité deux fois en 1962 et en 1970 avec des mises à jour commandités par les éditeurs originels. La première édition incluait une introduction par le populaire romancier Richard Wright.

20 St. Claire Drake, « Reflections on Anthropology and the Black Experience, » *An-thropology & Education Quarterly* 9, no. 2 (1978).

21 Pour une critique des problèmes des « alliances, » voir Aileen McGrory, *Queer Killjoys: Individuality, Niceness and the Failure of Current Ally Culture* (thèse pour mention, Département d'Anthropologie, Wesleyan University, 2014).

22 Avant le séisme, Farmer s'est joint à la mission de l'ONU dirigée par Bill Clinton. Il y avait une certaine ironie dans ce trio d'hommes américains blancs perçus comme les « sauveteurs » d'Haïti, ce qui quelquefois, me poussait à les appeler les trois rois.

23 Cette question trouve sa réponse en partie dans le documentaire *Assistance Fa-tale* de Raoul Peck (2013), un voyage de 2 ans à l'intérieur des efforts éprouvants, contradictoires et colossaux de reconstruction post-séisme qui ont révélé com-ment la souveraineté du pays a été sapée, et comment ceci coïncide avec l'échec des groupes de soutien et d'aide internationale, des organisations non gouverne-mentales (ONGs) et leurs idées de reconstruction qui se sont heurtées aux be-soins véritables d'Haïti. Il offre aussi des pistes pour savoir où (n') est (pas) passé l'argent.

24 J'ai soulevé cette question à une plénière lors de la 21ème conférence de l'Association des Etudes Haïtiennes en 2009. J'approfondi le sujet dans l'article sur *Ms. blog* en 2011. « Why Context Matters: Journalists and Haiti » (Pourquoi le contexte importe : Les journalistes et Haïti), qui est inclus dans la collection. Je développe cette thèse davantage dans mon livre en progrès « On What (Not) to Tell: Reflexive Feminist Experiments. »

25 L'anthropologue et ex-journaliste suédois Staffan Löfving considère les issues de la temporalité dans ces deux domaines. Il stipule : « écrire lentement au sujet de changements rapides constitue un paradoxe en anthropologie. Le paradoxe en journalisme consiste à écrire rapidement et quelquefois de manière simpliste sur des changements complexes, » cité par Eriksen, *Engaging Anthropology*, 110.

26 Dans la section inaugurale des comptes-rendus sur l'anthropologie publique de la revue *American Anthropologist*, Cheryl Rodriguez nota « les manières dont les anthropologues utilisent les espaces cybernétiques pour créer une prise de conscience de la vie des femmes en Haïti. Mettant l'accent en premier lieu sur l'utilisation des sites web et de la blogosphère comme anthropologie publique, le compte-rendu examine les implications érudites et engagées de ces formes de

communication » : voir Rodriguez, « Review of the Works of Mark Schuller and Gina Ulysse: Collaborations with Haitian Feminists, » *American Anthropologist* 112, no. 4 (210): 639.

27 Il y avait quelque chose de brutal et de déroutant dans la présence encore plus grande d'étrangers avec des moyens et pouvoir sur le sol haïtien, une occupation humanitaire comme l'a nommée Gregory H. Fox (2008) ou une néo-colonialité dans la période post-séisme qui m'amena instinctivement à trouver refuge dans le travail d'Aimé Césaire *Cahier d'un retour au pays natal* et *Discours sur le colonialisme.* Deux textes qui ont eu une influence profonde sur ma pensée pendant mes études de premier cycle et ont largement contribué dans ma décision d'étudier l'anthropologie pour porter mon soutien à Haïti. J'ai appris à mieux connaitre le travail de Suzanne Césaire *Le grand camouflage : Ecrits de dissidence (1941–1945),* qui m'a conduite à assumer finalement mon attirance secrète pour le surréalisme alors que j'apprenais à apprécier la rage lyrique qui animait S. Césaire. Ces travaux me rendirent encore plus ouverte aux possibilités de performance comme un vaste espace pour exprimer des émotions brutes. Finalement, je dois ajouter qu'il y a un autre point complexe, concernant l'appel de ces écrivains martiniquais pour moi, en tant qu'Haïtienne, point qu'il est nécessaire selon moi de noter mais sans entrer en profondeur.

28 Voir Gina Athena Ulysse, « Homage to Those Who Hollered before Me, » *Meridians: Feminism, Race, Transnationalism* 3, no. 2 (2003).

29 Voir 13 février 2011: « When I Wail for Haiti: Debriefing (Performing) a Black Atlantic Nightmare. » Une version plus étendue de cet article intitulée « It All Started with a Black Woman: Reflections on Writing/Performing Rage » (Tout a commencé avec une femme noire : Réflexions sur la rage écrite/jouée) sera publiée dans l'anthologie féministe noire, *Are All the Women Still White?* (Est-ce que toutes les femmes sont encore blanches?) éditée par Janell Hobson (New York: SUNY Press, à paraître).

30 On m'avait demandé de présider le programme de la conférence annuelle de l'Association des Etudes Caribéennes sous la direction de la sociologue de Baruch College, Carolle Charles, qui devint la première haïtienne élue présidente de l'association depuis ses 37 années d'existence. Mon rôle était d'organiser une conférence internationale de 5 jours à Pointe-à-Pitre, en Guadeloupe, qui comprendrait à la fin plus de 150 panels et plus de 600 participants. J'avais compris que ce travail ne me laisserait pas de temps à consacrer à l'écriture.

PREMIÈRE PARTIE Répondre à l'appel

Avatar, vodou et la rédemption spirituelle blanche

11 janvier 2010 / *Huffington Post* @ 1:13 p.m.

Avatar n'est pas uniquement le film de nos jours mettant en scène l'homme blanc comme sauveur. En tant que femme noire et anthropologue culturelle née en Haïti, j'avais mes doutes concernant le portrait des races dans le film. Avant d'avoir vu *Avatar*, j'ai combattu ma forte envie de catégoriser ce film comme un autre *Danse avec les loups, Le dernier samouraï* ou *Pocahontas*, deuxième version, comme certains critiques l'ont appelé. L'homme blanc qui joue à l'indigène est le thème favori que les principaux auteurs d'Hollywood utilisent quand ils explorent les rencontres (néo)coloniales entre indigènes et blancs.

Un ami anthropologue blanc travaillant sur l'environnement qui a une vision des représentations raciales que je trouve digne de confiance, a adoré le film. J'ai donc décidé d'aller le voir, en dépit du fait que les listes de diffusion haïtiennes bourdonnaient sur les remarques de la Docteure Grace Augustine (Sigourney Weaver) qui, à la mode hollywoodienne, dévalorisait une des religions avec lesquelles j'ai grandi. « Nous ne parlons pas d'un vodou païen, mais de quelque chose de réel biologiquement : un réseau global de neurones. » Une amoureuse sans réserves du vodou, je suis allée voir pour moi-même.

Après avoir vu *Avatar*, j'ai encouragé ma plus jeune sœur à y aller également. Nous étions toutes deux curieuses pour des raisons différentes. Dans nos discussions après le visionnement, nous avons soulevé différents aspects du film qui nous avaient fait tiquer. Des hommes aux allures de singes bleus joués par des acteurs à la peau sombre. Le discours du bon sauvage. Les hommes bleus en colère en conflit avec le bon homme blanc qui conquit la fille bleue. Nous avons aimé quelques parties. C'était extraordinairement beau. Nous avions toutes deux été éblouies par les images de la nature – un monde écologique resplendissant et luxuriant. Les techniques d'animation. Puis, nous sommes revenues aux moments inconfortables. Nous avons discuté de la scène de transfert réussie quand Moat (interprétée par CCH Pounder) conduisit la cérémonie qui libéra

Jake Sully de son corps blanc physiquement limité. En tant que grande prêtresse, Moat appela la divinité Eya des Na'Vi à la rescousse. Assises, elles encerclèrent l'arbre avec leurs bras enlacés et bougèrent en parfaite union.

Les incantations répétitives devinrent bientôt des battements de tambour. « Danse sacrée, danse sacrée, danse sacrée » ma sœur n'arrêtait pas de se murmurer à elle-même d'après ce qu'elle m'a dit. Elle enseigne au fait une classe de danse sacrée et cela lui paraissait trop familier. Les mouvements, le lieu, l'autel, les offrandes. La communion avec la nature. Tous les êtres sont interconnectés. Les Na'Vi ne font pas de distinction entre eux et leur environnement. Nous sommes revenues à l'arbre.

Dans l'écologie du vodou haïtien, les arbres ont toujours été sacrés. Habités par des esprits, ils jouent un rôle significatif dans les rituels. La déforestation rapide de l'île a eu des incidences sur les cultes. Dans les espaces urbains surpeuplés, les pratiquants vivent dans ce qu'une chercheuse a récemment qualifié d'un « vodou de l'après l'arbre ».[1]

Il faut noter que la déforestation de l'île a ses origines dans l'occupation américaine de 1915-1934. Ma sœur indiqua alors que dans tout le film, aucune mention n'est faite du Dieu du peuple du Ciel. C'est plutôt une spiritualité New Age. La spiritualité New Age avec sa prétendue ouverture d'esprit peut inclure des pratiques religieuses d'origine africaine surtout celles courantes en Amérique Latine, mais le vodou (haïtien) demeure stigmatisé surtout dans les cercles œcuméniques. Quoiqu'un nombre croissant d'initiés soient blancs, très peu d'églises inter-dénominationelles osent le reconnaître. Les spécificités culturelles mises de côté, le vodou partage beaucoup d'éléments essentiels avec les autres religions mystiques ; les esprits, la nature, les cérémonies, et les offrandes. *Avatar* nous rappelle la hiérarchie qui existe au sein des religions alternatives.

tonnamment, j'ai suivi *Avatar* jusqu'au bout avec une patience contrôlée. Je suis familière des films épiques sur les peuples indigènes avec des héros blancs qu'ils soient historiques, contemporains ou des fantaisies de science fiction. La machine hollywoodienne de films à succès avec ses penchants pour le bon contre le mal, ne se risque pas à financer des sujets présentant des discours parallèles. L'esclavage n'est-il pas le pire des démons et Napoléon Bonaparte l'ultime scélérat ? Et pourtant, un film sur la révolution haïtienne, la seule révolution réussie d'esclaves contre les colonisateurs européens – ne peut toujours pas se réaliser. Et la représentation du vodou est toujours diabolique comme Walt Disney nous l'a récemment rappelé, voir *La princesse et la grenouille*.

Il est certain que si *Avatar* ne se libère pas des clichés hollywoodiens il permet aux personnages blancs de se démarquer de la vision du monde dominante. Le film présente une variété de Gens du Ciel qui luttent entre eux. En fait, les vainqueurs sont tous des marginalisés. Un homme paraplégique. Une femme issue de la minorité. Un génie efféminé. Une savante blanche aux allures masculines. Un savant issu de la minorité. Il y avait aussi l'avidité des entreprises. La puissance militaire. Les sceptiques et les croyants. Une certaine critique ironique de la science. La doctoresse Grace, cérébrale, se rendit compte trop tard que le vodou mystique de Na'Vi était aussi valide et réel que la science. Elle ne fit pas la traversée comme le plus viscéral Jake, devenu sauvage, put le faire.

Le choc des cultures et des races est un moyen facile pour les réalisateurs de cinéma d'explorer les transformations personnelles. Dans trop de films, les corps sombres servent systématiquement de catalyseurs pour le salut blanc. *Avatar* nous force à faire face à ces contradictions en attendant le film épique qui doit être fait – celui qui dira l'histoire de la rencontre indigène-homme blanc mais du point de vue des indigènes.

> La moitié de la vie consiste à choisir avec quelles contradictions vous êtes prêts à vivre.
> — Savyasaachi

2

Au milieu des débris et des ruines, notre devoir envers Haïti demeure

14 janvier 2010 / npr.org @ 11:29 a.m.

Les mots sont particulièrement difficiles à trouver dans un état de torpeur. Ma réaction à l'avalanche d'appels et d'emails de la part d'amis inquiets est devenue comme un mantra. Non, toujours pas de nouvelles.

Nous n'avons pu atteindre personne. Pour garder ma santé mentale, je m'étais résignée au fait que ma famille immédiate ne sortirait pas indemne. Et même si c'était le cas, les vies des victimes et la simple ampleur du désastre suffisaient à me rendre catatonique.

Voyez-vous, j'étais en Haïti la semaine avant Noël. J'ai assisté à la Biennale Ghetto des artistes de la Grand Rue. Je suis revenue de ce que je clamais être mon meilleur voyage, plein d'espoir pour l'avenir. La raison de mon optimisme résidait dans ma rencontre avec des habitants de Cité Soleil. Via INURED, un institut de recherche, j'ai rencontré dix étudiants qui ont reçu des bourses d'études du Brésil et des membres d'un forum communautaire qui était impliqué activement dans un dialogue pour tenter de construire une coalition plus large, allant au-delà de la politique. Leur travail renouvela ma détermination à participer de nouveau dans la construction du pays. J'ai pris l'engagement de réunir des fonds pour m'assurer du succès de ces deux projets.

L'espoir n'est pas quelque chose qu'on associe souvent avec Haïti. En tant qu'anthropologue et critique des représentations de l'île, j'ai souvent questionné les discours qui réduisent Haïti à de simples catégories et ce faisant contribuent à déshumaniser les Haïtiens. Oui, nous sommes sans doute la nation la plus pauvre de l'Hémisphère occidental, mais *la vie* est là, l'amour et un esprit indéniable et imbattable de survivance créative.

J'ai entendu certains crier pourquoi Haïti et pourquoi maintenant, ou alors est-ce qu'on aurait pu l'éviter. Des discours de blâme peuvent porter une explication, mais à ces moments-là ils ne sont pas constructifs. Depuis notre création en tant qu'état souverain au début du 19ème siècle, nous avons rencontré des obstacles. Nous avons dû construire et reconstruire maintes fois déjà. Je me soucie du futur d'Haïti. Dans l'instant présent nous avons besoin d'aide, des missions de sauvetage de toutes sortes. Je m'inquiète des semaines à venir quand nous ne serons plus aux premières pages des journaux. Sans des efforts sur le long terme, nous ne pourrons tout simplement pas reconstruire. Que se passera-t-il alors ?

Ma première réponse en voyant les photos de la capitale après le séisme fut de demander comment allaient-ils construire des usines au milieu de ces ruines ? L'année précédente, les Nations Unies et l'envoyé spécial Bill Clinton planifiaient de développer l'économie du pays en ignorant presque complètement les divergences locales qui réclamaient une approche plus humaine pour éviter de perpétuer les relations de travail d'exploitation qui continuent de servir les riches. Il faut aussi prendre en compte l'absence de structures du gouvernement haïtien, puisqu'il a un besoin désespéré de renforcement et l'espace civil doit aussi être protégé.

Les gens que j'ai rencontrés le mois dernier avaient une seule réponse quand je leur demandais pourquoi, en dépit de leurs difficultés personnelles, ils avaient choisi de s'impliquer dans la construction de la communauté. En créole ou en français, ils répondaient « c'est mon devoir ».[2] Je fus séduite par la phrase, son élégance et sa sobriété. De ce côté de l'océan, je m'agrippe à leurs mots comme un signe de la détermination qui existe en Haïti. Lorsque les efforts sur le long terme seront en cours, la communauté internationale a, elle aussi, le devoir de ne pas reproduire les erreurs du passé.

3

Haïti ne sera plus jamais la même

21 janvier 2010 / *Huffington Post* @ 3:09 p.m.

Il est encore pénible d'absorber les images. Quoique j'aie maintenant des nouvelles de la famille, je ressens des symptômes traumatiques, principalement de la dissociation – mon esprit cherche sporadiquement à se dissocier de mon corps comme si tout ceci est tout simplement trop pour mon psychisme de supporter. Au contraire de ceux qui restent collés à leurs écrans, j'ai fermé le téléviseur. J'ai ce luxe. Cependant, je continue de penser à ceux qui ne peuvent pas. Si, éloignée de plus de 2,574 kilomètres j'ai cette réaction, qu'en est-il de ceux qui sont au cœur du désastre en Haïti ?

Depuis ses débuts en tant qu'état noir libre en 1804, Haïti a été fragile. Si le tremblement de terre qui a ravagé la capitale la semaine dernière a révélé quelque chose, c'est que le pays a un état faible qui fonctionne à peine, et pratiquement aucune infrastructure. Évidemment, ce n'est pas nouveau pour ceux qui connaissent Haïti : ceci a toujours été le cas. Com-

ment on en est arrivé à ce stade explique pourquoi les efforts de recons-
truction doivent se faire différemment. Et il est difficile de le comprendre
sans quelques références à l'histoire de l'île.

Depuis l'indépendance, la plupart des politiciens ont suivi une simple
règle : construire des coalitions pour chasser l'ennemi puis se dissoudre,
comme ils l'avaient fait avec les Français. La liberté avait couté cher. La
souveraineté de la jeune république avait été compromise de manières
assez cruciales qui continuent de l'affecter encore aujourd'hui. Tout au
début, le pays s'est retrouvé sous le poids d'une dette – le paiement d'une
indemnité de 150 millions de francs (emprunté aux banques françaises)
que réclama la France pour la perte de propriétés, et l'économie de l'île
ne s'en est jamais tout à fait remise. Haïti fut aussi isolé par une commu-
nauté internationale – encore impliquée dans le commerce d'esclaves –
pendant soixante ans après le succès de sa révolution. L'occupation mi-
litaire brutale des États-Unis le siècle suivant, aggrava la centralisation
d'Haïti dans la capitale, affaiblissant les instituions et économies régio-
nales. De plus, les dirigeants l'un après l'autre choisirent de concentrer
leur pouvoir et de développer la capitale au détriment de la nation. Dans
le même esprit, jusqu'à très récemment, les certificats de naissance de
ceux nés hors de la capitale, portaient l'étiquette *moun andeyò,* individus
nés en dehors.

En conséquence, au fil des ans, l'intense migration interne qui contri-
bua à surpeupler Port-au-Prince fut alimentée par la quête d'emplois,
d'éducation et d'autres opportunités suite à l'absence gouvernementale
dans les zones rurales. Ceci est l'une des multiples raisons pour lesquelles
les efforts de sauvetage ne peuvent aboutir et les ressources ne peuvent
être distribuées. Léogane, Petit-Goâve, Jacmel, par exemple, restèrent
inaccessibles aux travailleurs humanitaires pendant des jours. Histori-
quement, l'État d'exclusion s'est opposé à la nation et a seulement servi
les intérêts de quelques privilégiés.

Récemment, j'ai parlé à un ami qui était au pays pendant le tremble-
ment de terre. Il donnait l'impression d'être tout à fait solide. Il demanda
poliment comment j'étais. « Tu viens de vivre l'expérience d'un séisme,
comment vas-tu ? », j'ai répondu. Ses mots étaient des observations en
saccade. « Tu ne peux pas imaginer comment c'était affreux… . J'ai pris
plusieurs photos… des vidéos… ceci doit être documenté. Des cadavres
partout. L'odeur. Les gens doivent savoir ce qu'il se passe réellement là-

bas. Une amie à moi a 400 personnes dans sa cour. Sa maison s'est effon-
drée. Tout le monde est dehors. Il y a des morts. Nous avons besoin d'eau.
D'assistance médicale. De la nourriture. L'état n'existe pas. Aucun minis-
tère ne fonctionne. Pas de communication. Rien. Il n'y a rien. Haïti, je te
dis, ne sera jamais la même. »

Mieux vaut qu'Haïti ne soit pas la même !

Le tremblement de terre a sans discrimination déplacé les barrières
de classe en Haïti, forçant tout le monde dans les rues par peur des fré-
quentes secousses. Ce désastre avec toutes ses horreurs et tragédies re-
présente au fait une opportunité quand arrive l'heure de reconstruire une
nouvelle Haïti – une Haïti avec un gouvernement de politiciens ayant un
agenda national, et non pas fondé sur leurs intérêts personnels, un qui
reconnaîtra ses devoirs envers ses citoyens. Haïti pourrait être un pays
avec des industries et des relations de travail qui cessent d'exploiter ses
travailleurs, et arrêtent de renforcer l'immense écart entre les riches et
les pauvres.

Cette Haïti potentielle pourrait promouvoir l'expansion d'un espace
civil qui générerait la reconnaissance de la dissidence tout en encou-
rageant réellement une implication démocratique. Cette nouvelle Haïti
pourrait être un endroit où l'éducation n'est pas privatisée et centrali-
sée dans la capitale, mais accessible à tous dans les dix départements.
Et finalement, ce pourrait être une île qui accepte sa pluralité sociale et
culturelle dans ses diverses formes sans abaisser les masses noires. Ceci
ne sera pas du tout possible sans la volonté constructive de tous les Haï-
tiens, et la communauté internationale, spécialement les États-Unis et les
agences d'aide globale parce qu'ils ont historiquement miné la politique
locale.

Par conséquent, quand la reconstruction sera lancée, nous devons
rester engagés. Nous avons l'obligation de demeurer des observateurs et
des volontaires vigilants qui questionnent, observent et participent dans
les efforts de reconstruction sur le terrain pour être certains qu'en effet,
Haïti, qui est si proche et pourtant si loin, ne soit jamais la même. Et ne
doit pas être la même.

4

Déshumanisation et fracture Traumatisme à l'intérieur et en dehors du pays

25 janvier 2010 / *Social Context* @ 3:00 p.m.

Le centre d'Etudes pour la Caraïbe et l'Amérique Latine à New York University a tenu le 20 janvier un teach-in « Haïti en contexte » au cours duquel j'ai été invitée à prendre la parole. Après que les panelistes aient présenté leurs points de vue sur la situation, une jeune haïtienne, étudiante de troisième cycle qui était présente en Haïti pendant le tremblement de terre a pris le micro sur le podium. Son compte-rendu de l'événement et de ses conséquences immédiates réclama de la patience de la part de l'auditoire. Les mots sortaient péniblement de sa bouche et elle s'égarait souvent, perdue entre des phrases incomplètes.

Elle avait une solide perspicacité : « Les efforts de sauvetage visent d'abord à évacuer les citoyens américains. Si vous êtes blanc, vous êtes automatiquement un citoyen des États-Unis. Ceux qui ont de l'argent passent par la République Dominicaine pour s'échapper. Les secours n'atteignent pas les endroits où on en a besoin. La plupart sont laissés pour compte. Les efforts qui aboutissent sont des organisations de base qui arrivent jusqu'aux communautés. » Et ainsi de suite.

Il nous parut évident quand elle finit de parler qu'elle était encore sous le choc et sévèrement traumatisée. Une autre professeure haïtienne éclata en larmes dans l'auditoire aussitôt qu'elle ouvrit la bouche. Ceux d'entre nous avec des connexions profondes avec Haïti (j'en faisais partie, étant née là-bas et j'y étais pour mes recherches le mois précédent) montrèrent des signes de fractures.

Immédiatement après le tremblement de terre, j'écrivis ceci : « Les mots sont particulièrement difficiles à trouver dans un état de torpeur. Ma réaction à l'avalanche d'appels et d'emails de la part d'amis inquiets est devenue comme un mantra. Non, toujours pas de nouvelles. Nous n'avons pu atteindre personne. Pour garder ma santé mentale, je m'étais résignée au fait que ma famille immédiate ne sortirait pas indemne. Et même si c'était le cas, les vies des victimes et la simple ampleur du désastre suffisaient à me rendre catatonique. »

Une semaine après, j'écrivis qu'il était « encore pénible d'absorber les images. Quoique j'aie maintenant des nouvelles de la famille, je ressens des symptômes traumatiques, principalement de la dissociation – mon esprit cherche sporadiquement à se dissocier de mon corps comme si tout ceci est tout simplement trop pour mon psychisme de supporter. Au contraire de ceux qui restent collés à leurs écrans, j'ai fermé le téléviseur. J'ai ce luxe. Cependant, je continue de penser à ceux qui ne peuvent pas. Si, éloignée de plus de 2,574 kilomètres j'ai cette réaction, qu'en est-il de ceux qui sont au cœur du désastre en Haïti ? »

Isolée dans Middletown, CT, et en quête désespérée d'information, je me suis tournée vers les grands médias télévisés le matin après le tremblement de terre. Une des premières journalistes sur les lieux (une femme blanche dont l'identité n'a vraiment pas de signification ici) était visiblement bouleversée par ce qu'elle voyait sur le terrain. Elle commenta sur l'indifférence de ceux qui erraient dans les rues, plusieurs d'entre eux encore couverts de poussière. Son explication pour leur état désemparé et inexpressif fut que peut-être, ils étaient si familiers avec les épreuves qu'ils étaient devenus passifs.

L'observation – un coup de plus au psychisme – renforça au niveau du discours la déshumanisation coutumière des Haïtiens. En tant que sujets d'études et de représentations, les Haïtiens ont été souvent présentés comme des fractures, des fragments – des corps sans esprits, des têtes sans corps, ou des esprits qui vagabondent. Ces êtres désincarnés ou fanatiques irréfléchis ont toujours eu besoin d'un intermédiaire. Ils parlaient rarement pour eux-mêmes. Dans le monde académique, ils sont représentés par le chercheur en sciences sociales. Et le 12 janvier après le séisme, est entré sur la scène le journaliste ignorant et limité socio-culturellement.

Dans la couverture médiatique du séisme et de ses conséquences, certaines nuances du discours de déshumanisation ont émergé qui sont particulièrement dangereuses compte tenu de leurs implications. Selon ces discours, les Haïtiens sont soient des sous-hommes ou des surhommes. La sous humanité découle de l'idée dominante dans l'imaginaire populaire que les Haïtiens sont des êtres irrationnels-adorateurs du diable-résistants à tout progrès-non éduqués-noirs maudits-surpeuplant cette terre abandonnée de Dieu. La caractéristique surhumaine se base sur notre résilience. Les découvertes miraculeuses de ceux retrouvés encore vivants au plus profond des débris neuf ou dix jours après y avoir été enterrés ont été rapportées en ces termes. Aucun être humain ordinaire n'aurait pu résister mais pour certaines raisons, ces Haïtiens le peuvent. Il y a un sous-entendu racial ici. Car les Haïtiens sont la noirceur dans son aspect le plus négatif parce que pour le dire simplement, l'enfant terrible des Amériques qui a défié l'Occident contre toute logique devait devenir sa bête noire.

Quelques heures après la levée de fonds Hope for Haiti qui eut lieu le 22 janvier (je n'ai pas eu le courage de le regarder), Anderson Cooper était à l'antenne parlant avec un journaliste britannique qui était perturbé par le fait que ces gens ne pleuraient pas. Il raconta alors l'histoire d'une femme qui avait survécu au séisme mais avait perdu des membres de sa famille, y compris un jeune enfant. Le reporter s'étonnait car cette femme luttait pour trouver une place dans un bus qui quittait Port-au-Prince. Lorsqu'il lui demanda ce qu'elle avait fait du cadavre de son enfant qu'on avait retrouvé, elle dit « jete ». Son interprétation est qu'*elle* s'en était débarrassé. Le seul mot qu'il avait compris était *jete (jeter, lancer, envoyer)*. Il n'y avait aucune mention des prépositions qui viennent avant ou des mots qui viennent après. « Pourquoi ne pleurez-vous pas, vous les Haïtiens ? », demanda le reporter à ceux qu'il croisait, stupéfait. Cooper essaya de lancer une conversation autour du traumatisme et mentionna le mot « choc ». Cet angle ne suscita aucune adhérence.

Ce fut un nouveau coup rhétorique au psychisme.

Comme je l'ai écrit ailleurs, le corps – un réservoir de souvenirs discursifs, physiologiques, psychologiques et sociaux – fonctionne comme des archives. Des versements furent faits le 12 janvier juste avant 5 heures qui auront des impacts durant les années à venir. Ceux qui ont vécu ce moment au pays ou à l'étranger nécessiteront des soins, une prise en charge et un support psychologique car nous avons été fracturés de manières diverses et brutales.

Une espèce de mise à jour

Il y a deux jours, mon cousin de 19 ans qui vit sur la route de Frères, qui jusqu'à l'instant où j'écris ces lignes n'a reçu aucune aide à cause des problèmes de sécurité, a cité le rapper Nas sur son premier post Facebook depuis le tremblement de terre. Il dit :

Cœur d'un roi, sang d'un esclave !!!!

Jeudi à 7hll pm Commentaire J'aime
Ses amis ont répondu
Grace à Dieu, tu vas bien mon pote, garde espoir et reste en contact
Jeudi à 7h55pm
Que Dieu soit béni !
Jeudi à 8h27 pm
C'est bien de te revoir, prends bien soin de toi et reste en contact !!!
Jeudi à 10h33pm
Si heureux 2 savoir k tu es encore debout. Cœur brave ne part pas en vain !!! Paix et luv mon frère !!! Continue de prier.
Hier à 2h15 am
Toujours debout comme cet esclave célèbre, nous le ferons encore, « BWA KAIMAN » (Bois Caïman)
Hier à 4h22pm

5

L'avenir d'Haïti Un requiem pour les mourants

4 février 2010 / *Huffington Post* @ 12:19 p.m.

La dévastation en Haïti ne fait plus la une des journaux. La plupart des caméras ont ajusté leurs lentilles lorsque le travail morbide et éprouvant commença – débarras massif des cadavres et la gestion des personnes déplacées. Alors que les bulldozers dégagent les débris mélangés aux corps et autres dépouilles, les officiels du gouvernement se rencontrent dans les grandes villes du monde pour décider du sort d'Haïti. Les organisations et compagnies privées se positionnent en prévision de l'aubaine économique, recrutant des travailleurs étrangers et organisant des conférences dans la diaspora sur la meilleure façon de reconstruire la république fracturée.

Haïti après le séisme est une proie à saisir, et les grands joueurs demeurent les mêmes.

Alors que des cadavres anonymes, non documentés et non comptés, sont jetés dans des fosses communes, le président René Préval et son gouvernement refusent de parler du problème ou d'aucune autre question fondamentale. Les Haïtiens dans le pays et à l'étranger se demandent qui dirige vraiment le pays. Quoique ce silence puisse paraître barbare, c'est en fait une question structurale qui a des bases historiques et des implications dangereuses pour l'avenir d'Haïti.

Les officiels haïtiens ne sont pas les seuls à afficher cette absence de respect envers les morts et les vivants. Les efforts de sauvetage initial ont favorisé la citoyenneté et les privilèges. Les précieux étrangers furent les premiers à être sauvés. Les équipes de sauvetage ont ignoré les quartiers pauvres à haute densité de population qualifiés de « zones rouges » ou zones à grands risques sécuritaires. Des jeunes enfants appelés « orphelins » furent expédiés en terres étrangères. Des discussions relatives au paiement de ceux traités aux États-Unis occasionnèrent la suspension des transports aériens médicaux et mirent en danger des vies humaines. L'approche des Nations Unies pour gérer les affamés désespérés faisant la queue pour la nourriture est d'utiliser des gaz lacrymogènes pour les contraindre à la soumission. Des gens meurent non pas à cause du tremblement de terre mais à cause de la négligence.

Nous sommes témoins de violations de droits humains sous prétexte d'efficacité. Il n'en est nul besoin. Haïti, une fois de plus, est appelée à conduire les changements mondiaux. Il y a deux siècles, l'île a causé un désordre dans les affaires coloniales qui finit par provoquer la fin de l'esclavage et anéantit l'espoir de la France d'agrandir son empire dans le Nouveau Monde. Cependant, cette fois, la situation en Haïti incite la communauté internationale à repenser leurs concepts et leurs applications de l'aide et à les séparer des idéologies racistes qui empêchent aux efforts de reconstruction durable de s'implanter.

Et les militants de bonne volonté et les critiques hargneux se penchent sur Haïti comme un État en faillite, citant sa corruption omniprésente tout en rejetant simultanément toutes références au passé. À moins de penser à l'histoire et d'explorer ces interconnexions pour trouver de nouvelles solutions, tous les efforts pour redresser la situation en Haïti n'aboutiront pas. Ce moment est spécialement critique parce que l'État haïtien est appelé à faire quelque chose qu'il n'a jamais fait – démontrer et assumer ses responsabilités envers toute la nation. Historiquement, les vies qui importent en Haïti ont toujours été choisies en fonction de leur statut socio-économique. Et ceci est plus qu'évident dans les fosses communes ; l'État traite les morts comme il traite les vivants.

Pour lancer Haïti sur une trajectoire plus démocratique, des mesures concrètes sont nécessaires pour assurer que les pauvres et les anonymes soient représentés dans les discussions sur la reconstruction. Ils ne peuvent continuer à être de simples pertes de la non-représentation. Leur opposition au plan de l'Envoyé Spécial des Nations Unies doit être revisitée. Le 12 janvier 2010 ne doit pas être utilisé comme un prétexte pour revenir au statu quo comme si de rien n'était. En dépit des discours dominants dans les grands medias, Haïti n'avait que l'apparence de la stabilité. La solution Collier de construire des ateliers d'exploitation et d'exporter des mangues qui revient encore cette semaine comme une réponse à la pauvreté est un modèle de développement archaïque préjudiciable à l'avenir d'Haïti précisément parce qu'il renforce la concentration des richesses et exploite les masses.

Si vous êtes concerné, continuez de poser des questions. La pression externe a affecté la Banque mondiale des jours après le séisme. Placez des appels, envoyez des textes, des tweets, des lettres aux élus locaux, nationaux et étrangers, aussi bien qu'aux agences de financement internationales pour exiger ce qui suit :

- L'annulation de la dette d'Haïti
- Une plus grande transparence de la part d'Haïti et des États-Unis au sujet des termes régissant la relation actuelle entre les deux nations.
- Des débats publics (au pays et à l'étranger) relatifs au futur d'Haïti qui incluraient en fait des voix opposées et non pas les mêmes acteurs qu'on voit toujours qui prétendent représenter les anonymes.
- La reconnaissance des organisations de base locale et un partenariat avec elles pour assurer la livraison efficace des secours.

En effet, nul requiem ne sera plus approprié pour les mourants qu'une Haïti viable qui ne s'effondrera pas dans le futur à cause des désastres humains qui se déroulent actuellement.

6

Quelques pensées pas si aléatoires
sur les mots, l'art et la créativité

Haïti Art Naïf / Denkmalschmiede Höfgen /
L'exposition débuta le 7 mars (imprimé)

Il y a quelques années, en tant que traductrice pour des réfugiés haïtiens, je me suis retrouvée attirée par certains mots employés par les hommes et femmes cherchant asile aux États-Unis. Ces mots m'entrainèrent dans des endroits étranges. Des lieux inconfortables. Des endroits dangereux. Les tableaux dans cette collection, comme des morceaux de mots, me conduisirent aussi dans un voyage. Ils m'entrainèrent dans un lieu différent. Un endroit magnifique. Un paradis régénératif. Un lieu que je ne désirais pas quitter. Ils m'ont offert un souffle, m'ont exposé à une imagination illimitée et m'ont rappelé, une fois de plus à un moment très crucial, l'esprit haïtien de survivance créative indéniable et imbattable. Et à cause du lieu – un village à quatre kilomètres de Grimma, en Allemagne, ils m'ont incitée à élargir encore plus mon concept de communauté. En ce sens, tout comme les mots dont j'avais parlé, les tableaux de cette exposition me donnèrent ; *un peu du pays que j'avais connu, un peu de ce pays que je n'ai jamais connu, un peu de ce pays que j'aimerais connaitre.*

L'art en Haïti est complexe. Haïti est le pays qui a produit la seule révolution d'esclaves réussie dans le monde et en conséquence il est devenu la plus longue expérience néocoloniale dans l'histoire de l'Occident. Haïti, qui fut l'enfant terrible des Amériques et défia les grandes puissances européennes endura des pressions externes et internes de toutes sortes et est devenue la bête noire de la région. Pour paraphraser l'anthropologue Michel-Rolph Trouillot, plus Haïti apparait bizarre, plus il est facile d'oublier le passé susmentionné.[3]

Les critiques et historiens de l'art ont tendance à regarder Haïti à partir de perspectives bien spécifiques. Ce qui semble essentiel à leur cadre de pensée est l'idée qu'Haïti est avant tout et pour tout une terre de pauvreté et de précarité à partir de laquelle l'art – expression de joie et de richesse de l'esprit humain se nourrit.[4] Ou alors qu'Haïti est en fait un pays en ruine – avec des gens qui sont à la fois les plus pauvres économiquement et les plus riches au niveau culturel et artistique dans le Nouveau Monde.[5] De telles notions reposent sur une juxtaposition singulière qui renie la présence d'artistes haïtiens tout en minant leur capacité d'agir. Le fait est que si les conditions socioéconomiques ont un impact indéniable sur le pays, elles ne sont pas les seuls éléments qui le définissent. Associer Haïti uniquement aux conditions matérielles est une pratique discursive, un exercice d'herméneutique, un acte d'interprétation.

Ces perceptions ne font qu'emprisonner Haïti – la réduisant à des discours contre-utopiques désespérants qui obscurcissent la complexité de la république. Ainsi, ces opinions se rapprochent dangereusement d'une vue déshumanisante des Haïtiens. En effet, Haïti ne peut se débarrasser de son étiquette de pays le plus pauvre de l'hémisphère occidental. Cependant, elle est bien plus que cela. Elle est beaucoup plus qu'une série de marqueurs et d'indices quantitatifs. Haïti est et a toujours été une terre de contrastes extrêmes comme l'a formulé Catherine Hermantin. Et rien ne l'illustre mieux que le monde artistique. Qui produit l'art ? Quels types d'art ? Qui apprécie l'art ? Qui regarde l'art ? Qui vend l'art ? Qui importe l'art ? Et finalement qui le possède ? Ce n'est pas étonnant que ceux qui tentent d'expliquer où se situe Haïti dans l'ordre des choses soient constamment perplexes face aux Haïtiens qui produisent de l'art et les raisons qui les poussent à le faire.

Je ne suis pas née dans une famille qui apprécie les tableaux. Nous n'allions pas aux musées. Mais la créativité m'entourait. Mon père sculptait constamment quelque chose qu'il pouvait transformer en autoportrait, qu'il s'agisse de pièces de bois, de métal ou même de plastique. Ma mère cousait et préparait des gâteaux qui semblaient prendre vie. Créer quelque chose à partir de rien était simplement une façon de vivre au quotidien. Presque tout le monde autour de nous faisait pareil. Cela découlait peut-être d'un manque, mais aussi certainement d'un sentiment d'émerveillement.

Par conséquent, ce n'est pas surprenant que des années plus tard, leurs trois enfants (mes sœurs et moi) soyons des professionnels qui chantent aussi, dansent, écrivent et oui peignent. Lorsque nous atteignons les limites d'une forme d'expression, nous en prenons simplement une autre. Il s'agit de répondre à l'appel et de formuler quelque chose que les seuls mots ne peuvent exprimer pleinement. En tant qu'artistes, nous recourons aux arts parce que nous avons en nous ce besoin et ce tourment qui éventuellement éclateront sur les canevas en formes et en lignes. Le désir de prendre un pinceau est une réaction à une demande viscérale. Une réponse à un cri pour documenter extérieurement ce qui bouillonne en-dedans au lieu de le laisser prisonnier, archivé dans nos esprits et nos corps où personne ne peut les voir.

Je préfère penser aux œuvres de ce catalogue en des termes analogues, mettant moins d'emphase sur le déterminisme économique et les conditions sociales qui les ont générées et accentuant plutôt le souffle des artistes qui les ont créées. Ainsi, je donne aux artistes leur place de sujets qui agissent, jouisseurs qui interprètent le monde. Gerald Nordland, je crois, l'a formulé le mieux quand il dit : « Les artistes haïtiens peignent à partir de leurs propres ressources, leur propre histoire et mythologie, la double expérience du [vodou] et du christianisme, l'observation de la terre, de la mer et du ciel et de leur connaissance des interactions humaines. Leur expression personnelle de l'imagination créatrice – un niveau essentiel de la conscience humaine – a préservé l'authenticité de leur art et donné au monde une expérience riche et intense de la volonté de créer. »[6]

Je pris connaissance des œuvres de cette collection quelques jours après le 12 janvier 2010 lorsqu'un tremblement de terre dévastateur d'une magnitude de 7.0 sur l'échelle de Richter et ses nombreuses secousses ont décimé la république. En observant les tableaux du dossier afin d'écrire cette introduction, j'ai éclaté en larmes. J'ai presque exigé à les voir de mes propres yeux parce que ces tableaux confirmaient qu'en dépit d'une histoire de conflits, de dégâts récents et de dévastation, aussi longtemps que l'art et les artistes de toutes sortes existent, qu'Haïti restera un endroit plein de vie, d'amour et de détermination. Un endroit où chaque souffle constitue au fait une promesse.

Méditations sur le souffle, l'imagination, l'esprit et la Communauté

SOUFFLE

Il y a plusieurs variétés de vert dans les paysages de Jean Edner Cadet et d'Henry Robert Brezil qui, automatiquement, invitent le spectateur à entrer dans ces jungles luxuriantes et vertes pour respirer. Profondément. Des souffles propres. Des souffles frais. Même sur l'écran de l'ordinateur, les arbres invitent à se reposer pour respirer encore plus profondément, à s'unir aux arbres pour offrir un soulagement qu'Haïti n'a pas encore connu, qui lui a été récemment refusé.

> *Jungle*
> Feuilles de jade vert
> se déplient à la
> Nature
> brillant du soleil reflété et
> avides de faire partie de
> ce monde mourant[7]

IMAGINATION

Frantz Zephirin doit voir de plus qu'un œil. Cette habileté est réservée seulement à ceux chargés des plus grandes responsabilités – voir à travers les yeux et jusqu'à l'âme d'un individu. Il doit savoir ce que plusieurs autres ont souvent peur d'exprimer par des mots. Donc il les peint. Conscient que celui qui brandit une épée n'a pas peur des pistolets. Je l'imagine en conversation avec Philton Latortue discutant des rencontres à la croisée des chemins où les esprits et les animaux vagabondent pendant que les simples mortels baissent leurs têtes pour détourner leurs yeux en signe de respect.

ESPRIT

Dans les paysages inconnus, il y a des morceaux d'Haïti que vous pouvez reconnaitre seulement si vous vous y attardez davantage. Les étrangers ont tendance à partir trop vite. Si vous vous débarrassez de votre suffisance et laissez vos pieds se couvrir de boue, vous pourrez peut-être trouver un abri sous le toit de chaume de la paysanne qui conduisait sa bourrique au marché ce matin et peut-être que plus tard, vous aussi pourrez chevaucher un tigre dans la ville imaginaire.

> *Un jour*
> je vous montrerai la passion, la passion, la passion
> Les tambours orageux battant
> Mayanman Ibo le le le le le le
> Les voix fluettes enfilant les aiguilles
> Vous picotant dessinant un bonheur
> plus rouge que le sucre de canne brut

plus doux que le rapadou chaud ruisselant de sève
où les membres étaient amputés pour le feu de bois
Je vous montrerai ceci et davantage Un jour[8]

COMMUNAUTÉ

L'Allemagne a avec Haïti, une connexion un peu sordide qui est peut-être très peu connue de la majorité des Allemands. Cette exposition représente un nouveau tournant d'une certaine façon. L'art connait très peu de frontières. L'art guérit. L'art peut aussi construire et reconstruire des connexions et des communautés. Trente-sept pièces achetées il y a plus d'une dizaine d'années seront maintenant exposées pour célébrer une Haïti qui fut jadis et qui sera peut-être encore.

À la suite du séisme, une évaluation des dégâts révéla des pertes inimaginables. Des centaines de milliers de gens disparurent, la plupart d'entre eux n'ont pas été dénombrés et documentés, enterrés maintenant dans des fosses communes. En outre, les propriétés de l'État ont aussi été affectées, y compris le Centre d'art ouvert par DeWitt Peters en 1944. Le centre est devenu à la fois un espace d'exposition et un terrain d'entrainement pour les artistes surtout pour les autodidactes. Plusieurs artistes de cette collection (y compris Gabriel Alix, Préfète Duffaut, Jean-Baptiste Jean, Philton Latortue et d'autres) y ont perfectionné leurs techniques ou avaient une quelconque connexion avec le Centre.

Cette exposition à Höfgen peut très bien constituer la première depuis que la terre s'est ouverte et a fracturé Haïti. Pour cette raison, elle est d'une grande importance. C'est à la fois un hommage aux artistes haïtiens et une reconnaissance que l'art haïtien ne doit pas seulement survivre au tremblement de terre et ses conséquences, mais qu'il doit aussi s'épanouir dans le futur, surtout à l'intérieur d'Haïti. À partir de cette connexion, il est à espérer que Höfgen jouera un rôle dans les efforts de reconstruction du Centre d'art. Et peut-être qu'un jour, cette même exposition traversera les océans et sera vue en Haïti. Alors, les Haïtiens aussi pourront voir ces œuvres de près et se réjouir dans le mystère, la poésie et la passion qui sont au centre même de leurs traditions artistiques.

Haiti
Haiti, réveille-toi !
Haiti, ouvre tes yeux !
Redeviens belle et prospère !

Redeviens « Perles des Antilles » !
Redeviens notre lumière brillante !
Redeviens les rayons qui éclairent la Caraïbe !
Redeviens notre fierté !
Redeviens notre orgueil !
Redeviens AYITI ![9]

7

Sœurs des cauris, luttes et le futur d'Haïti

18 mars 2010 / Honoree Jeffers blog / @ Phillis Remastered

Le 14 décembre 2009, la veille de mon dernier voyage en Haïti, j'ai rencontré brièvement une ancienne condisciple de mes années de troisième cycle. P est une sœur qui a gagné le combat (elles ne sont pas nombreuses) à l'Université de Michigan où elle a obtenu son doctorat en droit et moi un doctorat en anthropologie. Nos parcours se sont croisés seulement pour quelques années pendant que j'approchais la fin du processus pour obtenir le doctorat. Nous nous sommes accrochées pour survivre au processus et maintenant près de deux décennies après, nous faisons de notre mieux pour prospérer en tant que professionnelles.

P et moi avons plus que notre alma mater en commun, nous sommes toutes deux nées en Haïti et habitons la Diaspora américaine. Nous n'étions pas proches à l'UM mais nous étions connectées. Après son diplôme, elle m'a aidé à dénicher un stage en Afrique du sud où nous nous sommes de nouveau rencontrées et nous avons établi des liens plus forts. Je n'oublierai jamais comment, à mon arrivée à Capetown, P m'a fait un rapide survol de la dynamique locale qui se termina ainsi « *pitit* » (enfant avec un ton sérieux) et puis tu vas découvrir que tu es une femme de couleur » et elle a lancé des éclats de rire sardoniques. Nos conversations ont toujours été pimentées de mots. Un autre lien consistait dans la même conscience de notre identité et des nombreuses politiques sociales et symboliques qu'impliquait le fait d'être des femmes noires.

J'étais assise en face d'elle ce mardi après plusieurs années de contact intermittent. Nous étions toutes deux émerveillées par les changements évidents dans notre statut et notre apparence – changements que nous reconnaissions comme venant du plus profond de nous. Nous nous disions « tope-là » pour marquer les moments synchroniques de nos échanges où nous nous comprenions instinctivement. « La vie est trop courte ». Il y eut des ehms et des euh euh. « Ma vieille, je suis fatiguée de me battre. » « Il s'agit d'être présent ». « Je veux vivre ma vie maintenant » disions-nous. Quels commentaires provenaient d'une ou de l'autre, cela importait peu. Nous avions suivi des parcours différents mais quelque part, nous nous retrouvions aujourd'hui au même endroit, au même carrefour.

Puis, j'ai révélé ce que ce moment représentait pour moi. J'étais en route vers Haïti et n'avais pas averti les membres de la famille de mon voyage ; je ne prévoyais pas non plus de contacter les parents en Haïti. J'avais besoin d'être là-bas en tant que chercheure initiant la phase initiale d'un nouveau projet et non pas en tant que la fille, la nièce ou la cousine de quelqu'un. Mes raisons étaient très simples : je voulais apprendre à développer des relations avec Haïti en mes propres termes, et qui ne seraient pas éclipsées par la dynamique familiale.

Puis, P m'a dit quelque chose qui a fait écho à tout ce qui s'agitait en moi au sujet de ce voyage. J'allais revenir à ses mots encore et encore alors que j'étais en Haïti et jusqu'à aujourd'hui, alors que j'écris ces lignes. Elle m'a dit : « dans notre culture il n'y a pas d'espace pour que les femmes grandissent et s'épanouissent. » Ce commentaire nous a conduites à une discussion sur ce que cela voulait dire d'être grands (faisant appel à bell hooks) en tant que femmes quand nous ne possédons pas le signe principal de l'âge adulte (les enfants).

Comment faire la transition de fille à femme à femme avisée ? Elle avait été mariée et je demeurais célibataire. Celles d'entre nous qui suivent des routes non conformistes doivent sans cesse faire face au manque de référence à notre situation. Cependant, nous savons également que qui nous voulons être trouve ses origines dans des désirs plus profonds de nous réconcilier avec nous-mêmes comme des êtres complets créés selon notre propre vision. Nous ne ressemblons ni à nos mères ni à nos grand-mères. Nous sommes impliquées dans des actes conscients de fabrication de soi en résistant à la forte envie d'être brisées dans les fantaisies que les autres ont de nous, comme Audre Lorde l'a écrit.

La prochaine fois que je vis P ce fut des semaines plus tard. Le 12 janvier 2010 est le jour où un morceau de la terre s'est fendu dans l'hémisphère occidental et a fracturé notre pays natal bien aimé pour révéler ses vulnérabilités et ses iniquités les plus tenaces. Nous tentions de faire entrer toutes nos préoccupations dans les quinze minutes dont elle disposait. J'avais besoin de reconnecter avec elle avant de confronter un auditoire d'étrangers. Parfois, nous secouions nos têtes avec incrédulité et partagions des répétitions continues du mot *pitit* qui n'avait pas besoin d'explications.

Puis notre attention se tourna vers l'avion rempli des très jeunes enfants étiquetés « orphelins » qui étaient expédiés en terres étrangères. « J'ai appelé ma mère et je lui ai même dit que je pourrai prendre deux enfants et les ramener avec moi, » me dit P. Nous nous embrouillions pour trouver les mots capables d'exprimer notre outrage et expliquer cet acte désespéré. Quelle est la valeur des enfants haïtiens ? Le pire devait suivre quand nous parlions des morts. Ceux qui n'étaient pas comptés. Les fosses communes.

Où étaient les voix haïtiennes sur cette question ? Pourquoi tant d'artistes ? Comment le président peut-il demeurer silencieux à un tel moment ? La conversation tourna sur notre engagement à aider à la reconstruction d'une quelconque façon car c'était notre devoir de le faire. Nous nous sommes rendus compte alors que nous n'avions pas parlé de mon voyage en Haïti. Je lui ai donné une brève réponse en quelques minutes et lui dis que j'étais en train d'écrire des articles d'opinions pour garder ma santé mentale et donner un sens à ce moment.

Le fait est que P aussi, est à ce moment de sa vie où elle refuse de garder le silence. Des semaines plus tard, j'ai rencontré une autre femme d'origine haïtienne, Lenelle Moïse à Northwestern University. Elle devait présenter *Womb Words Thirsting* – un solo autobiographique interactif qui mélange « une infusion de jazz vodou au féminin, un hip hop en théorie gay, du slam, chansons et mouvements ». Je devais réagir au travail et écrire une critique pour le projet du Département des études des performances, *Solo/Black/Woman*.

En rentrant de l'aéroport, Haïti fut le centre de notre discussion. Statut de la famille… les amis. Où nous étions quand nous avons appris la nouvelle. Nous avons parlé aussi de nos inquiétudes et le désarroi de témoigner de tout cela mais de si loin. Qu'en serait-il du futur d'Haïti puisque les joueurs restaient les mêmes ?

C'était la première représentation de Moïse depuis le 12 janvier. Lorsqu'elle monta sur la scène un jour plus tard, il était évident que ceux qui osent briser les murs du silence sont plus que jamais nécessaires. Au-delà de sa grâce, la rage traversait ce travail qui avait été écrit des années avant ; elle hurlait des cris pour une Haïti qui a besoin désespérément de militants féroces et persistants en première ligne au pays et à l'étranger. Moïse a pris des risques pour réclamer son droit d'être elle-même et de vivre une vie pleine.

Certaines de nos luttes ici sont si éloignées de celles qui se jouent là-bas. Cette plénitude, cette idée d'un sens complet de soi que nous cherchons, a historiquement échappé à Haïti, ou aux perceptions et aux re-présentations que les gens ont d'Haïti. Alors que nous sommes obsédés par le futur d'Haïti et les rôles potentiels que nous pouvons y jouer, nous savons que nous nous trouvons dans un lieu privilégié.

Depuis le séisme, dans les tentes qui ont poussé un peu partout dans la capitale, les femmes et les filles sont les plus vulnérables. Elles sont susceptibles d'être victimes d'exploitation sexuelle, de harcèlement et de viol. Des discussions concernant les efforts de reconstruction ont tendance à ignorer la situation spécifique des femmes. Les militants ici et là-bas essayent de mettre les questions des femmes sur le tapis. Plusieurs d'entre nous sont trop conscients de la nécessité de prendre en compte les besoins des femmes. Les femmes haïtiennes ont été perçues comme le *potomitan*, le pilier de leurs familles et de leurs communautés. Sans leur bien-être, leur préservation intacte et leur protection, le futur d'Haïti restera une abstraction perdue en théorie.

Tout moun se moun

10 avril 2010 (n.p.)

Tout moun se moun, men tout moun pa menm. Tout le monde est un être humain, mais tous les humains ne sont pas pareils. Rien n'illustre mieux ce proverbe haïtien que l'impact de Goudougoudou – tel que les Haïtiens ont nommé le séisme du 12 janvier – et ses conséquences de même que les plans pour la reconstruction.

Ces dernières semaines, les journalistes, les bloggeurs et tous les militants haïtiens concernés au pays et à l'étranger ont dénoncé l'exclusion de la société civile des rencontres à huis clos qui ont précédé la conférence des bailleurs de fonds pour Haïti qui s'est déroulée au siège des Nations Unies à New York le 31 mars. En dépit des discours d'unité qui ont dominé la conférence, il est indisputable que les joueurs principaux en Haïti (le comité conduit par la Banque Mondiale, l'Envoyé Spécial des Nations Unies, le CBHF, le Gouvernement haïtien, l'élite des affaires aussi bien que les ONG et les missions qui opèrent sur le terrain) non seulement n'ont pas consulté et intégré de manière significative la société civile, mais ils ont continué à fonctionner comme d'habitude sans la contribution de ceux qui avaient été le plus affectés par Goudougoudou.

Des réactions sur les listes de diffusion et dans des conversations privées sur le mépris envers pèp la (le peuple) varient de l'outrage absolu (qui pensent-ils être ?) à la capitulation totale (nous ne pouvons rien faire). Ce qui est certain, d'un côté ou de l'autre, ceux qui connaissent Haïti et sa longue histoire de l'État contre la Nation comme l'anthropologue Michel-Rolph Trouillot l'a nommée, anticipent le danger à venir et les signes sont manifestes. La mise en œuvre de plans exclusifs et non coordonnées est un désastre en devenir, créé par l'homme.

Je garde un optimisme prudent qu'une autre Haïti est encore possible mais seulement si les approches de reconstruction englobent des secteurs beaucoup plus larges de la population et reconsidèrent les organisations existantes qui les ont historiquement exclus. En effet, sans de nouvelles approches structurelles, l'inclusion totale des Haïtiens ou les tentatives de mettre Haïti sur la bonne voie ou de mieux la construire comme Bill Clinton continue de prôner en utilisant des modèles archaïques de développement, et un système étatique basé sur le patronage est non seulement condamné mais est sûr d'imploser de nouveau.

En Haïti, les organisations de base sont fatiguées d'être constamment ignorées par le gouvernement haïtien. Elles veulent un État qui rende compte à ses citoyens, et non à la communauté internationale. Cependant, elles sont conscientes qu'en fin de compte les décisions relatives à l'avenir d'Haïti reposent dans les mains des bailleurs, des institutions financières internationales et des ONG qui, au fil des ans, ont remplacé l'État. La société civile est en droit de demander à participer au processus de reconstruction précisément pour que le séisme dévastateur n'ait pas eu lieu en vain et puisse être utilisé pour créer une Haïti où tous les citoyens et non pas seulement ceux qui ont de l'argent et les bonnes connexions, auront un accès égal aux soins médicaux, à la nourriture, l'éducation et le logement, entre autres besoins.

Les Haïtiens de la diaspora sont déterminés à s'assurer qu'Haïti ne sera pas la même qu'avant. C'est pourquoi ils appellent à construire une Haïti nouvelle. Ils coopèrent, organisent, protestent et discutent sur les modalités d'intervention, puisque le train a déjà quitté la station comme beaucoup d'entre nous aiment à dire. Alors que plusieurs se positionnent pour profiter de l'aubaine, d'autres cherchent également à être des joueurs et militent pour ceux laissés en dehors du processus pour s'assurer que leurs voix soient entendues.

Un tel effort fut manifeste lors de la conférence Haitians Building Haiti: Towards Transparent and Accountable Development (Les Haïtiens construisent Haïti : vers un développement transparent et responsable) qui eut lieu à Boston les 26–27 mars avant la conférence des Nations Unies. Les participants étaient composés des membres de la société civile haïtienne, des Haïtiens de la diaspora (des universitaires, des militants et des professionnels), membres du gouvernement d'Haïti, du gouvernement américain, des organisations financières internationales, les Nations Unies et les ONG pour dialoguer en vue de « visionner et définir un nouveau paradigme pour la reconstruction d'Haïti ».

Un autre exemple est la coalition de femmes travaillant tant au niveau international que sur le terrain en Haïti sous l'égide de PotoFanmfi pour produire un contre-rapport sur le genre au PDNA (post-disaster needs assessment – Évaluation des besoins post-séisme) du Gouvernement d'Haïti qui se penche spécifiquement sur les intérêts des femmes et des filles.

La rencontre de deux jours de Boston était le fruit du partenariat collaboratif de la Fondation Barr, la Boston Foundation, le NHAEON (National Haitian American Elected Officials Network [le réseau national des élus Haïtiano-américains]) et l'institut William Trotter de l'Université de Massachusetts et les Barr Fellows. À cette conférence de travail, les Haïtiens étaient sur le devant de la scène, et se sont lancés dans des discussions entre eux autour des possibilités d'avenir. Un des résultats de cette rencontre était l'appel à plus de dialogues avec les autres représentants mais particulièrement en Haïti.

Il est intéressant de prendre note de la genèse de la conférence de Boston. Les fondations basées à Boston ont rencontré des leaders haïtiens locaux dans le Massachusetts et ont tout simplement demandé comment pouvons-nous vous aider avec Haïti ? En agissant ainsi, ils ont employé une autre manière de s'engager, sans le paternalisme qui caractérise les relations entre bailleurs et bénéficiaires. Ce geste sans précédent devrait être adopté par les grands acteurs qui contrôlent les finances en Haïti, envers les leaders de la société civile en particulier, si tous les Haïtiens doivent en effet être traités comme si *tout moun se menm*.

9

Le sobriquet du séisme haïtien et le traumatisme de quelques femmes

12 avril 2010 / *Huffington Post* @ 11:23 a.m.

Le tremblement de terre qui décima plusieurs parties d'Haïti le 12 janvier 2010 a un nom. Goudougoudou, c'est le surnom affectif que les Haïtiens ont donné au désastre. Tout le monde utilise ce terme. Il est aussi populaire avec les hôtes des émissions radiophoniques qu'avec les passants dans les rues ou les employés des bureaux. Il y a eu un ensemble de blagues allant des modérées aux plus osées sur ce qu'il faudrait faire au cas il y aurait un réplica de Goudougoudou surtout si vous êtes occupé à une quelconque activité intime, comme utiliser les toilettes ou faire l'amour. Quelque soit l'action, arrêtez et courez vous mettre à l'abri.

Goudougoudou est une onomatopée qui imite le son des immeubles quand la terre se mit à secouer tout ce qui se trouvait à la surface et aplanit tout ce qui n'était pas construit selon les normes parasismiques. La seule mention de ce mot est quelquefois suivie d'un sourire ou parfois de quelques rires. Goudougoudou ne parait pas aussi terrifiant que les expériences que la plupart des gens vous raconteront si vous leur demandez où ils étaient cet après-midi quand le séisme est survenu.

Au début, Sandra ne voulait pas me dire son histoire. J'ai appris les détails de sa mère, Marie, dont la voix s'éleva de plusieurs décibels quand elle raconta l'horreur. « Sandra était seule en ville. Elle avait été s'inscrire à un cours. Elle venait de quitter l'école pour traverser la rue et prendre un tap tap. Elle vit l'immeuble s'effondrer avec tous ceux qui étaient dedans. » L'école était située près de l'hôtel Christopher (où la MINUSTAH était basée). Les deux structures s'effondrèrent. Elle fut hystérique pendant tout le trajet vers la maison. Une femme dans le bus couvrit ses yeux avec un morceau de tissu pour ne plus voir. Des immeubles étaient toujours en train de s'effriter écrasant les corps tandis qu'elle rentrait chez elle.

Lorsque Sandra me parla finalement, ce fut une version abrégée. Elle porta son attention sur une ancienne condisciple qui s'est trouvée enterrée sous les ruines pendant plusieurs jours. Avec sa famille, elle prit un autobus hors de la capitale pour se rendre dans les provinces. Depuis son retour, elle n'est plus la même. Quand vous la regardez, dit Sandra, c'est comme si vous regardiez quelqu'un qui n'est plus là. Ses yeux sont ouverts mais elle n'est pas là.

Maggie avait hâte de raconter son histoire. Elle était en ville avec sa nièce. Les deux sont tombées. Avec sa charpente maigre et nerveuse, elle utilisa toutes les parties de son corps pour recréer le moment. Elle dit : « Je ne savais pas ce qui se passait. La chose m'a jeté par terre, pow ! à plat sur le ventre ». Puis, elle expliqua « J'ai essayé de me relever. Cette chose me rejeta encore et pow ! » illustrant où chaque bras s'était retrouvé.

Micheline était à l'intérieur de sa maison. Son père se précipita pour la retirer où il la trouva, debout, désorientée. Par la suite, avec chaque secousse, elle devint de plus en plus collante, pleurant, hurlant, demandant à son père si la chose allait revenir ?

Depuis Goudougoudou, les femmes refusent de dormir entre les murs. Les hommes ont donc construit dans la cour une cabane avec un toit de tôle où tout le monde se couche le soir. Ceux qui osent rester sous le béton comme certains le disent en blaguant, se considèrent comme des soldats. Pour le bien des enfants, ils appellent la cabane un hôtel. La plus grand plaisir de Micheline est d'aller à l'hôtel la nuit. Dans l'obscurité, elle se précipite pour se blottir contre son frère, son meilleur copain un cousin un peu plus âgé. À mon arrivée en Haïti pour la première fois après le séisme, une des premières questions que Micheline me posa c'est de savoir si j'allais dormir à l'hôtel.

Lorsque je la questionnai au sujet de Goudougoudou, elle sourit avec la crânerie timide et impudente d'un enfant de quatre ans qui n'a pas l'intention de me répondre. Ce sont les histoires de quelques femmes de la famille. D'autres gens que j'ai rencontrés n'étaient pas enclins à rester silencieux. Chaque fois que je m'adressais à quelqu'un, tout un chacun voulait me raconter son histoire, souvent tous ensemble – chaque histoire plus horrifiante que la suivante. Le besoin de parler du traumatisme et de la frayeur qu'ils avaient vécue, est un besoin psychologique qu'il faut traiter, car il est très nécessaire pour guérir.

Le gouvernement s'embrouille dans son incapacité de distribuer et de coordonner même les besoins les plus primaires alors que les ONG font la pluie et le beau temps dans le pays, les besoins en santé mentale ne sont pas une priorité. S'il est vrai qu'il y a des efforts ad-hoc pour faire face aux traumatismes surtout chez les enfants, ce qui est nécessaire est un projet coordonné au niveau national pour s'assurer que le stress post-séisme du Goudougoudou ne demeure pas coincé dans les corps de ceux qui ont vécu ce moment et ses constantes répercussions.

Pourquoi les représentations d'Haïti sont plus que jamais importantes

23 avril (conférence) / juillet/août 2010 NACLA *Report* (imprimé)

Peu après le séisme, la couverture médiatique de la presse traditionnelle du désastre reproduisait les discours de longue date et les stéréotypes sur les Haïtiens.[10] En effet, les représentations d'Haïti qui dominaient les ondes après le tremblement de terre du 12 janvier pourraient pratiquement remonter à ceux qui étaient en vogue au dix-neuvième siècle, surtout après la Révolution haïtienne, et au vingtième siècle, durant et après l'occupation américaine de 1915 à 1934. Comprendre les continuités de ces discours et de leurs significations importe plus que jamais. Le jour où les

Haïtiens en tant que peuple et Haïti en tant que symbole ne seront plus représentés comme synonymes de pauvreté, de sous-développement et de diabolique n'est pas encore arrivé.

Comme j'en ai parlé ailleurs, en tant que sujets d'études et de représentations, les Haïtiens ont été souvent présentés comme des fractures, des fragments – des corps sans esprits, des têtes sans corps, ou des esprits qui vagabondent.[11] Ces êtres désincarnés ou des fanatiques irréfléchis ont toujours eu besoin d'un intermédiaire. Ils parlaient rarement pour eux-mêmes. Dans le monde académique, ils sont représentés par le chercheur en sciences sociales. Et le 12 janvier après le séisme, est entré sur la scène le journaliste ignorant et limité socio-culturellement.

Le jour suivant le séisme, la correspondante Susan Candiotti présenta l'un des premiers reportages sur le terrain de la chaîne CNN. Visiblement bouleversée par les scènes de mort, elle commenta sur l'indifférence de ceux qui erraient dans les rues, plusieurs encore couverts de poussière. « Dans une scène à vous donner presque des frissons, vous pouvez voir les gens assis parfois près (des cadavres alignés le long des rues), quelques-uns avec des regards fixes et vacants, installés au milieu de la rue » dit-elle. « Quelquefois, vous pouvez voir de jeunes enfants marchant comme si de voir ces horreurs ne les gênaient pas. Et vous vous demandiez alors, est-ce que c'était parce que ce pays avait déjà si souffert et subi tant de catastrophes naturelles au fil des années ? »

Plus d'une semaine plus tard, le 22 janvier, le présentateur de CNN Anderson Cooper a paru à l'antenne avec un autre correspondant, Karl Penhaul, couvrant les événements depuis Haïti. Penhaul raconta l'histoire d'une femme qui avait survécu au séisme mais avait perdu deux jeunes enfants. Étonné de voir que cette femme luttait pour trouver une place dans un bus qui quittait Port-au-Prince, il lui demanda si elle avait enterré ses enfants avant de partir. « Et elle dit simplement "Je les ai jetés, je les ai jetés" », conta Penhaul interprétant la réponse de la femme, « jete » pour signifier que c'est *elle* qui les avait jetés. Manifestement, le seul mot qu'il avait compris était *jete* (jeter, lancer, envoyer). Il n'y avait aucune mention des prépositions qui venaient avant ou des mots qui suivaient le verbe ; il ne lui vint pas non plus à l'idée que la femme disait qu'elle n'avait pas eu l'opportunité de les enterrer parce que d'autres les avaient jetés dans la fosse commune.

« Pouvez-vous imaginer une mère disant dans n'importe quel contexte culturel "Je les ai jetés" ? », demanda le reporter avec incrédulité. Penhaul était aussi perturbé parce que les gens ne pleuraient pas. « Comme je l'ai demandé à cette femme, continua-t-il, dites-moi, pourquoi vous les Haïtiens vous ne pleurez pas ? » Cooper tenta de faire avancer la conversation vers une discussion sur le traumatisme et mentionna même le mot « choc », mais ce fut seulement à la fin du segment.

Dans les couvertures médiatiques du séisme et de ses conséquences, ce discours déshumanisant – décrivant les Haïtiens traumatisés comme indifférents, et même sans cœur – s'appuya sur ce que j'appelle l'axe sous humanité, qui est particulièrement à la mode. Il a son origine dans l'idée dominante dans l'imagination populaire que les Haïtiens sont des êtres irrationnels, qui adorent le démon, qui résistent au progrès, qui sont non éduqués, des indigènes noirs et maudits surpleuplant leur île abandonnée par Dieu. Il y a évidemment, un racisme sous-jacent. Haïti et les Haïtiens demeurant une manifestation de la noirceur dans sa pire forme, parce que, tout simplement, cet enfant terrible des Amériques avait défié contre toute attente les Européens, et créé un désordre dans les affaires coloniales. Haïti devait être considérée comme la bête noire du colonialisme pour que la sainteté de la blancheur demeure incontestable.

L'histoire d'Haïti deviendrait sa seule défense contre ces représentations, quoique dans les grands medias cette même histoire soit utilisée contre la république par des historiens révisionnistes. Le lendemain du tremblement de terre, le télévangéliste Pat Robertson proclama que la catastrophe en Haïti résultait du pacte que le pays avait scellé avec le diable, une croyance que plusieurs protestants haïtiens eux-mêmes acceptent comme la vérité. Ce « pacte avec le diable » fait référence à la cérémonie du Bois Caïman qui eut lieu le 14 août 1791, et qui aurait été à l'origine de la Révolution haïtienne. En ce jour, selon ce qui est raconté, le leader rebelle et prêtre vaudou Boukman Dutty conduisit cette cérémonie durant laquelle les participants jurèrent de tuer tous les blancs et d'incendier leurs propriétés. Cécile Fatiman, la prêtresse qui présidait sacrifia un cochon pour honorer les esprits. L'interprétation que fait Robertson de la cérémonie est un autre exemple de la « racialisation » des Haïtiens qui passe souvent inaperçue dans les comptes rendus habituels.

Ce qui était en cause, c'est une pratique religieuse (le vodou) qui n'est pas seulement d'origine africaine, mais qui maintient son affiliation à ce continent en opposition aux systèmes de croyance eurocentriques. Des jours après, le chroniqueur du *New York Times* David Brooks, nuancera cette caractérisation d'une Haïti résistant au progrès, laissant de côté la question de l'impérialisme, pour demander : « Pourquoi Haïti est-elle si pauvre ? »[12] Sa réponse : « Bon, elle a une histoire d'oppression, d'esclavage et de colonialisme. Mais il en est de même pour la Barbade, et la Barbade se porte assez bien. Haïti a souffert sous des dictateurs impitoyables, la corruption et les invasions étrangères. Mais il en est de même pour la République Dominicaine, et la RD est en bien meilleur état.» Ne mentionnons surtout pas les spécificités historiques. Brooks ignore la différence entre d'un côté, être en servitude, devoir tuer pour son indépendance, et devenir un paria géopolitique, et de l'autre, recevoir la liberté des siècles après au cours d'une paisible cérémonie où on peut littéralement chanter le nouvel hymne national.

Ce discours – puissant même en Haïti parmi les religieux conservateurs – suggère que peut-être ceux qui ont provoqué la révolution auraient dû attendre que les grandes puissances jugent approprié de donner sa liberté à Saint-Domingue. Cette aversion à l'impact de l'histoire sera maintes fois répétée. Le 23 janvier, Christiane Amanpour, qui était alors la correspondante internationale en chef de CNN, présenta un petit segment sur Haïti dans lequel elle mit en relief les moments clés de l'histoire d'Haïti. Elle commença avec la « révolution sanglante », fit un bond pour arriver aux décennies de troubles jusqu'au moment où le Président Woodrow Wilson envoya des troupes américaines en 1915 puis fit un bond en 1945, lorsque les leaders haïtiens commencèrent une série de dictatures culminant avec le règne des Duvalier, père et fils. Elle nota alors l'ascension de Jean-Bertrand Aristide, qui fut renversé par un coup d'état militaire en 1991, ce qui conduisit à un flot de réfugiés haïtiens sur les côtes de la Floride, et ainsi de suite.

Ces survols superficiels de l'histoire haïtienne ne passèrent pas incontestés. Un lecteur identifié sous le nom de Danlex posta la réponse suivante sur le site web de CNN en date du 24 janvier à 8h27 pm.

Etant donné votre penchant pour des reportages équilibrés et incisifs, je suis déçu cette fois-ci que votre rapport sur l'histoire d'Haïti ait laissé tant de silences. Il est creux et ne permet pas d'arriver à une juste perspective de ce pays si longtemps incompris. Pour commencer, je vous recommanderai de lire un récent article publié par Sir Hilary Beckles, président intérimaire et Principal du campus Cave Hill, UWI. L'article s'intitule « La haine et le séisme ». Alors, vous serez peut-être en mesure d'avoir une idée de la position de la France sur la question et comment ils pourraient, s'ils avaient une conscience, réagir à la crise que traverse Haïti maintenant. Mais il est temps que le monde voie Haïti non pas comme un pays embrouillé par le vodou et l'analphabétisme, mais comme une victime d'une connivence prolongée des Pouvoirs du monde de l'époque.

Je me rends compte qu'en me penchant sur la question de représentation, je suis quelque part en train de faire du tort à Haïti. Après tout, l'emphase sur la déconstruction des symboles ne fait que réinstaller les discours dominants qui jouissent déjà suffisamment d'heures d'antenne. Voilà donc mes objectifs d'activiste et d'universitaire en opposition. Un simple exercice de déconstruction ne peut combler les lacunes historiques d'un point de vue haïtien avec des contre discours sur le séisme et ses conséquences.

Ceux d'entre nous qui étudions Haïti connaissent trop bien ce dilemme. En tant que chercheurs, militants ou de simples témoins concernés, pour le dire dans les grandes lignes en des termes courants, historiquement parlant, Haïti a un problème d'image. C'est le fardeau d'Haïti. Parfois, j'en fais une blague en disant que lorsque la première république noire a fait ses débuts sur la scène mondiale, Haïti n'avait pas une représentation appropriée. À clarifier : ce n'est pas qu'Haïti n'avait pas un bon agent, mais que sa représentation à ce moment – des noirs nouvellement libérés et des gens de couleur – et même maintenant n'était pas considérée légitime et puissante. En effet, nous savons que peu de colons ou de métropolitains considéraient l'idée d'une insurrection haïtienne comme quelque chose de possible.

Dans un chapitre intitulé « Une histoire impensable », dans son *Silencing the Past*, l'anthropologue haïtien Michel-Rolph Trouillot écrit :

En 1790, juste quelques mois avant le début de l'insurrection qui secoua la colonie française de Saint Domingue et amena la naissance révolutionnaire de l'Haïti indépendante, le colonialiste La Barre rassura sa femme métropolitaine sur l'état paisible de la vie dans les Tropiques. « Il n'y a aucun mouvement parmi les Nègres... Ils n'y pensent même pas. » Et plus loin : « Nous n'avons rien à craindre de la part des Nègres, ils sont tranquilles et obéissants ». Et encore « Les Nègres sont très obéissants et le seront toujours. Nous dormons avec les portes et les fenêtres ouvertes. La liberté pour eux est une chimère. »[13]

Chimère : *Un produit de l'imagination, par exemple, une idée
folle, non réaliste, ou l'espoir ou un plan complètement
impraticable ou peut-être une sous-estimation.*

Avant et après la publication du livre de Trouillot, de nombreux cher-
cheurs, incluant C. L. R. James, Mimi Sheller, Sibylle Fischer, et d'autres,
avaient soulevé la question de l'inconcevabilité de la liberté noire dans
l'imaginaire blanc du 19ème siècle. Un exemple des plus remarquables était
De l'égalité des races humaines (1885) de Joseph Anténor Firmin, un an-
thropologue, journaliste et politicien haïtien. Firmin écrivit son tome en
réaction à *Un essai sur l'inégalité des races humaines* (1853–1855), un texte
fondateur du racisme scientifique du Comte Arthur de Gobineau. Firmin
voulait démonter l'idéologie raciste dominante de l'époque en utilisant
une approche positiviste, lançant un argument qui sera ignoré pour plus
d'un siècle en France et aux États-Unis.

Dans la partie de son livre intitulé « Le rôle de la race noire dans l'his-
toire de la civilisation », Firmin reprend le rôle que la nouvelle nation
indépendante, Haïti, qu'il appela « la petite nation constituée de descen-
dants d'Africains », joua dans la libération de l'Amérique Latine en sup-
portant Simón Bolivar. « À part cet exemple » écrit-il, « qui est un des
plus beaux titres de la république noire à l'estime et à l'admiration du
monde entier, on peut affirmer que la proclamation de l'indépendance
d'Haïti a positivement influé sur le sort de toute la race éthiopienne vi-
vant hors de l'Afrique. »[14] Il continua dans la même veine. Nous pouvons
lire le travail de Firmin comme un exemple de fierté nationaliste, ou peut-
être comme un appel à la reconnaissance que, en effet, *Tous les hommes
sont l'homme*,[15] comme l'a dit Victor Hugo, tel que cité dans l'épigraphe
du dernier chapitre de Firmin. Ou *Tout moun se moun*, comme nous di-
sons en créole.

En considérant la question de la représentation et le sens des sym-
boles, je crois qu'il est impératif de commencer par une simple question :
Comment l'enfant terrible de la région est-il devenu sa bête noire ? Enfant
terrible, oui. On a enseigné à beaucoup d'entre nous qu'Haïti était une
avant-gardiste dans la région, deuxième seulement après les États-Unis,
qui avait évincé les Anglais. Ce petit territoire où des Africains mis en es-
clavage ont vaincu leurs maitres européens, osa avec succès se défendre
contre trois armées européennes pour réclamer son indépendance à un
moment où d'autres nations de la région pratiquaient encore la traite des

esclaves. La liberté couta cher : la somme colossale de 150 millions de francs et soixante années ultérieures d'isolement international. L'ostracisme a fermenté des pratiques culturelles de telle sorte que plusieurs aspects de la vie haïtienne devinrent les plus visiblement africains de l'hémisphère.

L'histoire d'Haïti serait occultée, dévaluée, reconstruite et réécrite comme la « peur haïtienne » – un code pour une noirceur indisciplinée et barbare qui menaçait d'exporter la révolution noire aux îles voisines et de déranger l'ordre colonial.[16] En regard de cette période, le critique littéraire J. Michael Dash observe : « Ce n'est pas surprenant que la présence symbolique d'Haïti dans l'imaginaire caribéen n'ait jamais été compris en termes d'universalisme radical [ce qu'il représentait en fait et cherchait à incarner]. Plutôt, « l'île disparait » sous des images de revanche raciale, singularité mystérieuse et une exceptionnalité héroïque ».[17]

Les déformations qui ont émergé comme conséquences de la révolution réussie auraient des influences pour les années à venir. En effet, la « chimère » d'une liberté noire, et les stéréotypes de sauvagerie qui l'accompagnent, demeurent à date au premier plan quand nous parlons d'Haïti, quand nous représentons Haïti, comprenons et expliquons Haïti et les Haïtiens. Ceci nous conduit évidemment à poser une question plus importante concernant le rôle que ces discours jouent dans des sujets plus pratiques, dans des documents d'orientation et ainsi de suite. Car en effet, il y a certains discours qui nous permettent de rester imperméables aux autres par leur manière de renforcer les mécanismes de l'altérisation. Ou, comme le dit Trouillot, « Aussi longtemps qu'Haïti apparaitra bizarre, le plus facile il sera d'oublier qu'elle représente l'expérience néocoloniale la plus longue de l'hémisphère occidental. »[18]

Affaires inachevées, un proverbe et un déracinement

juillet/août / Encadré dans NACLA *Report*

Le 8 juillet 2009, le journaliste haïtien Joseph Guyler Delva a publié un court article titré « Bill Clinton étonné par le désaccord en Haïti », qui relatait le premier voyage de l'ancien chef d'état en tant qu'Envoyé spécial des Nations Unies. Selon Delva, Clinton – qui, nous pouvons supposer, prend sa nouvelle fonction aux Nations Unies très sérieusement, vu son rôle clé dans l'accélération de la destruction de l'économie haïtienne dans les récentes années – a trouvé que « ce manque de coopération entre les politiciens haïtiens, les groupes d'aide et les dirigeants d'entreprises entravait les efforts pour aider la nation appauvrie ».

Clinton fut cité déclarant : « La chose la plus étonnante selon moi, [...] c'est comment la communauté d'investisseurs, tous les composants du gouvernement, y compris la branche législative et la communauté des ONG semblent avoir très peu enseigné et absorbé les leçons les uns des autres. » Delva termina avec des propos prometteurs mais contradictoires de Clinton affirmant sa détermination d'apporter les changements qui semblaient être arrivés aux États-Unis ce janvier à la république haïtienne, plus fragile que jamais. « Si c'est une question d'argent, a dit Clinton, c'est mon problème, *mais si ce n'est pas une question d'argent, les Haïtiens doivent le résoudre entre eux* » (mon emphase).

Cette évaluation, quoique diplomatique, frappait par son ignorance culturelle. Non seulement elle ignorait l'histoire en dévaluant les éléments fondamentaux qui contribuèrent à créer la république et demeurent au noyau de la société (pluralité, discorde, dissidence), mais ce commentaire tentait aussi de revoir l'histoire de l'impérialisme – comme si les problèmes des Haïtiens entre eux pouvaient être dissociés de l'argent. Comme s'il était encore possible pour l'Envoyé spécial des Nations Unies, dans son rôle d'argentier, d'éviter d'avoir un impact sur la politique locale, compte tenu surtout du rôle que le capital étranger a joué historiquement en créant, incitant, et augmentant la discorde entre les Haïtiens.

Après le séisme, Clinton devint encore plus important comme l'argentier d'Haïti. Et la discorde, qu'il avait relevée des mois avant, ne sera pas seulement exacerbée par le désastre mais se déroula de manière assez prévisible. Quoique le séisme ait affecté sans discrimination tous les Haïtiens, au-delà des considérations sociales et économiques, ses conséquences illustrèrent clairement qu'en effet, *tout moun pa menm* (tous les humains ne sont pas pareils) comme dit le proverbe haïtien.

Ce fut particulièrement évident durant les premiers efforts de sauvetage, lorsque les précieux étrangers furent sauvés d'abord. Les équipes de secours ignoraient les bidonvilles surpeuplés codés « zones rouges » ou quartiers à risques élevés de sécurité. Des enfants étiquetés « orphelins » furent expédiés en terres étrangères. Les disputes relatives au paiement des traitements médicaux aux États-Unis ont arrêté les transports aériens médicaux et mis des vies en danger. L'Organisation des Nations Unies utilisa du gaz lacrymogène pour contrôler les populations désespérées et affamées. Les individus sans moyens financiers, qui ne pouvaient se permettre de partir pour la République Dominicaine, qui ne disposaient pas de passeports américains ou de visa, sont morts non suite au séisme mais à cause de négligence. »[19]

Peut-être que rien ne montre la justesse de ce vieux proverbe mieux que l'inaction du gouvernement vis-à-vis des camps de tentes. Les fosses communes – crimes contre l'humanité, ce qui ne doit pas être oublié – constituèrent des avertissements précoces de ce qui allait devenir la pratique officielle des mois après le séisme. En effet, l'État était appelé à faire quelque chose qu'il n'a jamais fait : prendre et montrer ses responsabilités pour la nation entière et non pas pour quelques privilégiés. Historiquement, les vies qui comptent en Haïti sont déterminées par le statut socioéconomique et rien ne le rend plus évident que les tombes ; l'État traite les morts comme il traite les vivants.[20]

L'absence de l'état signifie que la nation est continuellement forcée de dépendre de la bonté de la diaspora (qui agit comme un système d'assistance sociale), les ONG, les humanitaires, et – dans certains cas problématiques – les missionnaires. Après le séisme, la présence des missionnaires deviendra encore plus nécessaire, avec l'attaque contre le vodou qui peut seulement être décrite comme un *déchoukaj* (déracinement) spirituel.

Ceux d'entre nous qui se préoccupent de notre héritage culturel doivent tenir compte du fait que les temples familiaux, si essentiels au rituel du vodou, ont été fracturés et dans certains cas détruits par les activités sismiques. Très peu de gens parlent de ces temples, ou alors quand ils le font, c'est *an soudin* (en secret). Le stigma s'installe. Il y a eu aussi des incidents de violence anti vodou. Cette réaction violente est un mécanisme de contrôle social. Le silence autour de cette perte doit être brisé. Des mesures doivent être prises pour prendre en compte la destruction de ces archives familiales. Les temples doivent être réparés.

Le vodou ne devient pas seulement clandestin, comme il le fut en réaction aux persécutions après la Révolution et durant l'occupation américaine.[21] Il est en train d'être éradiqué en partie parce que les missionnaires continuent de jouer un rôle significatif en offrant des services assurément nécessaires à la nation désespérée. Ce moment, que Pat Robertson affirma être une bénédiction déguisée, prépare la scène pour des règles de conduite plus explicites : alimentation, abri, habillement, et éducation contre l'âme de quelqu'un. Les gens se convertissent par désespoir. Des chants incessants dominent les collines et les tentes. Le son des tambours s'éteint de plus en plus dans beaucoup trop de régions de la nation. Aux lignes de failles quelque chose d'autre se passe. Un nettoyage religieux s'effectue.

Et le passé d'Haïti continue de peser lourd sur le présent.

12

Le viol, une composante du quotidien des femmes dans les camps de secours haïtiens

28 juillet 2010 / *Ms. magazine blog*

Même après la diminution des secousses du séisme dévastateur du 12 janvier, les corps des femmes haïtiennes continuèrent de trembler en Haïti. Selon un nouveau rapport, ceci s'explique par le fait que les viols persistants et systématiques (souvent des viols collectifs) font maintenant partie de la vie des femmes dans les camps pour les personnes déplacées.

Le rapport, intitulé *Our Bodies Are Still Trembling–Haitian Women's Fight against Rape (Nos corps tremblent encore – La lutte des femmes haï-*

tiennes contre le viol), et rédigé par MADRE, l'institut pour la justice et la démocratie en Haïti et d'autres, se base sur des données recueillies par deux délégations d'avocats américains, des chercheurs communautaires et une spécialiste de la santé des femmes. Les recherches ont été faites en mai et juin de cette année. Des membres de la délégation interviewèrent plus de 50 femmes âgées entre 5 et 60 ans, qui ont été référées à la délégation par KOFAVIV et FAVILEK, deux organisations de base qui s'attaquent contre la violence liée au genre. Les leaders de ces deux organisations, qui ont documenté plus de 230 cas de viol, ont été ciblés dans leurs camps pour leur engagement dans des mouvements qui se battent pour la démocratie.

Le rapport révéla que les femmes et les filles sont particulièrement vulnérables dans les camps pour personnes déplacées qui sont surpeuplés. Les femmes n'ont pas d'intimité (elles se lavent souvent en public) et n'ont pas de structures familiales et communautaires solides, ayant perdu leur réseau de support durant le tremblement de terre.

Selon *Our Bodies Are Still Trembling*, la plupart des femmes « ont déclaré avoir été violées par deux ou plus individus, qu'elles ne connaissaient pas et qui étaient armés de revolvers, de couteaux ou autres armes ». Le rapport aussi trouva que 95.7% des victimes ont souffert du syndrome de stress post-traumatique et plus de la moitié a souffert de dépression.

Après avoir été agressées, les femmes ont eu un accès limité à des services médicaux, et quand elles en ont eu, il y avait très peu de femmes parmi les professionnels de la santé. Souvent, les praticiens qui étaient disponibles ne pouvaient pas fournir des preuves d'un certificat médical.

L'accès des femmes à la justice se révéla encore pire. Les femmes qui rapportèrent les viols – et se battaient contre les effets psychologiques de la stigmatisation et de l'agression sexuelle – étaient souvent ridiculisées ou ignorées par la police. Dans certains cas, ces femmes ont dû faire face à la corruption policière également. En outre, des cas n'ont pas été poursuivis en justice par le système judiciaire haïtien. Des survivantes restent vulnérables puisqu'elles continuent de vivre dans les mêmes zones des camps où elles étaient attaquées et leurs violeurs restent en liberté. Plusieurs femmes ont rapporté qu'elles avaient été violées en plusieurs occasions depuis le tremblement de terre.

Jusqu'à présent, la réponse du gouvernement d'Haïti à cette crise croissante est quasi inexistante, surtout avec la perte des leaders féministes qui étaient des militantes déterminées à se battre pour l'égalité de genre en Haïti et qui avaient travaillé au ministère de la condition féminine en intervenant sur les questions de violence liée au genre. Les officiels locaux et internationaux interviewés ont en fait minimisé l'importance des résultats du rapport.

La réaction du Sous-groupe sur la violence liée au genre des Nations Unies par rapport au viol en Haïti a fait l'objet d'une évaluation critique par la délégation. Le rapport estima que le Sous-groupe n'avait pas consulté de manière substantielle les groupes concernés. Spécifiquement, « les femmes pauvres rapportèrent ne pas avoir été incluses dans le PDNA (les évaluations des besoins post-séisme)... et avaient des difficultés économiques pour accéder aux activités du Sous-groupe. »

L'une des initiatives du Sous-groupe – une carte de référence pour les survivants de violence sexuelle distribuée dans les camps – contenait en fait des informations inexactes telles que des numéros qui n'étaient plus disponibles et des adresses incorrectes pour les ressources d'aide aux victimes de viol. Selon le rapport, le groupe des Nations unies n'avait pas effectué un inventaire systématique des cas de viol, alors que l'organisation de base locale, KOFAVIV, l'avait fait. En résumé, il semblait que les femmes victimes étaient abandonnées à elles-mêmes et devaient veiller à leur propre sécurité.

Le rapport conclut que la situation en Haïti est difficile, surtout du fait que les viols sont souvent non signalés et que le gouvernement d'Haïti « n'a pas réussi à prendre les mesures minimales requises par la loi internationale pour protéger les droits des femmes au respect de leur corps et même de leur vie. » Les auteurs du rapport recommandent aux états donateurs de travailler de concert avec le gouvernement haïtien et de prendre une part plus active dans la résolution des problèmes de sécurité que met en évidence cette violence chronique. Ils émettent un nombre de recommandations importantes aux intéressés, y compris d'installer immédiatement un dispositif sécuritaire et des lampes dans les camps ; d'inviter un Rapporteur spécial des Nations Unies sur la violence contre les femmes à visiter Haïti ; de garantir la pleine participation des femmes dans toutes les phases de la reconstruction d'Haïti ; de recueillir systématiquement des données relatives à la violence contre les femmes ; et finalement, d'agir rapidement pour empêcher, investiguer et punir de tels actes.

Haïti fait partie de ces pays qui historiquement donnent peu de valeur à ses femmes et filles quand il s'agit de reconnaitre et de poursuivre en justice les actes de violence liée au genre. Par conséquent, il n'est pas surprenant que les femmes, conscientes du fait, ne fassent pas confiance au système judiciaire. Un fait révélateur : selon le rapport, certaines femmes préfèrent le terme victime à celui de survivante. Leurs corps demeurent la scène d'un crime que nous ne devons pas laisser impuni.

13

La solidarité d'Haïti avec les anges

1er août 2010 / *e-misférica*

Parfois, je plaisante en disant que si Mère Térésa avait été la présidente d'Haïti, elle aussi serait devenue corrompue. Après tout, elle aurait été entourée de fraude. Tous les acteurs principaux dans les affaires haïtiennes, les États-Unis, les institutions financières internationales, les Nations Unies et le Gouvernement Haïtien prennent part, de façon inégale, à des projets impérialistes, diplomatiques et à des jeux d'espions, des exploits de toutes sortes pour la recirculation du capital. Irrespectueux ? Peut-être. Sacrilège ? Non.

Un mélange d'effet de choc, de bon sens et de frustration. Une pensée pas trop commode pour Bourdieu et Gramsci. Une tentative de mettre en avant l'exigence de reconnaitre que ces questions, qui ont continuellement compromis la république, doivent être appréhendées structurellement et doivent s'articuler en termes de reproduction des structures. En même temps, le commentaire nourrit un besoin rebelle de renverser le discours sur des icones et des symboles (vivants ou morts) afin d'attirer l'attention – de manière pas trop subtile – sur la divinité de la blancheur sans masques dans un pays où l'utilisation, l'échange, et la valeur symbolique de la couleur avec ses multiples significations a toujours eu une valeur ajoutée depuis la première rencontre documentée entre les Européens et les populations indigènes. Les deux ne sont pas sans lien.

Les anges ont toujours été blancs, une couleur de chair blanche, jusqu'à ce que des militants fassent pression sur Crayola et que la compagnie change la couleur chair blanche en couleur pêche.

C'est de la pure fiction de penser que Mère Térésa pourrait sauver Haïti de même que les deux anges à genoux cherchant la délivrance des Américains et le logo de l'USAID (invisible sur la photo) de deux mains jointes – l'une sombre, l'autre claire – symbolisant un partenariat (impossible) entre deux inégaux (rivaux). Personne ne peut sauver Haïti. Indépendamment de son intention individuelle, le président entre dans des relations déjà tracées d'où il peut difficilement s'échapper sans heurt, dès l'instant où il prend le pouvoir, s'étant montré à la hauteur ou ayant acheté la fonction avec des fonds empruntés qu'il doit rembourser. Personne n'est à l'abri de la tentation, que ce soit des hommes armés, des hommes d'affaires, des hommes d'église, des hommes de lettres, d'arts et autres. Bravo pour l'exception, mais le plus souvent, il s'agit toujours d'hommes.

Haïti n'a pas besoin d'être sauvée. Si ce n'était pas évident avant le 12 janvier quand la terre s'est fendue, c'est devenu hyper visible au monde bientôt après, car nous avons tous observé les violations des droits humains de toutes sortes faites au nom de l'urgence. Des enfants étiquetés orphelins furent expédiés en terres étrangères. L'aide humanitaire est venue armée. Protéger les frontières. En temps désespérés, il ne faut pas questionner la bienfaisance de l'offrande.

Les anges Marron paraissent toujours des réplicas des originaux. Simplement noircis. Les Autres refaits à leur propre image.

Haïti n'a pas besoin d'être sauvée. Haïti a besoin d'être restructurée si ceux qui ont toujours été des victimes de la non-représentation – les pauvres anonymes – doivent être pris en considération, l'Etat ayant abandonné sa nation il y a bien longtemps. Rien ne l'a montré plus clairement que les fosses communes. Cet excédent de misère a du être contenu. L'État traite les morts comme il traite les vivants. Maintenant, la pluie menace d'en emporter davantage.

Est-ce que les morts du séisme monteront au ciel pour devenir des anges ? Trop d'entre eux le savaient : la solidarité est improbable.

Agneau de Dieu, qui enlève le péché du monde, donne-nous la paix.[22]

14

L'électionaval d'Haïti en 2010

11 août 2010 / *Huffington Post* @ 2:56 p.m.

Avec Wyclef et Michel Martelly alias Sweet Micky (deux musiciens très connus) dans la bataille, les prochaines élections en Haïti ont pris un aspect sardonique. Le pays fait face actuellement à des défis astronomiques depuis le tremblement de terre dévastateur du 12 janvier, et a besoin désespérément de gouvernance sans précédent. Au pays et à l'étranger, chacun a son mot à dire.

Un jour après sa déclaration d'intention, la journaliste Haïtienne-américaine Marjorie Valbrun écrivit une lettre ouverte à Jean intitulée « Cher Wyclef, s'il-vous-plait ne posez pas votre candidature » qui fait actuellement le buzz.

J'étais à Port-au-Prince la semaine dernière et partout, le sujet de discussion était les candidats présidentiels. Certes, j'ai rencontré des gens qui n'hésitaient pas à écarter les artistes qui, selon eux, transformaient en mascarade le processus, et par conséquent refusaient de s'y impliquer, mais aussi d'autres qui se sentaient très concernés par ce que l'instant révélait de l'état actuel des choses en Haïti.

En effet, le mépris historique de l'élite envers les masses a conduit le pays à un point où plusieurs personnes et surtout les jeunes sont tellement privés de leurs droits et si désabusés envers la machine politique qu'ils sont prêts à placer leur espoir en un quelconque changement dans un artiste qui promet un salut miraculeux.

Jusqu'à présent, Wyclef a annoncé qu'il usera de son statut de vedette comme levier pour obtenir les fonds non encore livrés promis lors de la conférence des Nations Unies de mars dernier. Comme s'il s'agissait simplement d'une question de charisme et de conviction. Oublions la géopolitique des deux dernières centaines d'années ! Jean a aussi dit récemment à NPR qu'Haïti avait besoin d'un « président global » et qu'il était l'homme de l'heure. La dernière chose dont Haïti a besoin est un président absentéiste en tournée mondiale.

Au contraire, si le pays devait suivre un cours plus démocratique, le président doit être présent, avoir une connaissance importante de la situation « locale » et posséder aussi la prévoyance aussi bien que les moyens nécessaires pour gérer la longue histoire de fragmentation socioculturelle et économique et un état structurellement désorganisé qui a continuellement exploité sa nation. Créer une fondation avec les problèmes que l'on sait, être généreux et populaire ne fait pas d'un homme un président.

Plusieurs d'entre nous se demandent qui d'autre est derrière la candidature de Jean ? En plus d'utiliser sa renommée et sa bonne volonté, quel est l'agenda de son parti Viv Ansam (Vivre ensemble). Comment fera-t-il face et soulagera-t-il le désespoir persistant qui a terrassé la nation ? En vue des récents rapports de MADRE, je suis spécialement curieuse d'entendre sa prise de position sur les questions en rapport avec la vulnérabilité des femmes dans le pays.

Hier, Jean a développé quelques-uns de ses plans pour *Rolling Stone*. Courtisant la diaspora, il fait sa campagne à la fois en Haïti et de ce côté-ci de la mer. Une partie de l'attrait que Jean exerce sur certains électeurs s'explique du fait qu'il est un étranger et manque d'expérience. Une jeune femme me dit que ceux qui étaient pour Wyclef en avaient marre des politiciens chevronnés qui promettaient toujours des changements mais ne tenaient pas leurs promesses. Son succès financier est une autre raison pourquoi plusieurs insistent qu'il sera un leader différent, moins enclin à se laisser entrainer dans la corruption.

Ceux qui ont critiqué Jean ont provoqué des réactions violentes chez les fanatiques qui défendent leur candidat. Les partisans ont mis en avant sa bonne foi, son engagement public et son affection évidente pour sa terre natale.

Avec tout le focus sur Jean, on parle un peu moins de Martelly qui est aussi bien connu en Haïti et également, si ce n'est pas plus important, est accepté dans certains milieux bourgeois – une alliance le plus souvent nécessaire pour accéder à la présidence. En outre, Martelly est moins contesté en tant que résident d'Haïti et n'aura pas à trouver comment contourner de façon créative l'Article 135 de la Constitution qui exige que les candidats présidentiels résident au pays pendant cinq ans.

Mardi dernier, la première page du quotidien haïtien *Le Nouvelliste* présentait une bande dessinée représentant les prochaines élections présidentielles titrée avec pertinence « electionaval 2010 ».

Le président Préval est debout à gauche au-dessous d'un signe qui dit

« Bienvenue au CEP » (Le Conseil Électoral Permanent) en train de diriger la procession qui s'avance. Premier en ligne, Jean debout sur son camion, le drapeau haïtien à ses côtés avec deux membres de sa clique. Brandissant un micro, il se vante « nous sommes le monde » en anglais. Les parois du camion sont décorées avec les couleurs orange et noir du logo de Yele Haïti et les mots « here's Wyclef ». Immédiatement après lui, est le roi du Compas le chanteur Martelly dans une voiture de sport avec sa clique. Sa légende lit « ceux qui ne connaissent pas Micky, voici Micky » Quelques pas derrière, se tient l'ancien premier ministre, Jacques Édouard Alexis, irrité déclarant « J'étais là avant » puis ajoutant en français « Diriger un pays est une affaire sérieuse ». À côté de lui est l'ancienne première dame et candidate Madame Mirlande Manigat qui dit : « Je ne savais pas qu'il y aurait un carnaval ».

Madame, croyez-moi, nous ne le savions pas non plus.

Entretemps, il y a d'autres signes d'engagement civique. Haiti Aid Watchdog travaille d'arrache-pied avec des partenaires pour organiser une série de débats entre la société civile et les candidats. Leur thème :

Nap Vote pou yon pwogram ! Pa pou yon moun ! (Nous votons pour un programme ! Pas pour un individu !)

15

Si j'étais président . . . L'appel à la diaspora d'Haïti (première partie)

27 août 2010 / *Huffington Post* @ 10:28 a.m.

Le 18 janvier, lorsque le chanteur hiphop Wyclef Jean tint la conférence de presse à New York, à son retour d'un Port-au-Prince ravagé par le séisme, il parla des deux premiers obstacles légaux qui s'opposaient à sa participation aux élections présidentielles haïtiennes.

Après un compte-rendu émouvant de son rôle dans les premiers efforts de sauvetage et après avoir pris le contre-pied des accusations contre sa fondation Yele Haïti, Jean montra son passeport haïtien avec sa carte de résident légal sous les feux des caméras. Ceux d'entre nous qui étaient dans le coup, ont compris qu'il fallait prévoir son éventuelle candidature à la présidence.

En présentant les preuves de sa citoyenneté haïtienne, Jean a publiquement diminué la menace de l'article 13 de la Constitution d'Haïti de 1987, qui déclare que l'individu qui s'est naturalisé comme citoyen d'une autre nation perd la nationalité haïtienne (et par conséquent ne peut viser le poste le plus élevé de la république).

L'article 135 qui exige une résidence continue de cinq ans consécutifs deviendrait un autre problème pour l'aspirant candidat.

Le vendredi soir, le conseil électoral disqualifia Jean de même que quatorze autres – y compris son oncle Raymond Joseph (Ambassadeur auprès des États-Unis) – de la course présidentielle. Au début, Jean accepta la décision exhortant ses partisans à rester calme et à garder la foi, mais quelques jours plus tard, il la rejeta. Le dimanche soir, Jean annonça son intention de faire appel à la décision du Conseil électoral.

Ce n'est certes pas la première fois que les Haïtiens de la diaspora ont cherché la présidence et défié le conseil électoral pour se retrouver arrêtés par les articles 13 et 135. En 2005, pendant les élections qui ont légitimé la mise à l'écart du président Aristide, deux candidats de la diaspora Samir Mourra et Dumarsais Siméus ont postulé la présidence. Dans un match de ping-pong, Siméus et Mourra firent appel et défièrent la décision du CEP et se sont retrouvés par intermittence sur et hors de la liste – jusqu'à ce qu'ils furent éventuellement disqualifiés par un panel nommé par le gouvernement intérimaire d'Haïti.

Comme Jean, Mourra et Siméus étaient de riches hommes d'affaires qui représentaient les intérêts de l'élite et de la communauté internationale. Au contraire de Jean, par contre, les deux n'avaient pas de support populaire. Ils étaient aussi des ressortissants étrangers qui avaient renoncé à leur citoyenneté haïtienne.

Il est certain que, mis à part sa nationalité, Jean – un résident américain que le président Préval avait nommé ambassadeur itinérant en 2007 – a proclamé que le critère de la résidence ne devrait pas s'appliquer à lui, compte tenu dudit poste. Même en suivant cette logique, l'écart de deux ans doit être expliqué. Il y aussi la question plus importante de l'amendement constitutionnel qui persiste.

On peut douter que l'appel de Jean débouche sur quelque chose car les décisions du CEP sont généralement finales. Mais la discussion autour de sa candidature a en fait remis sur le tapis un débat en cours et non résolu au sujet du rôle de la diaspora en Haïti et dans les affaires haïtiennes.

En annonçant sa candidature au début du mois, Jean déclara qu'il avait posé sa candidature à la présidence parce qu'il avait été recruté pour servir.

En effet, plusieurs d'entre nous, ceux qui ont laissé Haïti pour une raison ou une autre, ont senti cet appel et ont répondu différemment à ce recrutement diasporique depuis le 12 janvier. Certains ont choisi d'être en plein cœur de l'action et sont rentrés en Haïti pour employer leurs ressources et techniques. D'autres sont restés à l'extérieur pour travailler derrière la scène, ou dans les marges, avec de fréquents voyages en Haïti. Nous n'avons pas tous des aspirations politiques. Plusieurs d'entre nous sont motivés par une seule chose : des changements systémiques en Haïti.

16

Mise-en-scène de la prochaine sélection haïtienne

24 novembre 2010 (n.p.)

Ce serait tout simplement un crime d'organiser des élections maintenant, m'a dit un professeur d'université haïtien. Il énonça ces mots prophétiques en mars, deux mois après le séisme. Sa principale préoccupation était le fait que parmi la dévastation et les débris, des élections crédibles se révélaient impossibles.

Nous étions à l'UMass de Boston, pour participer à la conférence de travail Haitians Building Haïti : Towards Transparent and Accountable Development (Les Haïtiens construisent Haïti : Vers un développement transparent et responsable) patronnée par les fondations basées à Boston qui tentaient d'engager un dialogue pour « visionner et définir un nouveau paradigme pour la reconstruction d'Haïti ». Nous avons discuté du fait que la plupart des personnes déplacées par Goudougoudou, sobriquet donné affectueusement au tremblement de terre, avaient perdu leur carte d'identité nationale. En outre, l'effondrement des infrastructures déjà faibles du gouvernement dans plusieurs régions du pays entraverait grandement la participation.

En tant que porte-parole, militants, chercheurs, citoyens concernés et experts en développement de toutes sortes sur Haïti, sur la politique haïtienne et le rôle si problématique des États-Unis et de la communauté internationale dans les affaires haïtiennes, nous savions tous qu'indépendamment du manque de faisabilité sur le terrain et de la flagrante inhumanité de ce soi-disant effort démocratique, il y aurait une élection d'une manière ou d'une autre. En effet, l'enjeu était simplement trop grand. Quelques jours après notre conférence, les Nations Unies se sont réunies au sujet d'Haïti et nous apprîmes ce qui serait réellement en jeu.

Le fait que Lavalas, le parti le plus populaire ait été exclu du processus électoral une fois de plus ne semble pas préoccuper ceux qui prétendent vouloir construire une meilleure Haïti. Maudite démocratie ! On ne s'est jamais soucié des chiffres de toutes les façons. L'Union Européenne (EU), l'organisation des États américains (OEA) et la Communauté caribéenne, (CARICOM) – les institutions qui comptent à Washington – seulement pour les besoins de l'heure – sont en arrière-scène, prêtes à jouer le jeu comme observateurs officiels. Un seul but : désigner un vainqueur. Mais pas n'importe quel vainqueur !

Lorsque j'étais en Haïti il y a quelques mois, avant même que la liste officielle du CEP ne soit rendue publique, la rumeur disait que le futur président d'Haïti ne serait personne d'autre que Jude Célestin. C'était bien avant la complainte publique de Wyclef Jean pour la présidence. Célestin – un technocrate avec des relations problématiques est le protégé du Président Préval et son successeur désigné. Alors que la plupart des médias internationaux respectent le protocole diplomatique et questionnent avec réserve, les listes de diffusion et sites web haïtiens bourdonnent sur la comédie qui se déroule devant nos yeux. Nous savons qui en sera la victime.

Pour l'instant, il semble que Madame Mirlande Manigat, la candidate, est en première position dans les sondages. Sachant que ces soi-disant sondages sont une simple performance publique de participation, nous ne serons pas surpris quand à la dernière minute ou dans le scrutin de ballotage s'il y en a un, les avantages de Célestin sur le terrain surpassent ceux de l'ancienne première dame. Le scénario pour le futur d'Hait est une ancienne copie non révisée. Ceux d'entre nous qui connaissent bien le modus operandi des producteurs et en ont assez du manque de créativité des directeurs refusent d'être dans l'audience. Dans plusieurs cas, surtout pour ceux d'entre nous de la diaspora, nous avons le luxe de le faire.

Toutefois, aux rencontres annuelles de l'Association des Études Haïtiennes qui ont eu lieu à Brown University il y a deux semaines, les chercheurs haïtiens concernés et les Haitianistes ont évoqué l'avenir lugubre de la république déjà compromise. Malgré les signes annonciateurs, plusieurs d'entre nous espèrent avoir tort, que le verre n'est pas vide comme le sociologue Alex Dupuy l'a déclaré dans la table ronde sur les politiques post-séisme et la reconstruction. Pour nous, il y a simplement trop d'enjeux dans la balance : 9 ???? millions de vies. En effet, un chiffre définitif est inconnu puisque l'évaluation de ceux qui ont péri dans le tremblement de terre est loin d'être exacte !

Il y a quelques jours, plusieurs candidats ont réclamé l'ajournement des soi-disant élections alors que des porte-parole tels que l'Institut pour la justice et la démocratie en Haïti (IJDH) ont documenté les anomalies de l'élection. Le *New York Times* rapporta récemment que « la dévastation causée par le tremblement de terre et l'épidémie de choléra ont gardé les Haïtiens en colère et loin des prochaines élections ». Je m'oppose fermement à cette assertion. Les désastres naturels et causés par l'homme depuis le 12 janvier ne sont pas des diversions. Ce sont les prochaines élections qui constituent une diversion. L'état des choses après le tremblement de terre était très clair. S'attendre à ce que la population soit concernée par le processus électoral ou qu'elle ne soit pas manipulée à échanger son vote contre la nourriture, et /ou des mesures de sécurité dans de telles conditions humiliantes est une production malheureuse inspirée du théâtre de la cruauté d'Artaud.

La sélection prévue pour le dimanche 28 novembre n'est pas seulement criminelle mais un rappel ignoble qu'aux yeux de ceux qui insistent pour que cette charade ait lieu, la valeur attribuée aux vies et moyens d'existence des masses haïtiennes – qui sont continuellement et ont été historiquement abusés par trop de dirigeants au pays et à l'étranger – demeure zéro. Et ceci en dépit du déversement impressionnant de support de la part d'une communauté internationale qui très certainement pense différemment.

17

Les élections ratées d'Haïti

29 novembre 2010 / *Ms. magazine blog*

Les événements qui se sont déroulés lors des élections présidentielles en Haïti hier ne constituent pas une surprise. Il y avait des fraudes, de la confusion et du désordre. Ceci avait été prédit.

Les électeurs se sont présentés aux bureaux de vote et n'ont pas trouvé leurs noms sur les listes d'inscrits. Dans certaines occasions, il n'y avait pas suffisamment de scrutins. Dans d'autres, les gens arrivaient pour trouver le centre de vote fermé à 6h du matin, l'heure d'ouverture officielle, privant les citoyens de leurs droits de participer au processus. Maudite soit la démocratie ! Au début de l'après-midi, 12 des 19 candidats rivalisant pour la présidence demandèrent l'annulation des élections, citant des cas d'intimidation des électeurs et autres types de falsification de la part de Inite (Unité), le parti de Président Préval de concert avec le conseil électoral provisoire. (CEP).

Les réseaux nationaux et les stations de radio alertèrent ceux de la diaspora lorsque les protestataires sortirent dans la rue pour crier au scandale.

Deux mois après le séisme, un Haïtien, professeur d'université m'avait dit que ce serait criminel de tenir des élections maintenant. Sa principale préoccupation était qu'il serait impossible au milieu des dégâts et débris de réaliser une élection crédible. Plusieurs des 1,5 millions d'individus (les femmes étant les plus affectées négativement) qui ont été déplacés par Goudougoudou ont aussi perdu leurs cartes d'identité nationale. En outre, l'effondrement des infrastructures déjà faibles de l'État, la dévastation dans plusieurs régions du pays, et les manques de besoins les plus basiques au niveau de la population – exacerbés par la présente saison cyclonique et la récente épidémie de choléra – auraient un impact sévère sur la participation.

Néanmoins, les porte-parole, militants, les chercheurs et les citoyens concernés et les experts en développement qui comprennent Haïti, les politiques haïtiennes et le rôle historique trop problématique des États-

Unis et de la communauté internationale dans les affaires haïtiennes tous savaient que, en dépit des difficultés sur le terrain et la décision simplement inhumaine de dépenser de l'argent pour des élections alors que la population vivotait à peine sous les tentes et mourait suite au manque d'eau potable, il y aurait des élections d'une manière ou d'une autre. Les enjeux étaient trop grands. Ce qui est en jeu ce sont les fonds engagés à la conférence des Nations Unies sur Haïti : 9,9 milliards pour être exact.

Le fait que Lavalas, le parti le plus populaire avait été exclu du processus électoral une fois de plus ne semble pas préoccuper ceux qui prétendent vouloir construire une meilleure Haïti. S'il est vrai que certains militants luttèrent pour une plus grande participation des femmes au processus électoral, les femmes pauvres surtout sont restées des cibles d'intimidation, en plus de l'insécurité grave et de la violence liée au genre qui est déjà devenue une manière de vivre pour elles dans et en dehors des camps. Néanmoins, l'Union Européenne (EU), l'organisation des États américains (OEA) et la Communauté caribéenne, (CARICOM) acceptent de participer en tant qu'observateurs officiels. Un seul but : désigner un vainqueur.

Mais pas n'importe quel vainqueur ! Lorsque j'étais en Haïti il y a quelques mois, avant même la publication de la liste officielle du Conseil Electoral Provisoire (CEP), la rumeur laissait entendre que le futur président d'Haïti ne serait personne d'autre que Jude Célestin – le protégé du président Préval et son successeur désigné. Il est un technocrate avec des relations problématiques et ses propres problèmes financiers. L'ascension de Célestin était assurée bien avant que Wyclef Jean lance sa complainte publique pour la présidence.

Ces dernières semaines, cependant, la candidate Madame Mirlande Manigat, la vice-rectrice de l'Université Quisqueya, âgée de 70 ans, semblait être en première position dans les sondages. Dimanche, les protagonistes par ordre décroissant étaient, parait-il, Manigat, Célestin, Michel « Sweet Micky » Martelly, le chanteur connu comme le président de la musique Konpa, et le notaire Jean Henry Céant, vice-président de Aimer Haïti. Sachant que ces soi-disant sondages sont de simples performances publiques de participation, nul d'entre nous ne serait surpris d'apprendre que le 16 janvier à la fin ou dans un scrutin de ballotage, Célestin sorte vainqueur.

Il y a quelques jours, tandis que les activités frauduleuses devenaient plus évidentes et que l'épidémie de cholera s'aggravait, quelques candidats demandèrent de reporter les élections. Des militants étrangers, tels que l'Institut pour la Justice et la Démocratie en Haïti, étaient en train d'enregistrer des failles électorales. Hélas ! Les soi-disant élections eurent lieu néanmoins, et en dépit des protestations persistantes et des rapports flagrants de fraude massive, le CEP ratifia le processus, déclarant que les irrégularités étaient minimales et ne justifiaient pas l'annulation du processus tout entier. Le *New York Times* cita le président du CEP, Gaillot Dorsainvil disant « Seulement 3.5 % des centres de vote ont eu des problèmes et cela n'est pas suffisant pour gâcher une élection ». Aucune parole officielle n'a encore été entendue de la part des observateurs internationaux.

Selon moi, cette élection n'était pas seulement criminelle mais un rappel ignoble que la valeur attribuée aux vies et aux moyens d'existences des masses haïtiennes – qui sont continuellement et ont été historiquement abusées par trop de dirigeants au pays et à l'étranger – demeure zéro. Et ceci en dépit du déversement impressionnant de support de la part d'une communauté internationale qui très certainement pense différemment.

Ceux d'entre nous préoccupés par Haïti doivent rester vigilants maintenant plus que jamais. Continuer à observer et protester. L'enjeu est tout simplement trop grand.

Deuxième partie
Réexaminer ma réponse

18

Pourquoi je m'engage pour « Ayiti cheri »

10 janvier 2011 / *Ms. magazine blog*

À 4h53:10 pm le 12 janvier 2010, j'étais chez moi à Middletown, dans le Connecticut, quand la terre sous Haïti s'est fracturée. C'était comme si j'avais été frappée par un chariot élévateur, je me suis sentie dans un brouillard pendant des jours.

J'aurais pu commémorer de nombreuses façons le premier repère de ce séisme dévastateur qui paralysa ma terre natale – des messes de commémoration, des déjeuners de travail, des vigiles à la chandelle, des symposiums – mais j'ai décidé de me rendre à la ville de New York et de joindre la Marche pour le Changement. À l'initiative d'un groupe d'organisations concernées par le bien-être des Haïtiens, le rassemblement était prévu pour 2h30 à Times Square, pour s'arrêter au consulat haïtien (39ème et Madison) et finir aux Nations Unies.

Je marche parce que je suis membre de la vaste diaspora haïtienne. Nous sommes ce qui est appelé communément le 10ème département – plus d'un million qui habitent ailleurs – *lòt bò dlo*, de l'autre côté de l'eau, comme certains le disent au pays en Créole. À l'exception de l'Antarctique nous sommes partout. Nous sommes fortement présents sur ce continent, en Amérique du sud, en Afrique aussi bien qu'en Europe. Notre nombre peut être infinitésimal en Asie et en Australie mais nous sommes là aussi – *nou la*.

Nous sommes des travailleurs saisonniers et des ouvriers d'usine, des plongeurs, des nounous, des infirmières, des médecins, des professeurs, étudiants et artistes de tous genres. Nous venons dans toutes les teintes, classes, affiliations politiques et tendances sexuelles, et nous observons une gamme de pratiques religieuses. En dépit des discours simplistes qui voudraient nous réduire à des notions singulières, nous sommes et avons toujours été pluriels. Ceci dit, nous avons une histoire de mésentente et de dissidence au sein de nos communautés. Notre tendance – comme le dit notre devise nationale « L'union fait la force » – est de nous unir et devenir une force. Dans le passé, nous l'avons fait pour chasser nos pires ennemis. (Dans le nouveau numéro de la revue *Ms.*, j'écris au sujet des ennemis auxquels Haïti est confrontée depuis longtemps, du dehors et de l'intérieur, et l'espoir qui jaillit des femmes des organisations de base aujourd'hui.)

Je marche parce que ceux qui sont à l'intérieur aussi bien que ceux de l'extérieur ayant une connaissance intime des difficultés extrêmes de notre pays, sont conscients qu'Haïti ne changera pas sans des approches réfléchies et radicales. Autrement, l'avenir d'Haïti sera semé d'autres catastrophes créées par l'homme. *Nou rete, nap gade* – Nous attendons et nous observons.

Je marche parce que nous n'avons pas été inactifs alors que nous attendons. Nous avons initié, organisé et participé à des levées de fonds, des missions médicales, des ateliers, des conférences académiques, des lectures poétiques et autres performances. Ils nous ont rassemblés pour faire notre possible et pour (re)considérer notre engagement envers notre *Ayiti cheri*– notre Haïti bien-aimée. Ces moments nous ont donné de nouvelles occasions pour nous rencontrer et refaire connaissance avec nos différences.

Pour dire vrai, pour chaque effort sincère fait pour apporter un soulagement rapide aux Haïtiens en détresse et pour aider à alléger le sort des communautés fracturées, il y avait trop d'individus prêts à se positionner pour les aubaines à venir. Ils virent les opportunités dans les désastres et en profitèrent, Haïti devenant ainsi une foire d'empoigne.

Je marche parce que, en dépit de nos divisions, pour beaucoup d'entre nous cette année fut une année d'incertitude. Une année avec ce privilège malaisé d'être si loin de la dévastation. Une année sans savoir quoi dire lors des appels périodiques aux êtres chers laissés derrière. Comme le poète Wilbert Lafrance l'a écrit dans son poème « Kouman »

> Anndan kè-m tankou yogan
> Adye mwen bouke di podyab
> Yon sèl litany
> Yon podyab ki pa janm fini

> (L'intérieur de mon cœur est comme Léogane (où 80% de la ville fut détruite)
> Hélas ! je suis fatigué de dire pauvres de nous
> Une litanie sans fin
> Un « pauvres de nous» qui ne finit pas)

Je marche quelques jours avant le jour de Martin Luther King Jr., parce que, comme le grand docteur l'a dit : « L'injustice n'importe où est une menace pour la justice où qu'elle soit. »

Je marche pour représenter ces images qui sont placardées partout dans le monde mais restent pourtant invisibles.

Je marche parce que cette litanie pourrait se terminer si la communauté internationale ne minait pas continuellement notre souveraineté.

Je marche parce que les ONG, malgré le bien que font certaines d'entre elles, doivent cependant être coordonnées.

Je marche parce que le gouvernement haïtien doit rendre compte à toute la nation.

Je marche pour tous ceux qui sont unis contre la violence liée au genre.

Je marche pour tous ceux trop nombreux qui sont encore prisonniers du traumatisme.

Je marche pour toute jeune personne du pays qui a un rêve et devrait le voir se réaliser.

Je marche parce que des centaines d'entre nous ont déjà marché à New York et que cela s'est révélé efficace.

Je marche parce qu'Haïti a besoin de nous tous.

Finalement, je marche parce qu'à 4h53 :10 pm de l'année dernière, quand la terre s'est fendue, il était une fois de plus demander à Haïti de provoquer des changements dans le monde. L'enjeu cette fois, c'est la question inachevée de la Révolution – la reconnaissance et l'acception inconditionnelle de notre humanité.

Se lever des cendres de Goudougoudou

Numéro de l'hiver 2011 / *Ms.* magazine (imprimé)

Le monde a regardé les femmes les plus vulnérables d'Haïti survivre au tremblement de terre, aux inondations, au choléra et à l'absence de domiciles au cours de la dernière année – cependant ces femmes se sentent encore invisibles. Qu'est-ce qu'il faut faire pour qu'elles soient vues et entendues ?

« Nou pa gen visibilite » [*sic*]. Nous n'avons pas de visibilité, m'a dit Mary-Kettely Jean.

Ses mots sont ironiques compte tenu des images omniprésentes des femmes haïtiennes couvertes de poussière après le séisme dévastateur de l'année dernière. Ou considérant comment les médias internationaux étaient couverts de photos de femmes haïtiennes six mois après puisqu'elles demeuraient dans les camps de tentes qui remplaçaient leurs maisons détruites. Ou encore comment les projecteurs ont brillé sur les femmes quand l'ouragan Thomas a inondé des parties de la zone Sud du pays et des vents violents ont emporté les tentes déjà affaiblies par le soleil. Ou comment l'explosion de cholera qui commença en octobre était illustrée par des photos de femmes et d'enfants sur des brancards. Ou, finalement, comment la campagne de la femme candidate pour la présidence haïtienne, Mirlande Manigat, une fois encore amena des images de femmes haïtiennes dans des organes de presse populaires à travers le monde.

Pourquoi Mary-Kettely prétendrait-elle donc qu'elles sont invisibles ?

J'ai eu quelques réponses lors de mon deuxième voyage après le séisme au pays de la Caraïbe où je suis née et où j'ai toujours de la famille. En tant qu'anthropologue culturelle et professeure d'université, j'ai été pour participer à une réunion du comité de direction de INURED (Interuniversity Institute for Research and Development, un groupe de réflexion et d'action pour promouvoir les opportunités en éducation pour les plus marginalisés) et pour entendre, de par moi-même ce qui se passait avec les femmes haïtiennes. Jean – secrétaire du forum communautaire de Cité Soleil et directeur de GFK (Group of Women Fighters) – et cinq autres femmes leaders de petites organisations de base basées dans l'immense bidonville de Port-au-Prince appelé Cité Soleil, me parla tandis que nous étions assises sous la bâche d'une tente dans l'espace public d'un camp.

« Se nou ki pi meprize lan sosyete a, » declara Lucienne Trudor en créole. Tudor est la trésorière de l'Association des femmes de la Barrière de Fer de Cité Soleil. « Nous sommes celles qui sont les plus ignorées dans ce pays ».

Les femmes espéraient que je leur donnerai accès au monde – un accès qu'elles n'ont pas en dépit de toute la couverture médiatique. « Si nous pouvions trouver quelqu'un comme toi qui voudrait bien nous aider même si tu n'as pas d'argent à nous donner », a dit Jean, « si tu peux faire circuler nos messages à l'extérieur, peut-être que nous aurons de la visibilité. »

Les femmes comme Jean sont généralement des migrantes internes qui sont venues à Port-au-Prince en provenance de l'un des neuf autres départements (similaires aux États) en quête de travail ou d'éducation, puis se sont retrouvées piégées dans un cycle de pauvreté. Avec un taux de chômage de plus de 60% et aucun système d'assistance sociale, des femmes dans cette situation deviennent dépendantes de la pléthore d'ONG qui ont remplacé l'Etat haïtien presque toujours absent en leur procurant les services et besoins de base. Ces femmes n'ont aucune ou très peu de représentation et pas d'accès aux chaines de pouvoir.

À travers son histoire, Haïti, comme ses femmes, a été à la fois hyper visible et invisible. Appelée autrefois la perle des Antilles, en partie à cause de sa considérable production sucrière, Saint-Domingue – le nom d'Haïti avant l'indépendance – était très connue au 18ème siècle comme la colonie la plus rentable de la France. Jusqu'à ce que sa population d'esclaves accomplisse la seule révolution d'esclaves réussie dans l'histoire du monde.

S'étant déclaré un état souverain en 1804, Haïti paya le prix fort pour sa liberté, elle n'abolit pas seulement l'esclavage mais eut l'audace de déclarer qu'aucun blanc ne mettrait les pieds sur l'île comme maître ou propriétaire. Il était défendu aux blancs de posséder de la terre. Sans surprise, Haïti devint alors un paria géopolitique, isolée diplomatiquement pendant près de 60 ans parce qu'elle menaçait les grandes puissances qui pratiquaient encore le commerce d'esclaves.

Cet isolement, et des embargos économiques périodiques, ont à la fois compromis et corrompu les anciens chefs révolutionnaires et les gouvernements successifs, qui ont tenté d'établir l'ancien système de travail de la plantation afin de négocier avec des plus grands marchés. Haïti fut encore plus handicapée par les prêts avec des intérêts exorbitants de banques européennes afin de payer une indemnité exigée par la France pour ses pertes de propriété.

Une occupation militaire américaine brutale (1915–1934) aggrava la centralisation de l'Etat dans la capitale de Port-au-Prince, tout en affaiblissant les institutions et les économies régionales. Cette division géographique entre le rural et l'urbain en Haïti est le mieux illustré par le fait que « paysan » et « *moun andeyò* » (individus nés en dehors) étaient des catégories de citoyenneté utilisées sur des certificats de naissance de ceux nés en dehors de la capitale. Les dirigeants haïtiens, les uns après les autres, y compris les dictatures sévères des Duvalier (1957–1986) ont tous privilégié les politiques économiques qui avantageaient l'élite.

En Occident, Haïti est connue communément comme « le pays le plus pauvre de l'hémisphère occidental » – code pour signifier « pauvre et noir ». Mais dans ce slogan, ce qui est invisible est la fortune et la culpabilité de l'élite, 3% de la population, principalement les descendants des immigrants européens (plusieurs ont épousé les femmes haïtiennes pour contourner la constitution et devenir des propriétaires de terre) et les marchands du Moyen-Orient. Avec la classe moyenne assez réduite (12% de la population), ils contrôlent 73% des revenus nationaux. Ceux qui constituent les 20% les plus pauvres reçoivent juste 1.1% des revenus.

Selon un vieux proverbe, *fanm se potomitan* – la femme est le pilier central de sa famille. Cependant, de plusieurs façons, les femmes sont aussi jugées socialement inférieures aux hommes et n'ont obtenu le droit de vote qu'en 1950 – droit que les femmes de toutes les classes sociales ne purent exercer pleinement qu'en 1990 lorsque la première élection démocratique eut lieu en Haïti.

Les femmes de l'élite sont plus confinées socialement et sont appelées à être des filles ou des femmes poupées à exhiber. Les femmes de la classe moyenne sont très éduquées et un peu plus visibles, surtout en tant que professionnelles. Les femmes de condition modeste et les pauvres sont généralement peu éduquées (elles parlent créole), mais sont de façon disproportionnée des travailleuses et chefs de famille. Dans les centres urbains, elles sont surtout actives en tant que *ti machann* – petites commerçantes – qui vendent de la nourriture, de la mercerie, et autres articles importés. Les femmes les plus pauvres d'Haïti sont celles qui sont les plus visibles à l'Occident, souvent représentées par l'image symbolique d'une femme noire avec un panier sur sa tête, ou celle de la vendeuse assise au coin de la rue.

Mais aux États-Unis a-t-on vraiment pensé à Haïti et à ses femmes avant le 12 janvier 2010, à 4h53 de l'après-midi ? C'est à ce moment que le tremblement de terre a placé Haïti sous le regard global de la presse qui a exposé son extrême pauvreté et l'inégalité de genre. Quoiqu'en ce jour, se souvient Louis Marie Mireille, « nous avons travaillé tout comme les hommes, tirant les corps des débris, nous aidant les uns les autres ».

Mireille est la représentante de l'organisation appelée avec à-propos « l'organisation des femmes luttant contre la misère ».

Au moins 300,000 personnes ont perdu leurs vies, et selon les récents rapports de l'ONU la majorité furent des femmes. À partir de ce que j'ai constaté lors de ma visite, les femmes constituent aussi un plus grand pourcentage de personnes sans abri, soit 1.5 million qui occupent à présent les plus de 800 campements qui ont poussé dans le pays.

Dans les camps, vivant sous les tentes de fortune fabriquées avec des bâches détériorées et des cartons, un nombre impressionnant de familles ont eu un membre – y compris les enfants – à passer une journée entière sans manger. *Unstable Foundations*, une enquête faite en octobre par l'anthropologue Mark Schuller, montra que 44% des familles buvaient de l'eau non potable 27% doivent déféquer dans un seau. Soixante-dix pourcent des familles sont dans abris non clôturés, plusieurs souffrent de problèmes de santé non traités.

L'éducation – un droit constitutionnel en Haïti dont on a historiquement privé les pauvres, surtout les femmes et les filles – constitue aussi un manque. Seulement 1 camp sur 5 offre de l'éducation sur le site, ce qui viole les principes de conduite des Nations Unies pour les personnes déplacées à l'intérieur de leur pays.

En 1994, l'ancien président haïtien Jean-Bertrand Aristide avait pris des mesures pour améliorer la position des femmes dans le pays en créant le Ministre de la Condition Féminine et aux droits des femmes pour promouvoir les droits des femmes en éducation et sur les lieux de travail et pour les protéger de la violence croissante liée au genre. Tristement, quatre des éminentes leaders féministes ont péri dans le séisme – Anne-Marie Coriolan, Magalie Marcelin, Myriam Merlet, et Myrna Narcisse – lors de la destruction des quartiers généraux du ministre.

Cependant, de nouveaux leaders ont émergé parmi les organisations de base (comme les femmes à qui j'ai parlé) et les activistes de longue date telles que Malya Vilard et Éramithe Delva – cofondatrices de KOFAVIV (la Commission des femmes victimes pour victimes), une organisation fondée depuis 7 ans qui agit contre la violence liée au genre et qui supporte les victimes et les militants pour la poursuite en justice des assaillants – sont soudainement sous les projecteurs. Malheureusement, les organisations de base en Haïti restent souvent obscurcies par les groupes de femmes de la bourgeoisie et de la classe moyenne qui ont plus d'accès aux medias et aux dirigeants.

Néanmoins, dans les camps des personnes déplacées et les bidonvilles urbains qui les avaient précédés, des groupes de femmes continuent de travailler ensemble pour partager les connaissances, former des forces de sécurité informelles, poursuivre la justice pour les victimes ou simplement se rassembler dans un atelier de crochet. Decembre, un habitué, a dit « Quelquefois, je ne mange pas. Je ne dors pas pour faire du crochet tant j'y trouve du plaisir ». Le groupe a commencé à se rencontrer pour combattre la solitude, l'oisiveté et pour donner à des filles vulnérables un lieu sûr pour se rassembler et peut-être développer des produits générateurs de revenus.

La question de sécurité demeure un défi important pour les femmes et les filles dans les camps. KOFAVIV a documenté plus de 230 cas de violence liée au genre pour une période de deux mois. En conséquence, le groupe des nations unies sur la violence liée au genre a invité Villard et Delva à une rencontre, mais de telles réunions sont menées presqu'exclusivement en français et ne sont pas traduites en créole – ce qui exclut pratiquement les femmes des organisations de base et favorise les organisations des classes moyennes dont les membres sont francophones. (L'accès inégal à l'éducation demeure un des aspects les plus dévalorisant de la vie des femmes pauvres en Haïti).

La négation des femmes pauvres est une critique courante émise vis-à-vis des opérations du Ministère de la condition des femmes. Selon Monité Marcelin, membre du club des Mères de Little Haïti, « Certes, nous disons que nous avons un ministère pour les femmes, mais la ministre ne fait jamais appel à nous pour tenter de nous parler et lorsque vous la rencontrez finalement, c'est toujours avec des femmes de la haute et non pas avec celles d'en bas. »

La tension complexe qui existe entre classe sociale, la couleur de la peau et le rapport entre le créole et le français que les organisations étrangères ont tendance à ignorer – est reproduite et amplifiée au niveau international. La faible économie d'Haïti l'a rendue fortement dépendante de l'aide internationale, qui correspond à 40% du budget national. Dans les dernières années, l'aide a été livrée principalement aux ONG à cause de la faible capacité gouvernementale et par peur de la corruption gouvernementale. Avec plus de 10,000 ONG dans le pays – variant des groupes immenses tels que la Croix Rouge et Médecins sans Frontières aux riches missionnaires jusqu'aux petites organisations qui ont des objectifs limités – Haïti est souvent appelée une république d'ONG. Mais les ONG sont la principale source de services pour les masses – pour les soins de santé, l'éducation et l'emploi – et depuis le tremblement de terre leur pouvoir n'a fait que s'accentuer.

Mais qu'en est-il de l'aide qui a été envoyée en Haïti ? Étonnamment, très peu a atteint les Haïtiens les plus vulnérables résidant dans les camps. À date, seulement 27% des 1,3 milliards de dollars recueillis dans les premiers mois par les principales ONG a été en fait dépensé dans le pays. Des 10 milliards engagés à la Conférence des bailleurs de fonds de New York en mars dernier, seulement 10 pourcent ont été livrés. Les 1,5 milliards promis par les États-Unis sont encore bloqués au niveau du Congrès.

Les retards ont été parfois expliqués par les doutes sur l'identité du prochain président du pays. Les femmes à qui j'ai parlé étaient pleinement conscientes de la situation – ce qui a soulevé leur colère car les femmes sont souvent victimes d'injustice suite aux fraudes électorales et à l'intimidation. Elles n'apprécient pas non plus l'attention soudaine prêtée aux femmes lors des élections.

« Lorsqu'il y a une élection ils donnent aux gens 5 gourdes (environs 5 centimes) pour qu'ils sortent et fassent campagne pour eux, » ajouta Jean, « mais lorsqu'une grande décision doit être prise les femmes ne sont pas là. Les femmes doivent être présentes car les femmes aussi peuvent décider. On doit penser aux femmes tout le temps et en toutes occasions. »

Les élections eurent lieu sur fond d'épidémie de choléra qui menaçait tout le pays, et les résultats furent hypothéqués par les accusations de fraudes et par des protestations violentes. Mais, étonnamment, une femme aurait bien pu être la prochaine présidente d'Haïti, puisque Mirlande Manigat menait avec 31,37% des votes. Jude Célestin, le candidat choisi par l'actuel président Préval, était en deuxième position avec une bonne distance de 22,48%, étroitement suivi par Michel Martelly – le deuxième favori dans les premiers sondages. Un deuxième scrutin contesté entre les deux premiers était programmé pour le 16 janvier.

Haïti est l'endroit où le seul type d'action que le gouvernement semble reconnaître est *kraze-brize*, selon ce que m'a dit Madame Royere, une activiste de longue date et une des fondatrices du club de crochet. « À moins de sortir dans les rues et de protester, vous n'aurez aucune réponse d'eux », me dit-elle. « Garder votre moralité et le genre de personnes que vous êtes est quelque chose qu'ils ne comprennent pas ».

Mais les images de *kraze-brize* que nous avons vu étaient principalement celles d'hommes. Dégoutés des résultats des élections qui ont écarté Michel Martelly, le deuxième favori dans les premiers résultats, ils se sont révoltés contre une année passée à ignorer le sort des pauvres d'Haïti.

Quel serait le sort des femmes sous Manigat, Célestin ou Martelly ? Impossible de le prévoir. Aucun d'entre eux n'a proposé un agenda national, voire exprimé un quelconque engagement envers les questions de genre ou la façon dont ils pourraient atténuer l'abandon structurel des femmes.

Un an après le séisme, je peux regarder Haïti et je ne vois que le désespoir. D'autres crises sanitaires sont inévitablement à venir. Les ONG continuent de fonctionner comme un état parallèle qui détruit l'autorité locale et les travailleurs. Il n'y a toujours pas de plan concret pour loger de manière permanente les sans-abris.

Mais lors de mon premier voyage après le séisme, j'avais rencontré une grand-mère aveugle, Solange Veillard David, à Petit-Goâve, une ville côtière au sud-ouest de Port-au-Prince. En dépit du fait qu'elle devait dormir sous une tente dans la cour de son frère parce que sa maison était inhabitable, elle demeurait fougueuse, sans se décourager face au désastre qui l'entourait. « Fòk ou gen volonte pou viv, » me dit-elle. « Vous devez avoir la volonté pour vivre ».

Notre devoir, par solidarité, est d'assurer que la force et la volonté des femmes auxquelles j'ai parlé ne soient pas en vain. Donc, je garde l'espoir en l'avenir de ma terre natale en sachant que certaines des femmes les plus vulnérables d'Haïti – sont prêtes à y participer. Que doit-on faire pour qu'elles soient vues et entendues ?

20

L'histoire d'Haïti que vous ne lirez pas

14 janvier 2011 / pbs.org @ 5:09 p.m.

Alors que les reportages du premier anniversaire du séisme qui a ravagé notre pays natal continuent d'être diffusés sur les ondes, plusieurs d'entre nous au pays ou à l'étranger grincent des dents car les écrans de télévision et les journaux sont saturés de représentations médiatiques stéréotypées d'Haïti.

D'autres comme moi et les Haïtiphiles purs et durs nous sommes préparés pour le bombardement du slogan « le pays le plus pauvre de l'hémisphère occidental » qui accompagne chaque segment. Nous savons que la misère de ceux qui succombent au choléra et des sans abris dans les camps est encore plus exposée dans des gros plans agressifs pour offrir un aspect plus humain de la tragédie. Comme attendu, les reportages n'ont pas abordé l'histoire, préférant des extraits sonores portant sur les faiblesses du gouvernement haïtien depuis le 12 janvier 2010. Sans surprise, très peu d'attention est accordé au rôle que les nations étrangères et les institutions internationales ont joué et continuent de jouer dans notre malheureux sort.

Ces chocs rhétoriques et visuels nous déshumanisent – les Haïtiens des deux côtés de la mer – qui vivent encore le traumatisme qui a dû être mis de côté pour gérer l'immédiat. Il reste non traité. En outre, nous n'avons pas encore véritablement pleuré ou fait un requiem approprié pour ceux dont les vies furent perdues pendant ces 30 secondes.

Voyez-vous, s'il y a quelque chose dont nous sommes certains, sans destitution, sensationnalisme et violence il n'y a pas d'histoire d'Haïti. Un éditeur d'une revue de nouvelles m'a dit il y a quelques mois après les élections bâclées, nous faisons une histoire sur le Sida maintenant, donc attendons le prochain moment important pour que vous me donniez quelque chose. La supposition c'est qu'il y aura encore des tragédies. Après tout, il s'agit d'Haïti.

La tristesse de cette perception m'avait si profondément affectée qu'arrivée ici à l'âge avancé de 12 ans pendant les années 80, j'ai juré de ne plus jamais retourner en Haïti si les choses ne changeaient pas. N'ayant pas une bonne connaissance de la langue anglaise, j'étais tout simplement fatiguée d'expliquer aux esprits curieux que nous étions bien plus que ça. Non, nous ne sommes pas responsables du virus du Sida. Oui, nous sommes pauvres et nous avons une histoire de conflits politiques, mais ce n'est pas inné. Et ce n'est surement pas parce que nous sommes en majorité noirs. Nous ne sommes pas réductibles à notre condition.

Mais, si en tant qu'initiés, nous avons une connaissance intime d'Haïti, nous sommes rarement présentés comme experts. Nous faisons plutôt fonction d'informateurs. Selon l'anthropologue médical de l'Université de Miami, Herns Louis Marcelin, « pendant trop longtemps, le discours prédominant [sur les Haïtiens] s'est situé dans un cadre humanitaire condescendant : victimes de notre passion, de nos excès, et d'un manque de rationalité. Puisque selon ce postulat, nous avons été aveuglés par nos excès, la supposition est que nous ne pouvons pas avoir une analyse objective/rationnelle de notre propre condition. »

Fabienne Doucet, professeure à l'université de New York et cofondatrice de HaitiCorps (une organisation qui met l'accent sur le renforcement des acquis pour soutenir la main d'œuvre d'Haïti après le tremblement de terre) est plus ou moins du même avis « nous avons toujours été présentés comme des gens désespérés, pathétiques et nécessiteux. » En outre, elle a ajouté « Je ne pense pas que nous sommes représentés à l'heure actuelle d'une façon différente de celle que j'ai connue toute ma vie » Mario, un chauffeur de taxi de Manhattan né en Haïti, m'a dit : « Ils ne montrent jamais ce qui fonctionne dans le pays. Même avant le tremblement de terre, tout ce que vous voyez c'est ce qui ne marche pas. Même avant le tremblement de terre, vous ne voyez jamais les provinces. Vous ne voyez jamais Jacmel ni Labadie. » Ces deux lieux sont des destinations touristiques qui attiraient des visiteurs, surtout du Canada et de l'Europe.

En effet, l'ensemble des documentaires d'un an plus tard qui ont été sur les ondes cette semaine se sont concentrés sur la capitale, Port-au-Prince. Ils ont réifié des notions singulières d'Haïti. En conséquence, nous savons très peu sur le statut des choses dans les neuf autres départements du pays. Un autre point important c'est que ces notions ont rendu la capitale synonyme d'Haïti. Comme Sybille Fisher de l'université de New York, auteure de « Modernity Disavowed », une étude de l'impact de la Révolution haïtienne sur l'Amérique latine, l'a dit : « C'est comme si le tremblement de terre avait détourné le pays tout entier. »

En tant qu'anthropologue, je suis une observatrice critique de tels portraits. Au cours de la dernière décennie, j'ai enseigné un séminaire intitulé « Haïti : Mythes et réalités ». J'utilise une approche interdisciplinaire ancrée dans l'histoire pour tracer les origines des croyances les plus populaires y compris les notions d'Haïti comme une « république de cauchemar » ou comment « Vaudoux » devint « Voodoo », entre autres. Au cours du processus, non seulement je démystifie certaines croyances mais je les dissocie aussi des réalités qu'elles sont supposées représenter. À la fin, je monte un solide argument sur les façons dont le passé habite le présent.

En dehors du monde académique, nous avons tendance à nous occuper moins de l'histoire spécialement depuis que les papiers sont limités par le nombre de mots. Les présentations conventionnelles d'Haïti que nous voyons habituellement sont au fait des reproductions des discours et stéréotypes qui remontent au 19ᵉᵐᵉ siècle quand, suite à la Révolution Haïtienne, la nouvelle république noire libre qui mit fin à l'esclavage et dérangea l'ordre des choses dans le monde, devint un paria géopolitique et notre humanité fut reniée.

Pour Brunine David de Coconut Creek, Floride, même lorsque les descriptions tentent de montrer notre humanité, elles sont habituellement faussées. « Lorsqu'ils osent parler de notre courage et de notre force ou de notre persévérance, ils en changent le sens et en retirent tout le bon côté et nous laissent avec la résilience, une sorte de gens qui acceptent les situations les plus inacceptables, des gens qui peuvent vivre n'importe où dans n'importe quelle mauvaise condition que personne d'autre n'accepterait. »

Pour moi, à 4h53:10, l'année dernière quand la terre s'ouvrit, Haïti une fois de plus était appelée à provoquer des changements dans le monde. L'enjeu cette fois, c'est l'affaire inachevée de la révolution : réclamer l'humanité qui nous a été refusée.

Regardez. Après la couverture de l'anniversaire, les caméras se refermeront et les journalistes partiront avant même d'avoir signé leurs articles. Et vous n'entendrez plus parler d'Haïti à moins ou s'il y une autre grande catastrophe. Et en me fondant sur l'état actuel des choses, je dois avouer, qu'il y aura surement d'autres catastrophes provoquées par les hommes. Il y aura de nouvelles histoires sur Haïti, cependant pas dans nos voix à nous, et certainement pas à partir de nos perspectives.

21

Lorsque je gémis pour Haïti Compte-rendu (Performance) d'un cauchemar de l'Atlantique Noire

13 février 2011 / Postcolonial Networks

Nous nous demandons… si c'est le son de cette rage qui doit toujours rester réprimé, contenu, prisonnier dans le domaine des indicibles
— bell hooks, killing rage

Et si cette rage n'est pas formulée, dite, exprimée alors que devient-elle ? Beaucoup a été écrit pour déconstruire la femme blanche folle cachée dans le grenier. Moins connue est la rage de la femelle noire car d'habitude il n'y a pas de place pour elle. Même son articulation est une condamnation de mort sociale, surtout en compagnie mélangée. Ses re-souvenirs restent écrasés dans son corps, son archive. Elle n'ose pas parler. Tais-toi. Attention. Il y a une place pour les petites filles désobéissantes comme toi qui ne savent pas rester tranquilles. Quand il ne faut pas offenser les sensibilités blanches. Quand ne pas s'étouffer. Quand se soumettre. Sh sh sh. Respire profondément. Avale.
    Il n'y a pas de mot sûr.

Des jours après le 12 janvier, à 4h53 :10 lorsque le tremblement de terre ravagea mon pays natal, j'ai dit à un de mes plus chers amis qu'une part de moi désirait secrètement aller au somment de Foss Hill de l'Université Wesleyan, me mettre à genoux, lever mes deux bras en l'air et simplement hurler du plus fond de moi jusqu'à ce que je sois totalement épuisée.

Ne laisse personne te voir, c'est tout, m'avertit-il. Nous en avons ri et avons parlé des conséquences d'être jugé désaxé. Au fait, la dernière chose dont j'ai besoin est que les gens pensent que j'ai pété les plombs. Je suis déjà hors des normes et en quelque sorte une espèce en voie de dis-parition. Je suis une femme noire titularisée. Une femme noire haïtienne en plus. Une femme noire haïtienne qui a toujours exprimé son opinion même avant sa titularisation. Une femme noire haïtienne sans un patronyme reconnaissable, comme j'aime à dire à ceux non familiers avec les pratiques de couleur et de classe de mon pays natal. J'ai gravi les échelons et me suis fait une place dans un nouveau monde social qui a échappé de plusieurs manières aux générations me précédant et qui n'avaient pas eu autant d'accès ou avaient d'autres rêves de liberté. Comme Bill T. Jones l'a dit avec à-propos, j'ai eu autant de liberté que j'étais prête à acheter. Ceci dit, je suis un membre « établi » du corps professoral d'une université petite mais bien respectée, quoique qu'elle suscite des « conditions nerveuses »[23] chez les puristes avec son souffle expressif et ses manœuvres professionnelles. Quoique formée comme une anthropologue culturelle, je ne peux pas me permettre de perdre les pédales, et certainement pas en public. Je suis aussi une activiste, une poète/artiste et une artiste multimédia.

Donc, j'ai choisi la meilleure solution de rechange, j'ai consolidé toutes mes énergies et exposé ma peine et ma rage sur la scène.

Cela faisait plusieurs années que j'interprétais mon show solo d'une femme « Because when God is Too Busy: Haiti, me & THE WORLD ». « Parce que quand Dieu est trop Occupé : Haïti, moi et LE MONDE ». Dans une des premières versions, je décris ce travail comme un monologue dramatique qui considère comment le passé habite le présent. Dans ce show, je tisse l'histoire, la théorie et le discours personnel en paroles dites avec des chants vodouesques pour réfléchir sur des souvenirs d'enfance, (in)justice sociale, spiritualité et l'incessante déshumanisation des Haïtiens.

Ma première performance complète après le séisme eut lieu le 4 février à la chapelle de mon institution d'appartenance. Quoiqu'en congé sabbatique, je me suis portée volontaire pour jouer en partie parce que j'avais simplement besoin de me défouler. Ce travail, qui contient des réflexions sur ma relation avec Haïti depuis ma migration pendant ma préadolescence jusqu'à une épuisante expérience de troisième cycle d'études, est en partie une initiation, une conscientisation et aussi un hurlement.

Ce fut pendant les premières années de ma formation de troisième cycle que j'ai commencé à jouer activement en partie pour garder mon rêve de jeunesse de devenir une chanteuse, de m'ancrer et de permettre à mon esprit créatif de respirer durant ce processus de restructuration qui menaçait de me désensibiliser. La représentation sur scène fut pour moi une action cathartique de défi. C'est devenu une plateforme pour exprimer ma nouvelle acceptation du fait que le silence est une autre structure de pouvoir que je refuse tout bonnement de recréer. Un rejet de la docilité. C'était une détermination de dévoiler ce qui doit rester privé, si nous ne voulons pas déranger l'ordre des choses et voulons recevoir les bénéfices d'avoir respecté les règles du jeu. La complicité est prohibée. Après avoir obtenu mon doctorat, et dès que j'eus commencé à enseigner à temps plein, jouer devint une ligne de sauvetage, un espace pour exercer une opposition au moi contrôlé ou détourné requis par le professionnalisme. De manière encore plus importante, il m'a toujours procuré l'espace pour manifester mon engagement envers Haïti.

La représentation théâtrale pour moi est ce que j'appelle une alter(ée) native « un contre discours aux convenances des approches plus tradi-tionnelles en anthropologie. Elle suggère des processus d'engagement d'un point de vue anti et postcolonial, avec une compréhension réfléchie qu'on ne peut faire table rase du passé. Gardant ceci à l'esprit, les projets alter(és)natifs n'offrent pas de nouvelle réponse ni d'approche alterna-tive, mais questionnent plutôt ceux qui existent, quoique ceux-ci ont été altérés, cooptés et manipulés de façon à « retourner le scénario » et servir des buts anti et postcoloniaux. » Par conséquent, je commence avec la prémisse univoque que le colonialisme a fracturé le sujet. Décidé à ne pas laisser derrière le corps, l'alter(ée)native est une tentative attentionnée et aimante de rassembler les fragments en quête d'intégration. En ce sens, l'alter(ée)native est un projet politique sans apologie.

Sur la scène, je suis motivée par la pure volonté de m'engouffrer dans et de confronter le filet croissant et érodant de ce cauchemar récurrent de l'Atlantique Noire avec des dimensions de genre inavouées qui restent archivées dans nos corps. Il est prisonnier dans des parties de ce que Carl Jung appelle notre conscience collective, à défaut d'un meilleur terme.

Je n'avais pas prévu de le faire mais ce ne fut pas totalement un hasard. Plutôt, le processus auto ethnographique de déconstruction de l'intime, dans lequel je m'étais lancée dans mon premier livre sur la Jamaïque (où j'ai fait mes recherches de doctorat), se déversa dans mes dialogues in-térieurs au sujet d'Haïti. Comme résultat, je me suis retrouvée utilisant mon passé pour faire des connexions au social qui ont ensuite révélé des tendances nationales et internationales qui se sont inscrites ad infinitum et peuvent encore bénéficier de nouvelles explorations viscérales.

Plus je monte sur scène, plus je me rends compte qu'en fait, nous sa-vons très peu de l'essentiel des expériences haïtiennes. Même si nous avons vu d'innombrables images et avons entendu les cris, surtout les gé-

missements ces derniers temps. Une femme anonyme couverte de poussière allant à l'aveuglette dans les rues. Cherchant les êtres chers. Hurlant.
Ceux-ci sont des êtres désorientés qui vagabondent, perçus historiquement comme dépourvus de logique.

Le show commence toujours avec moi en train de scander quelque
part sur les lieux ou dans le public (jamais derrière les rideaux). Le chant
devient une boucle pendant que je marche le long de l'espace (souvent
pour former un cercle) jusqu'à ce je donne face au public et que je prenne
le centre de la scène. Avant le séisme, j'ai chanté les paroles originales que
je me rappelle de mon enfance :

Nwaye n ape nwaye
(Noyer, nous nous noyons)
Nwaye m ape nwaye
Ezili si wè m tonbe lan dlo, pran m non
Metrès, si wè m tonbe lan dlo, pran m non
Sove lavi zanfan yo, nwaye n ape nwaye

(Noyer, je me noie
Ezili si tu vois que je tombe dans l'eau, viens me prendre
Maitresse, si tu vois que je tombe dans l'eau, viens me prendre
Sauve la vie de tes enfants, nous nous noyons)

Après le séisme, j'ai changé les mots. Lorsque j'ai joué le 4 février, il y
avait déjà eu plus de 50 secousses. Le nombre de morts s'estimait alors
à 200,000 et les fosses communes se remplissaient de corps anonymes.
Alors, noyer se transforma en trembler. Tremble, la terre tremblait. Tremblants, nous sommes tremblants. Ezili si nous tremblons encore, retiens-
nous. Sauve la vie de tes enfants parce que la terre tremble.

J'ai utilisé les répétitions de ce chant comme un portail – pour avoir
accès au corps et le garder présent. Il s'entrelace avec d'autres segments
comme un rappel de l'objectif final du travail. Nous nous étions rassemblés ici pour traiter et discuter d'une grande catastrophe. J'ai arrêté le
spectacle au milieu pour présenter une dépêche en provenance d'Haïti.
J'ai terminé le show avec les mots d'une conversation tenue avec un ami.

Après cette nuit, j'ai commencé à improviser dans les autres spectacles. J'ai raccourci les parties qui parlaient de « moi » du texte original
(et les analyses des périodes conflictuelles du passé en Haïti car leurs
conséquences paraissaient moins immédiates compte tenu de la situa-

tion présente) et commençai d'inclure les voix des personnes en Haïti. Ainsi, lorsque j'ai présenté mon dernier spectacle à LaMaMa le 13 décembre, toutes les pièces originales étaient soudainement interrompues par des dépêches d'Haïti, de gens que j'avais soit rencontrés en ligne ou interviewés pendant mes deux voyages après le séisme. Leurs voix rendaient le spectacle actuel. Encore plus important, la scène devint une plateforme pour donner une *visibilité immédiate* à ceux qui n'en avaient pas. Le show devint alors un journal hybride vivant.

Chaque spectacle réalisé au cours de l'année dernière me permit de me rendre compte de plus en plus que nous ne connaissions pas ou n'avions jamais confronté la douleur d'Haïti. Nous en avons parlé. Écrit abondamment à ce sujet. Certains se sont même impliqués dedans. Mais nous ne nous sommes jamais assis avec dans sa forme la plus brutale pour la laisser être telle qu'elle est. Elle a toujours été étouffée. Shhhhhh. Pas en public et certainement pas en société. Des théories somatiques nous disent que de plusieurs façons, une partie est encore là. Prisonnière. Un traumatisme non traité.

L'année dernière, à la lumière de l'impact du tremblement de terre au pays et à l'étranger, j'ai commencé à penser de plus en plus à l'absence de discussions relatives aux explorations psychanalytiques des expériences des Haïtiens après la Révolution. Nous n'avons pas de trace substantielle de ces moments de fracture, de douleur quand les cris jaillissent du plus profond avant de trouver une expression structurée, quelquefois dans des sursauts de rage. Le peu que nous sachions de ces moments vient du regard apeuré des colonisateurs. Comment étions-nous à nos propres yeux ? Je n'arrête pas de me demander ce qu'Ayiti – cette terre où les esprits habitent des lieux permanents de repos dans la nature – nous dit au sujet des sons collectifs et individuels que nous faisions au lendemain de la Révolution.

Le tremblement de terre pour moi représente un autre moment crucial d'horreur collective qui ne doit pas être étouffé d'autant plus que nous avons tant d'outils qui nous permettent d'enregistrer et que nous sommes en train d'enregistrer. Dans la toute dernière version du show, j'interromps le personnel avec des citations individuelles et des statistiques des conditions post-séisme. Les chants vodou sont là dans leur dimension éthique pour souligner les enjeux moraux. Associé à l'histoire, ce tressage se déploie maintenant pour encourager des possibilités plus nuancées et multi vocales. Cette approche est particulièrement pertinente parce que la vie quotidienne n'est pas compartimentée. En effet, les gens vivent, se construisent et se reconstruisent dans un monde désordonné qui exige constamment des croisements interdisciplinaires. Je commence avec la prémisse que la seule théorie ne peut pas contenir les objets d'étude, comme l'anthropologue Michel-Rolph Trouillot, l'a dit succinctement.[24] Je plonge donc au plus profond. Je rassemble ce que j'appelle mes articles de collection ethnographique (des morceaux supplémentaires inaptes à la publication parce que trop personnels, trop bruts, ou apparemment banals.) et je les recycle. Je rejette le monde pour accéder à ce que j'ai appris socialement à réprimer. Formation académique. Répression. Fouiller au fond pour trouver des moyens d'exprimer une histoire de violence. Répression. Délibérément et avec expertise je manipule ma voix et la laisse sortir consciente du fait que je traverse les frontières. Replanter les grains qui ont causé les peurs blanches d'une planète noire. Exposer les liens bourgeois aux contraintes. Négocier avec différentes formes de capital. Défaire la raison. Plus spécifiquement défaire la raison illuminée.[25]

Pour jouer un montage des fragments que Toni Morrison insiste a besoin d'avoir lieu dans un défrichement,[26] je choisis la scène pour opposer le viscéral imbriqué dans le structural. Le spectacle devient un défrichement publique en quelque sorte, un lieu pour occuper et articuler l'incarné. Le primitif. Libérer des extraits sonores de l'horreur. Secouer le brut. Ce qui pour les femmes noires trop souvent demeure indicible.

Gémir est mon mode choisi d'intervention.

22

Mots de femmes sur le 12 janvier

21 février 2011 / *Meridians*

> *Fòk ou gen volonte pou viv.*
> *(Vous devez avoir la volonté pour vivre.)*
> — *Solange Veillard David*

Tous ceux à qui vous demandez, au pays ou à l'étranger qui peuvent ou veulent en parler, vous diront exactement où ils étaient dans l'après-midi du 12 janvier à 4h53:10 lorsque le séisme de 7,0 magnitude fissura Léogane. Son épicentre, à seize miles de Port-au-Prince, ravagea des parties de la capitale et détruisit des villes dans les régions sud de la république déjà fragile. Plus de cinquante secousses suivirent dans les deux semaines suivantes, et des tsunamis furent reportés à Jacmel, Les Cayes, Petit Goâve, Leogâne, Luly et Anse à Galets.

Selon les estimations officielles, trois cents mille personnes ont perdu leurs vies. Les estimations non officielles sont beaucoup plus grandes. Le même nombre a souffert de blessures, et plus de 1,3 millions furent déplacées. Des rapports de dégâts matériels aux maisons et aux entreprises ont aussi atteint des centaines de milliers. Des lieux de culte (églises et temples), des centres d'art, des écoles et des ministères des gouvernements étaient aplatis comme des sandwiches (comme les gens les ont appelés) détruisant des liens familiaux et fictifs, des ressources déjà limitées, et des archives de toutes sortes représentant l'histoire aussi bien que les souvenirs sociaux.

Immédiatement après le séisme, plusieurs des rescapés devinrent membres d'une nouvelle population d'amputés, et les effets psychologiques du traumatisme enfermés dans les corps de ceux qui, jusqu'à ce jour, n'ont pas encore eu accès aux services psychosociaux nécessaires pour alléger le trouble provoqué par le stress post-traumatique et autres maux qui maintenant les prennent au piège.

Ceux d'entre nous *lòt bò dlo*, ou « de ce côté-ci de la mer », comme ils disent, qui avons établi nos foyers ailleurs ont fait l'expérience de ce qui deviendra de nouveaux signifiants pour l'espace qui s'étend entre ici et là-bas, faisant de nous partie de la diaspora d'Haïti. Nous avons regardé les histoires se développer à la télévision. Avec les lignes téléphoniques hors fonction, et les autres types de communication inaccessibles, cela prendrait des jours et, dans certains cas, même des semaines et des mois pour apprendre ce qui est arrivé à certains parents. Dans d'autres cas, de telles nouvelles sont construites à partir de déductions logiques, car c'est clair qu'à ce stade, si nous n'avons pas de nouvelles d'amis ou de parents c'est qu'ils ont péri. Les détails (quand, où et comment) demeurent des mystères, et la possibilité d'une vraie résolution est encore plus impro-bable dans plusieurs cas compte tenu des questions de déplacement, du traitement inhumain des morts par le gouvernement et l'économie de la récupération.

Il est dit que soixante-dix pour cent de la diaspora haïtienne (estimée aux environs d'un million) a souffert de pertes directes. Les 30% qui ne sont pas directement affectés restent impliqués, parce que nous tous connaissons quelqu'un qui connait quelqu'un qui connait quelqu'un d'autre qui a péri dans le tremblement de terre. Au fait, dans la majorité des cas, il y a seulement un degré de séparation.

Comme avec n'importe quelle autre catastrophe naturelle, ce sont les femmes qui sont les plus affectées disproportionnellement. La situation en Haïti n'était pas différente. Au fait, ce fut pire sur certains points. En tant que potomitan[27] de leurs familles, les femmes portent la respon-sabilité d'être présentes pour prendre soin des enfants, des parents et autres membres dépendants de la famille. Avec très peu d'infrastructures et dans l'absence d'un état qui historiquement a toujours abandonné sa nation, les services étaient fournis à un nombre limité.

Cette petite collection pour les archives de ce journal ne peut en au-cune façon représenter toutes les femmes haïtiennes. Ce n'était pas fait dans ce but. L'intention est d'offrir aux lecteurs un aperçu de l'environne-ment pour montrer d'une façon nuancée comment quelques femmes ont vécu ce moment, leurs réponses et leur impact continu sur nos vies. En tant qu'éditrice, alors que je cherchais à documenter une échelle d'expé-riences des différentes classes et positions, dans la capitale aussi bien que dans la campagne trop souvent ignorée où la majorité de la population habite, je n'ai pas réussi ce que je voulais faire. C'était un rappel très fort du privilège de la diaspora et du fait qu'en effet, écrire est un luxe. Mon appel aux femmes et filles en Haïti ne déboucha sur aucun texte soumis, surtout de celles dont la vie quotidienne était maintenant plus centrée sur de nouvelles stratégies de survie. Ayant perdu des membres de famille étendue et des amis de soutien, elles étaient confrontées à des défis au jour le jour, dans plusieurs cas sans leurs réseaux sociaux habituels.

D'autres qui pourraient, cependant, n'étaient pas aussi enclins à prendre la parole. Nadine Mondestin, une jeune femme éduquée au Canada et une décentraliste dans la pratique qui avait choisi de vivre hors de la capitale à son retour au pays il y a des années, déclina mon invitation, parce que comme elle le dit : « J'étais au Cap Haïtien (au nord d'Haïti). J'ai tout vu sur CNN. Je n'étais pas aussi affectée que les gens de la capitale ». Des jours plus tard, elle et d'autres organisèrent une caravane de secours qui apportait des fournitures très nécessaires à Port-au-Prince. J'ai suivi les développements de leurs efforts en ligne. Je pensais que nous pourrions apprendre de son histoire, comment c'était d'être là tout en étant si loin et ce qui l'a poussée à agir.

Je crois que ceux laissés derrière ont des histoires à raconter qui doivent non pas seulement être recueillies et archivées car elles font partie d'un autre chapitre de l'histoire d'Haïti, mais aussi partagées, surtout parce qu'elles montrent aussi comment les Haïtiens se sont aidés les uns les autres. De telles histoires ne firent pas la une de la couverture des média populaires. C'étaient des histoires de courage, de solidarité, de traumatisme, d'espoir, de désespoir, des histoires d'outrage et peut être encore plus important, des histoires de détermination. Ce sont des histoires à transmettre.

Déterminée à ne pas limiter les aspects viscéralement chargés de leurs expériences de ce jour, j'ai encouragé les participantes à soumettre des pièces dans la forme qu'elles jugeaient la plus capable de capturer leurs voix, leurs émotions. Ce fut d'une part pour honorer la tradition féministe d'utiliser différents genres pour dire des histoires et d'autre part pour assurer que ces genres lorsqu'ils se croisaient pourraient au fait offrir un paysage plus nuancé, une représentation plus complexe du moment. En ce sens, j'ai pensé indispensable de reconnaître le structural, sans occulter le viscéral, avec un langage et des analyses académiques. Parfois, il est simplement trop tôt pour la déconstruction, nous avons besoin d'abord de tout déballer. Un temps pour pleurer, honorer, absorber et réfléchir est nécessaire. Ainsi, les mots de femmes retracés ici sont en forme d'essais personnels, de poèmes, de photographies et même un texte de fiction. En vue de la place qu'occupe Haïti dans l'imaginaire racial global et comme nous sommes très conscients de notre condition historique, même en prose et en poésie, nos mots sur le 12 janvier sont truffés d'observation critique.

Il y a un texte à la première personne de Marie-José N'zengou-Tayo, née en Haïti, qui a vécu le séisme pour apprendre seulement à son retour chez elle à la Jamaïque qu'elle était une survivante. Brunine David, une résidente de Miami, était dans sa voiture en route vers son cours du soir quand elle a appris la nouvelle. Une semaine après, elle allait organiser et conduire une mission médicale avec l'organisation bénévole à laquelle elle appartient pour aider leur ville natale, Petit-Goâve. Nadève Ménard venait de récupérer sa fille Ana de son deuxième jour d'école après le congé de fin d'année. Elle choisit d'écrire une lettre, un rappel pour le futur de ce moment troublant qu'elles ont partagé. Carolle Charles, une sociologue, se souvient des conversations avec Myriam Merlet dans sa cuisine deux semaines avant le séisme. Myriam Merlet, Magalie Marcellin et Anne-Marie Coriolan sont ses sœurs dans le combat – trois leaders féministes qui se sont battues avec force pour faire des avancées importantes pour la cause des droits de la femme en Haïti. Elles nous ont laissé trop vite, avec un travail inachevé qui doit continuer.

Plusieurs d'entre nous dans la diaspora déconnectés avec la réalité immédiate, ont été plongés dans des états catatoniques de choc et de dissociation parce que nous avions une connaissance réelle des disparités sur le terrain, et par conséquent, avions tout de suite compris l'étendue du désastre alors que les étrangers exprimaient leur incrédulité. Nous avons brulé les portables d'un état ou d'un pays à l'autre et les réseaux sociaux, facebook et tweeter, sont devenus nos lignes de sauvetage. Nous avons pleuré ensemble et seuls. Nous nous sommes battus pour garder nos voix, pour maintenir un sens de soi alors que nous devenions le sujet des conversations. Le monde regardait et répondait. Des gens fouillaient dans leurs poches et contribuaient. Mais, nous savions que notre pays natal avait besoin de nous maintenant plus que jamais. En privé, dans les moments de repos, les mots sortaient seulement en poésie. À Santa Barbara, en Californie, des courts poèmes jaillirent de Claudine Michel qui raconta d'autres histoires de son Haïti alors qu'elle démontait les mythes propagés par les médias, offrant une alternative aux points de vue dominants qui calomniaient notre terre natale. La fascination avec le vodou était à son apogée. Les chercheurs haïtiens et ceux qui étudiaient Haïti s'allièrent contre ces déformations.

Lenelle Moïse, Haïtienne-Américaine de parents immigrés, poète, militante/artiste et interprète, offrit des réflexions lyriques sur son site web qui exprima et redirigea notre indignation. Il est clair que les horreurs innommables faites par l'homme, surtout les fosses communes, qui eurent lieu après le séisme réclamaient des réactions créatives. Dans sa réponse poétique, Myriam J. A. Chancy traça le trajet sous-marin des défunts. Une telle plainte ne peut et ne doit pas être structurée. Ce fut un autre rappel que nous avons besoin d'un requiem pour les morts et pour ceux qui agonisaient. Lorsqu'un réseau d'adoptions illégales géré par des missionnaires fut mis à jour après le tremblement de terre, le trafic d'enfants, pratique commerciale en plein essor depuis des années en Haïti, fut finalement à la une des journaux. L'histoire de Katia D. Ulysse, « Kado » illustre cette menace des bébés et enfants haïtiens emmenés en terres lointaines.

Plus d'un million de personnes déplacées se retrouvèrent dans des camps montés sur tout le territoire. C'est là que Mark Schuller, un anthropologue, militant de longue date et défenseur d'Haïti, trouva les femmes qui étaient devenus centrales à son travail. Elles furent les personnages principaux de *Poto Mitan: Haitian Women Pillars of the Global Economy*, le documentaire qu'il a codirigé et qui passa à travers le pays et à l'étranger avant le séisme. Jusqu'à ce que l'on ait retrouvé ces femmes, nous nous demandions si le documentaire n'allait pas devenir un mémorial. Mark est retourné plusieurs fois en Haïti pour interviewer les femmes et (ra)conter leurs histoires. Il les a trouvées organisant des camps, confrontant la violence, quelquefois mettant leurs vies en danger. Elles sont restées déterminées, comme elles l'étaient avant le séisme, à être des agents de changement dans leurs propres vies.

Parfois, il nous incombe de parler pour d'autres. Notre responsabilité quand nous sommes ceux qui tiennent les plumes, internationalement, ceux qui possèdent le langage et l'accès, devient particulièrement important surtout lorsque les histoires que nous avons à raconter sont des contre discours. Haïti avait besoin de nouveaux discours et pas seulement de textes écrits.

En février, la photographe basée à New York, Régine Romain prit sa caméra en Haïti pour témoigner et rapporter des représentations d'un autre genre. Pendant des semaines, les media populaires avaient matraqué les spectateurs avec des images inhumaines, de désastre et de désespoir. Elle s'est sentie obligée de changer le point de vue. Le focus de ses lentilles nous donna non seulement la dignité, mais aussi l'évidence des possibilités à la fois au-delà et pendant l'horreur. Elle trouva des preuves de vie, d'amour et une présence qui nous rappelle qu'Haïti avait été fracturée dans le passé. Haïti a été une tempête. Et comme le lion dormant de Romain, nous devons respirer en attendant le calme. Et comme la fille avec le drapeau, les mains sur les hanches fixant la caméra, nous devons le faire avec aplomb, avec volonté.

Lors de mon premier voyage en Haïti après le tremblement de terre, j'ai accompagné Brunine Davis dans sa deuxième mission à Petit-Goâve pour Pâques. Je n'y avais jamais été. Je voulais aider et aussi avoir un sens de ce qui se passait en dehors de la capitale. J'ai rencontré sa mère Solange Veillard David, *fran katolik*, (une pure catholique) qui récitait une litanie de prières chaque jour. Elle a une suite d'enfants rassemblés autour d'elle, et ils prient ensemble, priant automatiquement pour ceux qui venaient aider Haïti. Une après-midi, elle me dit pourquoi elle priait, et sa raison restera pour toujours gravée en moi. Elle prononça ses mots rapidement, avec cran, et ils continuent de m'inspirer :

«Fòk ou gen volonte pou viv. » Vous devez avoir la volonté pour vivre.

Les mots sont la volonté. *Kòm fanm nou se pitit fi, sè, manman, tant, granmè, kouzin, madanm ak aman* (En tant que femmes, nous sommes filles, mères, tantes, grand-mères, cousines, épouses et amantes). *Men pawòl nou sou douz janvye pou achiv sa a* (Voici nos mots sur le 12 janvier pour cette archive).

23

L'héritage de la féministe haïtienne Paulette Poujol Oriol

29 mars 2011 / *Ms. magazine blog*

Paulette Poujol Oriol, qui est morte le 11 mars à l'âge de 84 ans, a laissé à Haïti, son pays natal, un héritage incommensurable. Elle fut l'une des plus ardentes des leaders féministes d'Haïti, aussi bien qu'un producteur et travailleur culturel.

Elle naquit à Port-au-Prince le 12 mai 1926 de Joseph Poujol, fondateur de l'institut de Commerce et d'Augusta Auxila, une femme au foyer. La famille émigra en France quand elle était âgée de huit mois. Poujol Oriol passa six années formatrices à Paris où ses parents œuvraient dans le monde du commerce, de l'éducation et du théâtre. Elle attribua son développement en femme à talents multiples à cette période vécue à Paris.

Poujol Oriol commença ses études à l'École Normale Supérieure à Port-au-Prince, puis partit pour la Jamaïque où elle intégra le London Institute of Commerce and Business Administration. Elle commença à enseigner à l'institut de son père à l'âge de seize ans. Avec des études complémentaires en éducation, elle se dédia à l'enseignement mais ne cessa jamais d'apprendre. Parlant couramment le français et l'espagnol, elle apprit et finit par maitriser l'anglais, l'italien et l'allemand.

Mais en plus d'enseigner, Poujol Oriol écrivait aussi. Elle publia son premier roman, *Le creuset*, en 1980, ce qui lui valut le prix Henri Deschamps – la deuxième femme à avoir reçu ce prestigieux prix littéraire haïtien. Un autre texte, *La fleur rouge* fut primé Meilleur Roman par RFI, Radio France International en 1988. Son roman *Le passage* est traduit en anglais avec une préface de l'écrivaine haïtienne très connue, Edwidge Danticat.

En plus de l'enseignement et de l'écriture, Poujol Oriol était aussi une actrice et un dramaturge, et la directrice fondatrice de Piccolo Teatro d'Haïti, qui introduisait les enfants aux arts du théâtre. Tout au long de sa vie en tant qu'écrivaine prolifique, artiste et activiste infatigable, elle est devenue une des femmes les plus admirées d'Haïti, un récipiendaire de reconnaissances et de prix trop nombreux pour être cités.

Fervente activiste féministe, elle s'est battue pour les causes des femmes haïtiennes et la visibilité dans ses écrits comme dans ses pratiques. À un âge très jeune, elle défia les restrictions de classe et de genre, possédant une soif de savoir – encouragée par ses parents – qui surpassait les attentes des jeunes femmes de sa classe. Ceci fit d'elle une force intellectuelle reconnaissable.

Dans une entrevue publiée sur le site *Île en île* de Thomas Spear, Poujol Oriol se souvient d'avoir été guidée vers une littérature plus tendre par les bouquinistes étonnés par sa passion dévorante pour les Classiques français. Le sentiment que *moins* est attendu des femmes et qu'elles devraient être invisibles a motivé plusieurs de ses actions.

De plusieurs manières, Poujol Oriol était à la fois un produit de son milieu socioéconomique privilégié et un défi à ses restrictions. Hautement visible et engagée dans le monde, elle insista pour garder son nom quand elle se maria, donna naissance à deux enfants, divorça puis se remaria – à une époque où de telles pratiques (garder son propre nom, divorcer, se remarier) étaient mal vues en Haïti. Parallèlement, elle continua la poursuite de ses intérêts artistiques et sociaux.

En 1950, elle devint membre de la Ligue Féminine d'Action Sociale – l'organisation fondée en 1934 pour promouvoir et défendre les droits des femmes en Haïti. Elle servit comme présidente de la Ligue de 1997 jusqu'à sa mort. Elle était aussi membre fondateur de plusieurs autres organisations de femmes, y compris l'Alliance des Femmes Haïtiennes, une organisation de tutelle qui coordonnait plus de cinquante groupes de femmes.

La sociologue haïtienne et professeure à Baruch College, Carolle Charles rencontra Poujol Oriol en 2005 à la conférence Caribéenne et latino-américaine sur les femmes et la citoyenneté. Elle se souvient d'elle comme « une organisatrice féministe [qui] connaissait aussi la fragilité des institutions haïtiennes, d'où son grand support aux nouvelles organisations féministes ». Cette rencontre était organisée par le seul centre de recherche féministe d'Haïti, Enfofanm, dirigée par Myriam Merlet – une des quatre féministes très connues qui ont péri dans le séisme de 2010. À la conférence, Paulette Poujol Oriol, membre du conseil de direction de Enfofanm, reçut un prix d'excellence pour sa contribution au mouvement des femmes haïtiennes. Son « degré d'engagement au mouvement des femmes » dit Charles « était inflexible.»

En Haïti, ces jours-ci, avec les élections contestées et le retour de l'ancien président exilé Jean-Bertrand Aristide, le décès de Paulette Poujol Oriol n'a pas reçu l'attention qu'il mérite. Elle représentait une figure de mère intellectuelle bien-aimée pour de centaines d'étudiants, qui l'appelaient mommy. Survécue par son vrai fils, le médecin Georges Michel, qui habite en Haïti et sa fille, Claudine Michel, professeure d'éducation et d'études noires à l'Université de Californie à Santa Barbara. Le quotidien haïtien *Le Nouvelliste* cita son fils « Elle avait des tas de projets (pièces de théâtre, romans) en chantier. Même à son âge, elle continuait d'écrire. »

Poujol Oriol a inspiré des générations d'écrivains haïtiens, d'artistes et des activistes féministes. Charles, en référence à sa mort, paraphrase le dicton populaire haïtien, « elle était d'un petit pays, mais d'une grande nation. » Puis elle ajouta ce que d'autres nécrologies ont formulé de manière constante « Elle s'est soulevée contre l'injustice et l'inégalité. Elle était un « potomitan » – un pilier central formidable. »

24

Déclic ! Faire la vaisselle et mes rêves en Rock 'n' Roll

1 avril 2011 / *Ms. magazine blog*

On était dans les années 1980. J'étais une originale. J'aimais Tina Turner, Pat Benatar, Cyndi Lauper, Eurythmics, U2 et les Rolling Stones. Je rêvais de devenir une star de rock 'n' roll. Mon père voulait que je fasse la vaisselle.

Si vous m'aviez demandé à cette période si j'étais une féministe, je vous aurais probablement répondu d'arrêter de me mettre des étiquettes et je vous aurais fait le doigt d'honneur (*up yours* était ma réplique favorite, même si j'apprenais encore l'anglais). De plus, à cet âge, je n'avais pas encore trop réfléchi au mot « féministe ».

Rembobiner.

Nous avons émigré d'Haïti en 1978. Les années 80 étaient une période dure pour les Haïtiens aux États-Unis. Cela n'avait aucune importance comment ou pourquoi nous étions venus ici, nous étions considérés comme des boat people ou des porteurs de Sida. Le CDC nous avait marqués comme un des quatre H – avec les hémophiles, les homosexuels, et les toxicomanes à l'héroïne. Haïtien était un mot modifié par des qualificatifs tels que sale, puant et autres du même genre. J'avais un fort accent, un indice très révélateur. J'étais tourmentée et harcelée pendant des années, ce qui fait que j'étais toujours sur la défensive, même si d'une certaine manière je m'éloignais de l'Haïti que je connaissais.

En plus des problèmes à l'école, à la maison mes parents savaient qu'ils perdaient contrôle. De plusieurs façons la migration était plus facile pour les enfants, qui s'adaptaient en dépit de la cruauté de leurs pairs. Je ne peux compter le nombre de fois que j'entendis mes parents dire que ce pays corrompait leurs enfants. J'ai grandi en Haïti voulant être une nonne, pas surprenant puisque je fréquentais Anne-Marie Javouhey, une école française de missionnaires catholiques. Aux États-Unis, cependant, je rêvais de brandir un micro sur la scène.

Dans mes petites guerres à la maison, j'ai combattu les contraintes de classe et religieuses pour les filles quand je me suis révoltée contre l'insistance de ma mère que je porte une robe. Je n'arrêtais pas de demander. « Pourquoi ? Pourquoi ? Pourquoi ? » Ceci devint un sérieux conflit. Je me souviens avoir demandé « Si Dieu m'a vu nue, pourquoi je ne peux pas porter des pantalons ? » Déclic ! Je m'écartais du scenario. Les bonnes petites filles haïtiennes, c'est ce qu'on m'avait appris dans mon enfance, laissent la maison seulement quand elles se marient. Si elles allaient à l'université, elles ne choisissaient pas une dans une ville de perdition (New York). Mais ce fut précisément ce que j'avais en tête. Où d'autre aller quand on veut se lancer dans la chanson ? Bien entendu, j'étais naïve.

Vivant dans la ville de New York, je compris rapidement que trop de femmes noires voulaient être chanteuses. Je commençais à me rendre compte que les groupes musicaux de garçons blancs étaient les seuls qui pouvaient faire ce que bon leur semblait. Les chanteurs que j'adorais, principalement des femmes blanches, se battaient contre le sexisme. Tina Turner était la seule femme noire du rock 'n' roll et elle se battait contre le racisme. Déclic ! Où donc cela me laissait-il ? Fille au teint sombre. Déclic ! Jambes courtes. Double déclic ! Intello. Tripe déclic ! et Haïtienne. Quadruple déclic !

Puis, il y avait ce grand conflit au sujet de la vaisselle. Ma famille déménagea du New Jersey pour le Maryland. Je refusai d'y aller. Ce fut juste mon Père et moi dans l'appartement pendant quelques mois. Je rentrais de la ville pour trouver des piles d'assiettes dans l'évier. Elles commençaient à s'incruster car je ne lavais que celles que j'utilisais. Nous eûmes une confrontation. Mon Père déclara que je devais faire la vaisselle. Comme je ne refusais pas de faire d'autres tâches, je demandai pourquoi ? « Tu es une fille », dit-il. « Et alors », je répliquai. « Ta mère fait la vaisselle », dit-il. « Je ne suis pas ta femme », j'ai répondu. « Nous n'avons pas de contrat. Et elle non plus ne devrait pas être obligée de faire ta vaisselle. »

Naturellement, ceci nous transforma en ennemis pendant des semaines.

De telles réponses me venaient facilement aux lèvres. Elles me rendaient très non haïtienne et finirent par me faire identifier comme celle qui ne peut pas fermer sa bouche et se fiche des conséquences de rétorquer. Déclic ! Le silence est une structure du pouvoir. Déclic.

Des années plus tard, dans « Papa, Patriarchie et Pouvoir », j'écrirai à ce sujet, me rendant compte que tous ces déclics et conflits culturels contribuèrent grandement au fait qu'aujourd'hui je revendiquais fièrement d'être une féministe et non une « womanist ». Mais c'est une toute autre histoire.

25

Constant Le plus fervent des porte-drapeaux d'Haïti

14 avril 2011 / *Huffington Post* @ 1 : 44 p.m.

Myrlande Constant est incontestablement la plus farouche des portedrapeaux d'Haïti. Une fabricante de drapeaux vodou (drapo vodou) qui a raffiné son art au cours des deux dernières décennies, Constant existe ironiquement dans la quasi obscurité en tant qu'artiste haïtienne alors que rien dans son travail, ses réalisations ou sa personnalité n'est effacé.

Brown University corrige cette situation en amenant cette pionnière sous le feu des projecteurs avec *Recadrer Haïti : Art, Histoire et Performativité*, une série d'expositions, d'ateliers et de conférences qui se terminent le 21 avril avec l'ancienne de Brown, l'écrivaine haitiano-américaine Edwidge Danticat. Le projet réalisé en collaboration avec le Rhode Island School of Design et le Waterloo Center for the Arts – la plus grande collection publique d'art haïtien aux États-Unis – offre aux habitants de la Nouvelle Angleterre un survol nuancé nécessaire de la république fracturée. Selon Anthony Bogues, le professeur titulaire de la chaire Famille Harmon d'Etudes africaines et co-conservateur de l'exposition, « Le point de départ de l'exposition est que le passé influence à la fois le présent et la direction du futur. Nous aimerions présenter un discours différent au sujet d'Haïti qui défie les discours biaisés, historiques aussi bien que contemporains. »

L'événement propose de nombreuses conférences et sessions sur des questions contemporaines post-séisme par des chercheurs aussi bien que par des artistes. Les membres fondateurs du collectif d'artistes haïtiens Atis Rezistans (Artistes de la Résistance) sont venus d'Haïti et ont eu des résidences courtes à l'université avec l'artiste contemporain haïtien le plus connu Édouard Duval-Carrié. Constant qui est venue d'Haïti a tenu un atelier de trois jours sur la fabrication de drapeaux pour des membres intéressés de la communauté pendant sa visite d'artiste invitée du 5 au 8 avril. L'exposition de drapeaux nous donne l'opportunité de rencontrer l'un des talents les plus brillants mais encore inconnus d'Haïti.

Née en 1970, Constant est une autodidacte fabricante de drapeaux dont l'art est enraciné dans ses habiletés de couturière et les techniques de perlage qu'elle appris tout enfant de sa mère. Pendant son adolescence, elle a travaillé aux côtés de sa mère dans une usine de fabrication de robes de mariée. Son entrée dans le monde de fabrication de drapeaux coïncide avec une histoire d'auto émancipation du travail abusif de l'usine. Dans un dialogue public que j'ai eu avec elle à Brown, mercredi dernier, Constant se souvient avoir quitté son job à l'usine suite à une dispute relative à un dédommagement. Lorsque sa mère qui travaillait encore à l'usine lui demanda ce qu'elle ferait, elle répondit qu'elle ne savait pas. Elle se retrouva alors en train de tracer le contour de ce qui serait en fin de compte son premier drapeau, un hommage à Dambala qui fut acheté par le chanteur et leader de groupe, Richard Morse, également propriétaire de l'Hôtel Oloffson, où le drapeau est encore accroché.

Ce qui la distingue des autres fabricants de drapeaux (qui sont tous des hommes) est le fait qu'elle travaille avec des perles rondes solides et cylindriques au lieu des paillettes plates utilisées par les autres artistes. L'historienne de l'art, Katherine Smith, qui a été la conservatrice du projet aux côtés de Bogues et de Karen Allen Baxter, offre le commentaire suivant sur l'innovation de Constant, son « introduction de la technique de la perle solide révolutionne la tradition de [fabrication de drapeaux] ».

En effet, l'œuvre de Constant et son impact parait clairement à l'exposition des drapeaux au théâtre de Brown's Rites and Reason. En outre, Smith déclare : « L'influence de Constant sur une génération d'artistes au cours de ces vingt dernières années n'a pas encore été correctement reconnue. J'ai connu Constant et d'autres artistes du drapeau à Port-au-Prince, y compris un nombre de ses anciens apprentis, pendant des années. Mais, ce n'est que lorsque je suis entrée dans la galerie des drapeaux du vodou ici à Brown que la magnitude de son héritage en tant qu'enseignante m'a vraiment frappée. Les drapeaux vodou ont connu une sorte de Renaissance durant ces dix dernières années, s'épanouissant avec de nouveaux développements tant au niveau de la forme que du contenu. Ce n'est pas une exagération de dire que presque tous les artistes qui conduisent cet art vers de nouvelles et époustouflantes directions ont été formés par Constant ou par ses étudiants. »

Dans le monde fermé des marchands et collectionneurs d'art haïtien, Constant est connu pour pousser les frontières de cette forme de manières ambitieuses. Elle crée aussi des drapeaux immenses depuis qu'elle a commencé à donner libre cours à son talent. Certaines de ses œuvres dépassent 1 mètre 82. Pour l'atelier à Brown, elle a apporté deux pièces qu'elle venait de terminer (une pour Dambala, un sujet récurrent chez elle et une autre pour Guédé), non inclues dans l'exposition. La plus grande qui mesure 2,4m par 1,52m avait requis l'assistance supervisée de douze ouvriers sur une période de trois mois.

« J'ai un autre à la maison qui est plus grand que ces deux sur lequel je travaille depuis des années », dit-elle. L'inspiration de Constant la pousse à créer des drapeaux plus grands que la vie avec l'attention méticuleuse d'un peintre pour les détails. Elle veut au fait faire des drapeaux de la taille d'un mural. Quand je lui ai demandé ce qui la motivait, elle a répondu qu'elle se sentait poussée d'inclure tout ce qu'elle savait sur son sujet. « Je suis comme un enseignant, un professeur qui donne une leçon à ses élèves. Je dois tout inclure. Je dois leur dire tout ce que je sais, leur donner toute l'information que j'ai pour les changer. »

Etant donné les moyens historiques par lesquels le vodou a été diabolisé et demeure un souffre-douleur pour les problèmes d'Haïti, l'art de Myrlande Constant et sa communion avec les esprits à travers ses drapeaux est en soi une éducation. Elle illumine la religion et la beauté à travers ses formes artistiques, ce qui fait d'elle la plus fervente des portedrapeaux d'Haïti.

26

La féministe haïtienne Yolette Jeanty honorée avec d'autres activistes internationales

28 avril 2011 / *Ms. magazine blog*

Le nom de la féministe haïtienne Yolette Jeanty peut ne pas vous dire grand-chose, mais son travail infatigable a été reconnu à sa juste valeur récemment. En tant que directrice exécutive de Kay Fanm (La maison des femmes) – une organisation dont la mission est de se battre pour la justice sociale et les droits des femmes – Jeanty a milité et défendu la cause des femmes et des filles pendant des décennies.

Le mardi 26 avril dernier, au cours de la septième cérémonie de remise de prix annuelle du Global Women, la Fondation de la Majorité Féministe a honoré Jeanty et trois autres activistes féministes, y compris Sunita Viswanath, la fondatrice de Femmes pour les Femmes afghanes ; Renée Montagne, la co-présentatrice de l'émission de NPR *Morning Edition*, et Aung San Suu Kyi, la leader du mouvement démocratique de Birmanie et lauréate du prix Nobel de la Paix.

Le prix Eleanor Roosevelt, que ces femmes ont reçu, est « remis annuellement à un nombre limité d'individus qui ont contribué de manière importante – souvent dans des conditions difficiles et en prenant des risques personnels – à faire avancer les droits des femmes et des filles et pour augmenter la prise de conscience des injustices que les femmes subissent à cause de leur genre ». Parmi les lauréates précédentes, il faut compter Laurie David, l'activiste environnementale et productrice du film *An Inconvenient Truth* ; Dolores Huerta, l'activiste des droits de l'homme et co-fondatrice de United Farm Workers (l'union des travailleurs agricoles) ; Jody Williams, la coordinatrice de la campagne internationale pour bannir les mines terrestres et récipiendaire du prix Nobel de la Paix ; et Gloria Steinem, la co-fondatrice de *Ms.* et fervente féministe.

Au cours de la cérémonie, présidée conjointement par Mavis et Jay Leno avec Eleanor Smeal, Jeanty évoqua la difficulté rencontrée par les petites ONG dirigées par les femmes, comme Kay Fanm. Pendant les discussions du panel qui clôturèrent les activités de la soirée, Kathy Spillar, éditrice exécutive de *Ms.* magazine et vice-présidente exécutive de la Fondation de la Majorité Féministe, demanda de manière insistante à Jeanty pourquoi aucun ou si peu des milliards de dollars recueillis pour les victimes du séisme n'étaient pas arrivés à des organisations de base tels que Kay Fanm.

La réponse de Jeanty révéla les interconnexions complexes entre la souveraineté compromise d'Haïti et la distribution des fonds internationaux, et comment les Haïtiens sont par conséquent empêchés de joueur un plus grand rôle dans leurs propres affaires :

> La plus grande partie de l'argent est allée aux grandes ONG ou est distribuée par le CIRH (Comité International pour la Reconstruction d'Haïti) dirigée par Bill Clinton. Des décisions sont prises principalement par des étrangers. [Nous devons traiter avec] 1) des gens qui ne pensent pas que les Haïtiens peuvent agir pour leur compte, donc ils le font pour nous ; 2) ceux qui sont là seulement pour remplir leurs poches ; 3) ceux pleins de bonnes intentions mais qui n'ont aucune connaissance du terrain. Depuis l'année dernière, Kay Fanm travaille pour éduquer nos partenaires étrangers surtout dans la réalité du quotidien sur le terrain, et leur a demandé de pressurer leurs gouvernements pour qu'ils changent leur façon de faire.

Jouant le rôle de traductrice, j'ai eu l'occasion de parler davantage avec Jeanty. Nous avons discuté de la question assez délicate de l'impact des médias et même de la façon dont le reportage féministe se concentre de façon presque exclusive sur la violence liée au genre et sur le viol en Haïti. En effet, au cours de l'année dernière, depuis le rapport initial de MADRE sur le viol dans les camps de personnes déplacées en Haïti, cette question continue d'attirer une énorme attention. Jeanty s'inquiète que d'autres questions persistantes, telles que les violences et les abus domestiques – dont le pourcentage est plus élevé que le viol – soient marginalisées. Depuis le séisme, la prostitution a aussi grimpé en flèche, cependant on n'en discute pas. En outre, les problèmes d'ordre structurel, social, économique et politique qui sous-tendent la tendance à la violence sont mis de côté. Elle dit : « [D'une certaine façon], cette attention sape nos efforts. Le travail de plusieurs années. Les viols et la violence liée au genre existaient bien avant le tremblement de terre. Ce n'est pas un phénomène nouveau. À chaque fois qu'il y a des troubles politiques, c'est sur le corps des femmes que la lutte se fait. En temps de crise, cette violence augmente partout. La situation pour les femmes haïtiennes n'est pas différente. Pire encore, cette emphase fait du tort car elle représente les Haïtiens uniquement comme des prédateurs et des victimes. »

Cette reconnaissance n'aurait pu arriver à un meilleur moment, attirant l'attention sur Jeanty et le travail de Kay Fanm. L'organisation ne s'est pas encore remise des sérieux revers subis pendant le tremblement de terre, avec la perte de membres fondateurs et d'alliés aussi bien que la destruction de leur propriété qui doit être reconstruite. Kay Fanm continue de se battre pour offrir un refuge, avec une assistance légale et médicale, aux filles et femmes dans le besoin.

En dépit du fait que Kay Fanm n'offre pas d'avortements, l'organisation a récemment été victime de la vague anti-avortement qui menace le financement des soins aux femmes à travers le monde. Au début du mois, ils ont perdu le support financier de Développement et Paix du Canada, qui les avait supportés pendant ces 20 dernières années. L'organisation canadienne a plié sous la pression de la Conférence Canadienne des Évêques catholiques qui a demandé de cesser de financer les organisations qui ne sont pas contre l'avortement.

Jeanty espère que cette récompense ouvrira des portes aux États-Unis pour Kay Fanm pour qu'elles puissent travailler en solidarité avec de nouveaux partenaires, surtout d'autres organisations féministes qui sont aussi déterminées à gagner le combat pour l'égalité des droits et l'émancipation des femmes.

27

Pourquoi le contexte importe Les journalistes et Haïti

8 juillet 2011 / *Ms. magazine blog*

Au début de cette semaine, le blog *de Ms. a interviewé la journaliste Mac McClelland au sujet de l'article en ligne très discuté qu'elle avait écrit sur comment elle a géré le syndrome de stress*

post-traumatique après un reportage en Haïti. Un de nos bloggeurs
voulait donner son point de vue sur cette affaire controversée.

En tant qu'anthropologue Haïtienne-Américaine et féministe qui a beau-
coup écrit sur la violence liée au genre en Haïti, et sur les représentations
d'Haïti, j'ai suivi avec un grand intérêt la controverse autour de Mac Mc-
Clelland.

McClelland, un reporter pour *Mother Jones*, a écrit récemment pour la
revue GOOD son histoire personnelle en tant que victime de SSPT (syn-
drome de stress post-traumatique) après avoir vu l'explosion émotion-
nelle d'une femme haïtienne qui avait subi un viol collectif. Ce qui a pro-
voqué le plus de réactions cependant, se trouvait dans le titre : « J'aurai
besoin que vous me combattiez à ce sujet : comment un rapport sexuel
violent m'a aidée à soulager mon SSPT ».

Comme je crois que gérer un traumatisme est un processus fortement
subjectif, je ne questionnerai pas la méthode qu'elle a choisie pour sa
guérison. Elle n'a pas besoin d'être jugée. De plus, on a tant écrit sur les
fantasmes de viols chez les femmes, à commencer avec le travail de pion-
nier controversé de Nancy Friday ; la journaliste n'est pas unique en ce
sens. La différence, toutefois, est qu'elle a refusé de se cacher et a exposé
son désir publiquement, décrit comme un antidote à sa souffrance men-
tale et son besoin de reprendre possession d'elle-même.

Ceci dit, son essai – et les réponses qu'il a suscitées tant des critiques
que des supporteurs – révèle beaucoup sur le désordre complexe des
questions raciales, de classe et de genre, et nous montre une fois de plus
comment Haïti est généralement mal perçue.

McClelland insiste que dans cet article, elle ne voulait pas affecter
le bien-être du monde sur lequel elle écrivait, comme elle l'a fait dans
d'autres écrits. Plutôt, cet essai confessionnel racontait sa descente dans
les abîmes, son retour et comment elle a vécu pour le dire. Est-ce que je la
blâme pour cette emphase sur sa personne ? Non, mais je comprends les
autres critiques qu'elle a reçus pour avoir utilisé Haïti comme une simple
toile de fond, à tel point que la journaliste haïtienne Marjorie Valbrun lui
a rappelé que « ce qui se passe en Haïti n'est pas à votre sujet. »

Valbrun critique les journalistes blancs en général et McClelland en
particulier, pour une attitude « pauvre de moi » qui occulte les plus grands
problèmes qu'ils rencontrent dans leurs missions. Haïti, comme d'autres
pays en difficulté, devient juste une scène dans un scénario trop répété

d'Hollywood. La question « d'utiliser » Haïti fut aussi soulevée dans une lettre à l'éditeur de GOOD, publiée sur Jezebel.com, et signée par 36 femmes journalistes et chercheuses (y compris Valbrun) qui combinaient entre elles une grande expérience d'Haïti. Les signataires de la lettre critiquèrent McClelland en particulier pour son manque de contexte.

Nous respectons le courage de l'histoire de Ms. McClelland, qui est son expérience d'un traumatisme et comment elle a trouvé dans la sexualité un moyen profond de le gérer. Son article attire une attention plus que nécessaire sur la complexité du viol. Mais nous croyons que la façon dont elle a utilisé Haïti comme une simple toile de fond pour son essai est sensationnaliste et irresponsable.

Cette utilisation d'Haïti fait passer la république comme victime dans son processus de guérison. Lorsque Valbrun s'en prend à McClelland une fois plus dans « Haiti Made Me Do It » « Haïti m'a fait agir ainsi » sur TheRoot.com, elle a décodé de quelle manière la journaliste blâme Haïti pour son traumatisme. Puisque l'expérience de McClelland en Haïti – particulièrement quand elle assiste à la dépression de la survivante du viol collectif – est ce qui a évoqué son traumatisme et ses fantasmes de viol, Haïti est présentée comme la coupable. Comme le dit Valbrun : [McClelland décrit] les viols par « des violeurs monstrueux » en maraudage dans les camps qui abritent les victimes du tremblement de terre. Les viols dans les camps sont en effet une réalité tragique de l'Haïti post séisme, mais elle présente une image d'Haïti comme le site d'une sauvagerie male collective. Nulle mention n'est faite qu'elle ne parle au fait que de la capitale, qui avant le tremblement de terre avait aux environs de 3 millions d'habitants et non pas du pays tout entier qui en compte 10.

Imaginons un moment que cet incident ait eu lieu à Stockholm. L'élément de déviance qui donne à l'histoire de McClelland son cachet et sa bravade aurait été totalement perdu, parce que la Suède est connue comme une société paisible et ouverte sexuellement où le droit est respecté. Alors que de son côté, Haïti est perçu principalement comme un endroit sombre, chaotique où des choses affreuses arrivent.

McClelland ne mentionne pas dans son essai récent qu'au moment de l'incident (septembre 2010), elle a au fait envoyé des tweets directement à ce sujet, allant jusqu'à dévoiler le vrai nom de la survivante du viol dans ses premiers tweets. Mother Jones a reposté ces tweets en utilisant les initiales de la victime, les décrivant comme un « reportage en temps réel ». Dans le compte-rendu très détaillé du moment par McClelland, vous pouvez presque sentir l'adrénaline, mais qui est la victime ici ? En plus des critiques, McClelland a reçu des attaques de collègues au sujet des questions de consentement, de protection des informateurs et d'éthique du journalisme, surtout dans les nouveaux media. (Pour des réponses critiques à ces tweets, lisez les essais de la journaliste et productrice Jina Moore : « Devrions-nous tweeter le viol ? » et « Un résumé d'idées sur le fait d'envoyer des tweets sur le viol. »)

Est-ce que je pense que les critiques de McClelland ont fait d'elle un bouc émissaire ? Oui. Elle n'est certainement pas le premier journaliste à présenter Haïti comme un endroit sombre et chaotique et elle ne sera pas la dernière, comme l'une de ses collègues, Ansel Herz, a écrit pour sa défense. Je suis tout à fait d'accord. (Par exemple, la journaliste de carrière, Amy Wilentz, qui a aussi signé la lettre sur Jezebel.com, a, il n'y a pas trop longtemps, fait une référence métaphorique à Haïti comme une pile de merde dans *The New York Times*.) Mais est-ce que McClelland devrait être exemptée de toute responsabilité parce que, comme elle le dit, ce n'était pas un reportage sur Haïti mais un essai sur des questions personnelles ? Certainement pas.

En automne, j'enseignerai un séminaire sur la réflexivité en anthropologie titré « Au-delà de moi, moi, moi, » et je ne peux m'empêcher de penser que l'essai de McClelland pourrait servir d'exemple pour en discuter. Même s'il s'agit de journalisme et non d'anthropologie, son essai pourrait être vu comme un travail qui a perdu de vue le contexte social pour se concentrer seulement sur l'expérience personnelle de l'individu lors de l'étude d'une culture. En anthropologie, un tel travail est critiqué pour son approche nombriliste qui n'aide pas à atteindre un plus grand objectif. Pour être juste, McClelland, en tant que journaliste, apporte un certain éclairage sur un plus grand dilemme que toutes les femmes journalistes confrontent au cours de situations à risques – harcèlement sexuel et attaque – mais hormis cet aspect, son essai est totalement moi, moi, moi.

Une démarche réflexive en anthropologie est importante, en ce sens qu'elle fait appel à une approche qui exige plus d'autocritique et d'auto-réflexivité pour examiner les relations de pouvoir à l'œuvre dans le travail de terrain. En effet, plusieurs chercheurs de la première génération traitaient leurs « informateurs » comme s'ils n'étaient que ça – des *sources* d'information en lieu et place d'êtres humains. Cela, et le ton fanfaron du travail de plusieurs des premiers anthropologues, fut dénoncé par les gauchistes, les féministes et autres minorités qui voulaient décoloniser la

discipline. (Ces questions sont au cœur de mon premier livre). Il est diffi-
cile de ne pas noter ce vieux ton fanfaron dans l'essai de McClelland, elle
a souffert mais a persévéré en dépit de la violence et des hommes préda-
teurs qu'elle a rencontrés. Haïti, en ce sens, devient la dernière frontière ;
il ne s'agit plus d'individus et de questions de droits de l'homme, Haïti
devient juste un autre territoire à conquérir.

La journaliste de *The Atlantic Wire*, Elspeth Reeve, une autre partisane
de McClelland, veut nous faire croire que les critiques de McClelland au
sujet d'Haïti sont simplement trop susceptibles. Selon elle, les critiques
pensent que « revivre un viol est acceptable, mais n'appelez surtout pas
Haïti un trou à rats ». Pour supporter son argument qu'Haïti *est* toujours
un endroit horrible, son article présente des photographies des tentes
précaires d'un camp de réfugiés haïtiens et celles d'hommes portant des
armes à feu.

Honnêtement, nous n'avons pas besoin de voir d'autres photos d'Haïti.
Tout le monde sait et accepte le fait que Goudougoudou a détruit un pays
déjà fracturé qui n'avait pas ou peu d'infrastructures. Les régions affec-
tées, à trop d'égards, sont encore dans un état chaotique. La faim et le
choléra continuent de faire des dégâts. L'état fonctionne à peine alors que
les ONG font la loi mais n'accomplissent pas grand-chose. Haïti ne devrait
pas être réduit simplement à ses conditions, mais sans violence, sans les
gangs, et les viols il n'y a pas d'histoire à raconter. Et sans notre statut de
victimes, nous les Haïtiens n'avons pas d'alliés. Ceci est notre plus grand
dilemme.

Compte tenu de la pauvreté du gouvernement, les gens dans le besoin
en Haïti sont forcés de s'appuyer sur des organisations qui sont montées
les unes contre les autres pour avoir des ressources (tant au niveau local
qu'international).

Le domaine de la violence liée au genre est aussi compétitif, ce qui
alimente un système de valeur basé sur une hiérarchie d'horreur. Plus
l'histoire est horrible, le plus d'attention elle aura et les victimes de l'his-
toire auront plus de chances d'avoir accès aux supports limités. Les or-
ganisations haïtiennes progressistes sont en difficulté précisément parce
qu'elles *refusent* de dépendre des ONG étrangères. Elles ne sont même pas
interpellées, parce que les partenariats dans l'humanitaire signifie « aussi
longtemps que nous tenons la bourse, *nous choisissons les solutions.* »

J'aurais pu dire davantage, mais je m'arrêterai ici. À l'exception d'une
seule autre chose. Depuis que cette histoire a paru, la question de la re-

présentation d'Haïti est devenue le point central alors que le traumatisme de la femme que McClelland appelle « Sybille » a été mis de côté. Quoique je sois sensible au traumatisme auquel McClelland a fait face, je ne peux m'empêcher de penser à « Sybille » – la femme qui, il s'avère *ne voulait pas* que son histoire soit racontée, que ce soit dans des tweets ou dans un article. Au fait, selon l'écrivaine haitiano-américaine Edwidge Danticat (une des 36 signataires), « Sybille » a écrit une lettre de protestation à McClelland. (Vous voyez, Pandora Young, « les journos femelles politiquement correctes » – comme vous les avez appelées sur FISHBOWLLA – *ne se liguaient pas* contre l'essayiste souffrant de SSPT » mais au contraire prenaient la parole pour cette Sybille et les autres « Sybille ».) Pour moi, il est temps de poser la question d'accès et du pouvoir des journalistes : Qui a le droit de raconter l'histoire de quelqu'un d'autre ? Comment ? Et que se passe-t-il quand le sujet rétorque ?

Les conversations qui ont eu lieu autour de cet essai sont importantes et en retard. Les gens parlent maintenant des rôles joués par les alliés d'Haïti – comment voient-ils et représentent-ils les Haïtiens ? De telles conversations ont tendance à rester derrière les portes fermées, où elles sont sans doute plus en sécurité, mais maintenant elles sont dans la sphère publique. Et nous ne sommes pas tous d'accord sur tout mais nous sommes tous concernés par nos droits. Sans de telles discussions publiques, les tensions cachées menacent de renforcer les problèmes que nous désirons tous résoudre. Ces discussions constituent un pas crucial vers un travail solidaire et productif. J'espère que nous aurons le courage de dépasser ce stade et d'avoir la plus importante des conversations : la conversation au sujet des solutions. Haïti a besoin désespérément d'un lieu non partisan où les Haïtiens de toutes catégories, aux côtés d'alliés engagés, peuvent travailler ensemble pour rassembler, évaluer et analyser rigoureusement la violence liée au genre dans le pays. Alors, nous pourrons prendre le prochain pas pour attaquer ce problème et éventuellement l'éradiquer.

Troisième partie
Une nécessité spirituelle

28

Des temples fracturés Le vodou deux ans après le séisme

12 janvier 2012 / *Tikkun Daily*

Les pratiquants du vodou de toute la diaspora africaine ont voyagé jusqu'au Bénin (préalablement Dahomey), le lieu de naissance de la religion, cette semaine pour participer dans ce qu'on appelle le jour international du vodou. Ce festival de prières, de libations, de sacrifices et de rituels qui se tient le 10 janvier est le plus grand rassemblement de vodouisants du monde.

En tant qu'Haïtienne-Américaine, je ne peux m'empêcher de penser à cette partie la plus africaine de notre héritage du Nouveau Monde d'autant plus qu'elle continue d'être dévalorisée par ceux dont la connaissance se réduit aux images populaires qui favorisent le macabre. Ceux d'entre nous qui reconnaissent et respectent la complexité du vodou savent que nous devons le défendre parce que la religion reste enfermée dans des stéréotypes rendant extrêmement difficile la tâche de dissiper des mythes déterminés géopolitiquement qui sont trop liés au spectaculaire.

Enfant grandissant en Haïti, je n'avais aucune notion de ce qu'on appelait « voodoo » aux États-Unis. Au fait, le mot plus approprié « vodou » ne faisait pas partie de mon vocabulaire. La tradition que certains membres de ma famille suivaient était connue sous les termes de « servir les esprits ». Même cette formulation n'était pas quelque chose que nous utilisions vraiment, car notre engagement véritable était beaucoup plus ancré dans la pratique quotidienne que dans l'appellation des coutumes. Servir signifiait vivre dans un monde où le sacré et le séculaire se confondaient. Il était donc très commun de voir les adultes verser des libations d'eau et de café trois fois sur le sol en se levant le matin avant même de se parler. Ou quelquefois ils se précipitaient dans les latrines pour, je l'ai appris plus tard, rayer les mauvais rêves qu'on ne devait pas énoncer afin de détourner leurs mauvaises intentions et les empêcher d'entrer dans la maison. Ceci et d'autres actes très conscients de répulsion psychique m'ont appris que servir les esprits était surtout une affaire de communion et de protection.

Aux moments de conflits, les esprits faisaient leur apparition pour of-frir des conseils. Ce n'est donc pas surprenant que les *granmoun* et les *zansèt* (les mots créoles pour les vieillards et les ancêtres) soient aussi utilisés de manière interchangeable avec les *lwas* ou esprits. Ils sont ap-pelés pour administrer une guérison seulement lorsque toutes les autres approches ont été épuisées. Leur présence à elle seule souvent amenait de l'ordre dans une situation chaotique parce que, par respect, les adultes doivent se courber devant les esprits. S'ils ne le faisaient pas, il y avait des conséquences. En ce sens, les *sèvitè*, ceux qui servaient les esprits, le faisaient avec un sens de soumission plutôt semblable aux rencontres entre les nains et les géants, ou comme des Lilliputiens parmi les Brob-dingnagiens.

Il est certain que comme toute autre religion, le vodou a ses excès. Il y a des sociétés secrètes qui ont leur propre système de gouvernance avec des rituels et sacrifices qui frisent le surréaliste.

À mes yeux, le monde des esprits était toujours un monde de mer-veilles. J'ai mes favoris. Ogou, l'esprit guerrier – représenté par les litho-graphies de Saint Jacques – brandit une machette ou une épée comme un tireur d'élite. Si quelqu'un a besoin d'un garde du corps, ils peuvent compter sur Ogou. Il règne sur la puissance. Certains disent qu'il peut renverser les poisons. Il aime les femmes. Nous pouvons l'honorer en portant du rouge et en offrant du riz aux haricots, ou des ignames. Guédé est l'esprit de la vie et de la mort, le dernier des arnaqueurs qui fait rougir les adultes avec son chœur de jurons trop osés pour les oreilles des jeunes écolières. Ironiquement ou pas, il est le protecteur de tous les enfants. Du rhum et des piments rouges sont deux de ses favoris. Ezili Freda est la jo-lie. Elle préfère la dentelle, les parfums et l'or. Les affaires de cœur sont sa spécialité. Elle est honorée avec la propreté, du linge frais, des aliments riches et des vêtements blancs ou roses et des accessoires. Dantò, son homologue, est représentée comme la Madone noire de Częstochowa et porte deux cicatrices sur la joue droite. Elle ne peut pas parler parce que sa langue a été coupée pour la punir. Elle aime bien les couteaux et ses couleurs préférées sont le rouge et le bleu.

Le respect face au pouvoir des esprits sur les mortels vient du simple fait que servir est répondre à l'appel pour continuer un héritage, parce que la relation d'un individu au monde des esprits fait aussi partie de l'héritage familial. Ensemble avec la terre sur laquelle ils habitent dans des lieux de repos naturels, ou *repozwa*, les esprits communiquent de génération en génération. À travers l'histoire orale, les membres de la famille partagent les chansons, les rituels et la connaissance des préférences et des aversions de leurs esprits. Un membre de la famille est choisi pour prendre charge des obligations spirituelles. On ne peut pas choisir n'importe qui parce que les esprits sont assez pointilleux. Ils demandent de leur intermédiaire une force sure, quelqu'un capable d'humilité et désireux d'être de service. Le choisi n'accepte pas toujours pour toutes sortes de raisons : un rejet apparent de ce qui implique souvent une énorme responsabilité sociale et financière, une migration qui défraye les liens personnels, ou peut-être une conversion religieuse. Parmi ceux qui servent, certains choisissent le chemin de l'initiation et d'autres non. Servir c'est entrer dans une relation symbiotique avec les *lwa* dans laquelle des demandes peuvent être faites qui amèneront en réciprocité des promesses. En retour pour leur travail, les esprits s'attendent à de la reconnaissance avec des actes visibles comme le dépôt d'un objet favori sur l'autel, des repas ou des pèlerinages.

Annuellement, plusieurs *sèvitè* s'engagent à faire de longues marches vers les sites sacrés dans tout le pays pour payer leurs dettes, renforcer leur foi ou demander des faveurs. Que ce soit sous la cascade de Saut d'Eau à Mirebalais ou dans une clairière dans une forêt vénérable, les esprits visitent les fidèles qui viennent apporter leurs offrandes, et leur accordent leur bénédiction dans des moments d'extase.

Au début de mon adolescence, après la migration et entourée de points de vue étroits et négatifs sur Haïti, je me rappelle clairement avoir décidé de retourner seulement quand la situation politique changeait. J'ai fini par suivre des études supérieures en anthropologie pour la même raison et en le faisant je suis devenue plus experte sur les manières dont le vodou, comme part d'un héritage lié à l'Afrique, était assiégé. À mon premier retour, les missionnaires proliféraient et offraient des services sociaux que l'Etat compromis et en faillite négligeait. La conversion au protestantisme était *de rigueur*. Nous n'étions pas immunisés.

La connexion de ma famille avec les esprits, qui a toujours été ténue, a pratiquement disparu au fur et à mesure que des morceaux de terrain ont été vendus et étaient habités maintenant par des étrangers ou des nouveaux venus à Port-au-Prince. Les liens avec la diaspora continuaient de s'effriter. Nul ne se souciait que le stigma s'installait. Ceci était le plus évident dans l'état négligé du péristyle ou du temple qui avait été autrefois vénéré comme un espace sacré où la communauté se rassemblait.

Lorsqu'un cousin déclara avec aplomb « *bagay sa yo pa a la mòd ankò* » (ce genre de choses n'est plus à la mode), il évoquait un sentiment partagé par plusieurs. Nombreux sont ceux parmi les jeunes qui voient le fait de servir comme démodé. Le déracinement spirituel des trois dernières décennies était exacerbé par le désastreux tremblement de terre d'il y a deux ans, qui a aussi fracturé plusieurs temples. C'était un signe des choses à venir. Le nôtre s'est éventuellement effondré alors que le dernier des fidèles se convertissait.

Alors qu'Haïti retourne aujourd'hui à la une des medias pour marquer le deuxième anniversaire du tremblement de terre, souvenons-nous des esprits.

29

Défendre le vodou en Haïti

17–18 octobre 2012 / *Tikkun Daily, Haitian Times, Huffington Post* @ 12:45 p.m.

Alors que la perception d'Haïti dans l'imaginaire public, particulièrement à l'étranger, associe Haïti au vodou, sur le territoire national, la religion est une fois de plus attaquée.

Les vodouisants et supporteurs de partout en Haïti et sa diaspora sortirent dans les rues de Port-au-Prince hier (17 octobre) pour protester contre un décret gouvernemental qui compromet l'autonomie religieuse dans le pays.

Ce qui est en cause est un amendement à la constitution haïtienne qui avait été préparé sous l'administration du président Préval, et que le président actuel Michel Martelly promulgua dans le journal officiel *Le Moniteur*, le 19 juin. Ce décret fut approuvé par le Sénat et la Chambre des députés.

L'amendement révoque l'article 297 établi en 1987, qui déclara en effet l'arrêt de toutes les lois et de tous les décrets gouvernementaux qui, arbitrairement, limitaient les droits fondamentaux et les libertés des ci-

toyens, incluant le décret-loi du 5 septembre 1935 sur des pratiques su-
perstitieuses. Cette loi passée sous la présidence de Sténio Vincent ren-
dait illégales « les pratiques superstitieuses » interdisant les cérémonies,
les rites, les danses et les réunions offrant des sacrifices d'animaux.

La professeure adjointe d'histoire à l'Université de Miami, Kate Ram-
sey, auteure de *The Spirits and the Law: Vodou and Power in Haiti* sou-
ligne : « Le décret-loi contre les "pratiques superstitieuses" criminalisait
en fait la pratique du vodou en Haïti jusqu'à son abrogation par l'article
297 de la Constitution de 1987. Si avec la récente abrogation de l'article
297 la loi contre les "pratiques superstitieuses" peut être une fois de plus
mise en application contre les pratiquants de vodou ou qui que ce soit
d'autre, c'est très alarmant. Cette loi fournissait une autorisation légale
à la "campagne antisuperstitieuse" de l'Eglise Catholique contre la pra-
tique du vodou au début des années 1940 et demeurait un frein contre la
liberté religieuse en Haïti, la soumettant à une application arbitraire lo-
cale de la loi, pendant des années. »

En effet, les préoccupations des pratiquants sont légitimes puisque
l'établissement de ce décret non seulement conduisait à la persécution
de la religion, mais renforçait sa diabolisation perpétuelle et sa stigmati-
sation au pays et à l'étranger. Puisque le vodou est une religion décentra-
lisée, dans des temps difficiles, les vodouisants ont consolidé leurs efforts
pour résister et survivre à la répression de la part des Colons français ou
de leurs propres frères.

Au cours des récentes années, les tactiques défensives ont inclus la
formation d'organisations de coordination (telles que Zantray et Bode
Nasyonal), qui ont amené des pratiquants ensemble pour s'attaquer à des
problèmes communs. Il est à noter que ces regroupements ne sont pas
nécessairement représentatifs de tous les vodouisants et ne sont pas sans
controverse. Néanmoins, avec la présence persistante des missions pro-
testantes et les nettoyages spirituels de plus en plus agressifs et les autres
attaques surtout depuis le tremblement de terre de 2010, les vodouisants
sont devenus encore plus vulnérables et doivent passer à l'offensive.

L'anthropologue Rachel Beauvoir Dominique, la vice-rectrice à la re-
cherche et professeure au département d'anthropologie et de sociologie
de l'université d'Etat d'Haïti, une prêtresse, demeure vigilante pour la dé-
fense de la pratique. Elle est la fille de Max Beauvoir, le prêtre très connu
du Temple de Yehwe et porte-parole du vodou. Elle a participé à la grande
marche de février 1986, lorsque des sentiments anti-vodou ont conduit à

la persécution des pratiquants durant le *dechoukaj* (déracinement) sous Duvalier. Les efforts des manifestants et leurs demandes de mettre fin à cette criminalisation ont eu pour résultat l'article 297 qui fut ajouté à la constitution de 1987. Comme ce combat continue, Dominique reste motivée et prête :

« Nous devons nous ORGANISER. Écrire des pétitions, manifester, faire ce qui est nécessaire pour montrer notre indignation. Se lever et sortir de l'ombre pour forcer le changement. Ceci marche. Surtout maintenant que nous sommes aussi connus internationalement, même si nous devons travailler davantage pour nous mettre en réseau. »

Ce retrait de l'article 297 touche aussi tous ceux d'entre nous de la diaspora qui connaissent trop bien l'impact potentiel de cette attaque officielle. À cette fin, le Congrès de Santa Barbara (KOSANBA), l'association savante pour l'étude du vodou haïtien basée à l'Université de Californie à Santa Barbara a fait sortir une déclaration dans laquelle il « s'engageait à continuer son travail de défense et d'illustration du vodou en tant que patrimoine national haïtien, fondamental pour le futur du pays comme un élément d'équilibre et pour l'amélioration des conditions dans cet espace terrestre ».

Tard cet été, une pétition de la KONFEDERASYON NASYONAL VODOUIZAN AYISYEN (Confédération nationale des vodouisants haïtiens) circulait en ligne pour recueillir des signatures des supporteurs internationaux. Certaines des demandes incluaient :

La restitution immédiate de sa totale dignité au vodou en tant que tradition culturelle et religieuse du peuple haïtien.
Le retrait de cette révocation infâme (i.e, l'abrogation de l'Article 297).
La libération immédiate de tous les vodouisants injustement emprisonnés sous des faux prétextes avec des intentions ignobles et malveillantes.

En Haïti, la fondation Ayizan Velekete, une organisation créée en 2001 pour supporter les vodouisants a préparé la marche qui a eu lieu aujourd'hui. Ils ont choisi cette date particulière dans l'histoire d'Haïti, parce qu'elle symbolise le 206ème anniversaire de l'assassinat brutal de Jean-Jacques Dessalines, le père fondateur révolutionnaire de la république noire qui a conduit la libération de la tyrannie coloniale française.

En effet, l'enjeu pour les vodouisants de partout mais surtout en Haïti est la question de la liberté.

30

Aimer Haïti au-delà de la mystique

1er janvier 2013 / *Haitian Times, Counterpunch, Tikkun Daily*

J'ai grandi dans un pays que la grande totalité du monde dévalorise et continue de rejeter parce qu'il est cassé.

Il y a quelques années, j'ai eu une révélation. J'essayais de résoudre un problème, lorsque me vint l'idée. Je ne suis pas Haïti. Je suis peut-être née en Haïti et je peux ressembler à Haïti et partager certaines de ses caractéristiques : quelque part une enfant terrible, trop fière, trop noire, trop forte, trop spirituelle et trop assurée. Mais je ne suis pas Haïti. Je ne suis pas aussi cassée qu'avant, et cela fait peur aux gens. Souvent nous trouvons plus facile d'aimer ce qui est cassé. Cela nous permet de nous sentir plus fort, mieux dans notre peau. Nous avons tendance à nous sentir moins menacés par ce qui est aux abois, ou qui a besoin de nous pour se sentir complet.

Lorsqu'Haïti essaya de se reconstituer il y a deux siècles (209 années de cela ce 1er janvier), plusieurs de ceux au pouvoir dans leur pays et à l'étranger prirent des mesures bien calculées pour s'assurer qu'elle resterait brisée. Toute ma vie, j'ai vécu avec des aspects variés de la honte de cet héritage. On me rappelait constamment que je venais d'un petit endroit dévalué et foulé aux pieds, justement à cause de ses faiblesses. Je persévère m'agrippant à l'idée que mon petit pays a osé. Il a osé sortir des chemins tracés. Il a osé se défendre. Il a osé tenter de se définir. Il a osé.

Au cours de ces dix dernières années, alors que je me battais pour me redéfinir dans ce monde trop hiérarchisé qu'est le monde académique, où vous êtes défini par rapport à la personne que vous surpassez, je me suis battue pour oser, et ne pas accepter des étiquettes qu'on me lançait ou qu'on gravait sur moi parce que les autres avaient besoin, pour être confortable avec moi, de me faire entrer dans une catégorie. Je résiste, répétant qu'Haïti a besoin de nouveaux discours pour expliquer sa myriade de contradictions. Je continue de le faire parce que la réponse au « pourquoi » de cette question ne suffit pas. Donc, je regarde vers le futur, adoptant ce que je peux de mon passé, déterminée à ne pas le recréer.

Imaginez ce qu'Haïti serait si elle avait été supportée et chérie au lieu d'être dévaluée et rejetée dans son enfance. Imaginez ce que nous penserions du vodou, si la créativité de son esprit de résistance avait été reconnue au lieu d'être déshonorée.

Quand je regarde les gens, j'essaie de penser que tout un chacun a un peu d'Haïti ou du vodou en lui. Cela me permet plus facilement de pratiquer ce que j'ai appris en grandissant, aimer Haïti et aimer le vodou – vivre, laisser vivre et respecter.

CODA
Un plaidoyer n'est pas un mantra

Les articles de Google qui obstruaient ma boite de réception chaque nuit révélait des clichés sur Haïti. Comme la couverture médiatique traditionnelle mettait l'accent sur les plus petits efforts de collecte de fonds, ceux-ci confirmaient qu'Haïti et les Haïtiens étaient dans un état de nécessité perpétuelle, donc incapables de se prendre en charge. Nous avions besoin de sauveurs blancs. L'Haïti d'après le séisme a vu le « célébritariat » se déployer davantage et des variations nuancées de la pornographie de la pauvreté alors qu'Haïti devenait l'Ethiopie de cette décennie. En outre, des expériences de toutes sortes surtout celles venant de novices étaient suggérées comme des solutions potentielles aux faiblesses d'infrastructure et au disfonctionnement du pays. Elles étaient souvent accompagnées de la condescendance de ces nouveaux « experts » qui croyaient posséder une certaine formule magique pour améliorer Haïti. Si certains d'entre eux étaient de bonne volonté, ils avaient tous une chose en commun : ils étaient souvent anhistoriques. Non seulement ils minimisaient le rôle de la géopolitique et des conflits locaux pour expliquer l'état actuel de la République mais aussi ils revérifiaient seulement la notion d'Haïti en tant que laboratoire.

Lors des conférences et des performances, lorsque je suis confrontée aux questions telles que quoi faire pour aider et trouver des solutions efficaces, je peux difficilement m'abstenir de plonger dans le rôle de l'histoire dans la formation des hiérarchies sociales et économiques raciales aussi bien qu'une révolution qui n'aurait jamais du avoir lieu et qui à date, reste inconnu dans l'imaginaire populaire.

Encore pire, il était malheureusement évident qu'en dépit de l'immense étendue de la dévastation, le tremblement de terre de 2010 était traité comme juste un désastre haïtien de plus dans ce pays historiquement enclin aux catastrophes. Même lorsque je comprends théoriquement les raisons structurelles qui soutiennent ce comportement, il demeurait dur d'un point de vue émotionnel de l'accepter dans la pratique.

J'étais aussi déroutée par ce qui se passait parmi les Haïtiens au pays et à l'étranger. Alors que les universitaires qui se sentaient interpellés se rassemblaient pour discuter de la situation, on nous rappelait que l'Haïti des Études haïtiennes appartenait trop à la diaspora et que les universitaires basés en Haïti, par exemple, avaient une présence pour le moins limitée dans les discussions tenues à l'étranger.

Le fait que durant la période post-séisme et la fièvre de la reconstruction, de nombreuses organisations haïtiennes aux États-Unis se (re) constituèrent en déclarant représenter la (notez le singulier) communauté de la diaspora n'a pas aidé. Ces groupes, qui cherchaient une place à la table où ceux du pays étaient exclus, consistaient en des corps auto élus, nouveaux ou recyclés et la plupart d'entre nous ne savaient ni comment ni quand ils avaient émergé. De très vieux schémas se reproduisaient. En effet, qui représente qui reste un des héritages les plus tenaces des injustices et de l'instabilité d'Haïti.

Le fait est que j'étais prête pour quelque chose de différent. Pendant des décennies, j'ai cru que les Études haïtiennes avaient besoin d'un changement de paradigme pour créer de nouveaux discours tout en sachant que nous ne connaissons pas vraiment ni n'approfondissons pas les anciens. Ceci est venu de la reconnaissance d'une division intellectuelle du travail qui a placé les chercheurs en sciences sociales intéressés principalement par les sujets matériels et structuraux et leurs relations avec la politique contre ceux dans les sciences humaines (surtout les études littéraires et culturelles) qui étaient concernés par les questions symboliques y compris la représentation. Cette division qui persiste maintient l'absence d'une critique sociale complète, nécessaire pour se débarrasser des idées archaïques qui demeurent cependant dominantes sur Haïti.

Dans des conversations avec des amis et supporters, je citais constamment « l'urgence de maintenant » de Martin Luther King. Nous vivions un moment, qui aurait inévitablement des conséquences sur le long terme, ainsi nos actions importaient plus que jamais. Nos mots aussi devaient être choisis soigneusement pour ne pas ré inscrire les stéréotypes existant sur Haïti que les gens acceptent automatiquement parce qu'ils existent dans le domaine public.

C'est ce contexte qui a nourri la prise de conscience grandissante des effets somatiques de la répétition alors que je renouvelle un intérêt dans les mantras. Alors que j'explorais et comprenais le son comme énergie, j'ai commencé à réfléchir sur les effets psychologiques de ces articulations verbales d'une supplication perpétuelle. Au moins, le fait que j'ai trouvé ceci accablant était aussi une confirmation de plus de ma position de diaspora. Une fois de plus, j'ai fait face aux tensions d'avoir à négocier les multiples Haïti. J'avais le privilège de me pencher sur cette question, alors que d'autres en Haïti ne pouvaient pas simplement laisser tomber comme je pouvais le faire et que je savais que j'allais le faire, d'une certaine manière.

Avec cette conviction assumée que cet appel en dépit de ses continuités (irrévérencieuses) n'est pas un mantra, quelque chose en moi s'est mis en place bien tranquillement. J'ai pris une décision définitive de cesser de prendre une position oppositionnelle en faveur d'une position affirmative. À partir de là, j'ai su, du moins pour l'instant, que j'arrêterai de dire qu'Haïti a besoin de nouveaux discours. De manière plus importante, inspirée par la farouche infinitude des Césaire, sans apologie, je le ferai tout simplement.

Remerciements

Le 13 janvier 2010, j'avais rendez-vous avec un producteur de musique Chico Boyer pour enregistrer des chansons et des poèmes pour un projet de CD qui trainait depuis des années. Dans mon état de choc ce matin-là, j'appelai Chico, avec l'intention d'annuler cet enregistrement. « Gina, » me dit-il, « votre CD de cyclone vient de se transformer en CD de tremblement de terre. » Donc, je me suis reprise, *met fanm sou mwen*, et j'ai quitté Middleton pour aller à Brooklyn. Après avoir regardé les nouvelles par moments, nous avons gagné le sous-sol de son studio et enregistré quelques morceaux. Nous le faisions tous deux avec un sens du devoir, conscients que ce n'est pas beaucoup, mais que c'est quelque chose. C'est un sens d'obligation et de détermination similaire qui a inspiré le travail dans ce recueil.

Au cours des deux ans durant lesquels ces morceaux furent écrits, j'ai rencontré d'anciennes alliances et ai fait de nouvelles, aussi bien que des militants et j'ai eu le support inconditionnel d'amis très chers qui m'ont encouragée à m'exprimer dans différentes manières, comme je le fais. Nul ne fut aussi visionnaire que Claudine Michel, présidente et directrice exécutive du *Journal des Études Haïtiennes* qui a en fait imaginé ce projet. En 2010, quand j'étais à ma période la plus prolifique, elle m'informa qu'elle commençait à classer chaque texte dans un fichier au fur et à mesure de leur parution parce qu'elle jugeait qu'ils pourraient faire partie d'une collection. En ce sens, je lui suis redevable d'avoir implanté cette idée en moi et lui suis à jamais reconnaissante pour son appréciation constante de mes analyses et son support de mon travail.

La majorité du travail fait surtout entre 2010 et 2011 n'aurait pas pu être publiée sans le support de ceux qui sont devenus des lecteurs, éditeurs et parfois contrôleurs d'informations. Leurs commentaires furent non seulement précieux mais ils m'ont aussi permis de poster ou de soumettre les morceaux dans les meilleurs délais. Je peux simplement offrir mes remerciements sincères, spécialement à Melissa Johnson, Regina Langhout et Kristen Olson pour leurs regards perspicaces, leur lucidité et leur amitié inconditionnelle. Nous partageons aussi un engagement profond envers la justice sociale, ce qui fait que leur aide, j'en suis tout a fait consciente, a été offerte dans cet esprit.

Tout au long de ce projet, ils furent nombreux à m'offrir des idées, des réponses qui m'ont réconfortée et encouragée à continuer d'écrire, aussi bien que de la bonne nourriture. Karen Anderson, Ashley Arkhurst, Phanenca Babio, Andra Basu, Natalie Bennett, Ruth Behar, Patrick Bellegarde-Smith, Linda Carty, Carolle Charles, Pascale Charlot, Manolia Charlotin, Kyrah Malika Daniels, Edwidge Danticat, Brunine

David, Charlene Desir, Nathan Dize, Ann DuCille, Alex Dupuy, Demetrius Eudell, Sibylle Fischer, Lori Gruen, Nesha Z. Haniff, Faye V. Harrison, Pamela Hemming-way, Catherine Hermatin, Marc Hertzman, Sandra Hinson, Elizabeth James, Kiran Jayaram, Renee Johnson-Thornton, Dianne Kelly, Kerry Kincy, Katja Kolcio, Michele Kort, Colin Leach, Jennifer Lynn, Herns Marcelin, Jacqueline Mattis, Carole McGra-nahan, Brian Meeks, Nadève Ménard, Melinda Miles, Patricia Rodriguez Mosquera, Marie-José N'Zengou-Tayo, Katie Orenstein, Michael Phillips, Dawn Piscitelli, Me-lanye Price, Melynda Price, Frantz Rowe, Kate Rushin, Christine Santacroce, David Santacroce, Susan Santacroce, Mimi Sheller, Jean Small, Kathryn Smith, Paul Stol-ler, Arlene Torres, Évelyne Trouillot, Irmina Ulysse, Katia Ulysse, Chantalle Verna, Drexel Woodson, Evans Young, et beaucoup d'autres méritent des remerciements.

Je dois ma plus sincère gratitude à tous les étudiants (trop nombreux pour nom-mer) qui ont pris mon cours, Haïti : Mythes et réalités, à Wesleyan au fil des ans.

Sans avoir du temps ininterrompu pour la réflexion, il est impossible d'écrire. En ce sens, je dois certainement des remerciements sincères au College of the Environ-ment (COE) de Wesleyan. Lorsque Barry Chernoff, le directeur de COE m'a contac-tée au sujet de la bourse 2010-2011, il m'a offert un espace très nécessaire au milieu du chaos, qui a permis à l'inspiration de s'infiltrer. L'emphase placée par COE sur la vulnérabilité des systèmes sociaux, économiques et naturels par rapport aux multi-ples sources de stress externe m'a donné l'opportunité de gérer l'impact du séisme comme un élément de mon travail d'intellectuel public. Je suis aussi reconnaissante à mes collègues de COE, Helen Poulos, Dana Royer, et Gary Yohe, de même qu'aux étudiants boursiers Jeremy Isard et Phoebe Stonebraker. Merci à Valerie Marinelli de nous ramener à l'ordre et de rendre l'endroit plein d'entrain.

Pendant que j'étais au COE, j'ai pu concevoir et développer *Fascinating! Her Re-silience* (Fascinant ! sa résilience) en collaboration avec le compositeur de musique électronique/sculpteur de son/ platiniste, Val-Inc. Cette exploration de concepts d'interdisciplinarité et la « résilience » d'Haïti a été composée avec la danse/choré-graphie de Sarah Ashkin, Ali Fitzpatrick, Sara Haile, Benjamin Hunter-Hart, Ariella Knight, Marsha Jeans-Charles, Tsyuoshi Onda, Phoebe Stonebraker, et Lucas-Mugabe Turner-Owens. Le directeur du Centre pour les Arts, Pam Tatge, qui a re-connu l'artiste avant bien d'autres, contribua à la réalisation du projet, et Erin Broos a aidé à me garder sur la voie. Je suis particulièrement reconnaissante à Elleza Kel-ley, dont la vision créative critique m'a aidée à me concentrer sur l'objectif.

Mes collègues anthropologues Elizabeth (Betsy) Traube, Doug Charles, Sarah Croucher, Daniella Gandolfo, Kehaulani Kauanui, Anu Sharma, et Margor Weiss rendent le travail facile.

John Chiari et Donna Rak les administrateurs extraordinaires des Etudes Afro-américaines et de l'Anthropologie m'ont aidée à trouver mon chemin sur le terrain bureaucratique où mon travail se passe. Merci pour votre support et votre compé-tence.

Mes mondes de l'académie, du spectacle, du blog, du commentateur social se sont heurté de diverses manières conduisant à davantage de moments qui m'ont permis non seulement de partager mes opinions entrecroisées, mais m'ont donné du temps pour exprimer et digérer mes idées avec créativité. Des remerciements spéciaux à Veronica Gregg (Hunter College); Vanessa Valdès (City College); Claudine Michel (UCSB); April Mays (Pomona); Marlene Daut (Claremont College); Janelle Hobson (U Albany); Marcial Godoy-Ativa et Diana Taylor de Hemispheric Institute for Performance and Politics (l'Institut Hémisphérique pour le spectacle et la politique) de l'Université de New York (NYU); Tracye Matthews (University of Chicago); Millery Polyné (NYU Gallatin); Nicholas Dumit Estevez (Union Theological Seminary); Coralynn Davis (Bucknell); Yanic Hume (UWI–Barbados); Lucia Suarez (Amherst College)); TEDxUM 2013 team (University of Michigan). La série de performances poétiques William Electric à La MaMa ont offert un espace d'accueil et de soutien, et plusieurs autres que je n'ai pas cités. Mes excuses. Sans ces spectacles... . ? En effet, c'est l'art qui me nourrit.

Victoria Stahl et Aziza, mes compagnes de marche, ont joué un rôle important dans la réorientation de mon travail, qui a éventuellement trouvé un espace d'accueil aux Éditons Wesleyan University. Suzanna Tamminen est une éditrice sans pareil qui a apprécié le projet et s'est engagée à veiller à ce que nous maintenions son intégrité et ses racines organiques. Les lecteurs anonymes ont offert des commentaires critiques et généreux, qui m'ont encouragée non seulement à étendre le cadre du projet mais aussi à situer et à accepter mon travail en tant qu'anthropologue public. Évelyne Trouillot et Nadève Ménard ont été les meilleures traductrices qu'un auteur puisse espérer avoir. Elles ont non seulement capturé ma voix mais m'ont également redonné mes langues, ce qui est inestimable.

Je suis reconnaissante aux étudiants qui ont suivi mon cours sur Haïti au cours de la dernière décennie. Leur franche curiosité et leurs questions ont gardé Haïti vivante pour moi intellectuellement. Mon assistante à la recherche, Alexia M. Komada-John, qui est devenue mon bras droit (littéralement suite à un accident) et n'a pas cessé de me rappeler de prendre soin de mon « bébé conceptuel» comme elle l'appelait. Elle a suivi le projet jusqu'à son accouchement.

Kate Ramsey a été une interlocutrice et une amie, ma sœur de combat et une grande conseillère. Evan Bissell, Kyrah Daniels, Kendra Ing, Una Osato et tant d'autres anciens étudiants sont restés des rappels constants que je voulais apprendre encore tant de choses. À Charles Knight, co-conspirateur du projet Haïti Illumination qui croit qu'Athena doit être sur la scène, et Susan Knight respect maximum pour un support constant et pour l'amitié. Aux clans Desormeau, Lafrance-Simeon, Dumorne et Pierre, *n ap kenbe pi rèd*. Ma défunte grand-mère et sa fille, Marthe Lucienne, ou "Lamama," comme j'aime l'appeler, me poussent toujours à croire aux promesses d'Haïti.

Dans ce voyage (et non un plan) d'auto découverte, la défunte Kathryn Cameron,

Lisa Bailey et Jacqueline Épingle ont été des sources lumineuses d'inspiration tout au long de la route semée d'obstacles. À mon équipe de supporters : vous savez qui vous êtes, vous savez pourquoi je dis que ces mots ne suffiront jamais.

En fait, ce livre représente un tournant majeur dans ma vie. Sa réalisation complète m'a forcée dans l'âge adulte alors que je développais un nouvel élan pour la vie. Au cours du processus, j'ai appris davantage au sujet de l'individualisation, en me rendant compte comment mieux négocier ce que signifie hériter d'un sacrifice, rester engagée et choisir malgré tout d'être moi.

NOTES

1 Katherine Smith a noté ceci à la première Biennale Ghetto qui eut lieu à la Grand Rue en décembre 2009.
2 En français dans le texte.
3 Michel-Rolph Trouillot, « The Odd and the Ordinary: Haiti, the Caribbean, and the World, » *Cimarrón: New Perspectives on the Caribbean* 2, no. 3, 1990, 3-12.
4 Galerie Macondo, www.artshaitian.com.
5 Professeur Donald Cosentino, Department of World Arts and Cultures, University of California–Los Angeles, 5 février 2010.
6 Ute Stebich, « Haitian Art: A Western View », *Haitian Art* (New York: Brooklyn Museum of Art, 1978).
7 Poème de Kyrah Malika Daniels dans *Brassage: An Anthology of Poems by Haitian Women,* édité par Claudine Michel, Marlene Racine Toussaint et Florence Bellande-Robertson (Santa Barbara, CA: Multicultural Women's Presence and The Center for Black Studies Research, 2005).
8 Poème de Katia Ulysse, ibid., 215.
9 Poème (en français) de Laurence Françoise Géhy, ibid., 109.
10 Publié pour la première fois dans *NACLA Report on the Americas,* juillet-août 2010.
11 Voir Gina Athena Ulysse, "Dehumanization and Fracture: Trauma at Home and Abroad," socialtextjournal.org, 25 janvier 2010.
12 David Brooks, "The Underlying Tragedy," *New York Times*, 14 janvier 2010.
13 Michel-Rolph Trouillot, *Silencing the Past: Power and the Production of History* (Boston: Beacon Press, 1995), 72.
14 Anténor Firmin, *De l'égalité des races humaines (anthropologie positive)* (Paris: Pichon, 1885), 590.
15 En français dans le texte.
16 Mimi Sheller, *Democracy after Slavery: Black Publics and Peasant Radicalism in Haiti and Jamaica* (Gainesville: University Press of Florida, 2000).
17 J. Michael Dash, "The Disappearing Island: Haiti, History and the Hemisphere," the fifth Jagan Lecture and the third Michael Baptista Lecture, York University, 20 mars 2004.
18 Michel-Rolph Trouillot, "The Odd and the Ordinary: Haiti, the Caribbean, and the World," *Cimarrón: New Perspectives on the Caribbean* 2, no. 3 (1990): 3-12.
19 Gina Athena Ulysse, "Haiti Will Never Be the Same," huffingtonpost.com, 21 janvier 2010.

20 Gina Athena Ulysse, "Haiti's Future: A Requiem for the Dying," huffingtonpost .com, 4 février 2010.

21 Voir "The Spirit and the Law: Vodou and Power in Haiti" de l'historienne Kate Ramsey (University of Chicago Press, à paraître).

22 En français dans le texte.

23 C'est le titre de l'introduction de Jean-Paul Sartre aux *Damnés de la Terre* de Frantz Fanon (1961), qui fut réitéré dans « Nervous Conditions: The Stakes in Interdisciplinary Research" Improvising Theory: Process and Temporality, » dans *Ethnographic Fieldwork*, un livre de Lisa Malkki et Allaine Cerwonka (2007).

24 Michel-Rolph Trouillot. « The Caribbean Region: An Open Frontier in Anthropological Theory », *Annual Review of Anthropology* 21 (1992): 19–42.

25 Je remercie Gillian Goslinga d'avoir indiqué la qualification. En effet, ce sont les Lumières qui sont en en jeu.

26 Toni Morrison, *Beloved* (New York: Alfred A. Knopf, 1987).

27 Le *potomitan* est le pilier central du temple vodou. Un vieux proverbe haïtien dit que les femmes sont les *potomitan* de leurs familles.

Robin D. G. Kelley est l'Eminente professeure d'histoire et titulaire de la chaire Gary B. Nash en histoire des États-Unis à UCLA.

Nadève Ménard est professeure à l'École Normale Supérieure de l'Université d'État d'Haïti. Elle a contribué à de nombreuses revues et des projets de livres collectifs. Ses traductions comprennent des textes de Louis-Philippe Dalembert, Yanick Lahens, Évelyne Trouillot et Lyonel Trouillot.

Évelyne Trouillot est une écrivaine primée internationalement de livres jeunesse, de romans, de pièces de théâtre, de poésie et de nouvelles en Français et en Créole. Ses textes ont été traduits en Espagnol, Italien, Anglais et Allemand. Elle est née à Port-au-Prince où elle vit et travaille comme professeure de Français à l'université d'Etat.

Gina Athena Ulysse est une professeure adjointe d'anthropologie à Wesleyan University. Née en Haïti, elle a vécu aux États-Unis pour les trente dernières années. Poète, artiste de performance, artiste multimédia, et anthropologue, elle est l'auteure de *Downtown Ladies: Informal Commercial Importers, a Haitian Anthropologist, and Self-Making in Jamaica*.